Springer-Lehrbuch

Springer-Verlag Berlin Heidelberg GmbH

Wolfgang Polasek

Schließende Statistik

Einführung in die Schätz- und Testtheorie
für Wirtschaftswissenschaftler

Mit 37 Abbildungen
und 44 Tabellen

 Springer

Professor Dr. Wolfgang Polasek
Universität Basel
Institut für Statistik und Ökonometrie
Holbeinstr. 12
CH-4051 Basel, Schweiz

Die Deutsche Bibliothek - CIP-Einheitsaufnahme

Polasek, Wolfgang:
Schliessende Statistik : Einführung in die Schätz- und
Testtheorie für Wirtschaftswissenschaftler ; mit 44 Tabellen /
Wolfgang Polasek. - Berlin ; Heidelberg ; New York ;
Barcelona ; Budapest ; Hongkong ; London ; Mailand ; Paris ;
Santa Clara ; Singapur ; Tokio : Springer, 1997
  (Springer-Lehrbuch)

ISBN 978-3-540-61731-0   ISBN 978-3-642-59099-3 (eBook)
DOI 10.1007/978-3-642-59099-3

© Springer-Verlag Berlin Heidelberg 1997
Ursprünglich erschienen bei Springer-Verlag Berlin Heidelberg New York 1997

SPIN 10551485   42/2202-5 4 3 2 1 0 - Gedruckt auf säurefreiem Papier

Vorwort

Wozu noch ein Lehrbuch über Schliessende Statistik werden sich manche fragen, wenn sie dieses Buch in die Hand nehmen. Nun, hier sind einige Gründe:

- In diesem Buch werden neben dem klassischen Zugang zur Schätz- und Testtheorie auch Bayes'sche Vertrauensintervalle (HPD Bereiche) und einfache „standardisierte" Bayestest entwickelt. Bayesmethoden haben in den letzten Jahren einen enormen Aufschwung erlebt, daher erscheint es angebracht, die Prinzipien des Bayes'schen Schätzen und Testen kennzulernen.

- Die Intervallschätzung für Anteile und Varianzen (mit Hilfe von Binomial- und Chi-Quadratverteilung) wird in Form von HPD (höchste Wahrscheinlichkeitsdichte) Intervallen hergeleitet. Auch für einige klassische Konfidenzintervalle können die HPD-Tabellen verwendet werden.

- Neben den klassischen p-Werten werden für die Varianzanalyse und Regressionsanalyse die „Bayes'schen p-Werte" (posteriori Wahrscheinlichkeiten p_{**}) für Hypothesen hergeleitet.

Es stellt sich die Frage, warum dieser (duale) Zugang zur Analyse von Stichproben besser sein sollte, als der „einfache" Zugang in den herkömmlichen Lehrbüchern. Auch die schliessende Statistik ist nicht frei von Grundlagenproblemen, und wie die Praxis der Hypothesentests zeigt, wird laufend gegen die Annahmen dieser Methoden verstossen: p-Werte sind aus klassischer Sicht verpönte Hypothesenwahrscheinlichkeiten, bei multiplen Tests werden keine Anpassungen des Signifikanzniveaus vorgenommen und grosse t-Werte werden als bessere Verwerfung einer Nullhypothese angesehen als kleinere.

Die einzige Statistik-Theorie, die dieses Vorgehen nicht als Sünde gegen die „Theorie" ansieht, sondern sogar als vernünftige Zusammenfassung der Datenevidenz, ist auch hier die Bayestheorie. Daher schien es mir an der Zeit zu sein, diese Theorie auf Einführungsniveau darzustellen. Nun, auch dies ist nicht ohne neue technische Begriffe zu erhalten, vor allem braucht es an einigen Stellen die viel umstrittene Vorinformation in Form einer a-priori-Verteilung. Diese muss nach strengen Bayes'schen Massstäben immer für den persönlichen (subjektiven) Gebrauch elizitiert (spezifiziert) werden.

Für viele Zwecke ist eine nicht-informative oder diffuse a priori Verteilung ausreichend. Dies gilt vor allem für die Schätztheorie, jedoch benötigt der in der Klassik so beliebte zweiseitige Test „Punkthypothese gegen zusammengesetzte Hypothese" eine Vorinformation bezüglich der Plausibilität der beiden Hypothesen. Im Standard-Bayestest werden wir diese a priori Wahrscheinlichkeit des Zutreffens einer der beiden Hypothesen auf 1/2 setzen. Um dieses subjektive Element möglichst klein zu halten, habe ich in diesem Buch den sogenannten „Standard-Bayes-Test" entwickelt. Das sind solche Bayesverfahren, die mit möglichst wenig Vorinformation auskommen und von allen – auch skeptischen Anwendern – als akzeptabel angesehen werden können.

Unter subjektiv (personalistisch) werden in diesem Buch alle diejenigen Methoden verstanden, bei denen man sich bewusst ist, dass sie von willkürlichen Annahmen abhängen. Die Aufgabe der a-priori Information ist es dann, diese Annahmen offen zu legen und aufzuzeigen, in welcher Art sie auf das Ergebnis Einfluss haben können. Ist es notwendig die Bayestheorie als Kleinstichprobentheorie extra darzustellen, denn asymptotisch geben klassische wie Bayesverfahren – numerisch – dieselben Resultate? Die Kleinstichprobenfälle kommen öfters vor, als man vermutet, und der grundlegende Unterschied im Modellbau bleibt: In der klassischen Theorie sind die Parameter feste unbekannte Grössen und die möglichen Stichproben stellen die Variabilität dar. In der Bayestheorie sind die Daten fix, während das Wissen über die unbekannten Parameter mit Hilfe von Zufallsgrössen und Verteilungen beschrieben werden. Aus diesem Grunde war es eine fast unüberwindliche Hürde, die Unterschiede in der Notation von Zufallsgrössen und Daten in der klassischen und Bayes-Theorie durchzuhalten. Nur dort, wo es zum Verständnis wichtig ist, wurden (realisierte) Zufallszahlen mit einem zusätzlichen Punkt unter dem Symbol gekennzeichnet. Abschnitte die einen * tragen können für die Einführung übersprungen werden, sie dienen dem interessierten Leser zur Begründung und Weiterführung der Methoden.

Das Buch dient als Grundlage zu einer 2-stündigen Vorlesung für einen weiterführenden Jahreskurs in Statistik für Studenten der Wirtschaftswissenschaften. Die Betonung der Wirtschaftswissenschaften drückt sich in Beispielen aus, sowie in der ausführlichen Beschreibung des Regressionsmodells und seinen Anwendungen. Er baut auf einen Jahreskurs auf, der explorative und deskriptive Statistik (vgl. W. Polasek 1994), sowie eine Einführung in die Wahrscheinlichkeitsrechnung umfasst. In einem gewissen Sinne ist dieses Buch ein Gegenpol zur explorativen Datenanalyse oder EDA, ein Zugang zur Statistik, den ich im gleichnamigen Buch 1994 beschrieben habe. Bei der EDA geht es um die Beschreibung von Merkmalen in Gesamtheiten (statistischen Kollektiven, wie sie auch manchmal genannt werden), während es in der schliessenden Statistik um die Analyse von Stichproben geht. Die EDA kommt ohne das Werkzeug (die „Sprache") Wahrscheinlichkeitsrechnung aus, die schliessende Statistik benötigt diese, um den Sachverhalt der Unsicherheit beim Schluss von der Stichprobe zur Grundgesamtheit auszudrücken. Daher lag es auch nach nahe, die Bayestheorie zur Darstellung des Inferenzschlusses zu verwenden, da die posteriori Verteilung das Wissen um die Parameter eines Modells in Form einer Verteilung beschreibt.

Zu den Bayes-Methoden in diesem Buch gibt es das Programmpaket „MacBayes", das von L. Schüpbach entwickelt wurde und über ftp vom unserem file-server „iso.iso.unibas.ch" runtergeladen werden kann. Dieses Vorgehen scheint uns in Anbetracht der rasanten Verbreitung des Internets angebrachter, als die andere populäre Lösung, eine Diskette im Umschlag des Buches mitzuliefern. Der Leser hat damit die Möglichkeit, die jeweils neueste Version des Programmpakets zu erhalten, sowie die Manuals dazu auszudrucken. Ausserdem würde es mich freuen, Kommentare zum Buch und dem Programm auch über e-mail zu erhalten (Adresse: wolfgang@iso.iso.unibas.ch).

Zum Schluss möchte ich meiner Familie für die Toleranz danken, die es braucht, um ein derartiges Buchprojekt, das sich über Jahre hinzieht, fertigzustellen. Dazu geht noch der Dank an alle meine Mitarbeiter am Institut für Statistik und Ökonometrie an der Universität Basel, die an diesem Buchprojekt in den letzten 4 Jahren mitgearbeitet haben: Dr. Liqun Wang und Dipl. Stat. Reinhard Vonthein, die schon das Skriptum zur Vorlesung mitgestaltet haben und Mike Fuchs, Andreas Haenny, Sascha Haller, Christoph Lieb, Axel Reichlmeier, Gerold Truniger und Michael Westphalen für deren Einsatz beim Bearbeiten des Manuskripts. Nicht zuletzt möchte ich dem Springer Verlag und besonders Herrn W. Müller danken, dass er dieses Buchprojekt immer tatkräftig unterstützt hat.

Wolfgang Polasek
Basel, Juni 1996

Inhaltsverzeichnis

Kapitel 1

Einführung in die Stichprobentheorie und in die Stichprobenverteilung

1.1 Stichproben

Stichproben-Verfahren liefern zufällige Daten aus einer Grundgesamtheit (GG). Daher haftet allen Ergebnissen einer Stichprobenauswertung ein Zufallsfehler an. Nicht für alle Daten kann der Zufallsfehler abgeschätzt werden. Die statistische Inferenz, d. h. das Schliessen (die Induktion) von der Stichprobe auf die GG, kann nur auf Zufallsstichproben angewandt werden. Nur für Zufallstichproben kann der Zufallsfehler abgeschätzt werden.

Für die Zwecke der Statistik können zwei Gruppen von Daten unterschieden werden:

1. Nichtexperimentelle Daten und historische Daten

   → Beispiele: Preisindex, Unfalldaten, Bevölkerung, Krankheiten.

   Nichtexperimentelle Daten können nur mit Hilfe der deskriptiven Statistik (explorativen Datenanalyse) ausgewertet werden. Kausalbeziehungen können nicht durch kontrollierte Experimente empirisch gefunden werden.

2. Experimentelle Daten erhält man zumeist mit **Stichproben-Planung** und **Versuchsplanung** (Experimental design, design of experiments)

   Ziel: Unter kontrollierten Versuchsbedingungen werden wiederholte Beobachtungen erzeugt. Durch vorgegebene Variation von Einflussfaktoren werden die Messfehler der abhängigen Variablen minimiert.

   → Beispiele: Würfelwurf, Ernteertrag, Medikamentenvergleich.

Nur durch Stichprobenplanung kann eine Zufallsstichprobe garantiert und
damit der Zufallsfehler abgeschätzt werden. Das Ziel jeder Zufallsstichprobe
ist es, den Zufallsfehler (Stichprobenfehler), der beim Schluss von der Stichprobe auf die Grundgesamtheit (GG) entsteht, möglichst klein zu machen!

Definition 1.1: Stichproben
Unter einer Stichprobe versteht man eine Teilmenge von Elementen,
die aus einer bestimmten Grundgesamtheit ausgewählt wurden, mit
dem Ziel, daraus Schlüsse auf die Beschaffenheit dieser GG zu ziehen.
(PFANZAGL 1972)

Nach der Grösse der Grundgesamtheit unterscheidet man:
- Stichproben aus einer unendlichen GG ($N = \infty$),
- Stichproben aus einer endlichen GG (N bekannt).

Definition 1.2: Auswahlsatz f (bei endlicher GG)
Den Anteil der Elemente, die in einer Stichprobe erfasst sind, nennt
man Auswahlsatz: $f = n/N$

Dabei ist n die Grösse der Stichprobe und N der Umfang der Grundgesamtheit.

1.1.1   Zufallsstichproben

Von einer Zufallsstichprobe spricht man dann, wenn man weiss, wie gross die
Wahrscheinlichkeit ist, dass ein Element einer GG darin enthalten ist.

Definition 1.3: Einfache Zufallsstichproben
                   (simple random sampling)
Jede Zufallsstichprobe vom Umfang n hat die gleiche Wahrscheinlichkeit, gezogen zu werden.

Gegeben sei eine endliche Grundgesamtheit mit N Elementen. Eine Stichprobe $\{x_1, \ldots, x_n\}$ vom Umfang $n < N$ werde gezogen. Falls die Elemente
unterscheidbar sind, gibt es

$$\binom{N}{n} = \frac{N!}{n!(N-n)!}$$

verschiedene Zufallsstichproben. Bei unendlicher GG gibt es unendlich viele
Möglichkeiten eine Zufallsstichprobe zu ziehen.

Ausser der Kenntniss der Grundgesamtheit wird zum Ziehen einer Zufallsstichprobe keine weitere Zusatzinformation benötigt.

Eigenschaften der reinen Zufallsstichprobe:

- Idealtyp einer Stichprobe;
- Die mathematisch-statistischen Eigenschaften der Stichprobenfunktionen sind leicht bestimmbar;
- Das Gesetz der grossen Zahlen und der zentrale Grenzwertsatz sind anwendbar;
- oft schwer in der Praxis durchführbar.

Beachte: Eine notwendige, aber nicht hinreichende Bedingung für eine Zufallsstichprobe ist, dass jedem Element der GG die gleiche Wahrscheinlichkeit zukommt, in die Stichprobe zu gelangen. Dies wird im nächsten Beispiel erklärt.

Beispiel 1.1: Liegt eine Zufallsstichprobe vor?

Gegeben sei eine GG mit $N = 4$ Elementen, d.h. $S = \{E_1, E_2, E_3, E_4\}$. Geplant werden 2 Stichproben der Grösse $n = 2$, die beide mit einer Wahrscheinlichkeit $\frac{1}{2}$ gezogen werden können:

Stichprobe 1: $\{E_1, E_2\}$ ... hat Wahr. $\frac{1}{2}$ gezogen zu werden,
Stichprobe 2: $\{E_3, E_4\}$ ... hat Wahr. $\frac{1}{2}$ gezogen zu werden.

Jedes Element E_i hat die Wahrscheinlichkeit $\frac{1}{2}$, in eine Stichprobe zu kommen. Die Stichprobe $\{E_1, E_3\}$ ist jedoch unmöglich! Daher liegt keine Zufallsstichprobe vor, weil nicht alle Stichproben die gleichwahrscheinlich sind.

Beispiel 1.2: Gallup gegen „Literary Digest" (vgl. DIECKMANN 1995)

Die Zeitschrift „Literary Digest" hatte schon mehrfach bei amerikanischen Präsidentschaftswahlen sogenannte „polls" (Wahlumfragen) in grossem Stil durchgeführt. Bei den Wahlen 1936 wurden zehn Millionen Probestimmzettel an Amerikaner verschickt, deren Adressen im Verzeichnis „Telephon und Auto" eingetragen waren. Immerhin kamen 2.4 Millionen ausgefüllte Stimmzettel zurück, deren Auswertung ein klares Ergebnis zugunsten des Kandidaten Landon versus Roosevelt erbrachte. Ein damals noch unbekannter Forscher names George Gallup wählte dagegen eine andere Methode: Er bildete eine (relativ) kleine Stichprobe, die in wesentlichen Merkmalen einem verkleinerten Abbild der amerikanischen Wählerschaft entsprach. In moderner Diktion handelte es sich um eine Quotenstichprobe; ein Verfahren, das heute freilich recht kontrovers dikutiert wird. Immerhin erzielte Gallup damals einen überwältigenden Erfolg. Seine Prognose lautete, dass Franklin D. Roosevelt 1936 als Präsident wiedergewählt werde. Wie wir wissen, traf Gallup ins Schwarze. Mehr noch: Der „Literary Digest" unterschätzte die Stimmenzahl Roosevelts um 19%. Diese Fehlprognose führte zum Untergang der Zeitschrift und zum Aufstieg des Gallup-Instituts. Die Gallup-Technik und der Name „Gallup" wurden zum Inbegriff von Meinungsumfragen.

Die Geschichte geht aber noch weiter. Ironischerweise erlitt Gallup 1948 einen Fehlschlag, obwohl er das Ergebnis des Wahlkampfs zwischen Dewey und Truman prozentual genauer als bei der Erfolgsprognose zwölf Jahre früher vorhersagen konnte. Nicht Gallups Favorit Dewey, sondern der Roosevelt-Nachfolger Truman wurde bei knappem Wahlausgang erneut zum Präsidenten gekürt. Das Gallup-Institut hat dadurch aber nur kurzfristig Schaden genommen. Es existiert heute weltweit und verwendet immer noch hauptsächlich die Methode seines Begründers, nämlich die Quotenauswahl.

Der Erfolg Gallups 1936 lehrt uns folgendes: Im allgemeinen gilt das Statistische Prinzip, dass grössere Stichproben unter sonst gleichen Bedingungen genauer sind als kleinere Stichproben. Diese Regel trifft aber dann nicht zu, wenn eine Stichprobe krass *verzerrt* ist. Die Massenstichprobe des Literary Digest war gleich in doppelter Weise äusserst *selektiv*. Die Rücklaufquote, ein zentrales Problem schriftlicher Befragungen, lag bei 24%. 76% der Addressaten des Probestimmzettels, möglicherweise mit grösserer Wahrscheinlichkeit Anhänger Roosevelts, haben den Stimmzettel nicht zurückgeschickt. Viel bedeutsamer aber war wohl die zweite Fehlerquelle. Die zehn Millionen ausgewählten Personen dürften kaum die amerikanische Wählerschaft repräsentiert haben. Mit ziemlicher Sicherheit war das Durchschnittseinkommen höher als in der Wählerschaft insgesamt. Trotz Massenmotorisierung in den Vorkriegs-USA waren Telephon- und Autobesitzer eher der gut situierten Mittelklasse zuzuordnen. Deren Sympathien galten aber weit weniger dem demokratische „New Deal"-Präsidenten Roosevelt als vielmehr seinem Gegenkandidaten Landon. Sind grosse Stichproben stark selektiv, dann werden kleinere, unverzerrte Stichproben in der Regel genauere Schätzungen liefern.

1.1.2   Stichprobenfunktionen

Wichtige Stichprobenfunktionen sind

1. das Stichprobenmittel

$$\bar{x} = \frac{1}{n} \sum_{i=1}^{n} x_i \quad ;$$

2. die Varianz des Stichprobenmittels, wenn die Varianz σ^2 der GG bekannt ist.

   (a) Für endliche Stichproben ist die Varianz

$$\mathrm{Var}(\bar{x}) = \frac{\sigma^2}{n}(1 - f).$$

Ist n klein oder N gross, so ist der Auswahlsatz $f = n/N$ klein und kann für präktische Zwecke vernachlässigt werden, d.h. es gilt approximativ

$$\text{Var}(\bar{x}) \cong \frac{\sigma^2}{n}.$$

(b) Für unendliche Stichproben gilt die Varianzformel exakt, da $f = 0$ ist:

$$\text{Var}(\bar{x}) = \frac{\sigma^2}{n}.$$

3. die Hochrechnung eines Stichprobenmittels.

Die Gesamtsumme aller Elemente der GG, d.h. $X = X_1 + \ldots + X_N$, auch Merkmalssumme genannt, kann durch das Stichprobenmittel $\bar{x}$ geschätzt werden:

$$\hat{X} = N\bar{x}.$$

Ist die GG bekannt oder kennt man die Verteilung mit den Verteilungsparameter einer GG, dann kann man die sogenannten Stichprobeneigenschaften von Stichprobenfunktionen berechnen. In der Praxis versucht man nur solche Stichprobenfunktionen zu verwenden, die gute Stichprobeneigenschaften besitzen.

Beispiel 1.3: Eine Grundgesamtheit S (Stichprobenraum) bestehe aus $N = 6$ Elementen:

$$S = \{2, 4, 5, 0, 1, 3\}.$$

Man ziehe nun aus dieser GG alle Stichproben mit je $n = 2$ Elementen. Dann sind

$$\binom{6}{2} = 15$$

verschiedene Stichproben vom Umfang $n = 2$ möglich.

Es sollen die Stichprobenverteilungen
a) des Stichprobenmittels $\bar{x} = (x_1 + x_2)/2$ und
b) der Spannweite, bzw. dem Range $= X_{max} - X_{min}$
bestimmt werden, und zwar für die Stichprobengrösse $n = 2$. (Die Stichprobengrösse wird nur aus didaktischen Gründen so klein gewählt.)

In diesem Beispiel gilt:

1. Die Verteilung der GG ist bekannt: Eine diskrete Gleichverteilung mit Wahrscheinlichkeit $p = \frac{1}{6}$ auf den 6 Elementen $\{0, 1, 2, 3, 4, 5\}$.

2. Die Stichprobenverteilung ist aus allen $\binom{6}{2} = 15$ Paaren exakt berechenbar.

Tabelle 1.1: (vgl. MANSFIELD 1991)

a) Stichprobenverteilung von $\bar{x}$ (Mittelwert) sowie der Spannweite (Range) $X_{max} - X_{min}$

Stichproben-nummer	Stichprobe	Mittelwert	Range
1	{2,4}	3.0	2
2	{2,5}	3.5	3
3	{2,0}	1.0	2
4	{2,1}	1.5	1
5	{2,3}	2.5	1
6	{4,5}	4.5	1
7	{4,0}	2.0	4
8	{4,1}	2.5	3
9	{4,3}	3.5	1
10	{5,0}	2.5	5
11	{5,1}	3.0	4
12	{5,3}	4.0	2
13	{0,1}	0.5	1
14	{0,3}	1.5	3
15	{1,3}	2.0	2

Die Tabelle beschreibt alle 15 Kombinationen von 2er-Stichproben, die aus einer GG von $N = 6$ Elementen gezogen werden kann.

b) Histogramme und Boxplots für $\bar{x}$ und Spannweite

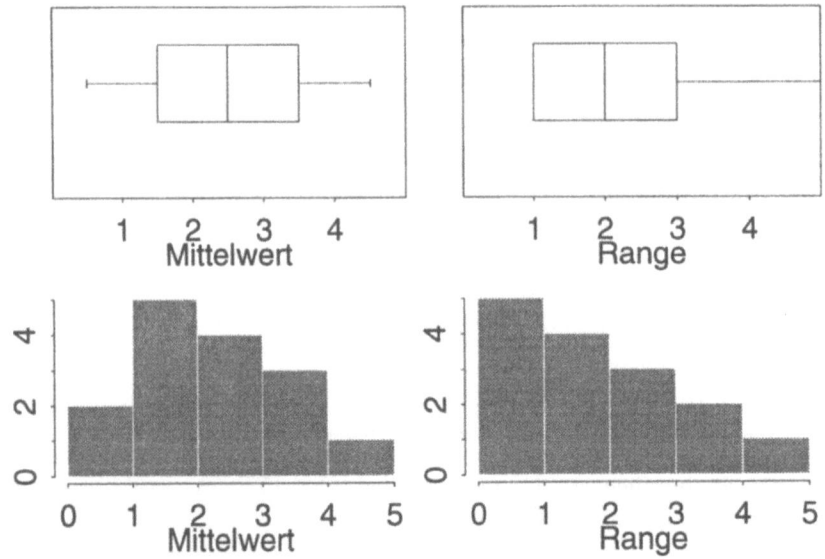

1.1.3   Warum Zufallsstichproben ?

Bei einer Zufallsstichprobe kennt man für jedes Element einer Grundgesamtheit die Wahrscheinlichkeit, dass es in einer beliebigen Stichprobe enthalten ist. Der Vorteil einer Zufallsstichprobe liegt nun in der Möglichkeit, dass man den Stichprobenfehler abschätzen kann. Im Gegensatz dazu stehen die Beurteilungs- und Willkürstichproben (judgement samples).

- **Willkürliche Stichproben:** Die Abschätzung des Stichprobenfehlers ist wegen unkontrollierten Veränderungen der Ziehungswahrscheinlichkeiten nicht möglich.

- **Beurteilungsstichproben :** Durch geschickte Berücksichtigung weiterer Informationen lässt sich ein kleinerer Stichprobenfehler erzielen, durch ungeschickte ein grösserer.

Um den Unterschied zwischen zufälligen Stichproben und Beurteilungsstichproben genauer herauszuarbeiten, vergleiche man die folgende Gegenüberstellung nach HARTUNG (1990):

Zufallsstichproben	Beurteilungsstichproben
- erfordern eingehende Planung	- sind einfach zu planen
- eine bestimmte Erhebungseinheit muss in die Stichprobe gelangen	- Erhebungseinheiten gelangen willkürlich in die Stichprobe
- Substitutionen nicht zugelassen	- Substitutionen der Erhebungseinheiten sind zugelassen
- sind relativ teuer	- sind relativ billig
- da sie auf der Wahrscheinlichkeitsrechnung beruhen, ist eine genaue Abschätzung des Zufallsfehlers möglich	- da sie nicht auf der Wahrscheinlichkeitsrechnung beruhen, ist keine Abschätzung des Zufallsfehlers möglich
- der Stichprobenfehler kann mit statistischen Mitteln beurteilt werden	- der Stichprobenfehler kann nicht mit statistischen Mitteln beurteilt werden
- sind eindeutig besser	- sind eindeutig schlechter

Beispiel 1.4: „Beängstigende Erfolge der Rauschgiftkontrolle" (Frankfurter Allgemeine Zeitung 5.12.94)

„An der 174 km langen deutsch-niederländischen Grenze ergab ein einziger Einsatz der mobilen Kontrollgruppe des Zolls im Gebiet des Autobahngrenzübergangs Emmerich-Eltin folgendes Bild: Bei 35 angehaltenen Fahrzeugen wurden 14 Rauschgiftaufgriffe (mit Hilfe des Schäferhundes Alf) gemacht. Beim Schmuggel von Kokain sei eine 50%-ige und bei Heroin eine

100%-ige Steigerung festzustellen." Man beurteile diese Zahlen mit Hilfe des statistischen Begriffs der Zufallsstichprobe.

Zunächst ist die Frage nach der Grundgesamtheit zu stellen. Was sind die Erhebungseinheiten der Rauschgiftkontrolle: Alle Grenzübertritte der 174 km langen deutsch-niederländischen Grenze in einem bestimmten Zeitraum? Oder nur die Fahrzeuge einer (unter Erfolgszwang stehenden) Einsatzgruppe? Bei den 35 angehaltenen Fahrzeugen handelt es sich sicher nicht um eine Zufallsstichprobe, sondern um eine klare Beurteilungsstichprobe. Die Erfahrung der Zollfahnder kann als selektive Stichprobennahme angesehen werden, der Schäferhund Alf bewirkt lediglich eine Effizienz der Kontrolle, der Messfehler wird durch einen gut abgerichteten Hund klein gehalten. Bei der 100%-igen Steigerung wird der Leser im Unklaren gelassen, auf welche frühere und vergleichbare (?) Erhebung Bezug genommen wird.

1.2 Stichprobenarten

1.2.1 Einfache Zufallsstichprobe

Ist n der Umfang der Stichprobe und N der Umfang der endlichen Grundgesamtheit, so lautet die einfache Zufallsstichprobe (vgl. 1.1.1):

$$X = \{X_1, ..., X_n\} \quad \text{mit} \quad n < N.$$

Vor dem eigentlichen Ziehen der Stichprobe besteht X aus einer Menge von Zufallsvariablen $X_1, ..., X_n$. Nachdem eine Stichprobe gezogen wurde, besteht eine Zufallsstichprobe aus einer Menge von Zahlen

$$\mathbf{x} = (x_1, ..., x_n) = (X_1 = x_1, ..., X_2 = x_2),$$

d. h. realisierten Zufallsgrössen.

1.2.2 Geschichtete Stichprobe (stratified sample)

Die GG wird anhand eines Schichtungsmerkmals Z in L Schichten unterteilt, und danach wird aus jeder Schicht eine Zufallsstichprobe des Merkmals X gezogen. Folgende praktische Fragen müssen bei jeder Schichtung geklärt werden:

- Wie unterteilt man die GG in Schichten?
- Wieviele Schichten gibt es?
- Wie wählt man den Auswahlsatz pro Schicht?

Notation:

N	Gesamtzahl der Untersuchungseinheiten in Grundgesamtheit (GG)
n	gesamter Stichprobenumfang
N_l	Umfang der Schicht l in der GG
n_l	Stichprobenumfang in Schicht l
$P_l = N_l/N$	Gewicht (Anteil) der Schicht l in der GG
$\mu, (\mu_l)$	Mittelwert der GG (in Schicht l)
$\sigma^2, (\sigma_l^2)$	Varianz der GG (in Schicht l)
$f = n/N$	Auswahlsatz
$f_l = n_l/N_l$	Auswahlsatz der Schicht l
$p_l = n_l/n$	Anteil der Schicht l in der Stichprobe
L	Anzahl der Schichten

1.2.3 Proportionale Stichprobe

Es ist n die gesamte Stichprobengrösse über L Schichten, und n_l die Stichprobengrösse der l-ten Schicht der L Schichten nach der Formel

$$n_l = nP_l \quad \text{für alle} \quad l = 1, ..., L.$$

Dabei ist P_l der Anteil der l-ten Schicht am Gesamtumfang N der GG:

$$P_l = \frac{N_l}{N}, \qquad l = 1, \ldots, L.$$

Die proportionale Stichprobe benötigt die folgenden Zusatzinformationen:
$N_l, \quad l = 1, \ldots, L$ (Umfang der Schichten in der GG),
N ist der Umfang der GG mit $N = N_1 + \ldots + N_L$.
Die Stichprobengrösse in jeder Schicht wird proportional festgelegt:

$$n_l = n \cdot \frac{N_l}{N} = nP_l \quad \text{bzw.} \quad \frac{n_l}{n} = \frac{N_l}{N}$$

oder

$$\frac{n_l}{N_l} = \frac{n}{N} \Leftrightarrow f_l = f,$$

d. h. der Auswahlsatz ist in allen Schichten gleich.

1. Das Stichprobenmittel der proportionalen Stichprobe bezeichnen wir mit $\bar{x}_{pr}$

$$\bar{x}_{pr} = \sum_{l=1}^{L} P_l \bar{x}_l$$

und es ist ein gewogenes Mittel der Stichprobenmittel $\bar{x}_l$ aller Schichten:

$$\bar{x}_l = \frac{1}{n_l} \sum_{i=1}^{n_l} x_i.$$

2. Die Varianz des proportionalen Stichprobenmittels ist

$$\text{Var}(\bar{x}_{pr}) = \frac{1-f}{n} \sum_{l=1}^{L} P_l \hat{s}_l^2,$$

wobei $\hat{s}_l^2$ die Stichprobenvarianz der l-ten Schicht ist:

$$\hat{s}_l^2 = \frac{1}{n_l - 1} \sum_{i=1}^{n_l} (x_{li} - \bar{x}_l)^2.$$

3. Die Hochrechnung, bzw. die Schätzung der Merkmalssumme X in der GG mit N Elementen lautet:

$$\hat{X} = N\bar{x}_{pr}.$$

Vorteile:
Proportionale Stichproben sind „selbst gewichtend", d. h. eine einfache Zufallsstichprobe ist proportional auf die Schichten aufgeteilt. Bei vielen Schichten ist diese Stichprobenmethode zeitsparend.

Beispiel 1.5:

1. Geschichtete Stichprobe

   Für die 4 Sprachgruppen in der Schweiz soll eine geschichtete Stichprobe vom Umfang $n = 5000$ gezogen werden. Ohne weitere Angaben
   zu den Schichten wählt man daher $n_i = \frac{5000}{4} = 1250$, $i = 1, \ldots, 4$.
   Dies bewirkt, dass die zu schätzenden Masszahlen in jeder Schicht (Anteile, Mittelwerte) mit gleicher Genauigkeit pro Schicht gemessen werden können.

2. Proportionale Stichprobe

   Nach der letzten Volkszählung teilen sich die 4 Sprachgruppen folgendermassen auf: D: 70%, F: 25%, I: 4.5%, R: 0.5%. Eine proportionale
   Stichprobe kann in diesem Fall als repräsentative Stichprobe bezüglich
   Sprachmerkmal angesehen werden. Die Berechnung erfolgt mit Hilfe
   der Formel

   $$n_l = nP_l, \quad l = D, F, I, R.$$

   mit $n = 5000$ und den Sprachgruppenanteilen P_l:

$$
\begin{array}{rclcr}
n_D & = & 5000 \cdot 0.70 & = & 3500 \\
n_F & = & 5000 \cdot 0.25 & = & 1250 \\
n_I & = & 5000 \cdot 0.045 & = & 225 \\
n_R & = & 5000 \cdot 0.005 & = & \underline{25} \\
& & & & 5000
\end{array}
$$

Bei einer proportionalen Stichprobe werden die zu schätzenden
Masszahlen mit ungleicher Genauigkeit pro Schicht gemessen

1.2.4 Optimale Stichprobe

Ist die Standardabweichung in jeder Schicht bekannt (oder abschätzbar), dann kann man den Stichprobenumfang durch

$$n_l = n \frac{P_l \sigma_l}{S^*}, \qquad l = 1, ..., L$$

bestimmen, wobei σ_l die Standardabweichung der l-ten Schicht ist. Das gewogene Mittel

$$S^* = \sum_{l=1}^{L} P_l \sigma_l$$

ist eine gepoolte Standardabweichung mit P_l als allgemeinem normierten Gewicht.

Bei der optimalen Stichprobe benötigt man die Zusatzinformation N_l und σ_l, $l = 1, ..., L$.

1. Das Stichprobenmittel der optimalen Stichprobe lautet

$$\bar{x}_{opt} = \sum_{l=1}^{L} P_l \bar{x}_l.$$

2. Die Varianz des optimalen Stichprobenmittels ist

$$\text{Var}(\bar{x}_{opt}) = \frac{1}{n} \left(\sum_{l=1}^{L} P_l \sigma_l \right)^2 - \frac{1}{N} \sum_{l=1}^{L} P_l \sigma_l^2.$$

3. Die Hochrechnung

$$\hat{X} = N \bar{x}_{opt}.$$

Ein Nachteil der optimalen Stichprobe besteht in der aufwendigen Berechnung.

Satz 1.1: Genauigkeit der Stichprobenverfahren
Es gilt folgende Effizienzeigenschaft (Varianzordnung) der Stichprobenmittel

$$\text{Var}(\bar{x}_{opt}) < \text{Var}(\bar{x}_{pr}) < \text{Var}(\bar{x}_{Zufall}) < \text{Var}(\bar{x}_{Klump}),$$

wobei $\bar{x}_{Zufall}$ das Stichprobenmittel der Zufallsstichprobe und $\bar{x}_{Klump}$ das der Klumpenstichprobe ist.

Beweis: Siehe COCHRAN (1977).

1.2.5 Kostenoptimale Stichprobe

Kostenoptimale Stichproben berechnet man dann, wenn ausser den Umfängen und Standardabweichungen der Schichten noch ein Budget C vorgegeben ist. Sind die Erhebungskosten bekannt d.h. die Fixkosten c_0 und die variablen Kosten c_l je Einheit in Schicht l, dann kann man die Aufteilung berechnen, die die kleinste bezahlbare Varianz hat. Für $c_0 = 0$ und $c_1 = c_2 = \ldots = c_L$ erhebt man dann eine optimale Stichprobe.

Um $\mathrm{Var}(\bar{x})$ unter der Budgetbedingung

$$C \geq c_0 + \sum_{l=1}^{L} n_l \, c_l$$

zu minimieren, verwende den LAGRANGE-Ansatz:

$$L(n_1, \ldots, n_L) = \mathrm{Var}(\bar{x}) - \lambda \left(C - c_0 - \sum_{l=1}^{L} n_l \, c_l \right).$$

Es stellt sich heraus, dass

$$n_1 : n_2 : \ldots : n_L = \frac{P_1 \, \sigma_1}{\sqrt{c_1}} : \frac{P_2 \, \sigma_2}{\sqrt{c_2}} : \ldots : \frac{P_L \, \sigma_L}{\sqrt{c_L}}$$

gelten muss. Da die Anteile, Standardabweichungen und die Kosten(P_l, σ_l und c_l)gegeben sind, schreibt man die n_l als Vielfache von $n_0$in die Budgetgleichung und löst diese nach n_0. Ist n_0 berechnet, ergeben sich die n_l daraus nach den anfänglich berechneten Proportionen.

1.2.6 Klumpenstichprobe (cluster sample)

Die GG setzt sich aus natürlichen Gruppierungen $G_1, \ldots, G_L$ zusammen, woraus ganze Einheiten G_l gewählt werden. Das ist nur dann ratsam, wenn eine Schichtenstichprobe zu teuer kommt, denn eine Klumpenstichprobe ist immer ungenauer als eine Schichtenstichprobe.

Da die Teilmengen G_l der Grundgesamtheit verschieden gross sein können, muss jede ungefähr die gleiche Verteilung von X aufweisen wie die gesamte GG, damit die Schätzungen genau sind.

Vergleich von Schichten- und Klumpenstichprobe:

Schichtenstichprobe	Klumpenstichprobe
- Jede Schicht wird in die Erhebung einbezogen. Innerhalb jeder Schicht wird durch Zufallsauswahl bestimmt, welche Einheiten in die Erhebung einbezogen werden.	- Es wird durch Zufallsauswahl bestimmt, welche Klumpen in die Stichprobe einbezogen werden. Von den ausgewählten Klumpen werden alle Einheiten in die Erhebung einbezogen.
- Die Streuung von $\bar{X}$ bei einer geschichteten Stichprobe ist kleiner als die Streuung der Zufallsstichprobe.	- Die Streuung von $\bar{X}$ bei einer Klumpenstichprobe ist grösser als die Streuung der Zufallsstichprobe.
- Der Genauigkeitsgewinn (d. h. die Verringerung der Varianz) ist umso grösser, je homogener die einzelnen Schichten und je grösser die Unterschiede zwischen den einzelnen Schichten sind.	- Der Genauigkeitsverlust (d. h. die Vergrösserung der Varianz) ist umso kleiner, je inhomogener die einzelnen Klumpen und je kleiner die Unterschiede zwischen den einzelnen Klumpen sind.

1.2.7 Mehrstufige Stichprobe

Mehrstufige Stichproben sind immer dann gut, wenn eine GG leicht in gleichartige Teilmengen zerfällt. Auf jeder Stufe werden Stichproben gezogen. Schichten- und Klumpenstichprobe sind zweistufige Stichproben mit Totalerhebung auf der 1. bzw. 2. Stufe.

Beispiel 1.6: Stichprobenplanung

1. Zufallsstichprobe

   Der Auswahlsatz beträgt $f = n/N = 5\%$, wobei N der Umfang der GG, und n der Umfang der Zufallsstichprobe ist.

   Für $N = 19175$ ergibt sich bei einem Auswahlsatz von 5% der Stichprobenumfang

   $$n = N \cdot f = 19175 \cdot 0.05 = 958.75 \cong 959.$$

   Das Aufrunden auf die nächste ganze Zahl ist ein Runden „auf die sichere Seite".

2. Proportionale Stichprobe

   Sei $L = 4$ die Anzahl der Schichten. Bei einer proportionalen Stichprobe ist der Umfang jeder Schicht proportional zur Grösse der Schicht in der GG.

Es gilt $n_l \propto N_l$, wobei $\propto$ das Proportionalzeichen ist. Gegeben seien 4 Schichten der GG mit $N_1 = 395$, $N_2 = 3800$, $N_3 = 7280$ und $N_4 = 7700$ Elementen. Wenn alle Auswahlsätze gleich sind, d. h. $f_l = f = 5\%$, für $l = 1, \ldots, 4$, dann ergeben sich die folgenden Stichprobenumfänge pro Schicht:

$$n_1 = 395 \cdot 0.05 = 19.75 \cong 20$$

$$n_2 = 3800 \cdot 0.05 = 190$$

$$n_3 = 7280 \cdot 0.05 = 364$$

$$n_4 = 7700 \cdot 0.05 = 385$$

Die gesamte Anzahl von Stichproben ist

$$n = \sum_{i=1}^{4} n_i = 959.$$

3. Optimale Stichprobe

Die Stichprobengrösse ist in jeder Schicht proportional zum Produkt von Standardabweichung und GG-Anteil, bzw.

$$n_l \propto \sigma_l P_l, \qquad l = 1, \ldots, L$$

und P_l ist der Schichtanteil in der GG: $P_l = \frac{n_l}{n_1 + \ldots + n_L}$.

Die Stichprobeninventur eines Lagers erfolgt in 4 Schichten (vgl. MANSFIELD 1991, S. 205)

Schicht l	Warenwert SFr.	Anzahl GG N_l	Std.Abw. σ_l	Schichtanteil $P_l = N_l/N$
1	$> 10'000.-$	395	1000	2.06%
2	$1'000 - 9'999.-$	3'800	500	19.82%
3	$100 - 999.-$	7'280	50	37.97%
4	$1 - 99.-$	7'700	20	40.16%
Summe		$N = 19'175$		100.00%

Schicht l	$P_l \sigma_l$	opt. Gewichte w_l	opt. Stpr. für $n = 959$
1	20.6	0.1404	$134.6 = 135$
2	99.1	0.6754	$647.7 = 648$
3	19.0	0.1294	$124.1 = 125$
4	8.0	0.0545	$52.5 = 53$
Summe	146.7	1.0000	961

wobei die optimalen Gewichte nach $w_l = P_l \sigma_l / \sum P_i \sigma_i$ berechnet werden.

Beispiel 1.7: Hochrechnung der optimalen Stichprobe
Nach der Erhebung hat man folgende Tabelle (Mittelwert in Tausend Franken):

$\bar{x}_l$	N_l	$N_l\bar{x}_l$
$\bar{x}_1 = 15.500$	395	6'122.50
$\bar{x}_2 = 4.300$	3'800	16'340.00
$\bar{x}_3 = 0.619$	7'280	4'506.32
$\bar{x}_4 = 0.072$	7'700	554.40
	$N = 19'175$	27'523.22

a) Das Stichprobenmittel der optimalen Stichprobe wird nach der Formel

$$\bar{x}_{opt} = \sum_{l=1}^{4} P_l\bar{x}_l = \frac{395\bar{x}_1 + 3'800\bar{x}_2 + 7'280\bar{x}_3 + 7'700\bar{x}_4}{19'175}$$

$$= \sum_{l=1}^{L} \frac{N_l\hat{x}_l}{N} = \frac{27'523.22}{19'175} = 1.4354$$

berechnet und ist ein gewogenes Mittel der Schichtenmittelwerte $\bar{x}_l$. Falsch wäre die Berechnung von 5.123 SFr. als ungewogenes Stichprobenmittel.

b) Die Hochrechnung auf die GG erfolgt durch die Multiplikation des Stichprobenmittels mit der Gesantanzahl N der Elemente der GG:

$$\hat{X} = N\bar{x}_{opt}$$

bzw.

$$\hat{X} = \sum_{i=1}^{4} \hat{X}_i = N_1\bar{x}_1 + ... + N_4\bar{x}_4 = 27'523'220. - SFr.$$

Aufgabe: Wie schätzt man den Median in einer geschichteten Stichprobe?

1.3 Stichprobenverteilungen

Die Stichprobenverteilung für einen Parameter und die Häufigkeitsinterpretation der Wahrscheinlichkeitsrechnung (durch die sogenannte Frequentisten oder frequentische Schule) bilden die sogenannte „klassische Statistik".
Das frequentistische Konzept ist prospektiv, d.h. in die Zukunft gerichtet. Bevor eine Stichprobe erhoben wird, wird die Wahrscheinlichkeit berechnet, dass ein Schätzer $\hat{\theta}$ vom Parameter θ der GG nicht mehr als eine bestimmte Distanz entfernt liegt, zum Beispiel:

- Der Abstand des Stichprobenmittels $\overline{X}$ vom Mittelwert μ (Parameter der Grundgesamtheit) beträgt maximal 0.1:

$$|\overline{X} - \mu| < 0.1.$$

- Der geschätzte Anteil ist grösser als 55% (d. h. liegt zwischen 55 und 100%):

$$\hat{p} > 0.55.$$

Beachte: Stichprobenverteilungen dienen zum Abschätzen des Zufalls- bzw. Stichprobenfehlers in einem Inferenzschluss von der Stichprobe auf die Grundgesamtheit (GG).

Definition 1.4: Schätzfunktion
Eine Schätzfunktion ist eine Abbildung von der Stichprobe $\{X_1, ..., X_n\}$ in die reellen Zahlen $\mathbb{R}$. Nur wenige ausgewählte Funktionen der Stichproben, die einen Parameter der GG schätzen sollen, sind aber praktisch sinnvolle Schätzfunktionen.

Definition 1.5: Stichprobenverteilung eines Parameters
Eine Stichprobenverteilung ist die Dichte (Wahrscheinlichkeitsvertei- lung) einer Schätzfunktion für einen Parameter der GG.

Beispiel 1.8:
Bei der klassischen Schätzung des Mittelwertes μ einer GG muss der Schätzer eine eindeutige Rechenvorschrift sein.
Der Stichprobenmittelwert ist eine Schätzfunktion $t\{X_1, ..., X_n\} \rightarrow \mathbb{R}$, d.h. t ist eine Abbildung vom Stichprobenraum S in die reellen Zahlen $\mathbb{R}$:

$$\overline{X} = t(X_1, ..., X_n) = \frac{1}{n} \sum_{i=1}^{n} X_i.$$

Da $X_1, ..., X_n$ Zufallsgrössen sind, ist auch das Stichprobenmittel $\overline{X}$ eine Zufallsgrösse. Dies wird mit der Grossschreibung ausgedrückt, später werden Zufallsvariablen mit einem Punkt unter dem Buchstaben gekennzeichnet.

1.3.1   Schätzfunktionen von Stichproben

Sei $X_1, ..., X_n$ eine Stichprobe einer metrischen Zufallsgrösse X, und $t(X_1, ..., X_n)$ eine Funktion der Stichprobenwerte. Die folgenden Funktionen t_1, t_2, t_3 sind Beispiele für **Schätzfunktionen** (estimators), bzw. **Statistiken** (statistic):

1. Das Stichprobenmittel

$$t_1(X_1, ..., X_n) = \overline{X} = \frac{1}{n} \sum_{i=1}^{n} X_i.$$

2. Die Stichprobenvarianz

$$t_2(X_1, ..., X_n) = \sigma_X^2 = \frac{1}{n} \sum_{i=1}^{n} (X_i - \overline{X})^2.$$

3. Der Stichprobenmedian

$$t_3(X_1, ..., X_n) = Med(X_1, ..., X_n) = \hat{F}^{-1}(0.5),$$

d. h. der Median ist durch die inverse Verteilungsfunktion $\hat{F}^{-1}$ an der Stelle 0.5 definiert. Der Median ist derjenige Lageparameter, der eine Verteilung in zwei gleichgrosse Hälften teilt.

4. Die Stichprobenverteilungsfunktion

$$\hat{F} = \frac{1}{n} \sum_{i=1}^{n} I_{x_i}(x),$$

wobei I_{x_i} die Stufen- oder Indikatorfunktionen sind, die folgendermassen definiert sind:

$$I_{x_i}(x) = \begin{cases} 1, & x \geq x_i, \\ 0, & x < x_i, \end{cases} \quad i = 1, ..., n.$$

Die Verteilungsfunktion $\hat{F}$ der Stichprobe setzt sich aus n Stufenfunktionen zusammen, die an den beobachteten Stichprobenpunkten x_i jeweils die Sprunghöhe $\frac{1}{n}$ aufweisen. Die Funktion $\hat{F}$ bildet von den reellen Zahlen IR (dem Bildbereich der Zufallsgrösse X) in das Intervall $[0; 1]$ ab.

Statistiken sind Zufallsgrössen und besitzen **Verteilungen**, die sogenannten Stichprobenverteilungen (sample distributions). Statistiken erkennt man oft daran, dass sie einen ˆ (Hut, ein Dach) besitzen. Damit wird angezeigt:
i) Statistiken sind Zufallsgrössen;
ii) eine Zufallsstichprobe liegt vor, und
iii) welche Masszahl geschätzt werden soll.

1.3.2 Stichprobenverteilungen von $\overline{X}$

Aus der Wahrscheinlichkeitsrechnung ist bekannt, dass bei normalverteilten Beobachtungen mit bekannter Varianz σ^2 $X_i \sim N(\mu, \sigma^2), i = 1, ..., n$ für das Stichprobenmittel gilt:

$$\overline{X} \sim N(\mu, \frac{\sigma^2}{n}).$$

Das bedeutet für die ersten beiden Momente der Verteilung von $\overline{X} = \frac{1}{n}\sum_{i=1}^{n} X_i$:

$$E(\overline{X}) = \mu,$$

$$\mathrm{Var}(\overline{X}) = \sigma_{\overline{X}}^2 = \frac{\sigma^2}{n}.$$

Für grosse Stichproben ist die Verteilung des Stichprobenmittels wegen des zentralen Grenzwertsatzes approximativ normal. Die Voraussetzungen dafür sind:

- a) $\{X_1, \ldots, X_n\}$ ist eine Zufallsstichprobe;

- b) Die Varianz der GG $\mathrm{Var}(X_i) = \sigma^2$ ist bekannt;

- c) $n \geq 30$.

Bemerkungen:

a) Für $n < 30$ ist die genaue Verteilung von $\overline{X}$ schwer zu approximieren, und man benötigt eine Klein-Stichprobentheorie oder die Bayesianische Theorie zur besseren Abschätzung des Stichprobenfehlers.

b) Ist die GG normalverteilt, dann ist auch $\overline{X}$ exakt normalverteilt.

1.3.3   Die Momente der Stichprobenverteilung von $\overline{X}$

Sei $\{X_1, \ldots, X_n\}$ eine Zufallsstichprobe. Der Mittelwert und die Varianz des Stichprobenmittels

$$\overline{X} = \frac{1}{n}(X_1 + \ldots + X_n)$$

sind bei

1. unendlicher Grundgesamtheit:

$$E(\overline{X}) \; = \; \frac{1}{n}\sum_{i=1}^{n} E(X_i) = \frac{1}{n}n\mu = \mu$$

und

$$
\begin{aligned}
\mathrm{Var}(\overline{X}) \; &= \; \mathrm{Var}\Big(\frac{1}{n}\sum_{i=1}^{n} X_i\Big) \\
&= \; \frac{1}{n^2}\sum_{i=1}^{n}\mathrm{Var}(X_i) \; = \; \frac{n\sigma^2}{n^2} \; = \; \frac{\sigma^2}{n};
\end{aligned}
$$

2. Bei endlicher GG mit N Elementen gilt:

$$E(\overline{X}) = \mu$$

und

$$\text{Var}(\overline{X}) = \frac{\sigma^2}{n} \frac{N-n}{N-1}.$$

Den Faktor $k = \frac{N-n}{N-1}$, der immer kleiner 1 ist, nennt man auch Endlichkeitskorrektur. Die Endlichkeitskorrektur ist nur für kleine N (Grundgesamtheiten) oder grosse n (Stichproben) bedeutend, da sie für grosse N gegen 1 strebt. Ist z. B. $N = 5$ und $n = 2$, dann ist $k = 3/4 = 0.75$, d. h. die Varianz des Mittelwertes ist in der endlichen GG um 25% kleiner als in der unendlichen GG. Man beachte, dass für unendliche Grundgesamtheit (d. h. für $N \to \infty$) die Endlichkeitskorrektur gegen 1 geht. D. h. für grosse N sind die Varianzen des Stichprobenmittels bei endlichen und unendlichen GG praktisch gleich.

1.3.4   Stichprobenverteilung eines Anteils π

Gegeben sei eine unendliche GG mit einem binären (qualitativen) Merkmal, das mit Wahrscheinlichkeit π (unbekannt) vorkommt. Eine Zufallsstichprobe $\{X_1, \ldots, X_n\}$ vom Umfang n werde gezogen,

$$\text{wobei} \quad \begin{cases} 1 & \text{mit Wahrscheinlichkeit } \pi \\ 0 & \text{mit Wahrscheinlichkeit } 1 - \pi \end{cases}$$

d. h. Bernoulliverteilt ist: $X_i \sim Ber(\pi), \quad i = 1, \ldots, n$.
Die Stichprobenverteilung des Anteils gibt bei gegebener Stichprobengrösse n die Wahrscheinlichkeit für den Unterschied von π und

$$\hat{p} = \frac{1}{n}(X_1 + \ldots + X_n)$$

an. Dies ist für einen geschätzten Anteil $\hat{p}$ die Binomialverteilung $\text{Bin}(\pi, n)$, d. h.

$$\hat{p} \sim \text{Bin}(\pi, n),$$

bzw. mit der Anzahl $x = X_1 + \ldots + X_n$ kann die Schätzverteilung des Anteils $\hat{p}$ berechnet werden:

$$Pr(\pi = \hat{p}) = Pr(\pi = \frac{x}{n}) = \frac{n!}{(n-x)!x!}\pi^x(1-\pi)^{n-x}.$$

Die $\text{Bin}(n, \pi)$-Verteilung hat die Momente

$$E(\hat{p}) = \pi$$

und

$$\text{Var}(\hat{p}) = \pi(1-\pi)/n.$$

Für $n\pi(1 - \pi) > 9$ ist eine Approximation der Binomialverteilung durch die Normalverteilung möglich, denn es gilt

$$\hat{p} \sim N\left(\pi, \pi(1 - \pi)/n\right)$$

und die Stichprobenverteilung erhält man, indem man den unbekannten Parameter π mit der Schätzung $\hat{p}$ ersetzt:

$$\hat{p} \sim N\left(\hat{p}, \hat{p}(1 - \hat{p})/n\right).$$

(Die Bezeichnung erscheint etwas verwirrend, da auf der linken und der rechten Seite die Schätzgrösse $\hat{p}$ vorkommt; dies ist als Approximation jedoch ein richtiges Resultat.)

Für die Merkmalssumme $n\hat{p} = X_1 + ... + X_n$ gilt für $n > 25$ (wegen des zentralen Grenzwertsatzes)

$$n\hat{p} \sim N\left(n\pi, n\pi(1 - \pi)\right),$$

so dass für die Momente der approximativen Normalverteilung ebenfalls gilt:

$$\mu = n\pi, \quad \sigma^2 = n\pi(1 - \pi).$$

Kapitel 2

Schätztheorie

2.1 Einführung in die statistische Schätzung

Die statistische Schätzung ist ein Teilgebiet des statistischen Schliessens, bzw. der statistischen Inferenz . Die statistische Inferenz besteht aus 3 grossen Hauptgebieten: a) dem Schätzen von Parametern in der Grundgesamtheit b) dem Testen von Parametern einer Verteilung und c) den Prognosen von künftigen Beobachtungen.

In diesem Kapitel beschäftigen wir uns mit der klassischen Schätztheorie, während die anderen Aspekte der statistischen Inferenz in den späteren Kapiteln behandelt werden.

Eine Schätzfunktion (engl. estimator) ist eine Vorschrift (Funktion der Stichprobe), wie man aus einer Stichprobe einen Parameter der GG (Grundgesamtheit) schätzt.

Ein Schätzer (engl. estimate) ist ein numerischer Wert einer Schätzfunktion.

Es gibt 2 Typen von statistischen Schätzungen:

- PUNKTSCHÄTZER: Der Punktschätzer eines Parameters ist eine einzige Zahl, zumeist ein Lageparameter der Stichprobenverteilung eines Parameters der GG, z. B. in der klassischen Theorie: $\overline{X}, S^2, \hat{p}$. In der Bayes-Theorie ist ein Punktschätzer ein Lageparameter der posteriori-Verteilung für den Parameter.

- INTERVALLSCHÄTZER: Ein Intervallschätzer ist ein Intervall von Werten, die den Parameter der GG mit hoher Wahrscheinlichkeit überdecken soll. Zum Beispiel $[X_u; X_o]_\alpha$ ist ein klassisches Konfidenzintervall, wobei α das Konfidenzniveau (die Überdeckungswahrscheinlichkeit) ist. In der Bayes-Theorie sind Intervallschätzer optimierte Wahrscheinlichkeitsbereiche der posteriori-Verteilung.

Definition 2.1: Statistik (englisch: statistic)

Eine Zufallsgrösse heisst "Statistik", falls sie als eine Funktion $f(x)$ einer Zufallsstichprobe $X = \{X_1, \ldots, X_n\}$ ausgedrückt werden kann, die keine unbekannten Grössen oder Parameter enthält.

Wird diese Statistik zum Testen verwendet, so nennt man sie auch "Teststatistik" (englisch: test statistic), wird sie zu einer Schätzung verwendet, so heisst sie "Schätzer" (estimate). Eine Schätzung (estimate) ist eine Realisierung eines Schätzers (estimator). (Eine Statistik, deren Stichprobenverteilung nicht von unbekannten Grössen abhängt, heisst "ancillary statistic".)

2.2   * Eigenschaften von Schätzern

Schätzen und Testen auf Grundlage von Zufallsstichproben bilden die Basis des sogenannten "statischen Schliessens" oder der "statischen Inferenz". Daher geben wir zuerst einige grundlegende Definitionen an.

2.2.1   Erwartungstreue bzw. Unverzerrtheit (unbiasedness)

Definition 2.2: Erwartungstreue

Eine Schätzfunktion $\hat{\theta} = t(X_1, \ldots, X_n)$ einer Zufallsstichprobe $\{X_1, \ldots, X_n\}$, die im Erwartungswert den Parameter θ der GG liefert, nennt man erwartungstreu, d. h.

$$\mathrm{E}(\hat{\theta}) = \mathrm{E}[t(X_1, \ldots, X_n)] = \theta.$$

Beispiel 2.1: Erwartungstreue Varianzschätzung
Die (einfache deskriptive) Varianz

$$\hat{\sigma}^2 = \frac{1}{n} \sum_{i=1}^{n} (X_i - \overline{X})^2$$

ist eine „verzerrte", d. h. nicht erwartungstreue Schätzfunktion, da $E(\hat{\sigma}^2) \neq \sigma^2$ ist und der Erwartungswert folgenden Wert annimmt:

$$E(\hat{\sigma}^2) = E\left(\frac{1}{n}\sum_{i=1}^{n}(X_i - \overline{X})^2\right) = \frac{n-1}{n}\sigma^2.$$

Die Verzerrung $(n-1)/n$ ist nur klein und verschwindet asymptotisch, d. h. für $n \to \infty$, da $\lim_{n\to\infty}\frac{n-1}{n} = 1$ ist.
Die Stichprobenvarianz

$$s^2 = \frac{1}{n-1}\sum_{i=1}^{n}\left(X_i - \overline{X}\right)^2$$

ist eine erwartungstreue Schätzfunktion :

$$E(s^2) = E\left(\frac{1}{n-1}\sum_{i=1}^{n}(X_i - \overline{X})^2\right) = \sigma^2.$$

2.2.2 Effizienz (efficiency)

Die Effizienz ist ein statistisches Konzept, das den Vergleich zweier Schätzer erlaubt.

Definition 2.3: Effiziente Punktschätzer, MSE

a) Sind zwei Schätzer erwartungstreu (unverzerrt), dann heisst ein Schätzer effizienter als der andere, falls die Varianz des einen kleiner ist als die des anderen:

$$E(\hat{\theta}_1) = E(\hat{\theta}_2) \quad \text{und} \quad \text{Var}(\hat{\theta}_1) < \text{Var}(\hat{\theta}_2).$$

b) Sind zwei Schätzer $\hat{\theta}_1$ und $\hat{\theta}_2$ nicht erwartungstreu (d.h. verzerrt), dann ist der eine effizienter als der andere, falls der MSE (mean squared error) kleiner ist als der des anderen:

$$E(\hat{\theta}_1) \neq E(\hat{\theta}_2) \quad \text{und} \quad \text{MSE}(\hat{\theta}_1) < \text{MSE}(\hat{\theta}_2).$$

c) Der mittlere quadratische Fehler MSE ist definiert als Erwartungswert der quadratischen Abweichung

$$\text{MSE}(\hat{\theta}) = E(\hat{\theta} - \theta)^2.$$

Dabei ist $\hat{\theta}$ die Zufallsgrösse und θ der unbekannte Parameter.

Beispiel 2.2: Effizienz des Mittelwertes

Sei μ der unbekannte Mittelwert einer normalverteilten GG. Zu vergleichen seien Mittelwert und Median einer Zufallsstichprobe, d.h. $\hat{\theta}_1 = \overline{X}$ und $\hat{\theta}_2 = Med(X)$. Für die Normalverteilung gilt

$$E\overline{X} = \mu = EMed(X).$$

Da die Varianzen

$$Var(\overline{X}) = \frac{\sigma^2}{n} \quad \text{und} \quad Var(Med(X)) = \frac{\sigma^2}{n}\sqrt{2\pi}$$

sind, so ist der Stichprobenmittelwert effizienter als der Stichproben-Median, da aus den Varianzen die Ungleichung

$$\frac{\sigma^2}{n} < \frac{\sigma^2}{n}\sqrt{2\pi}$$

folgt.

2.2.3   * Konsistenz (consistency)

Die Konsistenz ist eine „asymptotische" Eigenschaft von Schätzfunktionen:

Definition 2.4: Konsistenz

Ein Schätzer heisst konsistent, falls mit zunehmendem Stichprobenumfang $n \to \infty$ die Wahrscheinlichkeit, dass der Schätzer der Stichprobe in der Nähe des Parameters der GG liegt, gegen 1 strebt.

$$\forall \epsilon > 0 : \lim_{n \to \infty} Pr(|\hat{\theta} - \theta| < \epsilon) = 1$$

Beispiel 2.3: Der Stichprobenmittelwert ist eine konsistente Schätzfunktion des Mittelwert-Parameters μ der GG:

$$\lim_{n \to \infty} \overline{X}_n = \mu.$$

Dabei bedeutet $\overline{X}_n$ den Stichprobenmittelwert, der von der Stichprobengrösse $n = 1, 2, ...,$ abhängt:

$$\overline{X}_n = \frac{1}{n}\sum_{i=1}^{n} X_i.$$

Die Annahme der Normalverteilung $X_i \sim N(\mu, \sigma^2)$, $i = 1, ..., n$ ist dabei nicht notwendig, wohl aber die Existenz der Momente μ und σ^2 in der GG. Die Eigenschaft der Konsistenz beruht auf den Konzepten der stochastischen Konvergenz und dem Gesetz der grossen Zahlen.

Bemerkung:
Unter dem „ p $-$ lim " verstehen wir einen stochastischen Grenzwert, d. h. einen Konvergenzbegriff, der mit Hilfe der Wahrscheinlichkeitsrechnung genau definiert werden kann:

$$p - \lim_{n \to \infty} \hat{\theta}_n = \theta \Leftrightarrow \lim_{n \to \infty} \Pr(|\hat{\theta}_n - \theta| \leq \epsilon) \to 1.$$

Dabei ist ϵ eine beliebig kleine vorgegebene reelle Zahl. Für das Stichprobenmittel einer Normalverteilung gilt daher:

$$p - \lim_{n \to \infty} \overline{X}_n = \mu \quad \text{bzw.} \quad \lim_{n \to \infty} \Pr(|\overline{X}_n - \mu| < \varepsilon) = 1.$$

Man beachte, dass bei diesem Grenzwertbegriff der Abstand einer Zufallsgrösse von einer festen Zahl verwendet wird.

2.3 Intervall-Schätzung

Übersicht der Modelle
In diesem Abschnitt werden die folgenden klassischen Konfidenzintervalle für die Lageparameter einer (und zwei) Grundgesamtheiten hergeleitet. Die Bezeichnung $KONF(\mu)$ bedeutet also Intervallschätzung des Parameters μ mit Hilfe der klassischen Methode der Konfidenzintervalle.

2.3.1. $KONF(\mu)$, $\{X_i \sim N(\mu, \sigma_0^2)\}$, σ_0^2 bekannt
2.3.2. $KONF(\mu_1 - \mu_2)$, $\{X_{ij} \sim N(\mu_j, \sigma_{0j}^2), j = 1, 2\}$, $i = 1, ..., n_j$
2.3.3. $KONF(\pi)$, $\{X_i \sim \text{Ber}(\pi), \text{i=1,...,n}\}$, mit $\hat{p} \sim N(\hat{p}, \frac{\hat{p}\hat{q}}{n})$
2.3.4. $KONF(\pi_1 - \pi_2)$, $X_{ij} \sim \text{Ber}(\pi_j)$, approximativ
2.3.5. $KONF(Med)$, keine Verteilungsannahme nötig
2.3.6. $KONF(Q_p)$, verteilungsfrei: approximativ und exakt

Dieser Abschnitt diskutiert die Konfidenzintervalle als Intervallschätzer für die bekanntesten Modelltypen für univariate Zufallsstichproben.

Definition 2.5: Konfidenzintervalle

Konfidenzintervalle sind zufällige Intervalle mit festgelegter Überdeckungswahrscheinlichkeit, dem sogenannten Konfidenzniveau α. Aus frequentistischen (klassischen) Stichprobenverteilungen können die „Konfidenzintervalle" für den Parameter der GG konstruiert werden.

Die festgelegte Überdeckungswahrscheinlichkeit α bei Konfidenzintervallen heisst: Ein Konfidenzniveau $\alpha \in (0,1)$ wird *vor* Erhebung der Stichprobe festgelegt und hat eine frequentistische Wahrscheinlichkeitsinterpretation in einem hypothetischen, wiederholbaren Gedankenexperiment. Die Bezeichnung „Vertrauensintervall" sollte vermieden werden, da es leicht mit dem personalistischen Konzept des HPD- oder Glaubwürdigkeitsintervalls verwechselt werden kann.

2.3.1   Konfidenzintervalle für μ, wenn σ^2 bekannt ist

Voraussetzung ist das Vorliegen einer Zufallsstichprobe eines metrischen Merkmals aus einer klar abgegrenzten Grundgesamtheit (GG).

a) Bei normalverteilten Zufallsstichproben und kleinem Stichprobenumfang, d. h. für $n < 30$ gilt:

$$\{X_i \sim N(\mu, \sigma^2), \quad i = 1, ..., n\}.$$

b) Bei beliebiger Verteilung bei grossen Stichproben, d. h. fúr $n > 30$ gilt:

$$\{X_i \sim (\mu, \sigma^2), \quad i = 1, ..., n\}.$$

In beiden Fällen gilt für die Stichprobenverteilung des Stichprobenmittels $\overline{X}$ eine Normalverteilung:

$$\overline{X} \sim N(\mu, \frac{\sigma^2}{n}).$$

Diese Verteilungsaussage ist
unter a) eine exakte Verteilungsaussage wegen der Eigenschaft der Normalverteilung;
unter b) eine approximative Verteilungsaussage wegen dem zentralen Grenzwertsatz.

Beachte: Alternative Bezeichnungen für die Überdeckungswahrscheinlichkeit sind: Konfidenzniveau α, präspektive Trefferquote α, Treffer-Wahrscheinlichkeit.
Wegen der Normalverteilung (siehe A.5) gilt, bevor $\overline{X}$ bekannt ist, die Wahrscheinlichkeitsaussage

$$Pr\{\mu - 1.96\frac{\sigma}{\sqrt{n}} < \overline{X} < \mu + 1.96\frac{\sigma}{\sqrt{n}}\} = 0.95,$$

denn μ und σ^2 sind bekannte Parameter der GG, und $\overline{X}$ beruht auf den unbekannten Zufallsgrössen $X_1, ..., X_n$ der Stichprobe.
Diese Wahrscheinlichkeitsaussage eines Ereignisses der Zufallsgrösse $\overline{X}$ kann zu

$$Pr\{-1.96\frac{\sigma}{\sqrt{n}} < \overline{X} - \mu < 1.96\frac{\sigma}{\sqrt{n}}\} = 0.95$$

umgeformt werden und schliesslich zu

$$Pr\{\overline{X} - 1.96\frac{\sigma}{\sqrt{n}} < \mu < \overline{X} + 1.96\frac{\sigma}{\sqrt{n}}\} = 0.95.$$

Die letzte Gleichung ist kein einfacher Wahrscheinlichkeitsbereich der Zufallsgrösse $\overline{X}$, sondern muss als zufälliges Intervall neu interpretiert werden.

Sie betrifft eine Wahrscheinlichkeitsaussage über 2 neue Zufallsgrössen, die untere Intervallgrenze X_u und die obere X_o:

$$X_u = \overline{X} - 1.96\frac{\sigma}{\sqrt{n}} \quad ; \quad X_o = \overline{X} + 1.96\frac{\sigma}{\sqrt{n}}.$$

Gemeinsam betrachtet bilden die beiden Zufallsgrössen ein *zufälliges Intervall:*

$$Pr(X_u < \mu < X_o) = 0.95 \iff Pr(\{X_u < \mu\} \wedge \{X_o > \mu\}) = 0.95.$$

Dies folgt aus der Tatsache, dass μ ein konstanter Parameter der GG und keine Zufallsgrösse ist. Genau genommen handelt es sich um eine bivariate Zufallsgrösse mit unbekanntem „Variablenwert" μ.

Beispiel 2.4: Simulierte Konfidenzintervalle

Wir betrachten eine Zufallsstichprobe von $n = 20$ Beobachtungen $\{X_1, \ldots, X_{20})$, wobei jede Realisation am Computer aus einer Standard-Normalverteilung, d.h. $\{X_i \sim N(0,1), \quad i = 1\ldots, 20\}$ simuliert wird. Sodann berechnen wir das 95%-Konfidenzintervall

$$95\% - Konf(\mu) = \left[x \pm 1.96 \cdot \frac{1}{5}\right]$$

und wiederholen diese Simulation 20 mal.

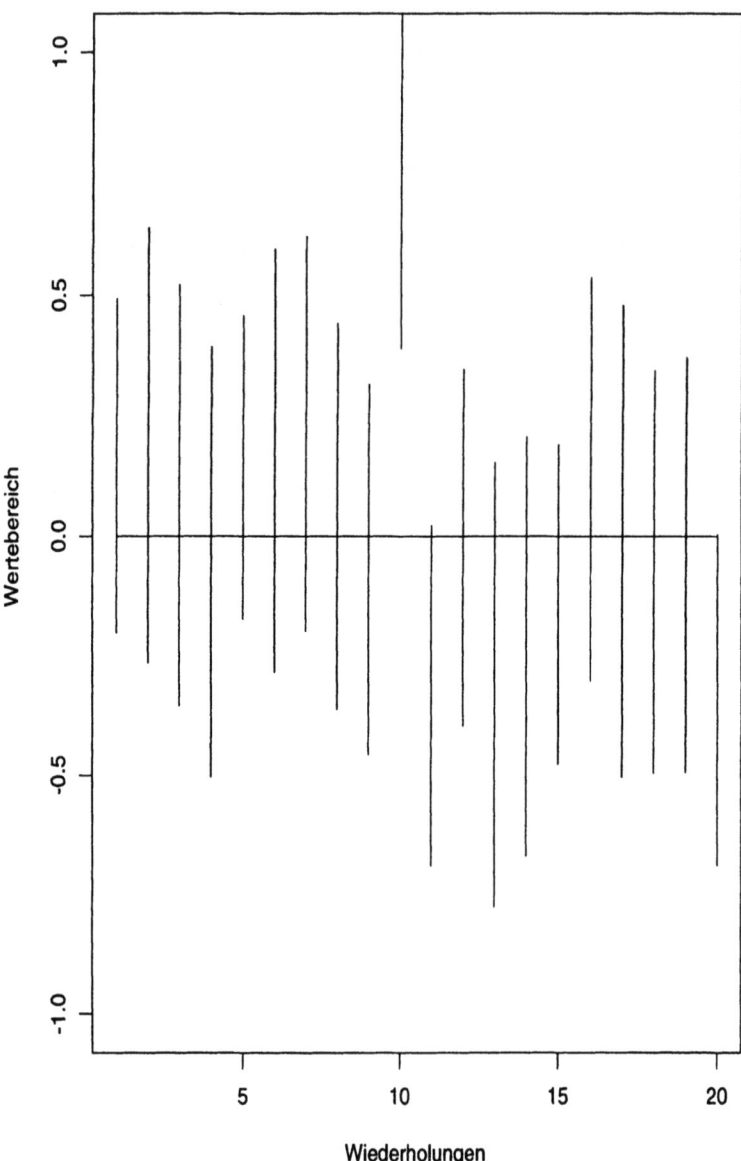

Figur 2.1: 20 Wiederholungen von 0.95-Konfidenzintervallen aus je 25 N(0,1)-verteilten Beobachtungen

Die Resultate der Simulation sind in Figur 2.1 zu sehen. In 19 von 20 Fällen

überdeckt das Konfidenzintervall den Wahren Parameter, $\mu = 0$, nur in der

Simulation $Nr.10$ ist das nicht der Fall. $\hat{P} = 19/20 = 0.95$ ist die beobachtete Überdeckungswahrscheinlichkeit, die mit dem theoretischen Konfidenzniveau $\alpha = 0.95$ in dieser Simulation übereinstimmt.

2.3.2 Konfidenzintervall für die Differenz zweier Mittelwerte (für grosse Stichproben)

Dieses Konfidenzintervall vom „Normaltyp" trifft auf folgende zwei Situationen zu:

Entweder sind zwei Grundgesamtheiten (GG1 und GG2), in denen ein metrisches Merkmal mit bekannter Varianz normalverteilt ist, oder jeweils zwei grosse Stichproben ($n_1 > 30, n_2 > 30$) gegeben. Daher gilt die Stichprobenverteilung:

	GG 1	**GG 2**
Beobachtung	$X_{i1} \sim (\mu_1, \sigma_1^2),$ $i = 1, ..., n_1$	$X_{j2} \sim (\mu_2, \sigma_2^2)$ $j = 1, ..., n_2$
Stichprobenmittel	$\overline{X}_1 \sim N(\mu_1, \sigma_1^2/n_1)$	$\overline{X}_2 \sim N(\mu_2, \sigma_2^2/n_2)$

Bei Unabhängigkeit der Stichproben gilt für die Differenz der Stichprobenmittelwerte die Verteilung

$$\overline{X}_1 - \overline{X}_2 \sim N\left(\mu_1 - \mu_2, \frac{\sigma_1^2}{n_1} + \frac{\sigma_2^2}{n_2}\right)$$

und das Konfidenzintervall zum Niveau α lautet:

$$\alpha - KONF(\mu_1 - \mu_2) = \left[\overline{X}_1 - \overline{X}_2 \pm z_{\left(\frac{1+\alpha}{2}\right)}\sqrt{\frac{\sigma_1^2}{n_1} + \frac{\sigma_2^2}{n_2}}\right]_\alpha .$$

Beispiel 2.5: Vergleich von Trockengewichten (Messungen in Gramm g) Gegeben seien 2 Zufallsstichproben, die einen Abfüllvorgang einer Firma überprüfen sollen. Sind die beiden Abfüllvorgänge gleich, oder gibt es einen Unterschied? Es soll ein 90%-Konfidenzintervall für den Unterschied der Abfüllungen berechnet werden.

Die Stichprobenerhebung wird wie folgt zusammengefasst:

Stichprobe:	$GG1$	$GG2$
Mittelwert:	$\overline{X}_1 = 230.2g$	$\overline{X}_2 = 228.3g$
Varianzen:	$\sigma_1^2 = 6.4g^2$	$\sigma_2^2 = 3.6g^2$
Umfang:	$n_1 = 10$	$n_2 = 10$

Das Konfidenzintervall für die Differenz der Mittelwerte beträgt

$$90\% - KONF(\mu_1 - \mu_2) = \left[230.2 - 228.3 \pm 1.645\sqrt{\frac{6.4}{10} + \frac{3.6}{10}}\right]_{90\%}$$

$$= \left[1.9 \pm 1.645\sqrt{\frac{10}{10}}\right]_{90\%} = [0.255; 3.545]_{90\%}.$$

Auf 90%-Konfidenzniveau liegt das Konfidenzintervall in den positiven Zahlen: Daher ist das Abfüllgewicht in GG_1 (im Durchschnitt) grösser als in GG_2.

Die Differenz der beiden Mittelwerte $\overline{X}_1 - \overline{X}_2$ ist mit 90% positiv, d. h. der stochastische Schluss $\mu_1 >_{90\%}> \mu_2$, wobei „$>_{90\%}>$" grösser mit 90% Wahrscheinlichkeit bedeutet, ist gerechtfertigt.

2.3.3 Konfidenzintervall für einen Anteil π einer Grundgesamtheit (für grosse Stichproben)

Gegeben sei eine Stichprobe $\{X_1, ..., X_n\}$ aus einer GG mit einer Bernoulli-Verteilung $X_i \sim Ber(\pi)$. Der Erwartungswert der Bernoulli-Verteilung jeder Beobachtung ist

$$E(X_i) = \pi, \quad i = 1, ..., n,$$

die Varianz $Var(X_i) = \pi(1 - \pi)$. Daher besitzt der Anteil $\hat{p}$ eine Stichproben-verteilung mit Mittelwert π und Varianz $\pi(1 - \pi)/n$:

$$\hat{p} = \sum_{i=1}^{n} X_i/n \sim \left(\pi, \frac{\pi(1 - \pi)}{n}\right).$$

Sowohl der Erwartungswert als auch die Varianz der Stichprobenverteilung sind Funktionen des unbekannten Parameters π.

Für grosse $n = n(\pi)$ in Abhängigkeit von π gilt für den Stichprobenanteil $\hat{p}$ die Approximation durch die Normalverteilung:

$$\hat{p} \sim N\left(\pi, \sigma_p^2 = \frac{\pi(1 - \pi)}{n}\right).$$

Da π unbekannt ist, muss die Varianz selbst aus der Stichprobe geschätzt werden.

Für grosse n gilt nach dem Gesetz der grossen Zahlen: $\hat{p} \to \pi$, daher gilt dann für die Stichprobenverteilung von $\hat{p}$:

$$\hat{p} \sim N\left(\hat{p}, \sigma_{\hat{p}}^2 = \frac{\hat{p}(1 - \hat{p})}{n}\right).$$

Daraus lässt sich das Konfidenzintervall vom Typ der Normalverteilung konstruieren:

$$\alpha - KONF(\pi) = \left[\hat{p} \pm z_{\frac{1+\alpha}{2}}\sqrt{\frac{\hat{p}(1-\hat{p})}{n}}\right]_{\alpha}$$

mit präspektiver Trefferquote (Konfidenzniveau) α.

Die Approximation gilt nicht für Anteile $\pi < 0.1$ oder $\pi > 0.9$. So ist zum Beispiel die Häufigkeit von Flugunfällen sicher nicht approximativ normalverteilt.

Bemerkung: In COCHRAN (1977) werden je nach Anteil π folgende Stichprobenumfänge n empfohlen:

Anteil π	Umfang n	Varianz $n\pi(1-\pi)$
0.5	30	7.5
0.4 oder 0.6	50	12
0.3 oder 0.7	80	16.8
0.2 oder 0.8	200	32
0.1 oder 0.9	600	54

Man sieht aus der letzten Spalte, wo die Varianz $\text{Var}(X_1 + \ldots + X_n) = n\pi(1-\pi)$ berechnet wird, dass die beiden Regeln stark voneinander abweichen. In der Praxis hat sich die „COCHRAN-Regel" nicht durchgesetzt.

Verwendet man die leicht zu merkende Faustregel „$n\pi(1-\pi)$ muss grösser als 9 sein", sollte man als Schätzwert für π die weiter von 0.5 entfernte Schranke eines provisorisch berechneten Konfidenzintervalls verwenden.

2.3.4 Konfidenzintervalle für die Differenz zweier Anteile (für grosse Stichproben)

Gegeben seien zwei Grundgesamtheiten mit einem dichotomen (0 oder 1)-Merkmal. Daraus werden jeweils zwei Zufallsstichproben vom Umfang n_1 und n_2 gezogen, sodass zwei unabhängige Bernoulli-Verteilungen vorliegen:

	GG 1	GG 2
Stichprobe:	$\{X_1, ..., X_{n_1}\}$	$\{Y_1, ..., Y_{n_2}\}$
Verteilung:	$X_i \sim Ber(\pi_1)$, $i-1, ..., n_1$	$Y_j \sim Ber(\pi_2)$, $j-1, ..., n_2$
Stichproben-Verteilung:	$\hat{p}_1 \sim N(\pi_1, \pi_1(1-\pi_1)/n_1)$	$\hat{p}_2 \sim N(\pi_2, \pi_2(1-\pi_2)/n_2)$
Gesetz der grossen Zahlen:	$\hat{p}_1 \to \pi_1$	$\hat{p}_2 \to \pi_2$

Bei Unabhängigkeit der Stichproben $\{X_i\}\perp\{Y_j\}$ gilt ($\perp$ ist das Symbol für stochastische Unabhängigkeit) ist die Differenz der Stichprobenanteile normalverteilt mit

$$\hat{p}_1 - \hat{p}_2 \sim \mathrm{N}\left(\pi_1 - \pi_2, \frac{\pi_1(1-\pi_1)}{n_1} + \frac{\pi_2(1-\pi_2)}{n_2}\right) \cong N[\Delta\hat{p}, S^2_{p_1-p_2}].$$

Dabei ist $\Delta\hat{p} = \hat{p}_1 - \hat{p}_2$ die Differenz der Anteile und die Varianz der Differenz

$$S^2_{p_1-p_2} = \frac{\hat{p}_1\hat{q}_1}{n_1} + \frac{\hat{p}_2\hat{q}_2}{n_2},$$

wird durch die gepoolte Varianz für die Differenz der Anteile von beiden Stichproben geschtzt. Dabei sind die $\hat{q}_i = 1 - \hat{p}_i$, $i = 1, 2$, die geschätzten Gegenanteile, d. h. die geschätzten Anteile für das Nichteintreten des qualitativen Merkmals.

Damit kann ein Konfidenzintervall vom Normaltyp gebildet werden:

$$\begin{aligned}
\alpha - KONF(\pi_1 - \pi_2) &= [\Delta\hat{p} \pm z_{\frac{1+\alpha}{2}} S_{p_1-p_2}]_\alpha \\
&= \left[\hat{p}_1 - \hat{p}_2 \pm z_{\frac{1+\alpha}{2}} \sqrt{\frac{\hat{p}_1\hat{q}_1}{n_1} + \frac{\hat{p}_2\hat{q}_2}{n_2}}\right]_\alpha,
\end{aligned}$$

wobei $z_{\frac{1+\alpha}{2}}$ das $\frac{1+\alpha}{2}$-Quantil der $N(0,1)$-Verteilung (vgl. Tabelle A.5) ist.

Beispiel 2.6:

Gibt es einen Unterschied zwischen Liberalen und Demokraten in der Einstellung zur Abschaffung der Doppelbesteuerung von Dividenden? Eine Zufallsstichprobe unter den Parteimitgliedern von Liberalen und Demokraten ergab folgendes Bild:

	Liberale	Demokraten
Umfang:	$n_1 = 400$	$n_2 = 400$
Stichproben-Anteil:	$\hat{p}_1 = 80\%$	$\hat{p}_2 = 40\%$

Man berechne ein Konfidenzintervall für die Differenz der Anteile zum Konfidenzniveau $\alpha = 95\%$.

Lösung: Das 95%-Konfidenzintervall für die unbekannte Differenz der Anteile $\pi_1 - \pi_2$ ist

$$95\% - KONF(\pi_1 - \pi_2) = \left[\hat{p}_1 - \hat{p}_2 \pm z_{\frac{1+\alpha}{2}} S_{p_1-p_2}\right]_{95\%},$$

wobei $S_{p_1-p_2}$ die gepoolte Standardabweichung für die Differenz ist:

$$\begin{aligned}
S_{p_1-p_2} &= \sqrt{\frac{\hat{p}_1\hat{q}_1}{n_1} + \frac{\hat{p}_2\hat{q}_2}{n_2}} = \sqrt{\frac{0.8\cdot 0.2 + 0.4\cdot 0.6}{400}} \\
&= \frac{\sqrt{0.16 + 0.24}}{20} = \frac{\sqrt{0.4}}{20} = \frac{0.632}{20} = 0.0316.
\end{aligned}$$

Damit ergibt sich als Konfidenzintervall für die Differenz der Anteile

$$95\% - KONF(\pi_1 - \pi_2) = [0.4 \pm 1.96 \cdot 0.0316]_{95\%}$$
$$= [0.338; 0.462]_{95\%}$$

Das Konfidenzintervall überdeckt nicht den Nullpunkt, daher ist ein beträchtlicher („signifikanter") Unterschied in den Anteilen gegeben.

2.3.5 * Konfidenzintervalle für den Median: Variable Konfidenzniveaus

Sei $\{X_1, ..., X_n\}$ eine Zufallsstichprobe aus einer Grundgesamtheit mit unbekannter Verteilungsfunktion $F(x)$. Der Median kann dabei indirekt über die Verteilungsfunktion $F(x)$ definiert werden als $F(Med) = \frac{1}{2}$. F ist stetig und streng monoton (vgl. DEGROOT 1986).
Die Wahrscheinlichkeit, dass eine Beobachtung kleiner als der Median ist, ist $\frac{1}{2}$. Die Wahrscheinlichkeit, dass genau k von n Beobachtungen kleiner als der Median ist, ist $\binom{n}{k}1/2^n$. Zunächst bildet man die Rangliste (engl. order statistics), d. h.

$$X_{(1)} < X_{(2)} < \ldots < X_{(n)}$$

und betrachtet die beiden Ereignisse:

- $\{X_{(r)} < Med\}$ ... Dieses Ereignis tritt dann ein, wenn mindestens r Beobachtungen kleiner als der Median sind.

- $\{X_{(s)} > Med\}$ ... Dieses Ereignis tritt dann ein, wenn mindestens $n - s + 1$ Beobachtungen grösser als der Median sind.

Damit lässt sich die Wahrscheinlichkeit bestimmen, dass der Median (Med) zwischen zwei beliebigen geordneten Beobachtungen $X_{(r)}$ und $X_{(s)}$ liegt:

$$Pr(X_{(r)} < Med < X_{(s)}) = \sum_{k=r}^{s-1} \binom{n}{k} \left(\frac{1}{2}\right)^n$$

$$= Pr(\{\text{genau } r \text{ Beobachtungen} < Med\} \cup \{(r+1) < Med\} \cup \ldots$$
$$\cup \{(s-1) < Med\})$$
$$= Pr(\text{mindestens } x_{(r)} < Med \text{ und höchstens } x_{(s-1)} < Med).$$

Beachte:

- Dieses Konfidenzintervall für den Median gilt für alle Verteilungen $F(x)$!

- Dieser Zugang lässt sich leicht zu Konfidenzintervalle für Quantile Q_p erweitern: Statt $1/2$ wird p in die Binomialformel eingesetzt.

2.3.6 Konfidenzintervall für Median und Quantile: Indexmethode

a) approximative Lösung für grosse n: Konfidenzintervalle (vgl. HARTUNG 1987)

Die n Realisationen einer Zufallsstichprobe $\{X_1 = x_1, \ldots, X_n = x_n\}$ werden der Grösse nach geordnet und man bildet die Rangliste

$$x_{(1)} \leq x_{(2)} \leq \cdots \leq x_{(r)} \leq \cdots \leq x_{(s)} \leq \cdots \leq x_{(n)}.$$

Für das α-Konfidenzintervall des p-Quantils Q_p werden die Indexgrenzen (approximativ über die Normalverteilungsquantile $z_{(\frac{1+\alpha}{2})}$) bestimmt:

$$\underset{\cdot}{r}^* = np - z_{(\frac{1+\alpha}{2})}\sqrt{np(1-p)},$$

$$\underset{\cdot}{s}^* = np + z_{(\frac{1+\alpha}{2})}\sqrt{np(1-p)}.$$

Als nächstes werden die Indexgrenzen aufgerundet:

$$\underset{\cdot}{r}^* \to \underset{\cdot}{r}, \quad \underset{\cdot}{s}^* \to \underset{\cdot}{s}.$$

Das Aufrunden ist deshalb wichtig, da die Rangliste von $x_{(1)}$ bis $x_{(n)}$ gegeben ist. Würde man 'normal" runden, könnte bei kleinen Quantilen die Indexgrenze 0 entstehen. Das gesuchte Konfidenzintervall für das Quantil Q_p hat nun die „Ranglistenform":

$$\alpha - KONF(Q_p) = \left[X_{(\underset{\cdot}{r})}; X_{(\underset{\cdot}{s})}\right]_\alpha,$$

d. h. die Intervallgrenzen werden mit Hilfe der aufgerundeten Indexgrenzen aus der Rangliste bestimmt. Das Aufrunden der Indexgrenzen (im Unterschied zum Runden auf die sichere Seite) gewährleistet, dass der kleinste Index auf 1 und der grösste auf n gerundet wird. Beachte, dass $X_{(\underset{\cdot}{r})}$ und $X_{(\underset{\cdot}{s})}$ als Intervallgrenzen eines Konfidenzintervalls Zufallsgrössen sind, und zwar über die stochastischen Indizes $\underset{\cdot}{r}$ und $\underset{\cdot}{s}$.

b) exakte Lösung: HPD-Intervalle für den Median

HPD-Intervalle sind kleinste, d. h. optimale Konfidenzintervalle mit höchster Wahrscheinlichkeitsdichte (= highest probability density).

Motivation: Die Approximation der Binomial-Verteilung durch die Normalverteilung an den Rändern von $p \in (0,1)$ ist schlecht. Besser ist die Berechnung der Indexgrenzen mit der Beta-Verteilung $Be(a,b)$, die um den Modalwert

$$Mod[Be(a,b)] = \frac{a-1}{a+b-2}$$

konzentriert ist. Daher ersetzt man das Konfidenzintervall für Indexgrenzen, d. h.

$$\alpha - KONF[INDQ_p] = \left[np \pm z_{(\frac{1+\alpha}{2})}\sqrt{\frac{pq}{n}}\right]_{\alpha\%}$$

durch das (posteriori) HPD-Intervall

$$HPD_\alpha[INDQ_p] = nHPD_\alpha[Be(np+1, nq+1)] \quad \text{mit} \quad q = 1 - p.$$

Dieses HPD-Intervall basiert auf der Gleichverteilung (d. h. der Be(1,1) a-priori-Verteilung), und der Modalwert der posteriori Verteilung beträgt nach obiger Formel:

$$Mod(Be(np+1, nq+1)) = \frac{np}{np + nq} = p$$

da $np + np = n(p + q) = n$ ist.

Die Berechnung ist auch durch eine Tabelle (vgl. Appendix A.13) für Quantile $Q(p)$ möglich, die für p in 5% Punkteintervalle tabelliert ist. Die mathematische Kurzschreibweise für die Intervallschritte ist: $p = 0(0.05)1$.

Für das Berechnen der Indexgrenzen werden statt der Binomial-(Normal)-verteilungsapproximation die HPD-Grenzen der exakten Beta-Verteilung verwendet. Dazu verwendet man die Tabelle aus dem Anhang A.12.3. Da die Tabellen nicht alles abdecken können, muss interpoliert werden. Die Tabelle gibt es nur für die Konfidenzniveaus $\alpha = 90\%, 95\%$ und 99%, wobei die Indexgrenzen r und s aus den Tabellen abgelesen werden.

Beispiel 2.7: HPD-Intervall für den Median und Quartile
$n = 14$ Autoreifen werden auf ihre Haltbarkeit hin geprüft (in Meilen) und ergibt die Stichprobe

$$\mathbf{x} = \{18700, 18900, 19500, 19600, 19700, 18800, 19900,$$
$$20100, 20200, 20300, 20400, 21000, 21100, 31300\}.$$

Die Stichprobe wird in einem Stamm&Blatt dargestellt:

Einheit: 18 | 7 = 18'700

18	7	9		
19	5	6	7	8	9
20	1	2	3	4
21	0	1		

HI   31 | 3

Die Bezeichnung "HI" und der abgesetzte Stamm zeigen einen oberen Ausreisser (vgl. POLASEK 1994).

(a) Median

Zunächst berechnen wir das 95% HPD-Intervall für die Indexgrenzen des Medians

$$HPD_{95\%}[IND_{Med}] = nHPD_{95\%}\left[Be\left(\frac{n}{2} + 1, \frac{n}{2} + 1\right)\right]$$

$$= \quad 14HPD_{95\%}[Be(8,8)]$$
$$= \quad 14[0.266; 0.734]_{95\%}$$
$$= \quad [3.72; 10.28]_{95\%}$$

Das HPD-Intervall $[0.266; 0.734]$ kann mit Hilfe eines Computer-programms berechnet werden oder es wird einer Tabellensamm-lung entnommen, wie etwa im Anhang A.12.3. Man geht in die 95%-Tabelle der Beta-Verteilung und liest das HPD-Intervall an den Stellen $a = 8$ und $b = 8$ (Zeile und Spalte) ab.

Eine weitere Möglichkeit besteht durch die direkte Ablesung von HPD-Indexgrenzen in der Tabelle A.13. Diese Tabelle führt zeilen-weise in 5% Schritten die Quantilsprozente an, während waagrecht die Stichprobengrösse n abgetragen ist. Da nicht alle n tabelliert werden können, muss bei diesem Verfahren interpoliert werden. So kann für unser Beispiel $n = 14$ nicht abgelesen werden, jedoch ist für $n = 15$ das HPD-Indexgrenzenintervall für $p = 0.5$ (d. h. den Median) $[4.08; 10.92]$ angegeben. Durch die zweistelligen In-dexgrenzen kann man leicht runden. Da für $n = 10$ das HPD-Intervall $[2.34; 7.66]$ lautet, kann man leicht erkennen, dass an der unteren Grenze die 4.08 auf 4 abgerundet werden kann, während 10.92 dicht genug bei 11 liegt, so dass auch bei $n = 14$ aufgerun-det werden muss (die exakte Interpolation ergibt $[3.73; 10.27]$). Es ergibt sich also ein interpoliertes Intervall von $[4; 11]$ als Index-grenze, was mit der exakten Berechnung über die Beta-Verteilung übereinstimmt.

Das Aufrunden der Indexgrenzen ergibt:

$$HPD_{95\%}[IND_{Med}] = [4; 11]_{95\%}.$$

Daher erhält man als HPD-Intervall für den Median

$$Pr(X_{(4)} < Med < X_{(11)}) = 0.95$$

bzw.

$$Pr(19.6 < Med < 20.4) = 0.95.$$

(b) oberes Quartil (Q^p mit $p = 0.75$)

Das 95%-HPD Intervall für das obere Quantil lautet:

$$HPD_{95\%}[IND_{Q0.75}] \quad = \quad nHPD_{95\%}[Be(\frac{3}{4}n + 1, \frac{1}{4}n + 1)]$$
$$= \quad 14HPD_{95\%}[Be(11.5, 4.5)]$$
$$= \quad [7.0; 12.8]_{95\%}.$$

Das Aufrunden der Indexgrenzen ergibt das Intervall $(7, 13)$. Daher erhält man für das obere Quantil $Q^4 = Q_{0.75}$ als HPD-Intervall:

$$Pr(X_{(7)} < Q^4 < X_{(13)}) = 0.95$$

bzw.

$$Pr(19.9 < Q_{0.75} < 21.1) = 0.95.$$

Bemerkungen:

1. Beim Median ist der Unterschied zum Konfidenzintervall gering, da für $p = 1/2$ die Betaverteilung symmetrisch ist und die Approximation durch die Normalverteilung gute Resultate liefert.

2. Die Parameter a und b der Beta-Verteilung sind $np+1$ und $nq+1$, und die Summe der Parameter ergibt $a + b = n + 2$.

3. Zum Vergleich berechnen wir das klassische 95%-Konfidenzintervall:

$$
\begin{aligned}
95\% - KONF[IND_{Q_{0.75}}] &= \left[14 \cdot \left(0.75 \pm 1.96 \cdot \sqrt{\frac{3}{4} \cdot \frac{1}{4}/14} \right) \right]_{95\%} \\
&= [14(0.75 \pm 0.23)]_{95\%} \\
&= 14 \cdot [0.52; 0.98]_{95\%} \\
&= [7.3; 13.7]_{95\%}.
\end{aligned}
$$

Das Konfidenzintervall für das obere Quantil beträgt daher

$$95\% - KONF[Q_{0.75}] = [x_{(8)}; x_{(14)}]_{95\%} = [20.1; 31.3]_{95\%}.$$

4. Für Stichproben, die kleiner als $n = 12$ sind, wird die obere Grenze des Konfidenzintervalls grösser als die Stichprobengrösse, weil gilt:

$$1.96 \cdot \sqrt{\frac{3}{4} \cdot \frac{1}{4}/n} > 0.25 \text{ für } n \le 11.$$

2.4 Konfidenzintervalle für die Varianz

Bevor wir das Konfidenzintervall für den Mittelwert einer Normalverteilung bei unbekannter Varianz erläutern, ist es für das Verständnis besser, das Konfidenzintervall für die Varianz herzuleiten.

	Normalverteilung	t-Verteilung
Varianz der GG σ^2 unbekannt und	σ^2 bekannt n gross	s^2-Schätzung n klein

Tabelle 2.1: Annahmen für Konfidenzintervalle

2.4.1 Die χ^2-Verteilung

Die χ^2-Verteilung (siehe Tabelle A.7) ist die Basis für Inferenzaussagen für die
Varianz σ^2 einer Normalverteilung. Daher werden zunächst einige wichtige
Eigenschaften der χ^2-Verteilung beschrieben.

Satz 2.1: Quadrat einer Normalverteilung
Das Quadrat einer $N(0, 1)$-Verteilung ist eine χ_1^2-Verteilung.
Sei X standard-normalverteilt, dann ist die quadrierte Zufallsgrösse
$Y = X^2$ chi-quadrat-verteilt mit 1 Freiheitsgrad:

$$X \sim N(0, 1) \quad \rightarrow \quad Y = X^2 \sim \chi_1^2.$$

Der Index 1 bezeichnet die „Freiheitsgrade" (df = degrees of freedom)
der χ^2-Verteilung

Dieses Resultat lässt sich im nächsten Satz verallgemeinern.

Satz 2.2: Quadratsumme einer Normalverteilung
Die Quadratsumme von k unabhängigen standardnormalverteilten
Zufallsgrössen
$$X_i \sim N(0, 1), \qquad i = 1, ..., k$$
ist χ_k^2 verteilt mit k Freiheitsgraden (degrees of freedom):

$$\sum_{i=1}^{k} X_i^2 \sim \chi_k^2$$

Satz 2.3: Momente der χ^2-Verteilung
Mittelwert und Varianz einer χ^2-Verteilung sind:

$$E(\chi_k^2) = k,$$

$$Var(\chi_k^2) = 2k.$$

Die Freiheitsgrade einer χ^2-Verteilung bestimmen Mittelwert und Varianz: Je mehr quadrierte Normalverteilungen summiert werden, desto grösser werden Mittelwert und Varianz. Die Varianz ist das doppelte des Mittelwertes. Einen Beweis der Sätze (2.1) bis (2.3) findet man z. B. in DEGROOT (1970, S. 384 ff).

Beispiel 2.8: Für $k = 1$ erhalten wir als Momente einer quadrierten Standard-Normalverteilung $N(0, 1)$

$$\mathrm{E}(X^2) = 1,$$

$$\mathrm{Var}(X^2) = 2.$$

Man beachte, dass $\mathrm{E}(X^2) = 1$ direkt aus $\mathrm{Var}(X) = \mathrm{E}(X - \mu)^2 = 1$, der Varianz der $N(0, 1)$-Verteilung, folgt.

Bemerkung:
a)   Die Dichtefunktion der χ_1^2-Verteilung lautet:

$$f(y) = \frac{1}{\sqrt{2\pi}} y^{-1/2} e^{-y/2} \quad \text{für} \quad y > 0.$$

b)   Für negative Werte ($y \leq 0$) ist die χ_n^2-Verteilung 0 (nicht definiert).

2.4.2 Die modifizierte χ^2-Verteilung

Es kann gezeigt werden, dass bei normalverteilten Beobachtungen X_i mit Varianz σ^2 die Stichprobenverteilung der deskriptiven Varianz

$$\hat{\sigma}^2 = \frac{1}{n} \sum_{i=1}^{n} (X_i - \overline{X})^2$$

eine χ^2-Verteilung mit $n - 1$ Freiheitsgraden ist:

$$\frac{\hat{\sigma}^2}{\sigma^2/n} \quad \sim \quad \chi_{n-1}^2. \tag{$*$}$$

Als Stichprobenverteilung für die Stichprobenvarianz $\underset{\cdot}{s}^2$,

$$\underset{\cdot}{s}^2 = \frac{1}{n-1} \sum_{i=1}^{n} (X_i - \overline{X})^2 = \frac{n\hat{\sigma}^2}{n-1}$$

erhält man wegen $n\hat{\sigma}^2 = (n-1)\underset{\cdot}{s}^2$ eingesetzt in $(*)$

$$\frac{\underset{\cdot}{s}^2}{\sigma^2/(n-1)} \sim \chi_{n-1}^2.$$

Man kann nun mit C_{n-1}^2 die modifizierte χ^2-Verteilung mit $n-1$ Freiheitsgraden definieren:

$$\frac{s^2}{\sigma^2} \sim \frac{\chi_{n-1}^2}{n-1} = C_{n-1}^2.$$

Für $s^2 = \sigma^2$ ist der Quotient 1. Daher misst die modifizierte χ^2-Verteilung C_{n-1}^2, wie sehr s^2/σ^2 um 1 streuen kann.

Definition 2.6: Die C_n^2-Verteilung
ist die modifizierte χ_n^2-Verteilung, d.h. die χ^2-Verteilung geteilt durch die Freiheitsgrade n:

$$C_n^2 = \chi_n^2/n.$$

Die Momente der C_n^2-Verteilung sind

$$E(C_n^2) = 1$$

und

$$\mathrm{Var}(C_n^2) = \frac{2}{n}.$$

Man beachte, dass bei grossen n die Varianz von C_n^2 gegen Null geht. Dies bedeutet, dass die modifizierte χ^2-Verteilung für grosse n gegen die Konstante 1 (den Erwartungswert) konvergiert.

Mit Hilfe der Quantile der C_{n-1}^2 erhält man den Wahrscheinlichkeitsbereich zum Niveau $1 - \alpha$

$$Pr(C_{\frac{\alpha}{2},n-1}^2 < \frac{s^2}{\sigma^2} < C_{1-\frac{\alpha}{2},n-1}^2) = 1 - \alpha,$$

bzw. nach Umformungen analog zu 2.3.1 ein präspektives zufälliges Intervall von der Form

$$Pr(\frac{s^2}{C_{1-\frac{\alpha}{2},n-1}^2} < \sigma^2 < \frac{s^2}{C_{\frac{\alpha}{2},n-1}^2}) = 1 - \alpha$$

und damit ein α-Konfidenzintervall

$$\alpha - KONF(\sigma^2) = \left[\frac{s^2}{C_{1-\frac{\alpha}{2}}^2}; \frac{s^2}{C_{\frac{\alpha}{2}}^2} \right]_\alpha$$

mit Konfidenzniveau (bzw. zur Trefferquote) α.

Man beachte, dass der Aufbau eines Konfidenzintervalles für Streuungsparameter nicht vom Normaltyp, d.h. der von Lageparametern ist. Dieses Konfidenzintervall bezeichnen wir deshalb als Varianz- oder „χ^2"-Typ.

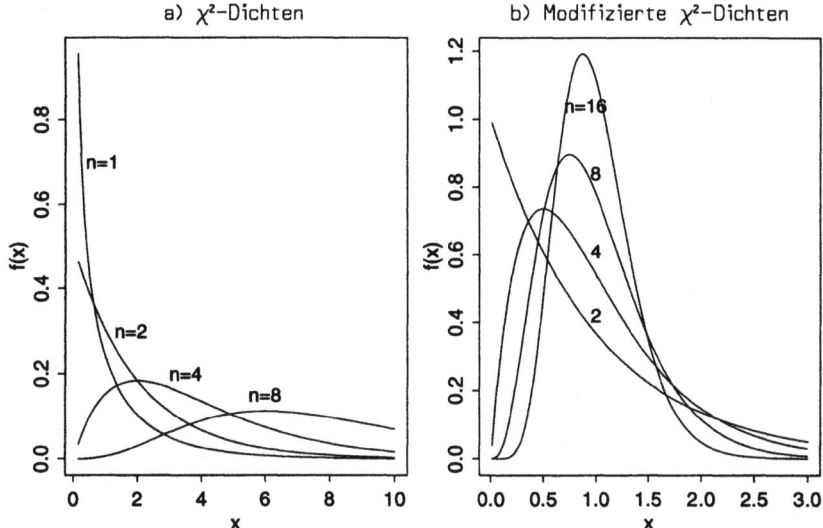

Figur 2.2: Dichten der gewöhnlichen und der modifizierten χ^2-Verteilungen mit verschiedenen Freiheitsgraden.

2.4.3 Optimale HPD-Intervalle für die Varianz einer Normalverteilung

Mit Hilfe der inversen χ^2-Verteilung (sie wird auch als χ^{-2}-Verteilung bezeichnet) berechnet man die „optimalen" Konfidenz- bzw. HPD-Intervalle. Die inverse χ^2-Verteilung wird durch die Reziproktransformation aus der χ^2-Verteilung abgeleitet und gibt als Quantile leider nicht die inversen Quantile der χ^2-Verteilung. Daher müssen die Quantile und auch die HPD-Grenzen der inversen χ^2-Verteilung extra berechnet werden, wie sie in Tabelle A.7.4 zu finden sind.

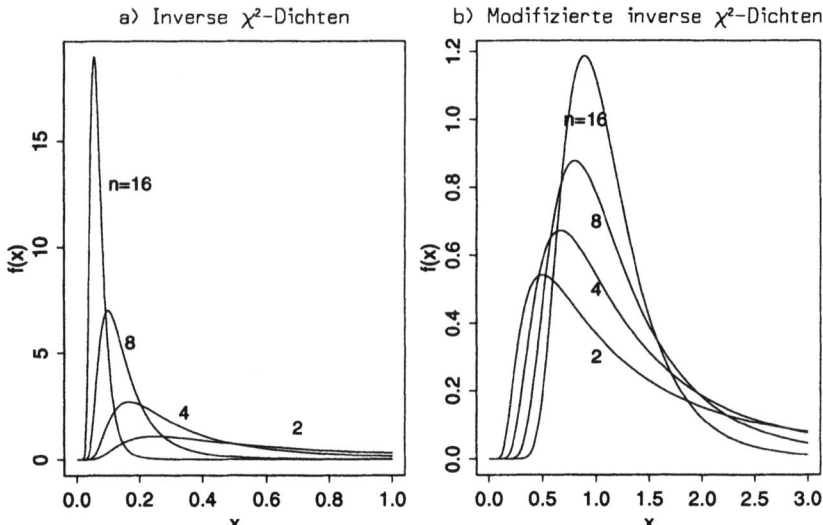

Figur 2.3: Dichten der inversen und der modifizierten inversen χ^2-Verteilungen mit 2, 4, 8 und 16 Freiheitsgraden.

Bezeichnen wir mit $\chi_u^{-2}(\alpha, n)$ die untere und mit $\chi_o^{-2}(\alpha, n)$ die obere Grenze des HPD_α-Intervalls einer inversen χ^2-Verteilung mit n Freiheitsgraden, dann lautet das optimale HPD_α-Intervall für σ^2 (einer $N(\mu, \sigma^2)$-Verteilung mit bekanntem Mittelwert μ):

$$HPD_\alpha(\sigma^2) = n\hat{\sigma}^2 \left[\chi_u^{-2}(\alpha, n); \chi_o^{-2}(\alpha, n) \right] .$$

Für unendlichen Stichprobenumfang ($n \to \infty$) konvergiert das HPD-Intervall für σ^2 gegen den Punkt s_{Mod}^2, wobei $s_{Mod}^2 = Modus(s^2)$ der Modalwert der Varianzverteilung ist. Bei bekanntem Mittelwert μ ist der „mittlere" Varianzschätzer

$$\hat{\sigma}^2 = \frac{1}{n} \sum_{i=1}^{n} (x_i - \mu)^2$$

und der modale Varianzschätzer ist

$$
\begin{aligned}
s_{Mod}^2 &= \frac{1}{n+2} \sum_{i=1}^{n} (x_i - \mu)^2 \\
&= \frac{n\hat{\sigma}^2}{n+2}.
\end{aligned}
$$

In der nächsten Figur sind die 50%-HPD-Intervalle für verschiedene Freiheitsgrade der χ^{-2}-Verteilung und die relative Lage des Modalwertes zu sehen.

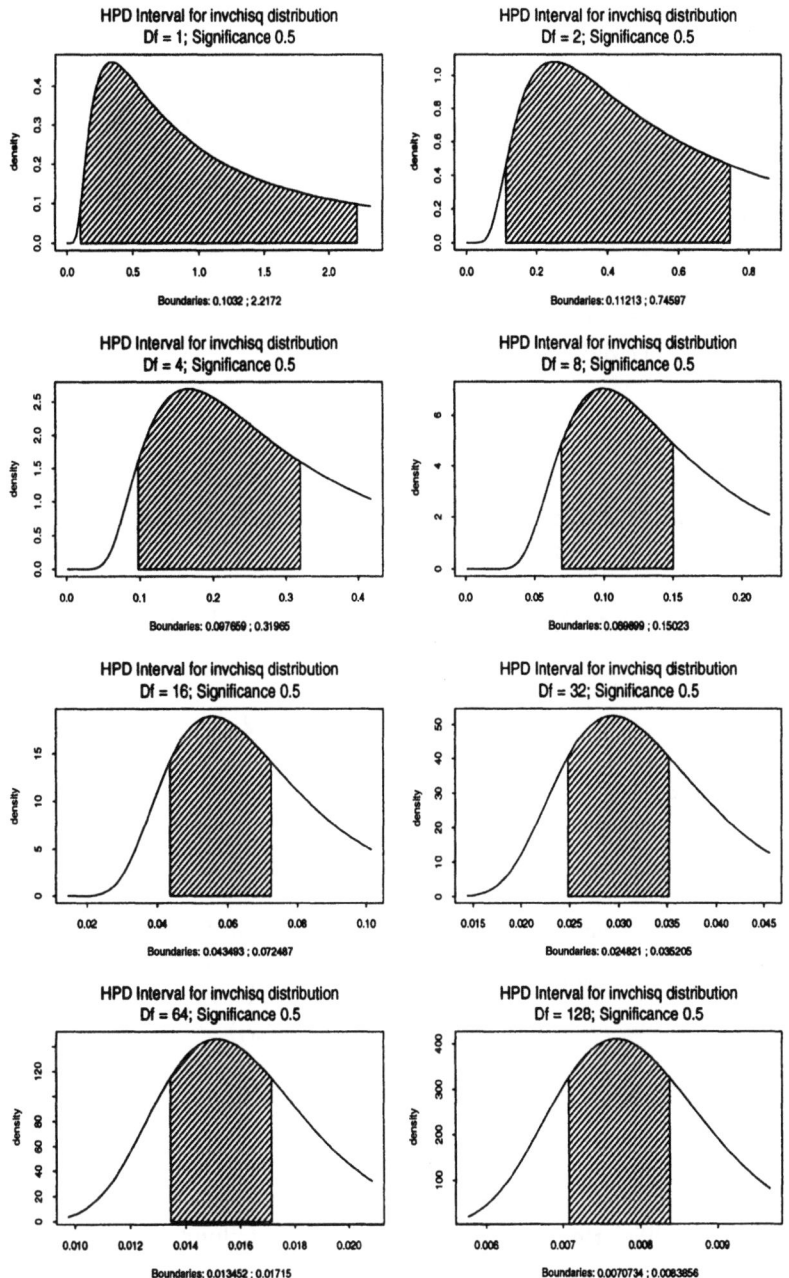

Figur 2.4: 50%-HPD-Intervalle und Modus

Der nächste Satz beschreibt die Optimalität des modalen Varianzschätzer bezüglich dem MSE-Kriterium.

Satz 2.4: MSE von s^2_{Mod}
Sei $X = \{X_i \sim N(\mu, \sigma^2), \quad i = 1, \ldots n\}$ eine Zufallsstichprobe einer Normalverteilung. Der Modalwert der Stichprobenverteilung s^2_{Mod} besitzt unter allen linearen Schätzfunktionen den kleinsten mittleren quadratischen Fehler (mean square error MSE).

---

* **Beweis:** Der Divisor a des Varianzschätzers U soll so bestimmt werden, dass der MSE der Zufallsgrösse U minimiert wird:

$$U = a \sum_{i=1}^{n} (X_i - \mu)^2.$$

Den $\text{MSE}_{\sigma^2}(U) = a^2 n 2\sigma^4 + (an\sigma^2 - \sigma^2)^2 = 2na^2(an - \sigma^2)^2$ minimiert man durch Nullsetzen der Ableitung

$$\frac{\partial}{\partial a} \text{MSE}_{\sigma^2}(U) = 4an\sigma^4 + 2(an - 1)n\sigma^4 = 0$$

$$\Leftrightarrow 2a + an = 1 \Leftrightarrow a = \frac{1}{n+2}.$$

Damit besitzt der modale Varianzschätzer $s^2_{Mod} = \frac{1}{n+2} \sum_{i=1}^{n} (x_i - \mu)^2$ den minimalen MSE

$$\text{MSE}_{\sigma^2}(s^2_{Mod}) = \frac{2}{n+2} \sigma^4.$$

Man beachte, dass sich das HPD_α-Intervall nach dem Prinzip

$$
\begin{aligned}
HPD_\alpha &= n \cdot s^2 \cdot HPD(\chi^{-2}(\alpha)) \\
&= s^2 \cdot HPD(n\chi^{-2}(\alpha))
\end{aligned}
$$

zusammensetzt, wobei s^2 die Stichprobenvarianz und

$$n\chi^{-2}(\alpha) = \frac{1}{C_\alpha^2}$$

die inverse modifizierte χ^2-Verteilung ist. Diese Verteilung strebt für $n \to \infty$ gegen 1. Ist der Mittelwert μ der GG unbekannt, so muss $\bar{x}$ aus der Stichprobe geschätzt werden und man verliert einen Freiheitsgrad.
Das HPD_α-Intervall für die Varianz σ^2 lautet in diesem Fall (bei geschätztem Mittelwert $\bar{x}$)

$$HPD_\alpha(\sigma^2) = (n-1)s^2 \left[\chi_u^{-2}(\alpha, n-1); \chi_o^{-2}(\alpha, n-1) \right],$$

wobei $(n-1)s^2 = \sum (X_i - \overline{X})^2$ die Quadratsumme ist und die HPD-Intervalle der χ^{-2}-Verteilung aus Appendix A.7.4 abgelesen werden können.

Beispiel 2.9: Optimales HPD-Intervall für die Varianz

Die Varianz (Volatilität) einer Anlage über 12 Monate beträgt $s^2 = 300$. Man bestimme ein optimales HPD-Intervall zu $\alpha = 95\%$ Konfidenzniveau (bzw. 95% Wahrscheinlichkeit in Bayes'scher Interpretation).

Der Modalwert der Varianz in der Stichprobe beträgt

$$s^2_{Mod} = \frac{s^2(n-1)}{n+2} = \frac{300 \cdot 11}{14} = 300 \cdot 0.786 = 235.71.$$

Aus der HPD-Tabelle im Appendix A.7.4 entnimmt man für $\alpha = 95\%$ bei $n = 12$ Freiheitsgrade das Intervall $[0.03368; 0.1945]$, und für $n - 1 = 11$ Freiheitsgrade das Intervall $[0.03512; 0.2219]$. Damit lautet das optimale Konfidenz-, bzw. das HPD_α-Intervall für die unbekannte Varianz unter der Annahme, dass μ bekannt ist

$$
\begin{aligned}
HPD_{95\%}(\sigma^2) &= n \cdot s^2 \left[\chi_u^{-2}(0.95, 12); \ \chi_o^{-2}(0.95, 12) \right]_{95\%} \\
&= 300 \cdot 12 \ [0.03368; \ 0.1945]_{95\%} \\
&= [121.25; \ 700.20]_{95\%}.
\end{aligned}
$$

Die Länge des Intervalls beträgt $700.2 - 121.5 = 578.95$. Ist der Mittelwert μ unbekannt und wird $\bar{x}$ geschätzt, so ergibt sich

$$
\begin{aligned}
HPD_{95\%}(\sigma^2) &= (n-1) \ s^2 \left[\chi_u^{-2}(0.95, 11); \ \chi_o^{-2}(0.95, 11) \right]_{95\%} \\
&= 11 \cdot 300 \ [0.03512; \ 0.2219]_{95\%} \\
&= [115.9; \ 732.3]_{95\%}.
\end{aligned}
$$

Die Länge des HPD-Intervalls hat sich auf $732.3 - 115.9 = 616.4$ vergrössert.

Beispiel 2.10: Konfidenzintervall für die Varianz

Zum Vergleich berechnen wir das klassische (nicht optimale) Konfidenzintervall zu 95%. Dazu benötigen wir die „symmetrischen" 2.5%-Quantile am oberen und unteren Ende der χ^2-Verteilung mit 11 Freiheitsgraden (aus Tabelle A.7.1):

$$\chi^2(0.975, 11) = 21.92, \qquad \chi^2(0.025, 11) = 3.816.$$

Das 95%-Konfidenzintervall lautet somit

$$\alpha - KONF(\sigma^2) = (n-1)s^2 \left[\frac{1}{\chi^2(\frac{1+\alpha}{2}, n-1)}; \ \frac{1}{\chi^2(\frac{1-\alpha}{2}, n-1)} \right],$$

bzw.

$$95\% - KONF(\sigma^2) = 11 \cdot 300 \left[\frac{1}{21.92}; \frac{1}{3.816}\right]_{95\%}$$
$$= [150.5;\ 864.8]_{95\%}.$$

Man sieht, dass das klassische 95%-Konfidenzintervall nach rechts verschoben ist und deutlich grösser wird. So ist die Breite des klassischen Konfidenzintervalls $864.8 - 150.5 = 714.3$, während die Breite des optimalen $HPD_{95\%}$-Intervalls kürzer ist, nämlich $732.3 - 115.9 = 616.4$. Ein Quotientenvergleich ist in diesem Fall nicht richtig: So beträgt das Verhältnis von Ober- und Untergrenze im HPD-Intervall $0.2219/0.03512 = 6.32$ und beim Konfidenzintervall $21.92/3.816 = 5.74$. Die nach unten rutschende kleinere Grenze macht die obere Grenze scheinbar grösser. Graphisch ist dieser Vergleich in der nächsten Figur wiedergegeben:

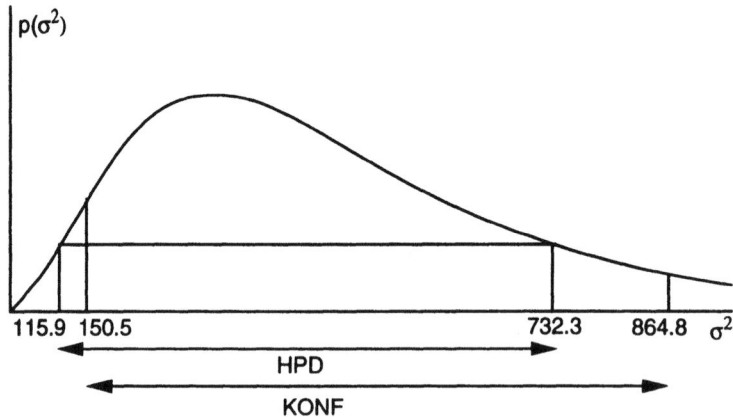

Figur 2.5: Vergleich von HPD- und KONF-Intervall für σ^2

2.4.4 HPD-Intervall für die Standardabweichung

Will man die optimalen HPD_α-Intervalle für die Standardabweichung berechnen, so wäre ein Wurzelziehen des HPD-Intervalls für σ^2 nicht richtig. Man muss die HPD_α-Intervalle der inversen χ-Verteilung, bzw. χ^{-1}-Verteilung in Tabelle A.7.5 verwenden und man muss 2 Fälle unterscheiden: Wenn μ bekannt ist, lautet das $HPD-$Intervall

$$HPD_\alpha(\sigma) = \sqrt{n}\hat{\sigma}\left[\chi_u^{-1}(\alpha, n); \chi_o^{-1}(\alpha, n)\right].$$

Bei unbekanntem μ wird $\bar{x}$ geschätzt, und das HPD-Intervall für die Standardabweichung lautet

$$HPD_\alpha(\sigma) = \sqrt{n-1}\, s\left[\chi_u^{-1}(\alpha, n-1); \chi_o^{-1}(\alpha, n-1)\right],$$

wobei $\chi_u^{-1}(\alpha, n)$ und $\chi_o^{-1}(\alpha, n)$ die untere und die obere Grenze des HPD_α-Intervalls der inversen χ-Verteilung bedeuten.

Beispiel 2.11: HPD und Konfidenzintervall für die Standardabweichung

Das HPD_α-Intervall für die Standardabweichung σ ist aus Tabelle A.7.5 der inversen χ-Verteilung abzulesen: Für $\alpha = 95\%$ und $n = 12$ ergibt sich $[0.1929; 0.4474]$, und für $n = 11$ das Intervall $[0.1978; 0.478]$. Das $HPD_{95\%}$-Intervall für σ lautet bei bekanntem Mittelwert μ:

$$
\begin{aligned}
HPD_{0.95}(\sigma) &= \sqrt{ns^2}\left[\chi_u^{-1}(0.95, n); \ \chi_o^{-1}(0.95, n)\right]_{95\%} \\
&= \sqrt{12 \cdot 300}\,[0.1929; \ 0.4474]_{95\%} \\
&= [11.574; \ 26.844]_{95\%}.
\end{aligned}
$$

Die Länge des Intervalls ist $26.84 - 11.57 = 15.27$.
Die Berechnung des HPD-Intervalls bei geschätztem $\bar{x}$ ergibt

$$
\begin{aligned}
HPD_{95\%}(\sigma) &= \sqrt{11 \cdot 300}\,[0.1978; \ 0.478]_{95\%} \\
&= [11.36; \ 27.46]_{95\%}.
\end{aligned}
$$

Zum Vergleich: Das (approximative) klassische Konfidenzintervall erhält man durch Wurzelziehen der Grenzen des KONF (σ^2), d.h.

$$
95\% - KONF(\sigma) = [12.27; \ 29.41]_{95\%}.
$$

Auch hier ist das optimale HPD-Intervall mit $27.46 - 11.36 = 16.1$ kürzer als das klassische Konfidenzintervall: $29.41 - 12.27 = 17.14$.

Es ist bei Fehlen einer HPD-Tabelle der inversen χ^2-Verteilung nicht ratsam, als Ersatz die Reziprokwerte der HPD-Intervalle der χ^2-Verteilung zu nehmen. Diese Intervalle geben keine optimalen HPD-Intervalle für die Varianz (jedoch aber für die inverse Varianz, der Präzision). Müsste man trotzdem HPD-Intervalle berechnen, so ist das klassische Konfidenzintervall als „Kompromiss" noch am besten.

2.4.5   Konfidenzintervall für den Variationskoeffizienten

Sei $\{X_1, \ldots, X_n\}$ eine Zufallsstichprobe einer positiven Zufallsgrösse X mit Erwartungswert μ und Varianz σ^2. Dann kann der Variationskoeffizient $v = \frac{\sigma}{\mu}$ durch die Stichprobenmomente geschätzt werden, d.h.

$$
\hat{v} = \frac{s}{\bar{x}}
$$

mit $\bar{x} = \frac{1}{n}\sum\limits_{i=1}^{n} x_i$ und $s^2 = \frac{1}{n-1}\sum\limits_{i=1}^{n}(x_i - \bar{x})$. Für $n > 25$ und $v < 0.4$ kann folgendes Konfidenzintervall geschätzt werden:

$$
\alpha - KONF(v) = \left[\frac{\hat{v}}{1 + \mathrm{w}}; \frac{\hat{v}}{1 - \mathrm{w}}\right]_{\alpha\%}
$$

mit der Hilfsgrösse

$$\underset{\cdot}{w} = z_{\left(\frac{1+\alpha}{2}\right)} \cdot \sqrt{\frac{1 + 2\hat{v}^2}{2(n-1)}}.$$

Beispiel 2.12: (vgl. SACHS 1992, S. 346)
Berechne ein 90%-Konfidenzintervall für den geschätzten Variationskoeffizienten $\hat{v} = 0.3$ und $n = 25$ Beobachtungen. Für $\alpha = 0.9$ ist der z-Wert
$z_{0.95} = 1.64$, und die Hilfsgrösse $\underset{\cdot}{w}$ beträgt

$$\underset{\cdot}{w} = z_{0.95} \cdot \sqrt{\frac{1 + 2 \cdot 0.3^2}{2(25-1)}} = 0.257.$$

Daher ist das Konfidenzintervall für den unbekannten Variationskoeffizienten
v der GG

$$90\% - KONF\left(\frac{\sigma}{\mu}\right) = \left[\frac{0.3}{1 + 0.257}; \frac{0.3}{1 - 0.257}\right]_{90\%}$$
$$= [0.24;\ 0.40]_{90\%}.$$

Man beachte, dass das Konfidenzintervall asymmterisch bezüglich $\hat{v}$ ist,
d. h. eher dem Typ von Konfidenzintervallen für die Varianz ähnelt.

2.5   Konfidenzintervalle bei unbekannter Varianz

2.5.1   Die t-Verteilung (Student distribution)

„Student" ist ein Pseudonym für W. S. GOSSET, einem Angestellten der
Guinness Brewery in Irland, der 1908 aus „Geschäftsinteressen" nicht unter
seinem eigenen Namen Wissenschaftliches publizieren wollte.

Definition 2.7: t-Verteilung

Die t-Verteilung mit n Freiheitsgraden (df = degrees of freedom) wird
als t_n-Verteilung geschrieben und ist der Quotient einer $N(0, 1)$- und
der Wurzel einer modifizierten χ_n^2-Verteilung.
Voraussetzung: Die Verteilungen im Zähler und Nenner müssen unabhängig sein.

Die Zufallsgrösse $X = Y/Z$ ist t-verteilt mit n Freiheitsgraden, falls

- $Y \sim N(0, 1)$, d. h. eine Standard-Normalverteilung ist;

- $Z^2 \sim C_n^2$, d.h. Z^2 ist modifiziert χ^2-verteilt, bzw. die Wurzel $Z = \sqrt{\chi_n^2/n}$ ist standardisiert χ-verteilt;

- Y und χ_n^2 bzw. Y und Z sind unabhängig. Für ihre Dichten gilt:

$$f_{Y,\chi_n^2}(y, \chi_n^2) = f_Y(y)\, f_{\chi_n^2}(\chi_n^2).$$

Die allgemeine t-Verteilung mit n Freiheitsgraden wird mit $t_n(\mu, s^2)$ bezeichnet, wobei μ der Mittelwert und s^2 der Skalierungsparameter ist. Man schreibt kurz $t_n = t_n(0,1)$ für die Standard-t-Verteilung mit Mittelwert 0 und Skalierung 1.

Satz 2.5: Eigenschaften der t-Verteilung:

1. Die t-Verteilung ist symmetrisch, unimodal und glockenförmig.
2. Für zunehmende Anzahl von Freiheitsgraden n strebt die t-Verteilung gegen die Normalverteilung

$$\lim_{n \to \infty} t_n(0,1) = N(0,1)$$

bzw. $t_\infty(0,1) = N(0,1)$. Die Approximation durch die $N(0,1)$-Verteilung ist oft schon ab $n = 20$ möglich.
3. Die t-Verteilung mit einem Freiheitsgrad, d.h. die t_1-Verteilung heisst Cauchy-Verteilung und deren Dichtefunktion ist gegeben durch

$$p(x) = \frac{1}{\pi(1 + x^2)}.$$

Für diese Dichte existiert kein Mittelwert und keine Varianz. 4. Die t-Verteilung hat für alle Freiheitsgrade fettere Schwänze als die $N(0,1)$-Verteilung. Diese Eigenschaft erlaubt eine „robustere" Analyse von Datensätzen, wenn man annimmt, dass die GG nicht normalverteilt sondern t-verteilt wäre. 5. Die Varianz der standardisierten t-Verteilung mit n Freiheitsgraden (kurz: t_n) ist

$$\text{Var}(t_n) = \frac{n}{n-2},$$

für die allgemeine $t_n(\mu, s^2)$-Verteilung gilt

$$\text{Var}(t_n) = s^2 \frac{n}{n-2}.$$

Ungleich der Normalverteilung fallen bei der t-Verteilung der Skalierungsparameter s^2 und die Varianz σ^2 nicht zusammen. Nur im Grenzfall gilt

$$\sigma^2 = \lim_{n \to \infty} \mathrm{Var}(t_n) = s^2.$$

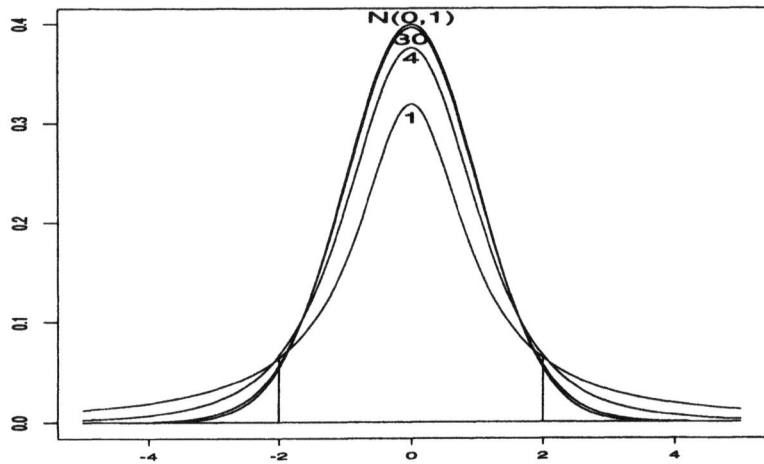

Figur 2.6: t-Verteilungsdichten für verschiedene Freiheitsgrade und Standardnormalverteilungsdichte

Approximation der t- durch die Normalverteilung

Die Güte einer Anpassung lässt sich durch den Vergleich der Quantile in den Enden der Verteilung ermitteln. Der Quotient („ratio") der Q_p-Quantile von $p = 90\%$ bis 99.9% ist ein Mass für prozentuelle Abweichung, und lautet

$$\mathrm{ratio} = \frac{Q_p(t_n)}{Q_p(N(0,1))}.$$

p	$Q_p(N(0,1))$	t_{20} Q_p	ratio	t_{30} Q_p	ratio	t_{50} ratio	t_{100} ratio
0.9	1.28	1.33	1.03	1.31	1.02	1.01	1.01
0.95	1.65	1.73	1.05	1.70	1.03	1.02	1.01
0.975	1.96	2.09	1.06	2.04	1.04	1.02	1.01
0.99	2.33	2.53	1.09	2.46	1.06	1.03	1.02
0.999	3.09	3.55	1.15	3.39	1.10	1.06	1.03

Tabelle 2.2: Güte der Approximation der t-Verteilung durch die Normalverteilung für $n = 20, 30, 50, 100$ Freiheitsgrade.

Die erste Spalte gibt die Prozente für die Quantile an, die zweite Spalte zeigt die Quantile der Standardnormalverteilung, die dritte Spalte diejenige der t-Verteilung mit $n = 20$ Freiheitsgraden.

Die Spalte ratio ist der Quotient vom t-Quantil und Normalverteilungs-Quantil. Die Nachkommastelle gibt dabei den Fehlerprozentsatz an. Der Wert 1.03 bedeutet, dass man 3% Fehler begeht, wenn man statt dem 90% t-Verteilungsquantil das Normalverteilungs-Quantil verwendet. Bei $n = 30$ Freiheitsgraden ist bei einem 99%-Quantil der Fehler 6%.

2.5.2 Konfidenzintervall für $N(\mu, \sigma^2)$ mit unbekannter Varianz σ^2

Mit Hilfe der t-Verteilung kann nun eine Kleinstichprobentheorie (engl.: small sample theory) für Konfidenzintervalle entwickelt werden. Ist $\{X_1, ..., X_n\}$ eine normalverteilte Zufallsstichprobe, dann ist das Stichprobenmittel $\overline{X} = \frac{1}{n}(X_1, ..., X_n)$ ebenfalls normalverteilt:

$$\overline{X} \sim N(\mu, \frac{\sigma^2}{n}),$$

und das standardisierte Stichprobenmittel bei bekannter Varianz σ^2 ist Standard-Normalverteilt:

$$z = \frac{\overline{X} - \mu}{\sigma/\sqrt{n}} \sim N(0, 1).$$

Ersetzt man in dieser z-Test-Grösse σ durch die Schätzung der Standardabweichung s, dann erhält man die „studentisierte" Grösse (t-Statistik)

$$t = \frac{\overline{X} - \mu}{s/\sqrt{n}} \sim t_{n-1}.$$

t ist t-verteilt mit $(n - 1)$ Freiheitsgraden, da nach Definition 2.6. gilt:

$$\frac{(\overline{X} - \mu)/(\sigma\sqrt{n})}{\sqrt{s^2/\sigma^2}} = \frac{N(0, 1)}{\sqrt{\chi^2_{n-1}/(n - 1)}},$$

wobei die Stichprobenvarianz lautet:

$$s^2 = \frac{1}{n - 1} \sum_{i=1}^{n} (X_i - \overline{X})^2.$$

Daher gilt für die standardisierte Zufallsgrösse t das Wahrscheinlichkeitsintervall

$$Pr(t(\frac{1 - \alpha}{2}, n - 1) < \frac{\overline{X} - \mu}{s/\sqrt{n}} < t(\frac{1 + \alpha}{2}, n - 1)) = \alpha$$

und das Konfidenzintervall ist durch

$$\alpha - KONF(\mu) = \left[\overline{X} \pm t(\frac{1 + \alpha}{2}, n - 1) \frac{s}{\sqrt{n}} \right]_\alpha$$

$$= \left[\overline{X} \pm t(\frac{1 + \alpha}{2}, n - 1) \cdot \hat{\sigma}_{\overline{x}} \right]_\alpha$$

gegeben, wobei $\hat{\sigma}_{\bar{x}} = \frac{s}{\sqrt{n}}$ die geschätzte Standardabweichung von $\overline{X}$, und $t(\frac{1+\alpha}{2}, n-1)$ das $\frac{1+\alpha}{2}$ Quantil der t-Verteilung mit $n-1$ Freiheitsgraden ist (siehe Tabelle A.6).

Analog zur Normalverteilung gilt für die Quantile $t(\frac{1+\alpha}{2}, n) = -t(\frac{1-\alpha}{2}, n)$, da die t-Verteilung symmetrisch ist.

Beispiel 2.13:

Von der letzten Klausur im Wintersemester wurden 4 Arbeiten zufällig ausgewählt, und man schliesse von deren Punkten auf den Durchschnitt der Punkte aller Klausurteilnehmer. Die Stichprobe der 4 Studenten lautet: $\{64, 66, 89, 77\}$. Die Berechnung von $\overline{X}$ und s^2 erfolgt durch die folgende Tabelle:

Student [i]	Punkte [X_i]	$X_i - \overline{X}$	$(X_i - \overline{X})^2$
A	64	-10	100
B	66	-8	64
C	89	15	225
D	77	3	9
Summe	296	0	398
Durchschnitt	$\overline{X} = 74$		$s^2 = 132.7$

Das 95% Konfidenzintervall für den Punktedurchschnitt der Gesamtklausur berechnet sich nach

$$\alpha - KONF(\mu) = \left[\bar{X} \pm t_{(\frac{1+\alpha}{2}, n-1)} \frac{s}{\sqrt{n}} \right]_\alpha$$

durch

$$
\begin{aligned}
95\% - KONF(\mu) &= \left[74 \pm 3.182 \sqrt{132.7/4} \right]_{95\%} \\
&= [74 \pm 19]_{95\%} \\
&= [55; 93]_{95\%}.
\end{aligned}
$$

Beachte, dass die Intervallgrenzen auf die „sichere Seite" gerundet wurden, d. h. die obere Grenze wird aufgerundet und die untere abgerundet.

Mit 95% Konfidenzniveau (Trefferquote) überdeckt das Konfidenzintervall, das von 55 bis 93 Punkten reicht, den unbekannten Punktedurchschnitt aller Klausurteilnehmer.

Satz 2.6: Die gemeinsame Verteilung von Stichprobenmittel und Stichprobenvarianz

Gegeben sei eine zufällige Stichprobe $\{X_1, ..., X_n\}$ aus einer Normalverteilung $X_i \sim N(\mu, \sigma^2)$, $i = 1, ..., n$, mit unbekanntem Mittel μ und unbekannter Varianz σ^2. Dann ist

1. der Stichproben-Mittelwert $\overline{X}$ normalverteilt:

$$\overline{X} = \frac{1}{n} \sum_{i=1}^{n} X_i \sim N(\mu, \frac{\sigma^2}{n}).$$

2. Die Stichprobenvarianz χ^2-verteilt mit *(n-1)* Freiheitsgraden

$$\hat{\sigma}^2 = \frac{1}{n} \sum_{i=1}^{n} (X_i - \overline{X})^2 \sim \frac{\sigma^2}{n} \chi^2_{n-1}.$$

3. $\overline{X}$ und $\hat{\sigma}^2$ sind unabhängig verteilt, d.h. es gilt

$$P(\overline{X}|\hat{\sigma}^2) = P(\overline{X}),$$

und

$$P(\hat{\sigma}^2|\overline{X}) = P(\hat{\sigma}^2),$$

d.h. die bedingten Stichproben-Verteilungen sind gleich den Randverteilungen.
Beweis: (DeGroot 1986).

2.5.3 Konfidenzintervalle für die Differenz von Mittelwerten zweier Stichproben

Gegeben seien 2 Zufallsstichproben $\{X_1, ..., X_{n_1}\}$ und $\{Y_1, ..., Y_{n_2}\}$. Man berechne ein $\alpha\%$ Konfidenzintervall für die Differenz der Mittelwerte $\mu_1 - \mu_2$ der beiden Grundgesamheiten (GG). Die Form des Konfidenzintervalls ist die gleiche, die Bezeichnung hängt davon ab, ob die beiden Stichprobenumfänge gleich oder ungleich sind und ob die Varianzen der beiden GG gleich oder ungleich sind.

$$\alpha - KONF(\mu_1 - \mu_2) = \left[\overline{x}_1 - \overline{x}_2 \pm t \left(\frac{1+\alpha}{2}, df \right) s_\Delta \right]_\alpha$$

Die Anzahl der Freiheitsgrade (*df*) und die gepoolte Standardabweichung der Mittelwertdifferenzen s_Δ ist der nächsten Tabelle zu entnehmen.

Stichprobengrösse	Varianz der GG	
	gleich $\sigma_1^2 = \sigma_2^2$	ungleich $\sigma_1^2 \neq \sigma_2^2$
gleich $n_1 = n_2 = n$	$s_\Delta^2 = (s_1^2 + s_2^2)/n$ $df = 2n - 2$	$s_\Delta^2 = (s_1^2 + s_2^2)/n$ $df = n - 1 + \dfrac{2n-2}{c}$ $c = \dfrac{s_1^2}{s_2^2} + \dfrac{s_2^2}{s_1^2}$
ungleich $n_1 \neq n_2$	$s_\Delta^2 = s^2 \cdot \left[\dfrac{1}{n_1} + \dfrac{1}{n_2}\right]$ $s^2 = \dfrac{(n_1-1)s_1^2 + (n_2-1)s_2^2}{n_1 + n_2 - 2}$ $df = n_1 + n_2 - 2$	$s_\Delta^2 = \dfrac{s_1^2}{n_1} + \dfrac{s_2^2}{n_2}$ $df = \dfrac{(a+b)^2}{\dfrac{a^2}{n_1-1} + \dfrac{b^2}{n_2-1}}$ $a = \dfrac{s_1^2}{n_1} \; ; \quad b = \dfrac{s_2^2}{n_2}$

Tabelle 2.3: Die gepoolte Varianz s_Δ^2 und die Freiheitsgrade *df* bei Konfidenzintervallen von Mittelwertdifferenzen

Graphisch sind die Vorraussetzungen für den t-Test auf die Differenz von Mittelwerten in der nächsten Figur zu sehen.

Beispiel 2.14: (vgl. SACHS, 1992, S. 353)

Gegeben seien die Zusammenfassungen von 2 Zufallsstichproben

$$n_1 = 16; \quad s_1^2 = 4; \quad \overline{x}_1 = 14.5;$$

$$n_2 = 14; \quad s_2^2 = 3; \quad \overline{x}_2 = 13.$$

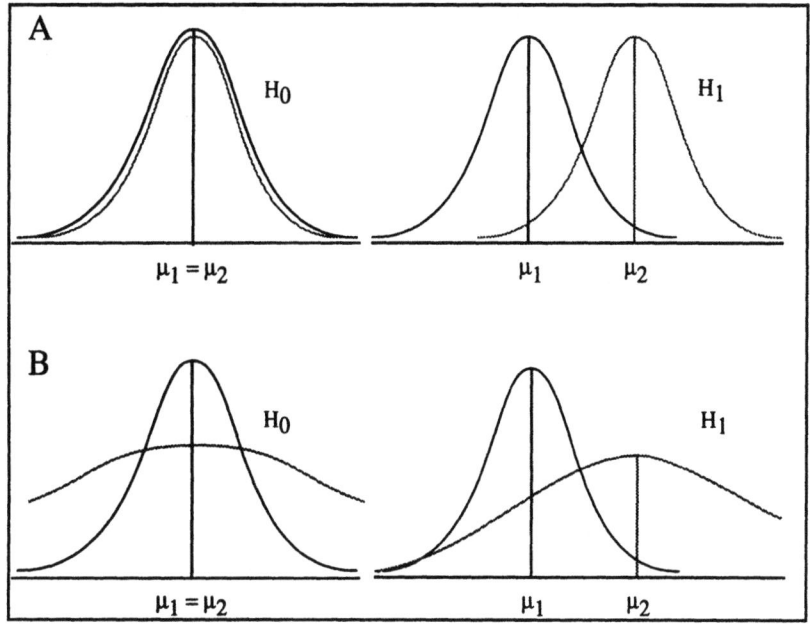

Figur 2.7: Voraussetzungen für den t-Test und 'WELCH-Test' (schematisch)
A: Die beiden Normalverteilungen haben dieselben Streuungen und unterscheiden sich allerdings in ihrer Lage (Voraussetzungen für t-Test)
B: Die beiden Normalverteilungen haben unterschiedliche Streuungen.

Zu berechnen sei ein 95%-Konfidenzintervall für die Differenz der beiden Mittelwerte, wenn die Varianz in beiden GG gleich sei.

$$s^2 = \frac{(16-1)\cdot 4 + (14-1)\cdot 3}{16+14-2} = \frac{99}{28} = 3.5357,$$

$$s_\Delta^2 = s^2 \cdot \left[\frac{1}{16} + \frac{1}{14}\right] = 0.6881^2.$$

Das Konfidenzintervall mit $df = n_1 + n_2 - 2 = 28$ Freiheitsgraden und Quantil $t(0.975, 28) = 2.048$ ist

$$
\begin{aligned}
95\% - KONF(\mu_1 - \mu_2) &= [14.5 - 13 \pm 2.048 \cdot 0.6881]_{95\%} \\
&= [1.5 \pm 1.4]_{95\%} \\
&= [0.1; 2.9]_{95\%}.
\end{aligned}
$$

Die Differenz der beiden Mittelwerte ist im Durchschnitt mit 1.5 positiv und das 95%-Konfidenzintervall stützt diese Aussage einer positiven Differenz, da die obere und die untere Grenze des Konfidenzintervalles positiv ist.

2.5.4 Gebundene Stichproben (paired samples, paired two samples for the mean)

Gebundene oder gepaarte Stichproben treten dann auf, wenn eine (bivariate) Stichprobe über denselben Merkmalsträgern erhoben wird. Die Stichprobe besteht aus Beobachtungspaaren (bivariate Zufallsgrösse), mit der ein bivariates metrisches Merkmal erhoben wird. Es werden daher keine „2 Stichproben", sondern eine gepaarte Stichprobe erhoben:

$$\{(X_1, Y_2), ..., (X_n, Y_n)\}.$$

Frage: Besteht im Mittel ein signifikanter Unterschied zwischen den Zufallsgrössen X und Y?

1)   Bei gebundenen metrischen Stichproben bildet man die Differenzen

$$d_i = X_i - Y_i, \qquad i = 1, ..., n,$$

sowie deren Mittelwert

$$\bar{d} = \frac{1}{n} \sum_{i=1}^{n} d_i$$

und die Varianz der Differenzen

$$s_d^2 = \frac{1}{n-1} \sum_{i=1}^{n} (d_i - \bar{d})^2$$

2)   Das Konfidenzintervall für die Differenz $\bar{d} = \overline{X - Y}$ lautet:

$$\alpha - KONF(\overline{X - Y}) = \left[\bar{d} \pm t(\frac{1+\alpha}{2}, n-1) \frac{s_d}{\sqrt{n}} \right]_\alpha$$

Dabei ist $t(\frac{1+\alpha}{2}, n-1)$ das $\frac{1+\alpha}{2}$-Quantil einer t-Verteilung mit $(n-1)$ Freiheitsgraden.

Beispiel 2.15: Punktedifferenz bei 2 Klausuren im Winter- und im Sommersemester
Wir erweitern das vorhergehende Beispiel um die 4 Klausuren, die dieselben Studenten im Sommersemester geschrieben haben. Die Ergebnisse der gepaarten Stichprobe $\{(X_i, Y_i); i = 1, ..., n\}$ werden in der folgenden Tabelle ausgewertet:

i Student	X_i Winter	Y_i Sommer	d_i Differenz	$d_i - \bar{d}$ Abweichung	$(d_i - \bar{d})^2$
A	64	54	10	-4	16
B	66	54	12	-2	4
C	89	70	19	5	25
D	77	62	15	1	1
Summe	296	240	56	0	46
Durchschnitt	74	60	$\bar{d} = \frac{56}{4} = 14$		$s_d^2 = \frac{46}{3} = 15.3$

Die Freiheitsgrade sind $n-1 = 3$ und mit dem 97.5%- Quantil der t-Verteilung $t_{(\frac{1+\alpha}{2}, n-1)} = t_{(0,975;3)} = 3.182$ bildet man das Konfidenzintervall

$$95\% - KONF(\overline{X-Y}) = \left[14 \pm 3.182\frac{\sqrt{15.3}}{\sqrt{4}}\right]_{95\%}$$

$$= [14 \pm 6.2]_{95\%}$$

$$= [7.8; \ 20.2]_{95\%} \ .$$

Das 95% Konfidenzintervall überdeckt nicht den Nullpunkt, daher war die Sommerklausur signifikant schlechter als die Winterklausur.

2.5.5 Konfidenzintervalle bei endlicher Grundgesamtheit: n aus N

Ist n die Stichprobengrösse und N die Grösse der Grundgesamtheit, dann nennt man den Quotienten $f = n/N$ den Auswahlsatz und $\sqrt{1-f}$ die Endlichkeitskorrektur. $\sqrt{1-f}$ kann für $f < 0.05$ oft in der Praxis vernachlässigt werden, weil $\sqrt{0.95} \approx 0.975 \approx 1$.

> **Prinzip:** Die entsprechenden Konfidenzintervalle von endlichen GG werden durch die Endlichkeitskorrektur $\sqrt{\frac{N-n}{N-1}}$ verkleinert.

Beachte:

a) Die Endlichkeitskorrektur kann man auch annähernd als

$$\sqrt{\frac{N-n}{N-1}} \simeq \sqrt{1-f}$$

schreiben, wobei $f = \frac{n}{N}$ der Auswahlsatz ist.

b) Bei einem Auswahlsatz von $f < 5\%$ ist die Endlichkeitskorrektur gering:

$$\sqrt{1 - 0.05} = \sqrt{0.95} \cong 0.975 \approx 1.$$

In solchen Fällen wird oft auf eine Endlichkeitskorrektur verzichtet.

c) Approximativ gilt für die Endlichkeitskorrektur

$$1 - f/2 \approx \sqrt{1-f}.$$

2.5.6   Konfidenzintervalle mit Endlichkeitskorrektur

Ist der Auswahlsatz $f = \frac{n}{N}$ relativ gross, so sollte man die Genauigkeit, die dadurch gewonnen wird, dass man einen erheblichen Teil der Grundgesamtheit erhebt, auch für die Schätzung nutzen. Dies geschieht durch die Multiplikation einer „Endlichkeitskorrektur", die mit $\sqrt{1-f}$ gegeben ist.

1. Normalverteilung : μ

$$\alpha - KONF(\mu) = \left[\overline{X} \pm \left\{ \begin{array}{c} z_{\frac{1+\alpha}{2}} \\ t_{\frac{1+\alpha}{2}, n-1} \end{array} \right\} \sigma_{\overline{x}} \sqrt{1-f} \right]_{\alpha}$$

2.   Binomialverteilung: π, wobei $n\pi(1 - \pi) > 9$ gelten soll.

$$\alpha - KONF(\pi) = \left[\hat{p} \pm z_{\frac{1+\alpha}{2}} \sigma_p \sqrt{1-f} \right]_{\alpha}$$

mit Standardabweichung

$$\sigma_p = \sqrt{\frac{\hat{p}(1 - \hat{p})}{n}}.$$

3.   Differenzen von Mittelwerten: Wir bezeichnen mit f_1 und f_2 die Auswahlsätze der beiden Stichproben, d. h.

$$f_1 = n_1/N_1 \quad \text{und} \quad f_2 = n_2/N_2,$$

wobei N_1 und N_2 die Grössen der beiden Grundgesamtheiten sind. Die Freiheitsgrade sind entsprechend der Tabelle 2.3 zu wählen.

(a) für σ_1, σ_2 bekannt:

$$\alpha - KONF(\mu_1 - \mu_2) = \left[\overline{X}_1 - \overline{X}_2 \pm z_{\frac{1+\alpha}{2}} \right.$$
$$\left. \cdot \sqrt{\frac{\sigma_1^2(1 - f_1)}{n_1} + \frac{\sigma_2^2(1 - f_2)}{n_2}} \right]_{\alpha}$$

(b) für $\sigma_1 = \sigma_2$ unbekannt:

$$\alpha - KONF(\mu_1 - \mu_2) = \left[\overline{X}_1 - \overline{X}_2 \pm t_{\frac{1+\alpha}{2}, n_1+n_2-2} \right.$$
$$\left. \cdot \sigma \cdot \sqrt{\frac{1}{n_1} + \frac{1}{n_2}} \right]_{\alpha}$$

mit

$$\sigma^2 = \frac{(n_1 - 1)\sigma_1^2(1 - f_1) + (n_2 - 1)\sigma_2^2(1 - f_2)}{n_1 + n_2 - 2}.$$

(c) für $\sigma_1 \neq \sigma_2$ unbekannt:

$$\alpha - KONF(\mu_1 - \mu_2) = \left[\overline{X}_1 - \overline{X}_2 \pm t_{\frac{1+\alpha}{2}, \nu}\right.$$
$$\left. \cdot \sqrt{\frac{\sigma_1^2(1 - f_1)}{n_1} + \frac{\sigma_2^2(1 - f_2)}{n_2}}\right]_\alpha$$

wobei

$$\nu = \frac{(a + b)^2}{\frac{a^2}{n_1 - 1} + \frac{b^2}{n_2 - 1}}$$

mit den Hilfsgrössen

$$a = \frac{s_1^2}{n_1}$$

und

$$b = \frac{s_2^2}{n_2}.$$

Beispiel 2.16: Konfidenzintervall mit Endlichkeitskorrektur
Eine Wirtschaftszeitschrift mit 4000 Abonnenten möchte den Frauenanteil
mit einer Stichprobe von $n = 400$ (2000) erheben. Berechne ein $\alpha = 95\%$
Konfidenzintervall, wenn $\hat{p} = 0.3$ erhoben wurde:

$$\alpha - KONF(\pi) = \left[\hat{p} \pm z_{\frac{1+\alpha}{2}} \sqrt{\frac{\hat{p}\hat{q}}{n}(1 - f)}\right]_\alpha$$
$$= \left[0.3 \pm 1.96 \sqrt{\frac{0.3 \cdot 0.7}{400}} \sqrt{1 - 0.1}\right]_{95\%}$$

Nun ist $f = \frac{400}{4000} = 0.1$, und $\sqrt{1 - f} = \sqrt{0.9} = 0.95$, und die Breite des
Konfindenzintervall ist

$$1.96 \cdot \sqrt{\frac{0.3 \cdot 0.7}{400}} = 0.0229 \cdot 1.96 = 0.0449.$$

a)   ohne Endlichkeitskorrektur

$$95\% - KONF[\pi] = [0.3 \pm 0.0449]_{95\%}$$
$$= [0.255; \ 0.345]_{95\%}$$
$$= [25.5\%; \ 34.5\%]_{95\%}.$$

b)   mit Endlichkeitskorrektur

$$95\% - KONF[\pi] \quad = \quad [0.3 \pm 0.0449 \cdot 0.95]_{95\%}$$
$$= \quad [0.3 \pm 0.043]_{95\%}$$
$$= \quad [25.7\%; \ 34.3\%]_{95\%} .$$

Da der Auswahlsatz von 10% sehr klein ist, verkürzt sich das Konfidenzintervall nur wenig.

Mit einem Auswahlsatz von $f = 0.5$ lautet das Konfidenzintervall

$$[0.3 \pm 0.032]_{95\%} = [26.8\%; \ 33.2\%]_{95\%}.$$

Auf 95%-Konfidenzniveau und einer 50% Stichprobe (bzw. die halbe GG) liegt der unbekannte Frauenanteil der Abonnenten zwischen 26.8 und 33.2%, kann also beträchtlich genauer geschätzt werden.

2.6   Quoten und Quotenverhältnisse

Soll die Wahrscheinlichkeit eines Ereignisses E, $P(E)$ bestimmt werden, so ist es oft nützlich sich die Gegenwahrscheinlichkeit $P(\bar{E})$ ebenfalls klarzumachen. Beide Wahrscheinlichkeiten kann man in Quoten (ODDS) zusammenfassen:

$$O(E) = \frac{P(E)}{1 - P(E)}$$

daraus kann man wieder die Wahrscheinlichkeit gewinnen durch

$$P(E) = \frac{O(E)}{1 + O(E)}$$

Quoten werden meist durch Zahlen, die grösser als 1 sind für Ereignis E angegeben. Ist die Wahrscheinlichkeit für ein Ereignis E kleiner als 1/2, so werden die Quoten (oft) für das koplementäre Ereignis $\bar{E}$ angegeben.

Eine einfache Umrechnung von ODDS auf Wahrscheinlichkeiten bietet die Quoten-Wahrscheinlichkeit-Skala.

Odds eignen sich gut für das Bestimmen von subjektiven Wahrscheinlichkeiten. Eine Alternative zum sogenannten Elizitieren von Wahrscheinlichkeiten für eintretbare Ereignisse ist folgende experimentelle Anordnung mit Hilfe von Urnen und Lotterien. Das folgende Ablaufschema zeigt, wie man subjektive Wahrscheinlichkeiten durch ein hypothetisches Urnenexperiment ermitteln kann.

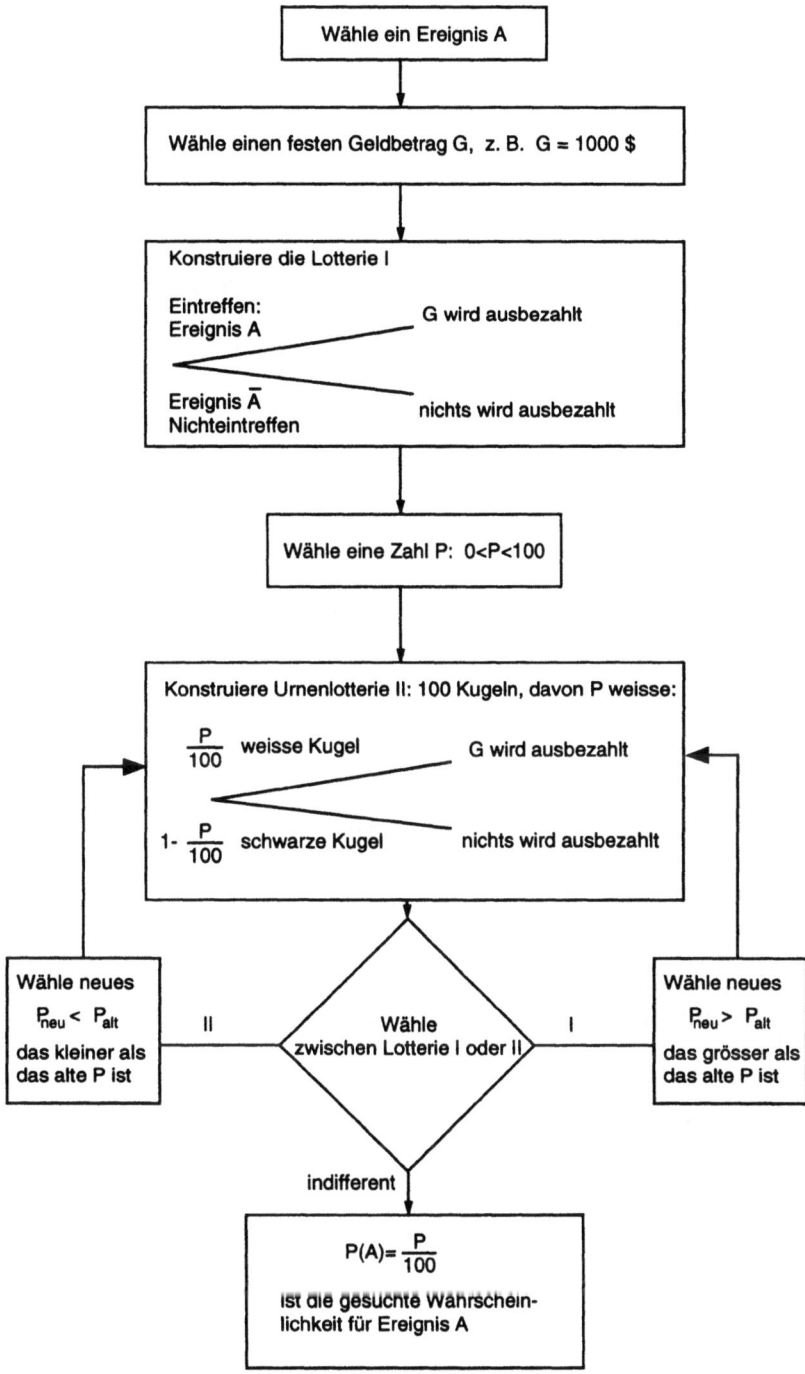

Figur 2.8: Messung subjektiver Wahrscheinlichkeiten durch Vergleich von Lotterien mittels Indifferenz zu Urnenlotterien

Beispiel 2.17:

1. Es ist 3× wahrscheinlicher, dass er durchkommt, als dass er durchfällt:

$$O(E) \quad : \quad O(\bar{E}) = 3 : 1$$
$$P(E) \quad = \quad \frac{3}{3+1} = \frac{3}{4} = 0.75$$

2. Es ist 10× mehr wahrscheinlich, dass sie heiraten, als ledig zu bleiben:

$$O(E) \quad : \quad O(\bar{E}) = 10 : 1$$
$$P(E) \quad = \quad \frac{10}{11} = 0.91$$

3. In 60% der Fälle regnet es nach Föhnwetter:

$$P(E) \quad = \quad 0.6 \quad P(\bar{E}) = 0.4$$
$$O(E) \quad = \quad \frac{0.6}{0.4} = 3 : 2 = 1.5 : 1$$

4. In 95% der Fälle wir die Hypothese angenommen

$$P(E) \quad = \quad 0.95$$
$$O(E) \quad = \quad \frac{0.95}{0.05} = \frac{19}{1} = 19 : 1$$

2.6.1   Quoten (Chancenverhältnisse)

Definition 2.8: Die Quote eines Anteils π

Das Chancenverhältnis des Anteils π eines binären oder dichotomen Merkmals A ist

$$odds(A) = \frac{\pi}{1 - \pi}.$$

Die Interpretation einer Quote ist: Wieviel mal wahrscheinlicher ist das Eintreten des Ereignisses A gegenüber seinem Nichteintreten (Komplement $\bar{A}$)?

Die Quoten werden in der Regel in der Form „Wahrscheinliches gegen Unwahrscheinliches" Ereignis angegeben. Eine graphische Skala zum Umrechnen von Wahrscheinlichkeiten in odds und umgekehrt, wie sie in Tabelle 2.4

gegeben ist, stellt die folgende Figur dar.

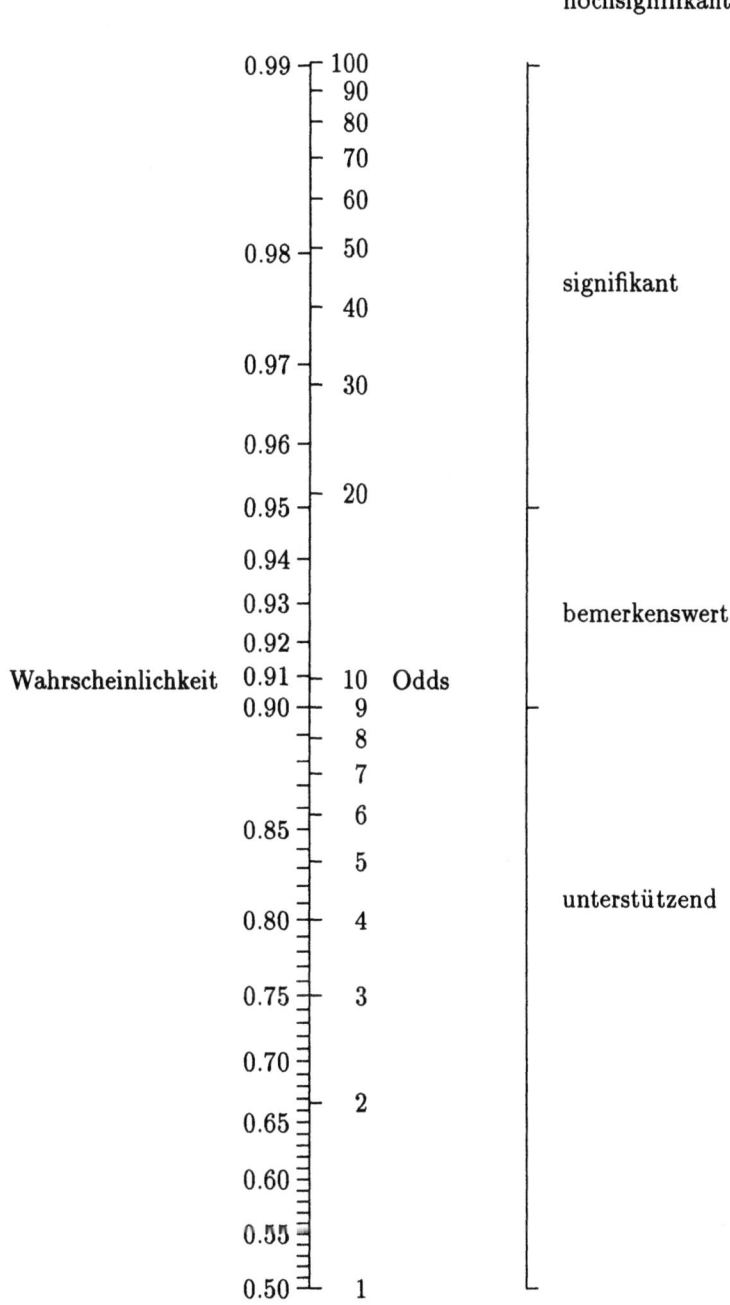

Figur 2.9: Die Odds-Wahrscheinlichkeitskala
Folgende Tabelle zeigt den Zusammenhang von Wahrscheinlichkeiten, Quoten

(odds) und log-Quoten (log-odds), die als Logarithmen von Quoten definiert sind:

$$log - odds = log\left(\frac{\pi}{1-\pi}\right) = log\pi - log(1-\pi).$$

Wahrscheinlichkeit	Odds	Log-Odds
0.01	0.0101	-2.00
0.05	0.0526	-1.28
0.10	0.1111	-0.95
0.20	0.2500	-0.60
0.30	0.4286	-0.37
0.40	0.6667	-0.18
0.50	1.0000	0.00
0.60	1.5000	0.18
0.70	2.3333	0.37
0.80	4.0000	0.60
0.90	9.0000	0.95
0.95	19.000	1.28
0.99	99.000	2.00

Tabelle 2.4: Wahrscheinlichkeiten und odds

Beispiel 2.18: Quoten in einer 4-Feldertafel

	Raucher	Nicht-Raucher
Frauen	20	33
Mäner	38	9

Der Einzelodds bzw. die Quoten für Rauchen in den Gruppen „Frauen" und „Männer" ist

$$odds_F(R) = \frac{20}{33} = 0.61 = \frac{2}{3.3} = 1 : 1.65,$$

$$odds_M(R) = \frac{38}{9} = 4.22 = 4.22 : 1.$$

Das liefert folgende Interpretation:

- Auf einen weiblichen Raucher kommen 1.65 weibliche Nichtraucher.

- Auf einen männlichen Nichtraucher kommen 4.22 männliche Raucher.

2.6.2   Odds-ratios: Quoten von Chancenverhältnissen

Ziel: Vergleich von Chancen oder Quoten, d. h. dem Eintreten und Nichteintreten eines binären Merkmals (BERNOULLI-verteilt mit Parameter π) in 2 Gesamtheiten oder Gruppen. Mit diesen beiden Einteilungen wird eine 4-Feldertafel erzeugt:

1. Ein interessierendes Ereignis: A (und dessen Komplement $\bar{A}$)

2. Die Gesamtheiten 1 und 2:

Definition 2.9: Odds-Ratios oder Quotenverhältnisse

Quotenverhältnisse sind Vergleiche von odds in 2 Gruppen:

$$w = odds - ratio(A) = \frac{odds_1(A)}{odds_2(A)}.$$

Beispiel 2.19: Quotenverhältnisse
Für das Quotenverhältnis „Frau/Mann" in Beispiel 2.19 ergibt sich aus

$$w = \frac{odds_F(R)}{odds_M(R)}$$

oder

$$w = \frac{0.61}{4.22} = 1 : 6.92 \simeq 0.14 = 1 : 7,$$

bzw. direkt zu berechnen als empirisches Quotenverhältnis

$$w = \frac{20/33}{38/9} = \frac{20 \cdot 9}{38 \cdot 33} = 0.14.$$

Daher wird das die *odds*−ratio auch Kreuzprodukt-Verhältnis genannt (Wegen der Zahlenordnung in der 4-Feldertafel). Im Unterschied zu einem einfachen Vergleich von Wahrscheinlichkeiten können Quotenverhältnisse besser als ein Risikomass verstanden werden, da sie in beiden Fällen auch das Eintreten des Gegenteils berücksichtigen.

Interpretation:

- Frauen haben gegenüber Männern eine etwa 7 mal grössere Wahrscheinlichkeit Nichtraucherin zu sein als Raucher.

- Das Risiko zu Rauchen ist bei Männern etwa 7 mal höher als bei Frauen. Das umgekehrte Quotenverhältnis „Mann/Frau" ergibt sich durch das reziproke Verhältnis

$$w' = 1 : w = \frac{1}{0.14} = 7 : 1 \simeq 6.92.$$

2.6.3 Das odds-ratio (Quotenverhältnis) in einer 4-Feldertafel

Ein Quotenverhältnis (odds-ratio) verwendet man, um den Unterschied zweier Anteile in einer Bernoulli-verteilten Stichprobe zu beschreiben. Odds-ratios sind daher eine Alternative zur Beschreibung der Differenz zweier Bernoulliverteilter Zufallsgrössen.

Definition 2.10: 4-Feldertafeln

Gegeben sei eine Zufallsstichprobe eines bivariaten Merkmals $(x_i, y_i), i, \ldots, n$ wobei X und Y binäre (Bernoulli-verteilte) Zufallsgrössen sind. Dann kann man 2 Typen von 4-Felder Tafel unterscheiden:

a) Die empirische 4-Feldertafel eines bivariaten Bernoulli-verteilten Merkmal ist

	$X = 1$	$X = 0$	Total
$Y = 1$	n_{11}	n_{12}	$n_{1\cdot}$
$Y = 0$	n_{21}	n_{22}	$n_{2\cdot}$
Total	$n_{\cdot 1}$	$n_{\cdot 2}$	n

mit $n = n_{11} + n_{12} + n_{21} + n_{22}$, wobei wir $n_{12} \neq 0$ voraussetzen.

b) Die theoretische Anteile (für $\pi_1 \neq 0$ und $\pi_2 \neq 0$) einer Bernoulliverteilten Zufallsgrösse in der GG sind

	$X = 1$	$X = 0$
$Y = 1$	π_1	π_0
$Y = 0$	$1 - \pi_1$	$1 - \pi_0$
	1	1

Die Parameter π_1 und π_2 der GG der beiden Gruppen sind in der theoretischen Tabelle abzulesen. Es ist leicht zu sehen, dass durch Vertauschen von Zeilen und Spalten einer 4-Feldertafel die Rollen der Merkmale von X und Y vertauscht werden können: Y ist das „unabhängige" Gruppenmerkmal und X ist das „abhängige" dichotome Merkmal. Wegen der inhaltliche Bedeutung der Merkmale muss das Vertauschen aber nicht immer sinnvoll, d. h. interpretierbar sein.

Die Anteile in jeder Gruppe können auch als *odds* oder Quoten (Chancen) angeschrieben werden

$$Gruppe \quad X = 1: \quad odds_1 = \frac{\pi_1}{1 - \pi_1};$$

$$Gruppe \quad X = 0: \quad odds_0 = \frac{\pi_0}{1 - \pi_0}.$$

Der Test mit *odds* (Quotenform) lautet

$$H_0: \quad odds_1 = odds_0 \quad \text{gegen} \quad H_1: \quad odds_1 \neq odds_0.$$

Definition 2.11: Quotenverhältnis (odds-ratio)

a) theoretisches Quotenverhältnis

$$w = \frac{odds_1}{odds_0} = \frac{\pi_1/(1 - \pi_1)}{\pi_0/(1 - \pi_0)}.$$

b) empirisches Quotenverhältnis

$$\hat{w} = \frac{n_{11}/n_{21}}{n_{12}/n_{22}} = \frac{n_{11}n_{22}}{n_{12}n_{21}}.$$

Aus der Definition des empirischen Quotenverhältnisses ist auch zu erkennen warum das odds-ratio auch Kreuzproduktverhältnis genannt wird. In der deskriptiven Statitik wird das empirische Quotenverhältnis auch als Kontigenzkoeffizient (d. h. zweidimensionales Zusammenhangsmass) definiert.

Da Anteile nur positive Zahlen des Einheitsintervalls sein können, bewegen sich die *odds* im Intervall $(0, \infty)$, d. h. auf der positiven (reellen) Zahlenachse. Dies gilt auch für die *odds*-ratios, während die ln-odds-ratios in $(-\infty, \infty)$ liegen, d. h. positive und negative Werte annehmen können.

Interpretation:

- Ist das *odds*-ratio grösser als 1, dann ist das Eintreten des dichotomen Merkmals in der Gruppe $X = 1$ wahrscheinlicher als in der Gruppe $X = 0$. Ist das *odds*-ratio kleiner als 1, dann gilt die umgekehrte Interpretation, d. h. in Gruppe $X = 0$ ist die Erfolgswahrscheinlichkeit grösser als in der Gruppe $X = 1$.

- Eine hohe Quote, z. B. *odds* = 10 besagt, dass das Eintreten von Y (d. h. $Y = 1$) 10 mal so wahrscheinlich ist, wie das Eintreten des Gegenteils (d. h. $Y = 0$).

- Sind die Anteile in beiden Gruppen gleich, so sind auch die Quoten (*odds*) gleich. Sind die Quoten in den beiden Gruppen verschieden, so gibt das *odds*-ratio (bzw. das Quotenverhältnis) an, um wieviel Mal die Quote in der einen Gruppe grösser als der andern Gruppe ist.

Beispiel 2.20: Arbeitslosenrate in der Deutsch- und Welsch-Schweiz

		CH: Deutsch	CH: Welsch
Arbeitslos	$Y = 1$	0.025	0.05
	$Y = 0$	0.975	0.95

Das *odds*-ratios (bzw. die Quote) arbeitslos zu sein beträgt in der Deutsch-Schweiz

$$odds_1 = \frac{0.025}{0.975} = \frac{1}{39},$$

d. h. eine von 40 Personen ist arbeitslos. In der Welsch-Schweiz ist es

$$odds_0 = \frac{0.05}{0.95} = \frac{1}{19},$$

d. h. eine von 20 Personen. (Beachte, dass man zur einfacheren Interpretation immer versucht, ganzzahlige Zahlenverhältnisse zu finden.)

Das Quotenverhältnis (*odds*-ratio) für das Merkmal Arbeitslosigkeit beträgt nun

$$\hat{w} = odds - ratio = \frac{odds_1}{odds_0} = \frac{1/39}{1/19} = \frac{19}{39} = \frac{1}{2.053}.$$

In der West-Schweiz ist das Risiko etwas mehr als doppelt so gross (genau 2.053 mal) arbeitslos zu sein, als in der Deutsch-Schweiz. Absolut gesehen ist die Wahrscheinlichkeit arbeitslos zu sein in der Westschweiz (5%) doppelt so hoch wie in der Deutschschweiz (2.5%).

Dadurch, dass eine Quote auch immer das Gegenteil eines Ereignisses mit berücksichtigt, ist es bei einem Quotenvergleich (odds-ratio) eher gerechtfertigt von „Risiko" zu sprechen als bei einem einfachen Wahrscheinlichkeitsvergleich.

2.6.4 Konfidenzintervall des ln-*odds*-ratio

Das logarithmierte *odds*-ratio w (die „log-Quote") ist definiert als

$$\ln w = \ln \frac{odds_1}{odds_0} = \ln(odds_1) - \ln(odds_0)$$

und das ln-*odds*-ratio hat folgende Interpretation: Negative $\ln -odds$-ratios favorisieren die Gruppe mit $X = 0$, positive die Gruppe mit $X = 1$.

Satz 2.7: Die Stichprobenverteilung des ln-*odds*-ratio
Sei

$$\ln w = \ln \frac{\pi_1(1 - \pi_0)}{\pi_0(1 - \pi_1)}$$

das unbekannte theoretische ln −*odds*-ratio der GG und

$$\ln \hat{w} = \ln \frac{n_{11} n_{22}}{n_{12} n_{21}}$$

das empirische ln −*odds*-ratio in der Stichprobe (vgl. Def. 2.9), dann gilt für die Stichprobenverteilung von ln $\hat{w}$ asymptotisch die Normalverteilung

$$\ln \hat{w} \sim N(\ln w, \sigma_w^2),$$

wobei die Varianz der Stichprobenverteilung durch

$$\sigma_w^2 = \frac{1}{n_{11}} + \frac{1}{n_{22}} + \frac{1}{n_{21}} + \frac{1}{n_{12}}$$

gegeben ist. Ist eine der Zellenhäufigkeiten $n_{ij} = 0$, so existiert die Varianz nicht (geht gegen ∞). Daher werden in Tabelle 2.5 nur positive Häufigkeiten zugelassen.

Das α%-Konfidenzintervall für das ln −*odds*-ratio lautet daher

$$\alpha - KONF(\ln w) = \left[\ln \hat{w} - z_{(\frac{1+\alpha}{2})} \sigma_w ; \ln \hat{w} + z_{(\frac{1+\alpha}{2})} \sigma_w \right]_\alpha = [w_u ; w_o]_\alpha$$

wobei $z_{(\frac{1+\alpha}{2})}$ das $\frac{1+\alpha}{2}$-Quantil der Standardnormalverteilung ist, und w_u und w_o bezeichnen die untere und die obere Intervallgrenzen.
Das entlogarithmierte Konfidenzintervall ist das Konfidenzintervall für das *odds*-ratio w

$$\alpha - KONF(odds - ratio) = [e^{w_u} ; e^{w_o}]_\alpha.$$

Beispiel 2.21: Ist das Auftreten einer Krankheit in 2 Gruppen gleich?
Aus einer Klinikkartei werden 112 Patienten mit Psychose und 113 Patienten ohne Psychose (Kontrollgruppe) zufällig gezogen. Als unabhängiges (Gruppierungs-) Merkmal wählen wir X: Psychose in der Familie des Patienten (ja/nein). Es soll auf 5% Signifikanzniveau getestet werden, ob die Erkrankungsrate in den beiden Gruppen gleich ist.

| | Familie | | Anzahl |
Psychose	ja (1)	nein (0)	
ja (1)	39	73	112
nein (0)	25	88	113
	64	161	225

Das *odds*-ratio beträgt

$$odds - ratio = \frac{39 \cdot 88}{73 \cdot 25} = \frac{1.56}{0.83} = 1.88,$$

d. h. es ist fast 2 mal so wahrscheinlich an einer Psychose zu erkranken, wenn bereits in der Familie eine Psychose aufgetreten war.
Die geschätzten $\ln -odds$ sind $\hat{w} = 0.63$ und die Varianz des Schätzers beträgt

$$\sigma_w^2 = \frac{1}{39} + \frac{1}{73} + \frac{1}{25} + \frac{1}{88} = 0.09 = 0.30^2.$$

Ein etwas informativeres Bild bekommt man durch die Berechnung eines 95%-Konfidenzintervalls für das $\ln -odds$-ratio

$$95\% - KONF(\ln w) = [0.63 \pm 1.96 \cdot 0.30]_{95\%} = [0.04; 1.22]_{0.95}.$$

Das 95%-Konfidenzintervall für das *odds*-ratio bekommt man durch Entlogarithmieren:

$$95\% - KONF(odds - ratio) = [1.04; 3.39]_{95\%}.$$

Obwohl das empirisch gefundene Quotenverhältnis 1.88 signifikant von 1 verschieden ist, ist auch aufgrund der vorliegenden Stichprobe zu sehen, dass der erbliche Einfluss (d. h. Familienkrankheit) sehr gering ist: Die untere Intervallgrenze 1.04 bedeutet, dass der Anteil in den beiden Gruppen fast gleich ist, und die obere Intervallgrenze, dass er sich bis zu 3.4 mal voneinander unterscheiden kann. Die empirische Inzidenz in Gruppe 1 (Psychose in der Familie) ist $39/64 = 61\%$, die in der Kontrollgruppe ist 45%.

* Bemerkung: Signifikanztest des odds-ratio
Getestet werde die Hypothese, dass die Anteile von Y in den beiden Gruppen (das durch das Merkmal X repräsentiert wird) gleich ist, bzw.

$$H_0: \quad \pi_1 = \pi_0 \quad \text{gegen} \quad H_1: \quad \pi_1 \neq \pi_0,$$

wobei π_1 der Anteil des Merkmals Y in der Gruppe $X = 1$ ist und π_2 der Anteil des Merkmals Y in der Gruppe $X = 0$ ist.

Kapitel 3

Bayes-Normalverteilungsmodelle

3.1 Bayes'sche Inferenz

Neben der klassischen Schätztheorie gibt es die sogenannte Bayes'sche Schätztheorie als Teilgebiet der Bayes'schen Inferenz. Die Bayes'schen Modelle für Stichprobenschlüsse bauen auf dem bekannten Satz von Bayes aus der Wahrscheinlichkeitsrechnung auf.

Satz 3.1: Satz von Bayes

Gegeben sind zwei beliebige Ereignisse A und B eines Ereignisraumes S mit einem Wahrscheinlichkeitsmass Pr.
Dann gilt wegen der Definition von bedingten Wahrscheinlichkeiten für den Durchschnitt AB von zwei Ereignissen:

$$Pr(B)Pr(A|B) = Pr(AB) = Pr(B|A)Pr(A)$$

und daraus folgt:

$$Pr(A|B) = \frac{Pr(A)}{Pr(B)}Pr(B|A)$$

Analog kann man für die Dichte eines Parameters θ zeigen: Die gemeinsame Verteilung von Daten und Parameter $f(\text{Daten}, \theta)$, kann auf zwei Arten als ein

Produkt von bedingten und unbedingten Verteilungen geschrieben werden:

$$f(Daten|\theta)f(\theta) = f(\theta|Daten)f(Daten)$$

Damit ist eine bedingte Verteilungsaussage über den Parameter θ, nachdem man die Daten gesehen hat, durch die Dichte $p(\theta|Daten)$ möglich:

$$f(\theta|Daten) = \frac{f(Daten|\theta)f(\theta)}{f(Daten)}$$

$$\propto f(Daten|\theta)f(\theta). \tag{3.1}$$

Das Symbol $\propto$ ist das Proportionalitätszeichen und $f(Daten)$ ist die sogenannte „prädiktive" Dichte, die nicht eine Funktion der Parameter θ ist. Sie ist eine mittlere Verteilung des zu analysierenden Modells (der Likelihoodfunktion) über alle möglichen Parameter, d. h.

$$f(Daten) = \int_{\theta} f(Daten|\theta)f(\theta)d\theta$$

und $f(\theta)$ ist eine a-priori-Dichte: Dadurch ist der Parameter θ eine Zufallsgrösse.

- $f(\theta|Daten)$ bezeichnet die posteriori-Dichte: Sie enthält alle Evidenz für θ, nachdem die Daten beobachtet wurden. Sie ist Grundlage für die Bayes'sche Inferenz für die Parameter θ.

- $f(Daten|\theta)$ ist die Likelihood-Funktion , d. h. eine Verteilung, die angibt, wie die abhängigen Daten generiert werden, wenn die Parameter θ bekannt sind.

3.1.1   Bayes'sche Inferenz im Normalverteilungsmodell

Gegeben ist eine normalverteilte Grundgesamtheit $N(\mu, \sigma^2)$, wobei $\sigma^2 = \sigma_0^2$ bekannt ist. Die realisierte Zufallsstichprobe $\mathbf{x} = \{\mathbf{x}_1, ..., \mathbf{x}_n\}$, die oft kurz als „Daten" bezeichnet wird.

Gesucht wird die Information bezüglich des unbekannten Parameters μ in Form einer Verteilung, nachdem die Stichprobe $\mathbf{x}$ beobachtet wurde.

Die Bayessche Inferenz erfolgt in 3 Stufen:

1. Spezifiziere die Vorinformation über μ in einer a-priori-Verteilung

$$\mu \sim N(\mu^*, \sigma_*^2)$$

Dabei ist μ^* der Erwartungswert und σ_*^2 die Varianz der a-priori-Verteilung. Alle Parameter einer a-priori Verteilung sind bekannt (d. h. keine Zufallsgrössen). Dies wird mit der Bezeichnungsweise mit

einem Stern (*) ausgedrückt. Die Vorinformation soll unabhängig von
der Stichprobe sein! Das numerische Bestimmen von den Parametern
der a-priori Verteilung nennt man auch „Elizitieren" der a-priori Verteilung.

2. Bestimme die Information der Stichprobe **x** bezüglich μ mit Hilfe der
   Likelihoodfunktion $f(Daten|\mu)$

$$f(Daten|\mu) = N(\bar{x}, \frac{\sigma^2}{n})$$

wobei $\bar{x}$ aus der Stichprobe X berechnet wurde.

Man beachte, dass wegen der Zufallsstichprobe $\{X_i \sim N[\mu,\sigma^2], i = 1,\ldots,n\}$ mit bekannter Varianz σ^2 gilt

$$
\begin{aligned}
f(Daten|\mu) &= f(x_1 \ldots x_n|\mu) &= \prod_{i=1}^{n} f(x_i|\mu) \\
&= f(n\bar{x}|\mu) &= p(\bar{x}|\mu, \sigma^2/n),
\end{aligned}
$$

wobei $\prod_{i=1}^{n}$ das Produktzeichen ist und die Faktorisierung der gemein-
samen Dichte $f(x_1 \ldots x_n|\mu) = f(x_i|\mu) \ldots f(x_n|\mu)$ bezeichnet

3. Kombiniere die a-priori- und die Daten-Information mittels des Bayes-
   Theorems nach (3.1) zur posteriori-Verteilung:

$$f(\mu|Daten) = N(\mu^{**}, \sigma_{**}^2)$$

Die posteriori-Verteilung repräsentiert das Wissen über μ, nachdem die
Daten $x_1, \ldots, x_n$ beobachtet wurden.

Notation: Alle Parameter der a-priori-Verteilung tragen einen Stern (*),
alle Parameter der posteriori-Verteilung tragen zwei Sterne (**). Die Parameter der a-priori Verteilung und der posteriori Verteilung werden auch
als Hyperparameter bezeichnet. Sie sind bekannte Werte, um über die unbekannten Verteilungsparameter (induktive, bzw. Inferenz-) Aussagen machen
zu können.

3.1.2 HPD-Intervalle

HPD-Intervalle sind Bayes'sche (oder subjektive) Glaubwürdigkeitsintervalle.
Sie werden aus der posteriori Verteilung berechnet und dienen zur Abschätzung der Unsicherheit bezüglich eines Parameters der GG. Sie sind
die kleinsten Wahrscheinlichkeitsbereiche ('Intervallschätzer') bei einer oder
mehreren gewählten Wahrscheinlichkeiten α.

Definition 3.1: HPD-Intervalle

Sei $p(\theta|\mathbf{x})$ eine posteriori-Dichte des Parameters θ, nachdem die Stichprobe $x = (x_1, \ldots, x_n)$ beobachtet wurde. Eine Region R (im Parameterraum von θ) heisst HPD-Intervall (Intervall höchster posteriori-Dichte) vom Inhalt α, falls
1. die Wahrscheinlichkeit der R genau α ist:

$$p(\theta \in R|\mathbf{x}) = \alpha;$$

2. keine Ordinate ausserhalb R grösser als eine Ordinate innerhalb ist:

$$p(\theta_1|\mathbf{x}) \geq p(\theta_2|\mathbf{x}) \text{ für } \theta_1 \in R, \text{ und } \quad \theta_2 \notin R.$$

Eine Interpretation der beiden Bedingungen für HPD-Intervalle in Definition 3.1 lautet:

1. Die Region R ist so beschaffen, dass die Dichte jedes Punktes innerhalb von R mindestens so gross ist wie die Dichte eines Punktes ausserhalb von R.

2. Der Bereich R ist so angelegt, dass bei gegebener Wahrscheinlichkeit α der Inhalt von R möglichst klein wird.

Beachte:

- Der Parameterraum für Lageparameter sind meistens die gesamten reellen Zahlen $\mathbf{R}$, für Skalierungs- und Varianzparameter sind es die positiven reellen Zahlen $\mathbf{R}^+$.

- Genaugenommen muss man von HPD-Regionen sprechen, da die Bezeichnung HPD-Intervall einen zusammenhängenden Bereich suggeriert. Bei multimodalen Verteilungen sind jedoch HPD-Regionen nicht zusammenhängend (vgl. Figur 3.1).

Die Figur 3.1 zeigt, dass ein optimales HPD-Intervall bei mehrgipfligen (multimodalen) Verteilungen aus mehreren Teilintervallen bestehen kann.

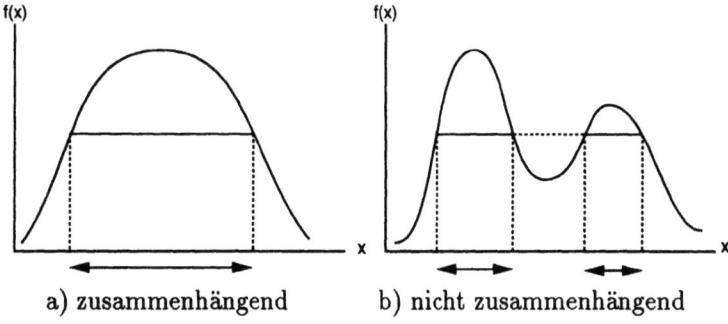

a) zusammenhängend   b) nicht zusammenhängend

Figur 3.1: Zusammenhängende und nicht zusammenhängende HPD-Intervalle.

3.2 Mittelwertschätzung bei bekannter Varianz

Die Bayes-Inferenz im konjugierten Normalverteilungs-Modell $N(\mu, \sigma^2)$ kann durch folgenden Satz formuliert werden:

Satz 3.2: Bayes-Inferenz für den Mittelwert in $N(\mu, \sigma_0^2)$

Sei $\mathbf{x} = (x_1, \ldots, x_n)$ eine realisierte Zufallsstichprobe aus einer Normalverteilung $X_i \sim N(\mu, \sigma_0^2)$ mit bekannter Varianz σ_0^2 (> 0). Die a-priori-Verteilung für den unbekannten Mittelwert μ sei

$$\mu \sim N(\mu^*, \sigma_*^2).$$

Dann ist die posteriori-Verteilung für μ ebenfalls eine Normalverteilung

$$\mu|\mathbf{x} \sim N(\mu^{**}, \sigma_{**}^2)$$

mit dem posteriori Mittelwert

$$\mu^{**} = \frac{\sigma_0^2 \mu^* + n\sigma_*^2 \overline{x}}{\sigma_0^2 + n\sigma_*^2}$$

und mit posteriori Varianz

$$\sigma_{**}^2 = \frac{\sigma_0^2 \sigma_*^2}{\sigma_0^2 + n\sigma_*^2} = (\sigma_*^{-2} + n\sigma_0^{-2})^{-1}.$$

Die inverse posteriori Varianz nennt man auch posteriori Präzision. Je kleiner die posteriori Varianz, desto grösser ist die posteriori Präzision, und über den unbekannten Parameter μ kann präziser Auskunft gegeben bzw. Inferenzaussagen gemacht werden.

Die posteriori-Präzision σ_{**}^{-2} ist die Summe aus der n-fachen Prozesspräzision σ^{-2} und der a-priori-Präzision σ_{*}^{-2}:

$$\sigma_{**}^{-2} = \sigma_{*}^{-2} + n\sigma_0^{-2}.$$

Als Intervallschätzer kann man ein α-HPD-Intervall für μ berechnen:

$$\alpha - HPD(\mu) = [\mu^{**} \pm z_{\frac{1+\alpha}{2}} \sigma_{**}].$$

Interpretation:

Der posteriori-Mittelwert ist ein gewogenes Mittel zwischen dem a-priori-Mittelwert μ^* und dem Mittelwert der Daten $\bar{x}$. Da die Gewichte positiv sind, können nur posteriori-Mittelwerte im Intervall zwischen diesen Endpunkten μ_* und $\bar{x}$ auftreten. Da $\bar{x}$ eine Funktion von n ist, ist auch μ^{**} eine Funktion von n.

1. Für grosse Stichproben, d. h. $n \to \infty$, bekommt das Stichprobenmittel immer mehr Gewicht, da σ_*^2 und σ_0^2 fixiert sind. Im Grenzfall (asymptotisch) gilt:

$$\lim_{n \to \infty} \mu^{**} = \bar{x}$$

2. Für grosse Varianz σ^2 (d. h. geringe Prozesspräzision σ^{-2}) hat das Mittel $\bar{x}$ relativ wenig Gewicht (wenn σ_*^2 und n konstant sind). Ist $\sigma_*^{-2} > n\sigma_0^{-2}$, dann dominiert die a-priori-Verteilung.

3. Je grösser die a-priori-Varianz, desto mehr Gewicht erhält der Mittelwert $\bar{x}$ bei konstanten σ_0^2 und n. Bei diffuser (nichtinformativer) a-priori-Verteilung strebt der posteriori-Mittelwert gegen den Mittelwert der Stichprobe:

$$\lim_{\sigma_*^2 \to \infty} \mu^{**} = \bar{x}.$$

Aus dieser Interpretation wird ersichtlich, dass Bayes'sche und klassische Schätzungen sich im Allgemeinen nur in kleinen Stichproben unterscheiden.

*Beweis: Der folgende Beweis zeigt auch die Verwendung des Proportionalzeichens $\propto$ in der Bayes'schen Statistik. Sei $\mathbf{x} = (x_1, \ldots, x_n)$ die realisierte Stichprobe, dann ist die Likelihoodfunktion proportional zu

$$f(\mathbf{x}|\mu) \propto \exp\left[-\frac{1}{2\sigma_0^2} \sum_{i=1}^{n}(x_i - \mu)^2\right].$$

Nach dem Steinerschen Verschiebungssatz gilt:

$$\sum_{i=1}^{n}(x_i - \mu)^2 = \sum_{i=1}^{n}(x_i - \overline{x})^2 + n(\overline{x} - \mu)^2.$$

Die Likelihood ist nur eine Funktion des unbekannten Mittelwertes μ, wobei die bekannten Daten **x** nur eine Konstante bilden. Daher gilt für die Likelihoodfunktion die Proportionalität

$$f(\mathbf{x}|\mu) \propto \exp\left[-\frac{1}{2\sigma_0^2}\sum_{i=1}^{n}(x_i - \overline{x})^2\right]\exp\left[-\frac{1}{2\sigma_0^2}n(\overline{x} - \mu)^2\right]$$

$$\propto \exp\left[-\frac{n}{2\sigma_0^2}(\overline{x} - \mu)^2\right].$$

Die (konjugierte) a-priori-Verteilung hat die Form

$$f(\mu) \propto \exp\left[-\frac{1}{2\sigma_*^2}(\mu - \mu^*)^2\right].$$

Nach dem Bayes-Theorem (3.1) ist die posteriori-Dichte

$$f(\mu|\mathbf{x}) \propto \exp\left[-\frac{1}{2}\left(\frac{n}{\sigma_0^2}(\mu - \overline{x})^2 + \frac{1}{\sigma_*^2}(\mu - \mu^*)^2\right)\right].$$

Die zwei Quadrate in μ werden in ein gemeinsames Quadrat zusammengefasst:

$$\frac{n}{\sigma_0^2}(\mu - \overline{x})^2 + \frac{1}{\sigma_*^2}(\mu - \mu^*)^2 = \frac{1}{\sigma_{**}^2}(\mu - \mu^{**})^2 + \frac{n(\overline{x} - \mu^*)^2}{\sigma_0^2 + n\sigma_*^2}$$

und der zweite Ausdruck ist dabei wieder eine Konstante bezüglich μ und kann daher vom Proportional ($\propto$)-Zeichen absorbiert werden:

$$f(\mu|\mathbf{x}) \propto \exp[-\frac{1}{2\sigma_{**}^2}(\mu - \mu^{**})^2].$$

Dies ist wieder der Kern einer Normalverteilung mit Mittelwert μ^{**} und Varianz σ_{**}^2. Interpretation über μ liefert die Normierungskonstante:

$$k = \sigma_{**}\sqrt{2\pi}.$$

Im nächsten Abschnitt wird dieses Modell mit Hilfe von hypothetischen Stichproben erklärt, mit denen die Vorinformation ausgedrückt werden kann.

3.2.1 Bayes-Inferenz im $N(\mu, \sigma^2)$ Modell mit Hilfe der hypothetischen Stichprobengrösse

Wir betrachten das Zufallsexperiment wie in Satz 3.2:
Sei $\mathbf{x} = (x_1, \ldots, x_n)'$ eine Stichprobe aus einer Normalverteilung $X_i \sim N(\mu, \sigma_0^2)$, $i = 1, \ldots, n$ mit bekannter Varianz σ_0^2. Dies entspricht der Bayes'schen Analyse des klassischen Modells: Die GG ist normalverteilt und σ_0^2 ist bekannt.
Die Zusammenfassung der Stichprobe $\mathbf{X}$ erfolgt im Stichprobenmittel:

$$\bar{x} = \frac{1}{n} \sum_{i=1}^{n} x_i.$$

In den Herleitungen der Bayesmodelle werden die Daten $\mathbf{x} = (x_1, \ldots, x_n)$ klein geschrieben, da sie bekannte Realisationen der Zufallsstichprobe darstellen. Mit Hilfe des Konzeptes der hypothetischen Stichprobengrösse formulieren wir die a-priori Verteilung für μ als

$$\mu \sim N \left[\mu^*, \frac{\sigma_0^2}{n'} \right].$$

In dieser Form hat die a-priori-Verteilung eine einfache Interpretation: Das a-priori Wissen über μ ist normalverteilt mit a-priori-Mittelwert μ^*, das n' Beobachtungen wert ist. Dies entspricht der apriori Varianz $\sigma_*^2 = \sigma_0^2/n'$ in Satz 3.2.

Satz 3.3: Bayes-Inferenz für den Mittelwert mit n'

Gegeben sei das Modell wie in Satz 3.2 mit apriori Informationen $\mu \sim N[\mu^* \sigma_0^2/n']$. Die posteriori-Verteilung ist die Normalverteilung

$$\mu | \mathbf{x} \sim N(\mu^{**}, \sigma_{**}^2)$$

mit dem
a) posteriori Mittelwert

$$\mu^{**} = \frac{n'}{n'+n} \mu^* + \frac{n}{n'+n} \bar{x} = \frac{n'\mu^* + n\bar{x}}{n'+n}$$

b) und der posteriori Varianz

$$\sigma_{**}^2 = \frac{\sigma^2}{n'+n}.$$

Wie zuvor ist der posteriori-Mittelwert μ^{**} ein gewogenes Mittel aus dem a-priori-Mittelwert μ^* und dem Stichprobenmittel $\bar{x}$, wobei n und n' die Gewichte sind.

Der Fall $n' = 0$ wird als diffuse oder "nicht informative" a-priori-Verteilung bezeichnet. In diesem Fall ist die posteriori-Verteilung

$$\mu | \mathbf{x} \sim N[\bar{x}, \sigma^2 / n],$$

und die posteriori Momente sind:

$$\mu^{**} = \bar{x} \quad \text{und} \quad \sigma^2_{**} = \frac{\sigma^2}{n}.$$

Aus der posteriori Verteilung kann das α-HPD-Intervall für μ berechnet werden:

$$Pr(\mu^{**} - z_{\frac{1+\alpha}{2}} \sigma_{**} < \mu < \mu^{**} + z_{\frac{1+\alpha}{2}} \sigma_{**}) = \alpha.$$

Da μ eine Zufallsgrösse ist, beschreibt ein HPD-Intervall einen Wahrscheinlichkeitsbereich mit bekannten Grenzen. Dies ist allgemein ein Charakteristikum für die Bayes'sche Inferenz: Die Resultate der Wahrscheinlichkeitsrechnung werden zur Beschreibung der Unsicherheit von Schätzungen und Inferenzaussagen verwendet.

Beispiel 3.1: Abweichungen von Abfüllmengen.
Gegeben sei eine Stichprobe von 20 Messungen, die die Abweichungen von der Normgrösse angeben:

$$\mathbf{x} = (-1, 6, 5, -10, 13, -2, -6, -14, 0, -3, 9, -4, -1, -6, -14, 3, -3, 4, -6, -8).$$

Wir treffen folgende Annahmen: Es liegt eine Zufallsstichprobe aus einer Normalverteilung vor, die bekannte Varianz ist $\sigma^2 = 8^2$.

1. *a-priori Verteilung:* Die a-priori-Parameter werden aufgrund der letzten Kontrolle bestimmt. Um den Einfluss der a-priori-Sicherheit n' zu demonstrieren, wählen wir 2 Möglichkeiten für die a-priori-Normalverteilung $\mu \sim N[\mu^*, 8^2/n']$:

   (a) $\mu^* = 6, \quad n' = 1$

   (b) $\mu^* = 6, \quad n' = 4$

   Die Version (b) ist mit $n' = 4$ hypothetischen Stichprobenelementen die „genauere" Vorinformation.

2. *Stichprobenmittel:*

$$\bar{x} = \frac{1}{20} \sum_{i=1}^{20} x_i = -1.9$$

3. *Posteriori-Verteilung:* Der Posteriori-Mittelwert ist unter a-priori Annahme (a)

$$\mu^{**} = \frac{1}{1+20} \cdot 6 + \frac{20}{1+20}(-1.9) = \frac{6-38}{21} = \frac{-32}{21} = -1.52$$

und unter (b)

$$\mu^{**} = \frac{4 \cdot 6}{4+20} + \frac{20(-1.9)}{4+20} = \frac{24-38}{24} = \frac{-14}{24} = -0.58.$$

Die Posteriori-Varianz ist

$$\sigma^2_{**} = \frac{\sigma^2}{n'+n}$$

und unterscheidet sich für die beiden a-priori Annahmen nur wenig:

(a) $\sigma^2_{**} = \frac{8^2}{21} = 1.75^2$

(b) $\sigma^2_{**} = \frac{8^2}{24} = 1.63^2$.

Die 95%-HPD-Intervalle haben die Form:

$$Pr(\mu_{**} - 1.96\sigma_{**} < \mu < \mu_{**} + 1.96\sigma_{**}) = 95\%$$

(a) Wegen $(-1.52 \pm 1.96 \cdot 1.75) = (-1.52 \pm 3.42)$ folgt

$$Pr(-4.94 < \mu < 1.90) = 95\%.$$

(b) Wegen $(-0.58 \pm 1.96 \cdot 1.63) = (-0.58 \pm 3.20)$ folgt

$$Pr(-3.78 < \mu < 2.62) = 95\%.$$

Da im Fall (b) mehr Vorinformation in den Inferenzprozess einfliesst, ergibt sich durch eine andere Gewichtung ein leicht nach oben verschobenes *HPD*-Wahrscheinlichkeitsintervall für μ. Der Einfluss der Stichprobe geht zugunsten des a-priori-Mittels etwas zurück.

Vergleichen wir die beiden HPD-Intervalle mit dem klassischen $\alpha = 95\%$-Konfidenzintervall, d. h.

$$\alpha - KONF(\mu) = [\bar{x} \pm z_{\frac{1+\alpha}{2}} \sigma_{\bar{x}}]_\alpha \quad \text{mit} \quad \sigma^2_{\bar{x}} = \frac{8^2}{20} = 1.79^2.$$

Das Konfidenzintervall für μ lautet

$$\begin{aligned}
95\% - KONF(\mu) &= [-1.9 \pm 1.96 \cdot 1.79]_{95\%} \\
&= [-1.9 \pm 3.51]_{95\%} = [-5.4; 1.6]_{95\%}.
\end{aligned}$$

Das klassische Konfidenzintervall besitzt die grösste Länge, weil am wenigsten Information verarbeitet wird, ist aber um das Stichprobenmittel zentriert. Die Intervalllängen betragen
im Fall (a):

$$4.94 + 1.9 = 6.84,$$

im Fall (b):

$$3.78 + 2.62 = 6.4,$$

bzw. im klassischen Fall:

$$5.4 + 1.6 = 7.$$

3.3 Bayes-Inferenz für die Differenz von Mittelwerten

Das Experiment besteht im Ziehen von zwei Zufallsstichproben $X = \{X_1, \ldots, X_{n_X}\}$, $Y = \{Y_1, \ldots, Y_{n_Y}\}$ aus zwei nach $N(\mu_X, \sigma_X^2)$ bzw. $N(\mu_Y, \sigma_Y^2)$ normalverteilten Grundgesamtheiten. Die Realisation der Stichproben sind $\mathbf{x} = (x_1, \ldots, x_{n_X})$ und $\mathbf{y} = (y_1, \ldots, y_{n_Y})$. In den folgenden beiden Abschnitten wird die Bayes'sche Inferenz nur für nichtinformative (diffuse) Verteilungen beschrieben.

3.3.1 Wenn bekannt ist, dass $\sigma_X^2 = \sigma_Y^2$

1. Die a-priori-Verteilung für μ_X, μ_Y und σ_X^2 ist diffus.

2. Die posteriori-Verteilung für die Differenz $\Delta = \mu_Y - \mu_X$ der Mittelwerte ist t-verteilt

$$\Delta | x, y \sim t(\overline{y} - \overline{x}, s_\Delta^2, n_X + n_Y - 2)$$

mit der gepoolten Varianz

$$s_\Delta^2 = \frac{(n_X - 1)s_X^2 + (n_Y - 1)s_Y^2}{n_X + n_Y - 2} \cdot \left(\frac{1}{n_X} + \frac{1}{n_Y} \right).$$

3. Punkt- und Intervallschätzung

   Als Punktschätzung für die Differenz der Mittelwerte dient die Differenz der arithmetischen Mittel

$$\overline{\Delta} = \overline{y} - \overline{x}.$$

   Aus der posteriori Verteilung berechnet man ein α-HPD-Intervall als Intervallschätzer:

$$Pr(\overline{\Delta} - t(\alpha, \nu)s_\Delta \leq \Delta \leq \overline{\Delta} + t(\alpha, \nu)s_\Delta) = \alpha,$$

wobei $t(\alpha, \nu)$ eine Kurzschreibweise des $\frac{1+\alpha}{2}$-Quantils der t-Verteilung mit $\nu = n_X + x_Y - 2$ Freiheitsgraden ist:

$$t(\alpha, \nu) = t(\frac{1+\alpha}{2}, n_X + n_Y - 2).$$

3.3.2 Wenn σ_X^2 und σ_Y^2 gänzlich unbekannt sind

Die Bayes'sche Inferenz für die 4 unbekannten Parameter μ_X, μ_Y, σ_X^2 und σ_Y^2 läuft nach folgenden 3 Punkten ab:

1. Die a-priori-Verteilung ist diffus, d.h. μ_X, μ_Y und $\ln \sigma_X^2$, $\ln \sigma_Y^2$ sind unabhängig gleichverteilt.

2. Die posteriori-Verteilung: Die posteriori-Verteilung ist in diesem Fall nur numerisch zu bestimmen. Eine gute Approximation ist die BEHRENS-Verteilung, deren Graph und Tabelle im Anhang A.11 zu sehen ist:

$$\Delta = \mu_Y - \mu_X \sim Behrens(\overline{y} - \overline{x}, s_\Delta^2, n_X - 1, n_Y - 1, R)$$

mit der gepoolten Varianzschätzung

$$s_\Delta^2 = \frac{s_X^2}{n_X} + \frac{s_Y^2}{n_Y}.$$

Der Formparameter R wird aus der Tangensfunktion bestimmt:

$$\tan(R) = \sqrt{\frac{s_X^2/n_X}{s_Y^2/n_Y}}, \quad df_1 = n_X - 1, \quad df_2 = n_Y - 1.$$

3. Punkt- und Intervallschätzung:

Der Punktschätzer ist wie im vorigen Modell

$$\overline{\Delta} = \overline{y} - \overline{x}$$

und das HPD-Intervall ist

$$Pr(\overline{\Delta} - d_R s_\Delta \leq \Delta \leq \overline{\Delta} + d_R s_\Delta) = \alpha,$$

wobei d_R das $\frac{1+\alpha}{2}$-Quantil der Behrens-Verteilung in Abhängigkeit von R ist. In der Tabelle im Anhang A.11 kann das Quantil abgelesen werden und muss eventuell interpoliert oder gerundet werden. Um auf der sicheren Seite zu sein, sucht man den grösseren der in Frage kommenden d_R-Werte heraus.

Beispiel 3.2: Mittelwertvergleich mit der Behrens-Verteilung
Von einem Untersuchungsmerkmal X sei bekannt, dass es normalverteilt ist.
Um den Unterschied zwischen Frauen und Männern hinsichtlich dieses Merkmals zu beschreiben, soll für ihn ein HPD-Intervall angegeben werden. Eine Erhebung ergab:

Frauen: $\mathbf{y} = \{4, 1, 12, 13, 12, 12, 13, 10, 3\}$, $n_y = 9$.
Männer: $\mathbf{x} = \{2, 0, 8, 8, 8, 10, 8\}$, $n_x = 7$.

Daraus berechnet man die Momente der beiden Stichproben

$$\bar{x} = 6.29; \qquad s_x^2 = 13.9$$

$$\bar{y} = 8.89; \qquad s_y^2 = 23.1$$

Die Differenz der Mittelwerte ist die Punktschätzung

$$\overline{\Delta} = \bar{y} - \bar{x} = 8.89 - 6.29 = 2.6$$

und die Varianz der Differenz:

$$s_\Delta^2 = \frac{13.9}{7} + \frac{23.1}{9} = 4.554 = 2.13^2.$$

Der Formparameter R ist

$$\tan(R) = \sqrt{\frac{1.9864}{2.5679}} = 0.877 \Rightarrow R = \tan^{-1}(0.877) = 41.26.$$

Daher erhalten wir für die Differenz der Mittelwerte die posteriori Verteilung

$$\mu_x - \mu_y \sim Behrens(2.6, 2.13^2, 6, 8, 41.26).$$

Aus Tabelle A.11 liest man $d_R \approx 2.36$ ab, und als HPD-Intervall berechnet man

$$Pr(2.6 - 2.36 \cdot 2.13 \leq \Delta \leq 2.6 + 2.36 \cdot 2.13) = 0.95$$

d. h.

$$0.95\% - HPD(\Delta) = [-2.43; 7.63].$$

Da das HPD-Intervall den Nullpunkt überdeckt ist es also praktisch sicher, dass der Unterschied zwischen den Mittelwerten nicht besteht.

Approximation durch die t-Verteilung: Steht die Behrens-Verteilung zur Approximation nicht zur Verfügung, so kann man die t-Verteilung auch wieder zur Approximation verwenden. Als einfache Regel für die Freiheitsgrade nimmt man das Minimum der Stichprobengrössen in den beiden Gruppen:

$$\nu = \min(n_1, n_2) - 1.$$

Diese 'schnellere' Berechnung wird im nächsten Beispiel erklärt.

Beispiel 3.3: Mittelwertvergleich von Männern und Frauen

Wir betrachten die gleiche Fragestellung wie in Beispiel 3.2. Die beiden Gruppenumfänge sind $n_1 = 7$ und $n_2 = 9$. Daher ist die Anzahl der Freiheitsgrade

$$\nu = \min(7, 9) - 1 = 6.$$

Das 95% approximative HPD-Intervall ist daher

$$
\begin{aligned}
95\% - HPD(\Delta\mu) &= [\bar{x}_2 - \bar{x}_1 \pm t(0.975, 6) \cdot s_\Delta] \\
&= [2.6 \pm 2.447 \times 2.13] \\
&= [2.6 \pm 5.2] \\
&= [-2.6; 7.8].
\end{aligned}
$$

Man sieht, dass das approximative HPD-Intervall etwas grösser ist, als das mit der Behrensverteilung berechnete in Beispiel 3.2.

3.4 Bayes-Inferenz für die Varianz, wenn μ bekannt ist

Gegeben sei eine realisierte Zufallsstichprobe $\mathbf{x} = (x_1, \ldots, x_n)$ von

$$\{X_i \sim N(\mu, \sigma^2), \quad i = 1, ..., n\},$$

wobei μ bekannt ist. Die Bayes'sche Inferenz für die Varianz benötigt die inverse χ^2-Verteilung, die wir mit $\chi^{-2}(\sigma_*^2, n_*)$ bezeichnen.

1. Die a-priori-Verteilung ist

$$\sigma^2 \sim n_* \sigma_*^2 \chi_{n_*}^{-2} \sim \chi^{-2}(\sigma_*^2, n_*),$$

   eine inverse χ^2-Verteilung mit n_* Freiheitsgraden. Für den Erwartungswert der inversen χ^2-Verteilung gilt:

$$E\left(\chi^{-2}(\sigma_*^2, n_*)\right) = \frac{n_*}{n_* - 2} \sigma_*^2 \to \sigma_*^2 \quad \text{für} \quad n_* \to \infty.$$

2. Dateninformation

   Die Varianz der Stichprobe ist die deskriptive Varianz $\hat{\sigma}^2$, da μ bekannt ist:

$$\hat{\sigma}^2 = \frac{1}{n} \sum_{i=1}^{n} (x_i - \mu)^2$$

   und daher ist $n\hat{\sigma}^2$ die Quadratsumme der Abweichungen von μ gegeben durch

$$n\hat{\sigma}^2 = \sum_{i=1}^{n} (x_i - \mu)^2.$$

3. Die posteriori-Verteilung für die Varianz σ^2 ist ebenfalls eine inverse χ^2-Verteilung:

$$\sigma^2|\mathbf{x} \sim \chi^{-2}(\sigma_{**}^2, n_{**}) \sim n_{**}\sigma_{**}^2\chi_{n_{**}}^{-2}$$

mit den 'Hyper-Parametern' der posteriori-Verteilung

$$\sigma_{**}^2 = \frac{n_*\sigma_*^2 + n\hat{\sigma}^2}{n_{**}}$$

und den Freiheitsgraden

$$n_{**} = n_* + n.$$

4. Punkt- und Intervallschätzungen

a) Für die Punktschätzung empfiehlt sich der wahrscheinlichste Wert der posteriori Verteilung, der Modalwert:

$$Mod(\sigma^{-2}) = \frac{n_{**}}{n_{**} + 2}\sigma_{**}^2.$$

b) Das α-HPD-Intervall ist von der Form

$$\alpha - HPD(\sigma^2) = n_{**}\,\sigma_{**}^2\left[\chi_u^{-2}(\alpha, n_{**}); \chi_o^{-2}(\alpha, n_*)\right]_\alpha$$

und muss aus der Tabelle (z. B. A.7.4) oder numerisch am Computer bestimmt werden.

Bemerkungen:

1. Die Momente der inversen χ^2-Verteilung, $\chi^{-2}(s^2, n) = ns^2\chi_n^{-2}$, sind

$$\mathrm{E}(\chi^{-2}(s^2, n)) = \frac{n}{n-2}\,s^2, \qquad \mathrm{Var}(\chi^{-2}(s^2, n)) = \frac{2n^2s^4}{(n-2)^2(n-4)}.$$

2. Der Modalwert

$$\text{Modus }(\chi^{-2}(s^2, n)) = \frac{n}{n+2}\,s^2$$

ist kleiner als der Erwartungswert, da die χ^2- und die χ^{-2}-Verteilungen rechtsschief sind.

3. Ist σ^{-2} nichtzentral-χ_n^2-verteilt mit Erwartungswert $1/s^2$ und Varianz $2/ns^4$, dann besitzt $ns^2\sigma^{-2} = ns^2/\sigma^2$ eine χ_n^2-Verteilung.

Beispiel 3.4: Schätzung der Varianz des Alters von Hörern der Vorlesung Statistik III

1. a-priori-Verteilung:

    Für den Erwartungswert der apriori Präzision elizitieren wir $\sigma_*^2 = 25 = 5^2$ und $n_* = 7$, das ist der Wert der Vorinformation in hypothetischen Beobachtungen ausgedrückt.

2. Daten:

    Die realisierte Zufallsstichprobe ist $\mathbf{x} = (x_1, ..., x_{16})$, die deskriptive Varianz beträgt $\hat{\sigma}^2 = 449.44/16 = 28.09 = 5.3^2$

3. posteriori-Verteilung:

    (a) Die Freiheitsgrade (für die χ^2-Verteilung) addieren sich

    $$n_{**} = n_* + n = 7 + 16 = 23.$$

    (b) Die posteriori-Varianz beträgt

    $$\begin{aligned}
    \sigma_{**}^2 &= (n_* \sigma_*^2 + n \hat{\sigma}^2)/n_{**} \\
    &= (175 + 449.44)/23 \\
    &= 624.44/23 = 27.15.
    \end{aligned}$$

4. Punkt- und Intervallschätzung

    (a) Als Punktschätzung berechnen wir den posteriori-Modus (Modalwert)

    $$\begin{aligned}
    Mod(\sigma^2) &= n_{**}\sigma_{**}^2/(n_{**} + 2) \\
    &= 624.44/25 = 24.98.
    \end{aligned}$$

    (b) Intervallschätzung:

    Das posteriori-α-HPD-Intervall für die Varianz σ^2 berechnet man mit Hilfe der Tabelle A.7.4:

    $$\begin{aligned}
    95\% - HPD[\sigma^2] &= 23 \cdot 24.98[\chi_u^{-2}(0.95, 23); \chi_o^{-2}(0.95, 23)] \\
    &= 574.48[0.02312; 0.07821] \\
    &= [13.28; 44.93].
    \end{aligned}$$

Beachte: Kein HPD-Intervall wäre die Berechnung mit den Quantilsgrenzen der χ^2-Verteilung (siehe A.7.1):

$$\begin{aligned}
Pr\left(\frac{\sigma_{**}^2 \cdot n_{**}}{\chi_{23}^2\left(\frac{1+\alpha}{2}\right)} < \sigma^2 < \frac{\sigma_{**}^2 \cdot n_{**}}{\chi_{23}^2\left(\frac{1-\alpha}{2}\right)}\right) &= Pr\left(\frac{27.15}{38.08}23 < \sigma^2 < 23\frac{27.15}{11.69}\right) \\
&= Pr(16.40 < \sigma^2 < 53.4) = 95\%
\end{aligned}$$

3.4.1 Bayes-Inferenz für die Standardabweichung σ

Falls die Varianz $\sigma^2 \sim \chi^{-2}(s^2, n)$ invers Chi-Quadrat verteilt ist, dann ist die Standardabweichung $\sigma = \sqrt{\sigma^2} \sim \chi^{-1}(s, n)$ invers χ-verteilt (mit $s = \sqrt{s^2}$).

Parameter	χ^{-2} exakt	χ^{-1} approximativ
Mittelwert	$\dfrac{s^2}{n-2}$	$\left(\dfrac{s^2}{n-3/2}\right)^{1/2}$
Modus	$\dfrac{s^2}{n+2}$	$\left(\dfrac{s^2}{n+1}\right)^{1/2}$ exakt
Median	$\text{Med} \in \left[\dfrac{s^2}{n-1/2} \; ; \; \dfrac{s^2}{n-2/3}\right]$	$\left(\dfrac{s^2}{n-2/3}\right)^{1/2}$
Varianz	$\dfrac{2s^4}{(n-2)^2(n-4)}$	$\dfrac{s^2}{2(n-2)(n-5/3)}$

Tabelle 3.1: Vergleich der Parameter von χ^{-2} und χ^{-1} Verteilungen

Der Zusammenhang zwischen χ^{-2} und χ^{-1} Verteilung ist in Tabelle 3.1 für die wichtigsten Parameter zusammengestellt. Der Fehler der Approximation für die inverse χ-Verteilung (mit Ausnahme des Modalwertes) beträgt etwa 1% für $n \geq 4$ (vgl. NOVICK, JACKSON 1978)

Für die Standardabweichung $\sigma = \sqrt{\sigma^2}$ wird das HPD-Intervall mit Hilfe der HPD-Grenzen der inversen χ- (χ^{-1}-) Verteilung berechnet (vgl. A.7.5). Im nichtinformativen (klassischen) Fall mit $s^2 = \frac{1}{n-1} \sum\limits_{i=1}^{n} (x_i - \bar{x})^2$ ist dies das HPD-Intervall um den Modalwert

$$\text{Mod}(\sigma) = \sqrt{(n-1)s^2/(n+1)},$$

wobei s^2 die Stichprobenvarianz ist.

$$\text{HPD}_\alpha(\sigma) = \sqrt{(n-1)s^2}\, \text{HPD}_\alpha(\chi^{-1}).$$

Im Falle, dass die Varianz um den bekannten Mittelwert μ der Grundgesamtheit berechnet wurde, d. h.

$$\hat{\sigma}^2 = \frac{1}{n} \sum_{i=1}^{n} (x_i - \mu)^2,$$

lautet das HPD-Intervall, in das der Modalwert $\text{Mod}(\sigma) = \sqrt{\frac{n\hat{\sigma}^2}{n+1}}$ fällt:

$$\text{HPD}_\alpha(\sigma) = \sqrt{n\hat{\sigma}^2}\, \text{HPD}_\alpha(\chi_n^{-1}),$$

wobei $\text{HPD}_\alpha(\chi_n^{-1}) = \left[\chi_u^{-1}; \chi_o^{-1}\right]_\alpha$ die HPD-Grenzen der inversen χ-Verteilung mit n Freiheitsgraden sind. Mit a-priori Information (d. h. mit informativer posteriori Verteilung) lautet das HPD-Intervall für die Standardabweichung:

$$\text{HPD}_\alpha(\sigma) = \sqrt{n_{**}\sigma_{**}^2} \ \text{HPD}_\alpha(\chi_{n_{**}}^{-1}).$$

Eine einfache Kontrolle bei der Berechnung der HPD-Intervalle, ist nachzuprüfen ob der Modalwert

$$\text{Mod}(\sigma) = \sqrt{\frac{n_{**}\sigma_{**}^2}{n_{**}+1}}$$

in das HPD-Intervall fällt.

3.5   Bayes-Inferenz für Mittelwert und Varianz

Gegeben sei eine normalverteilte Stichprobe eines metrischen Merkmals $\mathbf{x} = (x_1,\ldots,x_n)$, d.h. $X_i \sim N(\mu,\sigma^2)$, $i = 1,\ldots,n$. Zu schätzen seien die Verteilungsparameter (μ,σ^2), die beide unbekannt sind.

Das konjugierte Normal-χ^{-2} (bzw. Normal-Gamma) Modell hat nun folgende Form:

1. Die *a-priori-Verteilungen* für die Parameter μ und σ^2 sind:

$$\mu|\sigma^2 \sim N(\mu_*, \frac{\sigma_*^2}{n'})$$

und

$$\sigma^2 \sim \chi^{-2}(s_*^2, n_*) = n_* s_*^2 \cdot \chi_{n_*}^{-2}.$$

Statt der χ^2-Verteilung kann die Gamma-Verteilung verwendet werden, da die χ^2-Verteilung ein Spezialfall der Gamma-Verteilung ist.

Dabei sind n' bzw. n_* die hypothetischen Stichprobengrössen, bzw. der Wert der Vorinformation für μ_* und σ^2: n' gibt an, wieviele Stichproben gespart werden können, da die Information μ_* über μ bekannt ist.

2. Die Information der *Stichprobe* kann mit den Stichprobenmomenten

$$\overline{x} = \frac{1}{n}\sum_{i=1}^{n} x_i$$

und

$$s^2 = \frac{1}{n-1}\sum_{i=1}^{n}(x_i - \overline{x})^2$$

zusammengefasst werden.

3. Posteriori-Verteilungen

(a) Die posteriori Randverteilung für μ ist die t-Verteilung

$$\mu|\mathbf{x} \sim t(\mu_{**}, \frac{s_{**}^2}{n + n'}, n_{**} - 1)$$

mit den Momenten

$$E(\mu|\mathbf{x}) = \mu_{**}$$

und

$$Var(\mu|\mathbf{x}) = s_\mu^2 = \frac{s_{**}^2}{n''} \cdot \frac{n_{**} - 1}{n_{**} - 3}$$

mit $n_{**} = n_* + n$ Freiheitsgraden und den posteriori Parametern

$$\mu_{**} = \frac{n'\mu_* + n\overline{x}}{n' + n}$$

und

$$n_{**}s_{**}^2 = n_* s_*^2 + (n - 1)s^2 + \frac{n'n}{n' + n}(\overline{x} - \mu_*)^2.$$

Man beachte, dass die Freiheitsgrade der t-Verteilung, n_{**}, nicht mit den 'Freiheitsgraden' $n + n'$ übereinstimmen müssen, die in die Varianzberechnung des (unbekannten) Mittelwerts μ eingehen. Ausserdem ist der Skalierungsfaktor s_{**}^2/n'' ein Parameter der t-Verteilung und unterscheidet sich von der Varianz der t-Verteilung s_μ^2 um den Faktor $(n_{**} - 1)/(n_{**} - 3)$, der mit wachsender Anzahl von Beobachtungen gegen 1 strebt. Das marginale α-HPD-Intervall für die Randverteilung von μ lautet nun mit

$$t_{n_{**}} = t\left(\frac{1 + \alpha}{2}, n_{**}\right)$$

$$HPD_\alpha(\mu) = [\mu_{**} \pm t_{n_{**}} \cdot s_\mu],$$

wobei s_μ^2 wie oben gegeben ist, und kann mit der üblichen Formel für die Intervallschätzung von Lageparametern gebildet werden.

(b) Die Randverteilung für σ^2 ist eine inverse χ^2-Verteilung

$$\sigma^2|\mu \sim \chi^{-2}(s_{**}^2, n_{**}) \sim n_{**}s_{**}^2\chi_{n_{**}}^{-2}$$

mit den Momenten:

$$E(\sigma^2) = \frac{n_{**}}{n_{**} - 2}s_{**}^2$$

und

$$Var(\sigma^2) = \frac{2n_{**}s_{**}^2}{(n_{**} - 2)^2} \cdot \frac{n_{**}s_{**}^2}{n_{**} - 4}.$$

Das α-HPD-Intervall für σ^2 berechnet man mit Hilfe der HPD-Tabellen A.7 aus dem Anhang und hat die Form:

$$HPD_\alpha(\sigma^2) = n_{**} s_{**}^2 HPD_\alpha(\chi_{n_{**}}^{-2}).$$

Es liegt um den Modalwert der inversen $\chi^2(s_{**}^2, n_{**})$-Verteilung

$$Mod(\sigma^2) = Mod[\chi^2(s_{**}^2, n_{**})] = \frac{n_{**} s_{**}^2}{n_{**} + 2}.$$

Die HPD-Intervalle für die inverse χ^2-Verteilung sind der Tabelle A.7.4 zu entnehmen.

Im Falle einer nicht-informativen a-priori Verteilung, d. h. $n' = 0$ und $n_* = 0$ ist die normierte Likelihoodfunktion die posteriori Verteilung, d. h. die Randverteilung für μ ist

$$\mu | \mathbf{x} \sim N[\bar{x}, \hat{\sigma}^2/n]$$

und die Randverteilung für σ^2 ist

$$\sigma^2 | \mathbf{x} \sim n\hat{\sigma}^2 \chi_n^{-2}$$

mit der deskriptiven Varianz

$$\hat{\sigma}^2 = \frac{1}{n} \sum_{i=1}^n (x_i - \bar{x})^2.$$

Beispiel 3.5: 20 Messungen einer Abfüllung (Normalverteilung mit unbekannten Mittel und Varianz)

1. Für die *a-priori Verteilung* werden folgende Hyperparameter elizitiert:

$$\mu^* = 6, \quad n' = 1, \quad \sigma_* = 10, \quad n_* = 5;$$

$n' = 1$ besagt, dass die Vorinformation $\mu_* = 6$ höchstens 1 Beobachtung "wert" ist.

$n_* = 5$ besagt, dass die Vorinformation $s_* = 10$ höchstens 5 Beobachtungen "wert" ist.

2. *Dateninformation:*

Das Stichprobenmittel ist

$$\bar{x} = -1.4,$$

und die Stichprobenvarianz ist

$$s^2 = \frac{1}{n} \sum_{i=1}^n (x_i - \bar{x})^2 = \frac{1280.8}{20} = 64.04 = 8.0^2.$$

3. *Posteriori Verteilungen*

(a) Randverteilung für μ: Der posteriori Mittelwert beträgt

$$\mu_{**} = \frac{n'\mu_* + n\bar{x}}{n' + n} = \frac{1 \cdot 6 + 20(-1.4)}{1 + 20} = -1.05.$$

Die posteriori Freiheitsgrade sind

$$n_{**} = n_* + n = 5 + 20 = 25.$$

Der Skalierungsfaktor s_{**}^2 der χ^2-Verteilung für σ^2 ist

$$
\begin{aligned}
25s_{**}^2 &= 5 \cdot 100 + 20 \cdot 64.04 + \frac{1 \cdot 20}{1 + 20}(-1.4 - 6)^2 \\
&= 500 + 1280.8 + 52.15 \\
&= 1832.95.
\end{aligned}
$$

Daraus folgt für

$$s_{**}^2 = 73.32 = 8.56^2,$$

bzw. für den Skalierungsfaktor der t-Verteilung für μ

$$\frac{s_{**}^2}{n + n'} = \frac{73.32}{21} = 3.49 = 1.87^2.$$

Die posteriori Varianz für μ ist

$$s_\mu^2 = \frac{s_{**}^2}{n + n'}\frac{n_{**} - 1}{n_{**} - 3} = 1.95^2.$$

Die marginale posteriori Verteilung ist daher eine t-Verteilung mit 25 Freiheitsgraden

$$\mu|x \sim t_{25}(-1.05, 1.87^2) \cong N[-1.05, 1.95^2],$$

die durch eine Normalverteilung mit Erwartungswert $\mu_{**} = -1.05$ und Varianz $s_\mu^2 = 1.95^2$ angenähert werden kann. Das 95%-HPD-Intervall für μ ist demnach

$$Pr\{\mu_{**} \pm t(0.975, 25)s_\mu\} = 95\%,$$

und mit $t(0.975, 25) = 2.06$ erhalten wir

$$
\begin{aligned}
95\% - HPD(\mu) &= (-1.05 \pm 2.06 \cdot 1.95) \\
&= (-1.05 \pm 4.02) \\
&= (-5.07; 2.97).
\end{aligned}
$$

(b) Die posteriori Randverteilung von σ^2 lautet:

$$\sigma^2|\mathbf{x} \sim \chi^{-2}(s_{**}^2, n_{**}) = \chi^{-2}(8.56^2, 25)$$

mit den Momenten

$$E(\sigma^2) = 79.70 = 8.93^2$$

und

$$\text{Var}(\sigma^2) = 604.89 = 24.59^2.$$

Das 95%-HPD-Intervall der inversen χ^2-Verteilung entnimmt man der Tabelle A.7.4:

$$Pr(0.02188 < \chi_{25}^{-2} < 0.07011) = 95\%.$$

Multiplikation dieses Intervalls mit der n_{**}-fachen posteriori-Varianz, d. h.

$$n_{**}s_{**}^2 = 25 \cdot 73.32 = 1833$$

ergibt das HPD-Intervall für die Varianz:

$$Pr(40.11 < \sigma^2 < 128.33) = 95\%.$$

Dieses Vorgehen garantiert das kleinste HPD-Intervall für die Varianz (vgl. HPD-Tabelle A.7.4).

3.6   Bayes-Inferenz für den Median

Die Bayes'sche Inferenz für den Median ist ein komplizierteres Problem als die Inferenz für den Mittelwert. Bei diffuser Verteilung ist die posteriori-Verteilung des Medians Med eine t-Verteilung mit der Stichprobenvarianz

$$Med|\mathbf{x} \sim t\left[\tilde{x}_{Med}, \frac{\pi s^2}{2n}, n\right],$$

wobei $\tilde{x}_{Med} = Med\{x_1, \ldots, x_n\}$ der Stichprobenmedian und s^2 die Stichprobenvarianz ist. Als Intervallschätzer berechnet man das α-HPD-Intervall für den Median zweistufig über das HPD-Intervall der Indexgrenzen.

Beispiel 3.6: Posteriori-Verteilung für den Median
Ein neuer Test soll analysiert werden. 25 Versuchspersonen geben die Schwierigkeit der Aufgabe auf einer Skala von $0 - 50$ an. Wie schwer ist der Test im Median? Da extreme Beobachtungen erwartet werden, ist der Median dem Mittelwert vorzuziehen.
Zunächst ordnen wir die Urliste in einem Stamm&Blatt-Diagramm:

Anzahl	Einheit 1	6=16
#		
1	0	8
3	1	67
(13)	2	0112446667799
9	3	01114
4	4	124
1	5	0

Die posteriori-Verteilung wird mit Hilfe der Rangzahlen berechnet, wodurch keine a-priori-Verteilung für den Median spezifiziert werden muss.
Das 95%-HPD-Intervall kann mit Hilfe von A.13 wie folgt berechnet werden (durch Interpolation für $n = 25$ mit $n = 20$ und $n = 30$):

$$95\% - HPD(IND) = \left[\frac{5.95 + 9.92}{2}; \frac{14.04 + 20.09}{2}\right]_{95\%}$$

$$\approx [8; 17]_{95\%}.$$

Daraus folgt das HPD-Intervall für den Median:

$$95\% - HPD(Med) = [24; 30]_{95\%} = [x_{(8)}; x_{(17)}]_{95\%}.$$

Bemerkung:

Das 95%-$KONF$-Intervall für die Indexgrenzen lautet für $n = 25$ (vgl. Abschnitt 2.3.6 über die Binomialverteilung)

$$95\% - KONF(IND) = \left[\frac{n}{2} \pm 1.96\sqrt{n \cdot p(1-p)}\right]_{95\%}$$

$$\approx \left[\frac{25}{2} \pm \sqrt{25}\right]_{95\%}$$

$$= [12.5 \pm 5]_{95\%} = [7.5; 17.5]_{95\%}.$$

Da das $KONF$-Intervall keine ganzzahligen Indexgrenzen liefert, muss interpoliert werden. Da die Indexgrenzen gerade auf die Hälfte des Intervalls fallen, kann einfach zwischen den Werten der Rangliste interpoliert werden. Die untere Indexgrenze liefert

$$x_{[7.5]} = (x_{(7)} + x_{(8)})/2 = (22 + 24)/2 = 23$$

und die obere

$$x_{[17.5]} = (x_{(17)} + x_{(18)})/2 = (30 + 31)/2 = 30.5.$$

Das $KONF$-Intervall für den Median lautet dann:

$$Pr(23 < Med < 30.5) = 95\%.$$

3.6.1 Bayes-Inferenz für Quantile

Für das Bayes'sche HPD-Intervall für Quantile kann dieselbe Vorgangsweise gewählt werden. Zur Vereinfachung der Anwendung wurden die HPD-Indexgrenzen für 90%, 95% und 99% tabelliert (vgl. Anhang A.13). Damit kann das HPD-Intervall für Median und Quantile leichter und genauer berechnet werden. Die HPD-Intervalle sind genauer als die Approximationen mit $KONF$-Intervallen (vgl. Abschnitt 2.3).

Kapitel 4

Das Beta-Binomial-Modell

4.1 Die Beta-Verteilung

Die Beta-Verteilung ist die konjugierte a-priori Verteilung im Binomialmodell, bzw. der Bayes'schen Schätzung eines Anteils.

Definition 4.1: Die Beta-Verteilung Beta(a, b)

Die Zufallsgrösse X besitzt eine Beta-Verteilung Beta$(a, b), a > 0, b > 0$, falls die Dichte die folgende Form hat

$$f(x|a,b) = \begin{cases} \dfrac{1}{B(a,b)} \; x^{a-1}(1-x)^{b-1} & \text{für} \quad 0 < x < 1 \\ 0 & \text{sonst.} \end{cases}$$

Die Normierungskonstante $B(a, b)$ ist die (vollständige) Beta-Funktion und wird über die Gammafunktion berechnet:

$$B(a,b) = \int_0^1 x^{a-1}(1-x)^{b-1}dx = \frac{\Gamma(a)\Gamma(b)}{\Gamma(a+b)},$$

und die Gammafunktion reduziert sich bei den natürlichen Zahlen N auf die Fakultätsfunktion :

$$\Gamma(\alpha) = (\alpha - 1)!, \quad \alpha \in N.$$

Mittelwert, Varianz und Modus der Beta-Verteilung $X \sim$ Beta(a, b) sind:

$$E(X) = \frac{a}{a+b},$$

$$\mathrm{Var}(X) = \frac{ab}{(a+b)^2(a+b+1)},$$

$$Modus(X) = \frac{a-1}{a+b-2}, \quad a > 1, b > 1.$$

Beachte: Es gibt folgende wichtige Beziehung für die Beta-Verteilung (s. auch A.12.1):

$$\mathrm{Beta}(a,b) = 1 - \mathrm{Beta}(b,a).$$

Die HPD_α-Intervalle der Beta-Verteilung sind für $\alpha = 90\%, 95\%$ und 99% in der Tabelle A.12.3 wiedergegeben. Im allgemeinen sollte man diese mit dem Computer berechnen. Für nicht tabellierte α und (a,b)-Parameter kann das HPD-Intervall mit Hilfe von Quantilen der F-Verteilung berechnet werden, wie im nächsten Abschnitt gezeigt wird. (Die F-Verteilung findet man häufiger tabelliert als die Beta-Verteilung.)

4.2 Die Bayes'sche Anteilsschätzung

Das Beta-Binomial-Modell liefert die Bayes'sche Anteilsschätzung, indem eine a-priori Beta-Verteilung in eine posteriori Beta-Verteilung transformiert wird.

Gegeben sei eine Zufallsstichprobe eines binären (dichotomen) Merkmals, das mit unbekanntem Anteil π Bernoulli-verteilt ist:

$$\mathbf{x} = \{x_1, \ldots, x_n\} \ , \ x_i \sim \mathrm{Ber}(\pi) \ , \ i = 1, \ldots, n,$$

$$\text{d. h. } x_i = \begin{cases} 1 & \text{mit Wahrscheinlichkeit } \pi, \\ 0 & \text{mit Wahrscheinlichkeit } 1 - \pi. \end{cases}$$

1. A-priori Verteilung
   Wir wählen eine Beta-Verteilung

$$\pi \sim \mathrm{Beta}(a_*, b_*),$$

wobei die Parameter durch eine Gleichverteilung gegeben sein können (d. h. $a_* = 1$ und $b_* = 1$), oder durch verschiedene Methoden elizitiert werden können (vgl. 4.3).

2. Dateninformation
   Die Summe von Bernoulli-verteilten Zufallsgrössen ist binomial-verteilt (daher der Name „Beta-Binomial"-Modell):

$$x = \sum_{i=1}^{n} x_i \sim \mathrm{Bin}(\pi, n)$$

Daher besteht die Dateninformation in der realisierten Stichprobe $\mathbf{x} = (x_1, \ldots, x_n)$ aus

$$n, \qquad \text{der Stichprobengrösse und}$$

$$x = \sum_{i=1}^{n} x_i, \quad \text{der Anzahl der günstigen Ergebnisse.}$$

3. posteriori Verteilung
   Die (konjugierte) posteriori Verteilung von π, gegeben die Dateninformation (d. h. n und x), ist

$$\pi|x, n \sim \text{Beta}(a_{**}, b_{**}).$$

Wir schreiben dafür auch $p(\pi|x, n) = \text{Beta}(a_{**}, b_{**})$. Die posteriori Parameter sind

$$a_{**} = a_* + x \text{ und } b_{**} = b_* + n - x.$$

Man beachte, dass die posteriori Verteilung nun für jegliche Inferenzaussage zur Verfügung steht. Als Punktschätzer wählt man am besten den wahrscheinlichsten Wert, d. h. den Modus

$$Modus(\pi|x, n) = \frac{a_{**} - 1}{a_{**} + b_{**} - 2},$$

falls a_{**} und $b_{**} > 1$. Dies ist bei einer „$0 - 1$" Verlustfunktion zu empfehlen, bei einer quadratischen Verlustfunktion verwende man den Erwartungswert

$$E(\pi|x, n) = \frac{a_{**}}{a_{**} + b_{**}}.$$

In Kurzform kann man dieses Resultat im folgenden Satz zusammenfassen:

Satz 4.1: Das Beta-Binomialmodell

a-priori:	$\pi \sim \text{Beta}(a_*, b_*)$
Stichprobe:	$x \sim \text{Bin}(\pi, n)$
posteriori:	$\pi|x \sim \text{Beta}(a_* + x, b_* + n - x)$

Beispiel 4.1: Bayes'sche Anteilsschätzung
Eine Umfrage unter Einzelhändlern ergibt folgendes Meinungsbild: 20 von 25 Befragten erwarten höhere Gewinne im nächsten Jahr. Man bestimme für den Anteil ein 90%−HPD-(posteriori)-Intervall bei nichtinformativer a-priori-Verteilung.

1. A-priori Verteilung
   Wir wählen die nichtinformative a-priori-Verteilung $\pi \sim \text{Beta}(1, 1)$, d. h. die a-priori-Parameter der Beta-Verteilung sind $a_* = 1, b_* = 1$. (Die Beta(1,1)-Verteilung ist die Gleichverteilung im Intervall $[0, 1]$.)

2. Dateninformation:

$$n \;\ldots\; \text{Grösse der Stichprobe:} \qquad n = 25$$
$$x \;\ldots\; \text{Anzahl günstige Ergebnisse:} \quad x = 20$$

3. Die posteriori-Verteilung ist

$$\pi | x, n \;\sim\; \text{Beta}(1 + x, 1 + n - x)$$

Durch die Stichprobe wurde aus einer Beta$(1,1)$-a-priori-Verteilung eine Beta$(21,6)$-posteriori-Verteilung mit den Momenten

$$\text{E}(\pi) = \frac{21}{27} = 0.77,$$

$$\text{Var}(\pi) = \frac{21 \cdot 6}{(27^2)(28)} = 0.079^2 = 0.00617.$$

Der Modus beträgt

$$Modus(\pi) = \frac{21 - 1}{27 - 2} = \frac{20}{25} = 0.8.$$

Dies ist auch der klassische Punktschätzer für den unbekannten Anteil π. Da der Erwartungswert kleiner als der Modalwert ist, kann auf eine linksschiefe (posteriori) Verteilung geschlossen werden.

4.3 HPD-Intervalle für die Beta(a,b) - Verteilung

Die Wahrscheinlichkeitsbereiche vom Inhalt α werden bei der Beta-verteilten Zufallsgrösse $\pi \sim Beta(a, b)$ mit Hilfe der "höchsten Dichteintervallen" bestimmt:

$$Pr(U < \text{Beta}(a, b) < O) = \alpha.$$

$[U, O]$ ist ein α-HPD-Intervall der Beta-Verteilung mit (a, b) Freiheitsgraden, wobei U und O die untere und die obere Grenze des HPD-Intervalls sind. Die HPD-Intervalle für die Beta-Verteilung sind in Anhang A.12.3 tabelliert.

Beispiel 4.2: Interpolation von HPD-Intervallen

1. Für die Beta$(21, 6)$-Verteilung wollen wir mit Hilfe der A.12.3 ein 90%-HPD Intervall berechnen. Das 90%-HPD-Intervall für die Beta$(20, 6)$ Verteilung ist tabelliert und beträgt

$$90\% - HPD[\text{Beta}(20, 6)] = [0.641; 0.902].$$

Das nächste tabellierte Intervall ist das der Beta(30,6)-Verteilung:

$$90\% - HPD[\text{Beta}(30,6)] = [0.737; 0.924].$$

Aus der Differenz dieser beiden HPD-Intervalle kann man nun einen Interpolationsschritt für den ersten bzw. a-Parameter der Beta-Verteilung konstruieren

$$[0.737; 0.924] - [0.641; 0.902] = [0.096; 0.022].$$

Dies ist der Interpolationsschritt für 10 Freiheitsgrade, (für die Differenz $30 - 20 = 10$), daher erhalten wir den Interpolationsschritt für einen Freiheitsgrad, indem wir durch 10 dividieren:

$$\text{lineare Interpolation} = [0.0096; 0.0022].$$

Das interpolierte 90%-HPD Intervall für die Beta (21,6)-Verteilung erhalten wir nun durch

$$HPD_\alpha[\text{Beta}(21,6)] \cong HPD_\alpha[\text{Beta}(20,6)] + \text{lineare Interpolation}_\alpha$$

In unserem Fall erhalten wir

$$\begin{aligned} 90\% - HPD[\text{Beta}(21,6)] &= [0.641; 0.902] + [0.0096; 0.0022] \\ &= [0.651; 0.904] \end{aligned}$$

bzw.

$$Pr(0.651 < \pi < 0.904) = 90\%.$$

2. Analog erhält man

$$Pr(0.619 < \pi < 0.921) = 95\%.$$

3. Das exakte mit dem Computer (iterativ) berechnete 90%-HPD-Intervall beträgt

$$Pr(0.654 < \pi < 0.906) = 90\%.$$

Die Länge des interpolierten Intervalls beträgt 25.3%-Punkte, während das exakte Computer-HPD-Intervall 25.2%-Punkte lang ist. Somit ist die Interpolation hinreichend akzeptabel. Der Informationsgewinn durch die Stichprobe kann durch den Vergleich mit dem a-priori HPD-Intervall bestimmt werden.

Beachte, dass das a-priori 90%-HPD-Intervall der Beta$(1,1)$-Verteilung, d.h. der Gleichverteilung auf dem Intervall $(0,1)$ einfach

$$Pr^*(0.05 < \pi < 0.95) = 90\%$$

lautet, wobei Pr^* für die a-priori-Wahrscheinlichkeit steht. Der Informationszuwachs kann hier durch die Länge des HPD-Intervalls ausgedrückt werden: Durch die Zufallsstichprobe verkleinert sich das HPD-Intervall von 90%-Punkten auf 25.2%-Punkte.

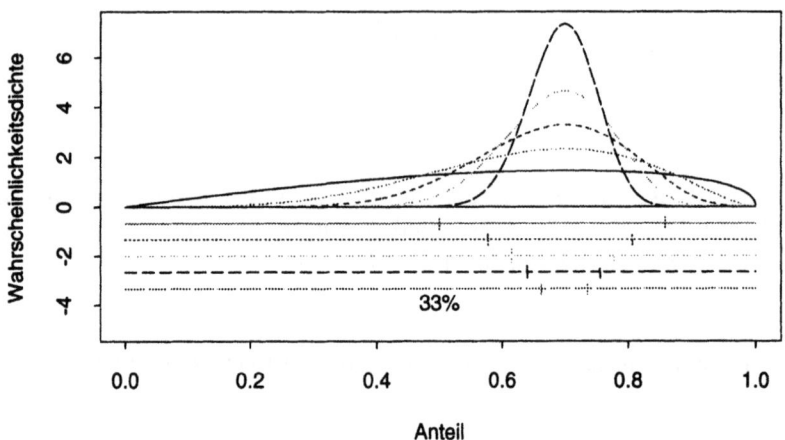

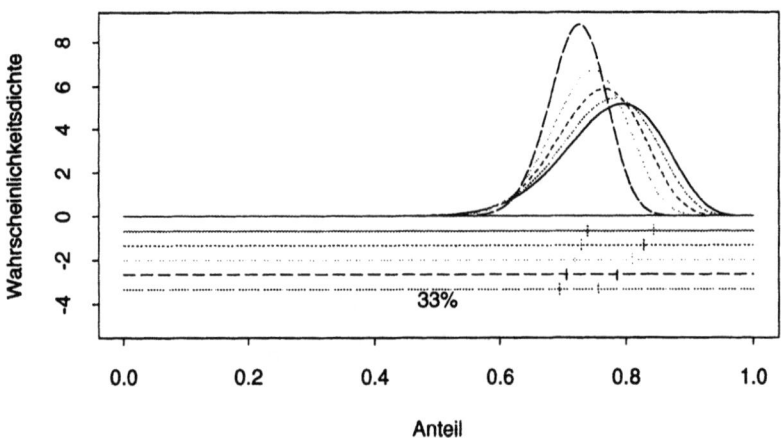

Figur 4.1: Wenn man von der a-priori Verteilung fordert, dass sie den Modus 0.7 habe, dann kommen immer noch unendlich viele Beta-Verteilungen in Frage. Je nach a-priori Varianz ergeben sich verschiedene posteriori Verteilungen. Unter der x-Achse sind die "Equi-Prob."-Bereiche oder Intervalle gleicher Wahrscheinlichkeit für 5 Verteilungen zu sehen.

Beispiel 4.3: Das Beta-Binomial-Modell
Eine politische Analyse geht davon aus, dass der Grünstimmenanteil bei 10%
liegt. Dies wird als a-priori Verteilung in Form einer Beta(2,12)-Verteilung,
die den Modalwert 0.1 besitzt, formuliert. Eine telephonische Befragung
eines Meinungsforschungsinstituts ergibt 4 Personen von 50 Befragten, die
für die Grünen stimmen möchten. Durch die Stichprobe transformiert sich
unser Wissen über die Stimmen der Grünen (d. h. das Wisssen über den
unbekannten Anteil π) wie folgt:

$$
\begin{array}{lll}
\text{a-priori:} & \pi \sim \text{Beta}(2, 12) \\
\text{Stichprobe:} & x \sim \text{Bin}(4, 50) \\
\text{posteriori:} & \pi | x \sim \text{Beta}(2 + 4 = 6, 12 + 46 = 58)
\end{array}
$$

Mit Hilfe von Parametern lässt sich die Information in der posteriori Verteilung wie folgt beschreiben:

$$
\begin{aligned}
E(\pi | x) &= \frac{6}{6 + 58} = 0.0938, \\
Modus(\pi | x) &= \frac{6 - 1}{6 + 58 - 2} = \frac{5}{62} = 0.0806, \\
\text{Var}(\pi | x) &= \frac{6}{64} \cdot \frac{58}{64} \cdot \frac{1}{65} = 0.001307 = 0.036^2.
\end{aligned}
$$

Das 95% HPD-Intervall beträgt für die Beta(6,60)-Verteilung

$$
Pr(2.9\% \leq \pi \leq 16.1\%) = 95\%.
$$

(Dies ist eine Approximation an das exakte HPD-Intervall der Beta(6,58)-
Verteilung.) Beachte, dass der Modalwert der Beta(6,58)-Verteilung bei 8.1%
liegt und damit nur unwesentlich grösser als der ML-Schätzer $\hat{p} = \frac{4}{50} = 0.08$
ist. Auch ist die Varianz des ML-Schätzers $\text{Var}(\hat{p}) = 0.00147 = 0.038^2$ etwas
grösser, da sie die $2 + 12 = 14$ hypothetischen Stichproben der Vorinformation
nicht berücksichtigt.

Beispiel 4.4: 3 Experimente

1. Jemand behauptet, unterscheiden zu können, ob man zuerst Milch oder
   Tee in eine Tasse geschüttet hat. Von den 10 (blind) durchgeführten
   Versuchen sind alle Bestimmungen richtig gewesen.

2. Ein Musikexperte behauptet, Mozart und Haydn an einer gehörten
   Musikseite unterscheiden zu können. Von 10 durchgeführten Experimenten sind alle Bestimmungen richtig.

3. Ein betrunkener Barbesucher behauptet, den Ausgang eines Münzwur-
   fes vorhersagen zu können. Von 10 Münzwürfen (einer unpräparierten
   Münze) sind alle Voraussagen richtig.

Lösungen:

- Die klassische Lösung ist in allen 3 Fällen die gleiche: Es gibt einen signifikanten p-Wert $= \frac{1}{2^{10}}$, da die Beobachtungen mit 10 : 0 gegen die Nullhypothese der Zufälligkeit (wenn $Pr(Erfolg) = \frac{1}{2}$ ist) sprechen.

- Die Bayes'sche Antwort zu den 3 Experimenten lautet: Nur im 2. Fall wird die a-priori-Verteilung bestätigt (man glaubt es schon vorher), in den anderen Fällen lernt man viel dazu (man glaubt es vorher nicht).

4.4   Elizitation einer Beta-a-priori-Verteilung

Elizitation ist der technische Ausdruck (terminus technicus) für das Zuweisen von Zahlen zu den Hyperparametern der a-priori-Verteilung. Es gibt verschiedene Vorschläge zur Elizitation von Beta-a-priori-Verteilungen.

Die *Freeman-Tukey-Approximation* (KLEITER, 1981) ist eine der einfachsten:

Unterteile das Intervall $(0, 1)$ in 3 (a priori) gleich wahrscheinliche Intervalle, wobei $x < y$ die beiden Teilungspunkte sind:

Dann besitzt die dazu approximative Beta(a,b) Verteilung die Parameter

$$a = \left(\frac{\sqrt{x} + \sqrt{y}}{\sqrt{y(1 - x)} - \sqrt{x(1 - y)}} \right)^2 \frac{1}{21.6} + \frac{1}{3}$$

und

$$b = \left(\frac{-0.43 + 2\sqrt{(1 - x)(a - \frac{1}{3})}}{2\sqrt{x}} \right)^2 + \frac{1}{3}.$$

Die Konstante 21.6 in der ersten Formel bestimmt sich aus dem Normalverteilungsterzil $z_{0.66} = 0.43$, d. h. dem Quantil an der Stelle $\frac{2}{3}$, das auch in der zweiten Formel vorkommt:

$$\frac{1}{21.6} = \frac{0.43^2}{4}$$

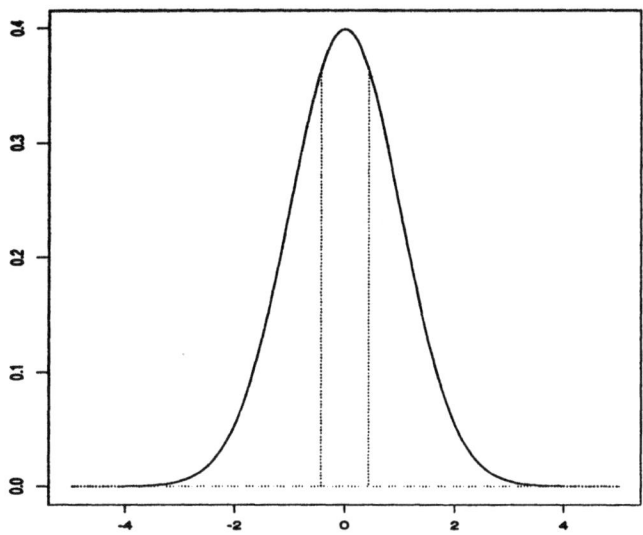

Figur 4.2: Unteres und oberes Terzil der N(0,1)-Verteilung.
In den drei Bereichen $(-\infty, -0.43)$, $(-0.43, 0.43)$ und $(0.43, \infty)$ befindet sich jeweils $\frac{1}{3}$ der Wahrscheinlichkeitsmasse, daher werden sie auch Equi-Prob-Bereiche genannt.

Beispiel 4.5: Elizitation des Anteils von Grün-Stimmen bei den nächsten
Wahlen
Wir nehmen an, dass der Anteil der Stimmen für die Grünen knapp über 10% liegen wird. Wir unterteilen das Einheitsintervall (0,1) in 3-Equi-Prob-Bereiche ($x = 0.07$; $0.14 = y$). Nach der Terzilmethode können wir damit die folgenden Parameter der Beta-a-priori Verteilung elizitieren:

$$a = \left(\frac{\sqrt{0.07} + \sqrt{0.14}}{\sqrt{0.14 \cdot 0.94} - \sqrt{0.07 \cdot 0.86}} \right)^2 \frac{1}{21.6} + \frac{1}{3}$$

$$= \left(\frac{0.6387}{0.3628 - 0.2454} \right)^2 \frac{1}{21.6} + \frac{1}{3}$$

$$= \frac{5.438^2}{21.6} + \frac{1}{3} = 1.7;$$

$$b = \left(\frac{-0.43 + 2\sqrt{0.94 \cdot 1.37}}{2\sqrt{0.07}} \right)^2 + \frac{1}{3}$$

$$= \left(\frac{1.839}{0.529} \right)^2 + \frac{1}{3} = 3.475^2 + \frac{1}{3} = 12.4.$$

Da die Anzahl der Parameter nicht ganzzahlig ist, muss gerundet werden. Die
elizitierte Beta-Verteilung für den unbekannten Stimmanteil π ist ($a = 1.7$
wird auf 2 aufgerundet und $b = 12.4$ wird auf 12 abgerundet) $\pi \sim$ Beta$(2, 12)$.
Beachte, dass die Verteilung sehr schief ist. Der Erwartungswert beträgt

$$E(\pi) = \frac{2}{2 + 12} = 0.143,$$

während der Modalwert bei 8.3% liegt:

$$Modus(\pi) = \frac{1}{2 + 12 - 2} = \frac{1}{12} = 0.083.$$

Die Beta-Verteilung ist für verschiedene Parameter in Tabelle A.12.3 nach
Terzilen abgebildet.

Kapitel 5

Hypothesen-Tests

5.1 Signifikanz-Test

Gegeben sei eine Zufallsstichprobe $\{X_1, \ldots, X_n\}$ aus einer Grundgesamtheit, die normalverteilt ist

$$X_i \sim N[\mu, \sigma^2], \quad i = 1, \ldots, n.$$

Mit einem „**Parametertest**" werden bestimmte Hypothesen über die Parameter der GG, z. B. über Mittelwert und Varianz einer Normalverteilung

$$\theta = (\mu, \sigma^2),$$

getestet. Wir unterscheiden zwischen verschiedenen Typen von Hypothesen und verschiedenen Testsituationen.

Definition 5.1: Einfache Hypothesen

Sei μ der zu testende Parameter, dann ist $H_0 : \mu = \mu_0$, d. h. der Parameter μ nimmt eine bestimmte Zahl an, eine einfache Punkthypothese.

Ist zum Beispiel der Parameterraum $\mathbb{R}$ (die reellen Zahlen) und

$$H_0 : \quad \mu = 2,$$

dann besteht die Nullhypothese H_0 aus einem Punkt. Der zu testende Punkt, in unserem Fall $\mu_0 = 2$ ist aus der Problemstellung als Punkt der Nullhypothese herauszufinden.

Definition 5.2: Zusammengesetzte Hypothesen

Zusammengesetzte Hypothesen sind Untermengen des Parameter-
raumes einer Verteilung (und keine Einzelpunkte).

Meist ist die Gegenhypothese H_1 zusammengesetzt, wie z. B. beim Mittelwert
einer Normalverteilung

$$H_1: \quad \mu \neq 2;$$

oder

$$H_1: \quad \mu > 2 \quad (\mu < 2).$$

Man unterscheidet einseitige und zweiseitige Testsituationen:

1. zweiseitiger Test

   Eine Punkthypothese wird gegen eine Bereichshypothese getestet:

   $$H_0 : \theta = \theta_0 \quad \text{gegen} \quad H_1 : \theta \neq \theta_0.$$

2. einseitiger Test

   Zwei Bereichshypothesen werden getestet:

   $$H_0 : \theta \leq \theta_0 \quad \text{gegen} \quad H_1 : \theta > \theta_0,$$

   oder

   $$H_0 : \theta \geq \theta_0 \quad \text{gegen} \quad H_1 : \theta < \theta_0.$$

   Mit Hilfe dieser Begriffe werden fast alle praktisch wichtigen Fälle für
   Parametertests abgedeckt. Der einfachste Fall ist der einfache Alterna-
   tivtest zweier Punkthypothesen

   $$H_0 : \theta = \theta_0 \quad \text{gegen} \quad H_1 : \theta = \theta_1.$$

Für Signifikanztests benötigen wir die folgende Unterscheidung von Fehlern,
die bei Ja/Nein Entscheidungen auftreten können.

Definition 5.3: Fehler 1. und 2. Art (engl. type I and type II errors)

Fehler 1. Art: α-Fehler oder Signifikanzniveau
Der Test lehnt H_0 ab, obwohl H_0 zutrifft.
Fehler 2. Art: β-Fehler
Der Test lehnt H_0 nicht ab, obwohl H_0 falsch ist.

Hypothesen werden prinzipiell nur **abgelehnt** oder **nicht abgelehnt**,
d. h. keine Akzeptanz, nur die Falsifikation von Hypothesen ist möglich.

Beispiel 5.1: Fehler 1. und 2. Art

(a) Arzt-Diagnosen

Ein Arzt hat einen Laborbefund zu bewerten. Je nach Zustand des Patienten ergeben sich die folgenden vier Einteilungen:

Befund	wahrer Zustand	
	Gesund	Krank
negativ	Richtig (negativ) $1 - \alpha$	Falsch (negativ) β Fehler 2.Art
positiv	Falsch (positiv) α Fehler 1.Art	Richtig (positiv) $1 - \beta$ Macht der Tests

(b) Gerichtsverfahren

Wählen wir als Nullhypothese (H_0) die Hypothese "unschuldig" und als Gegenhypothese "schuldig" (H_1), dann lautet der Fehler 1. und 2. Art wie folgt:

Fehler 1. Art: Unschuldige (H_0) werden verurteilt;

Fehler 2. Art: Schuldige (H_1) werden freigesprochen.

Die Wahl der Nullhypothese hat einen wichtigen Einfluss auf die Rolle der Daten:

1) Lautet die Nullhypothese "H_0: Unschuldig", dann müssen die Daten die Schuld des Angeklagten beweisen.

2) Ist "H_0: Schuldig", dann müssen die Daten die Unschuld des Angeklagten beweisen.

5.1.1   Diskussion: Signifikanztest

Ein klassischer Signifikanztest prüft Hypothesen über Parameter einer Verteilung.

Prinzip des Signifikanztest: Berechne eine Testgrösse $T(\mathbf{x})$ als Funktion der Stichprobe $\mathbf{x}$ und finde heraus, ob etwas unwahrscheinliches beobachtet wurde. $T(\mathbf{x})$ ist ein stochastisches Diskrepanzmass, es misst die Diskrepanz zwischen der Verteilung der beobachteten Stichprobe und der Verteilung von Daten unter H_0.

Ein Signifikanztest bewertet die Stichprobe auf Grund einer hypothetischen (angenommenen) Verteilung der GG, die auch Verteilung unter der Nullhypothese H_0 genannt wird.

Verteilungsfreie Tests: Kennt man die Verteilung der GG nicht, so kann man für bestimmte Testfragestellungen sogenannte "verteilungsfreie Tests" verwenden. Verteilungsfreie Tests, besser verteilungsunabhängige Tests genannt, weisen gegenüber den parametrischen Tests eine geringere Macht (power) auf. Man nimmt bei Anwendung verteilungsfreier Tests oft einen höheren Fehler 2. Art in Kauf. Die statistische Entscheidung ist dann konservativ, d. h. man hält „länger" als bei parametrischen Tests an der Nullhypothese fest und kommt etwas seltener zu statistisch signifikanten Befunden, oder anders ausgedrückt: zur Verwerfung der Nullhypothese sind grössere Stichproben nötig.

Verteilungsfreie Tests sind oft nur bei kleinen Stichproben ($n < 20$) eine Alternative, da bei grossen Stichproben durch den zentralen Grenzwertsatz die Voraussetzung von parametrischen Tests (z. B. Normalverteilung) wieder gegeben ist. Kommen für eine Analyse mehrere Tests in Frage, so ist im allgemeinen derjenige Test zu bevorzugen, der die Annahmen des Stichprobenmodelles am besten erfüllt. Hierauf gehen wir im nächsten Abschnitt näher ein.

Beachte: Test-Aussagen in der Statistik sind höchstens so sicher wie die Voraussetzungen dieser Aussagen.

Je mehr Voraussetzungen ein Test hat, um so höher ist im allgemeinen seine Macht. Prüft man einen Teil oder sämtliche Voraussetzungen anhand mehrerer Vortests auf einem bestimmten Signifikanzniveau α bzw. auf unterschiedlichen Niveau, so ist der Fehler 1. und 2. Art des eigentlichen Tests nicht mehr korrekt, da sie durch die Vortests in undurchsichtiger Weise modifiziert worden ist (vgl. Kapitel 5.8).

Sind die Voraussetzungen eines Testverfahrens nicht oder nur teilweise erfüllt, so muss dies in der entsprechend vorsichtigen Interpretation des Resultates berücksichtigt werden. Es ist zu empfehlen, die Voraussetzungen, deren Annahme unsicher ist, ausdrücklich zu erwähnen. Beispielsweise: „Unter der Voraussetzung, dass die beiden Stichproben normalverteilten Grundgesamtheiten entstammen, besteht ...".

5.1.2 Herleitung der Sensitivität und Spezifität in der Medizin

Tests in der Medizin sind wiederholte Durchführungen von stochastischen Untersuchungen, die auf das Vorliegen oder Nichtvorliegen einer Krankheit einen Befund erstellen. Dabei kann folgende Klassifikation in Form einer 4-Feldertafel mit den Häufigkeiten a, b, c und d vorgenommen werden:

Diagnose	krank H_1	gesund H_0	
Test positiv D+ (krank)	richtige Entscheidung a	falsch positiv b	positive Diagnostik $Pr(H_1|D+) = \frac{a}{a+b}$
Test negativ D- (gesund)	falsch negativ c	richtige Entscheidung d	negative Diagnostik $Pr(H_0|D-) = \frac{d}{d+c}$
	Sensitivität $Pr(D+|H_1)$ $= \frac{a}{a+c}$	Spezifität $Pr(D-|H_0)$ $= \frac{d}{d+b}$	

Bemerkung: Positive und negative Diagnostik wird in der Medizin auch positiver und negativer Verhersagewert genannt (vgl. HERMS 1992, 568).

5.1.3   Durchführung von Signifikanz-Tests

In diesem Buch wird für Signifikanztests das folgende 5-stufige Vorgehen eingehalten:

1. Bestimme das Verteilungsmodell des zu erhebenden Merkmals

2. Erstelle die Hypothese und Gegenhypothese der zu testenden Parameter des Verteilungsmodells

3. Bestimme das Signifikanzniveau α

4. Erhebe Daten und berechne die Prüfgrösse

5. Triff eine Entscheidung und formuliere das Ergebnis

Bemerkung zur Hypothesenwahl bei Signifikanztests

(a) H_0 soll das Gegenteil des zu „Beweisenden" sein.

(b) „POPPER-Prinzip" : Die Daten sollen eine Arbeitshypothese H_0 widerlegen können.

(c) Es ist schwerer eine H_0 in einem zweiseitigen Test zu widerlegen, d. h. im Zweifelsfall verwende man einen zweiseitigen Test.

(d) Das Signifikanzniveau α (z. B. 1% oder 5%) ist komplementär zum Konfidenzniveau α' (z. B. $\alpha' = 99\%$ oder 95%). Es gilt $\alpha + \alpha' = 1$ und es wird daher oft von einem $(1 - \alpha)$-Konfidenzintervall gesprochen.

5.2   Mittelwerttest

Es hat sich eingebürgert von einem z-Test zu sprechen, wenn die Testverteilung eine Normalverteilung ist. Daher sind viele Tests mit grossen Stichproben ($n \geq 30$) z-Tests. Bei grossen Stichproben bewirkt der zentrale Grenzwertsatz eine normalverteilte Stichprobenverteilung der Testgrösse.

5.2.1   Mittelwerttest (z-Test) : σ^2 bekannt

1. *Stichproben-Modell:* Eine Zufallsstichprobe $X = \{X_1, \ldots, X_n\}$ eines metrischen Merkmals werde gezogen.

   (a) Bei kleinen n (≤ 30) benötigt man die Voraussetzung der Normalverteilung

   $$X_i \sim N(\mu, \sigma^2), i = 1, \ldots, n; \quad \sigma^2 \quad \text{bekannt.}$$

   (b) Bei grossen n (> 30) kann die Verteilung beliebig sein, nur die Existenz der ersten beiden Momente ist notwendig

   $$X_i \sim (\mu, \sigma^2), \qquad i = 1, \ldots, n,$$

   d. h. eine beliebige Verteilung, deren Mittelwert μ und Varianz σ^2 existiert. Bei grossen Stichproben braucht nicht die Varianz bekannt sein, denn sie kann durch die geschätzte Stichprobenvarianz ersetzt werden.

2. *Hypothese:*

$$H_0: \quad \mu = \mu_0 \quad \text{gegen} \quad H_1: \quad \begin{cases} a) & \mu \neq \mu_0 \\ b) & \mu < \mu_0 \\ c) & \mu > \mu_0 \end{cases}$$

3. *Signifikanzniveau* α

4. Berechne als *Prüfgrösse* den standardisierten Mittelwert

$$\underset{.}{z} = \frac{\bar{x} - \mu_0}{\sigma/\sqrt{n}}.$$

5. *Entscheidung* auf Ablehnung von H_0, wenn

   a) $|\underset{.}{z}| > z_{1-\frac{\alpha}{2}}$

   b) $\underset{.}{z} < z_\alpha = -z_{1-\alpha}$

   c) $\underset{.}{z} > z_{1-\alpha}$

   wobei z_α das $\alpha\%$ -Quantil der $N(0,1)$-Verteilung ist.

Sollte der unwahrscheinliche Fall eintreten, dass $|\,z\,| = z_{1-\frac{\alpha}{2}}$ ist, so wird H_0 *nicht abgelehnt* (analog für die Fälle b) und c)).

Beispiel 5.2: Brenndauer von Glühlampen
Eine Firma behauptet, dass ihre Glühlampen mindestens 2000 Stunden halten. 100 Lampen werden zufällig getestet und eine mittlere Lebensdauer von $\bar{x} = 2042$ Stunden wird festgestellt (bei einer bekannten Standardabweichung von $\sigma = 200$.)
Stimmt die Behauptung des Produzenten ?

1. *Stichprobenmodell:* Normalverteilung

2. *Hypothesen:* Die Fragestellung "Hält eine Glühlampe $\mu_0 = 2000$ Stunden?" bei bekannter Varianz ($\sigma^2 = 200^2$) wird als einseitige Hypothese formuliert:

$$H_0: \quad \mu_0 = 2000 \quad \text{gegen} \quad H_1: \quad \mu > 2000.$$

Wir wählen als Nullhypothese das Gegenteil der Behauptung der Firma. Die Datenevidenz soll die Richtigkeit der Behauptung nicht direkt bestätigen, sondern indirekt. Da Signifikanztests auf "Ablehnung von Hypothesen" ausgelegt sind, muss als Nullhypothese das Gegenteil der Behauptung angenommen werden. Deren Ablehnung bestätigt die ursprüngliche Behauptung.

3. Wir wählen das *Signifikanzniveau* $\alpha = 5\%$. Dies impliziert für die obige Hypothese ein kritisches Quantil mit $z_{1-\alpha} = z_{0.95} = 1.645$.

4. Die Stichprobe kann durch die Stichprobengrösse und das Stichprobenmittel zusammengefasst werden: $n = 100$ und $\bar{x} = 2042$.

Die Prüfgrösse ist der standardisierte Mittelwert

$$\begin{aligned} z &= \frac{\bar{x} - \mu_0}{\sigma/\sqrt{n}} = \frac{2042 - 2000}{200/\sqrt{100}} \\ &= \frac{42}{20} = 2.1. \end{aligned}$$

5. *Entscheidung:* Die Testgrösse ist grösser als das kritische Quantil:

$$z = 2.1 > 1.64 = z_{1-\alpha}.$$

Die H_0, d.h. die Brenndauer beträgt 2000 Stunden, kann auf $\alpha = 5\%$-Niveau abgelehnt werden.

5.2.2   Mittelwerttest (σ^2 bekannt) mit p-Werten

Die ersten 4 Schritte des Mittelwerttest 5.3.1 bleiben gleich. Lediglich der letzte Punkt "5. Entscheidung" ändert sich folgendermassen.

5. *Entscheidung:* Lehne die Nullhypothese H_0 ab, falls der p-Wert kleiner als das Signifikanzniveau ist. Dabei berechnet sich der p-Wert für die 3 Testsituationen folgendermassen:

   (a) $p = Pr(|Z| > |\underset{\sim}{z}|) = 2(1 - \Phi(|\underset{\sim}{z}|))$

   (b) $p = Pr(Z < \underset{\sim}{z}) = \Phi(\underset{\sim}{z})$

   (c) $p = Pr(Z > \underset{\sim}{z}) = 1 - \Phi(\underset{\sim}{z})$

   und $\Phi(z)$ ist die Verteilungsfunktion der Standardnormalverteilung.

Bemerkung: Man beachte, dass die Berechnung der p-Werte nur mit weiterer Notation möglich ist. Beim Signifikanztest ist $\underset{\sim}{z}$ eine Zufallsvariable, die aus realisierten Werten der Zufallsgrössen der Stichprobe berechnet wird. Z ist eine „technische" Zufallsgrösse, die nicht gut interpretiert werden kann.

JEFFREYS (1980) bemerkt zu den p-Werten:
„Ich habe immer die Argumente zur Verwendung von p-Werten als absurd betrachtet. Sie bedeuten, dass eine Hypothese, die wahr oder falsch sein kann, zurückgewiesen wird, weil eine grössere Abweichung vom beobachteten Versuchswert unwahrscheinlich ist: d. h. sie hat nicht etwas vorausgesagt, was nicht eingetreten ist."

Beispiel 5.3: p-Werte (Fortsetzung Beispiel 5.2)
Da $\underset{\sim}{z} = 2.1$ ist und Testsituation c) vorliegt, berechnet sich der p-Wert als

$$\text{p-Wert} = 1 - \Phi(2.1) = 1 - 0.9821 = 0.0179,$$

wobei $\Phi(2.1) = 0.9821$ von der Tabelle A.5 abgelesen werden kann. Da der p-Wert 1.79% beträgt, kann die Nullhypothese auf 5% Niveau abgelehnt werden.

5.2.3   Mittelwerttest: Kritischer Bereich

1. *Stichprobenmodell:* Eine Zufallsstichprobe $X = \{X_1, \ldots, X_n\}$ aus einer Normalverteilung mit bekannter Varianz σ^2.

$$X = \left\{ X_i \sim N(\mu, \sigma^2), i = 1, \ldots, n; \sigma^2 \quad \text{bekannt} \right\}.$$

Ist $n > 30$, so kann das Verteilungsmodell der GG beliebig sein und die deskriptive Varianz

$$\sigma^2 = \frac{1}{n} \sum_{i=1}^{n} (x_i - \bar{x})^2$$

kann auch aus der Stichprobe geschätzt werden. Ebenso kann man die Stichprobenvarianz s^2 verwenden. Da der Umfang der Stichprobe gross ist, unterscheiden sich die beiden Varianzen nur wenig. Auch die t-Verteilung als Stichprobenverteilung kann durch die Normalverteilung approximiert werden. Dann kann auch der z-Test als *Approximation des t-Tests* verwendet werden.

2. *Hypothese:*

$$H_0: \quad \mu = \mu_0 \quad \text{gegen} \quad H_1: \quad \begin{cases} a) & \mu \neq \mu_0 \\ b) & \mu < \mu_0 \\ c) & \mu > \mu_0 \end{cases}$$

3. *Signifikanzniveau* α

4. Die Stichprobenverteilung des Stichprobenmittels $\bar{x} = (x_1 + \ldots + x_n)/n$ unter der Nullhypothese ist

$$\bar{x}|H_0 \sim N[\mu_0, \sigma_0^2], \quad \text{mit} \quad \sigma_0^2 = \frac{\sigma^2}{n}.$$

Der kritische Bereich K für das Stichprobenmittel $\bar{x}$ lautet:

(a) $K = (-\infty, \mu_{-c}) \cup (\mu_{+c}, \infty)$ mit $\mu_{\pm c} = \mu_0 \pm z_{(1-\frac{\alpha}{2})}\sigma/\sqrt{n}$

(b) $K = (-\infty, \mu_c)$ mit $\mu_c = \mu_0 + z_\alpha \sigma/\sqrt{n}$
$\phantom{K = (-\infty, \mu_c) \text{ mit } \mu_c} = \mu_0 - z_{1-\alpha}\sigma/\sqrt{n}$

(c) $K = (\mu_c, \infty)$ mit $\mu_c = \mu_0 + z_{1-\alpha}\sigma/\sqrt{n}$.

5. *Entscheidung:* Lehne H_0 ab, falls $\bar{x}$ in den kritischen Bereich K fällt: $\bar{x} \in K$.

Man beachte, dass nur Punkthypothesen als Nullhypothesen im Signifikanztest verwendet werden können. Wenn daher zwei Bereichshypothesen gegeneinander getestet werden sollen, dann verwendet man den schlechtest möglichsten Fall als Nullhypothese, d.h. diejenige Hypothese, die den Rand der Gegenhypothese bildet.

Im Fall des Test der Brenndauer der Glühbirne ist durch die Behauptung der Firma „Die Glühbirne brennt mindestens 2000 Stunden" die Bereichshypothese vorgegeben, d.h. diese kann nur als Gegenhypothese verwendet werden. Daher besteht die Nullhypothese nur aus dem schlechtest möglichen Punkt der alternativen Bereichshypothese, dem Punkt $\mu = 2000$. Dies ist gerade der Randpunkt der Gegenhypothese.

Beispiel 5.4: (Kritische Werte) Wie lange brennen Glühlampen?
Wir betrachten dieselbe Fragestellung wie in Beispiel 5.2. Eigentlich ist mit dem Stichprobenmittel, das unter der Minimalgrösse der Behauptung liegt, ein Test fast überflüssig geworden. Trotzdem, es soll gezeigt werden, dass der Signifikanztest auch in diesem Fall anwendbar ist.

1. *Modell:* Die Brenndauer kann eine beliebige Verteilung haben, denn bei 100 Beobachtungen ist der Mittelwert normalverteilt (wegen dem zentralem Grenzwertsatz).

2. *Hypothesen:* Wir testen die einseitige Fragestellung

$$H_0: \quad \mu = 2000 \quad \text{gegen} \quad H_1: \quad \mu < 2000.$$

Die Hypothesen werden analog den Überlegungen in Beispiel 5.2 formuliert, d.h. können von dort übernommen werden. (Man beachte, dass in der Logik der Signifikanztests das Stichprobenmittel an dieser Stelle nicht bekannt ist.)

3. *Signifikanzniveau:* $\alpha = 5\%$. (Dies impliziert wegen des einseitigen Tests das kritische Quantil $z_{0.95} = -1.645$.)

4. Berechne den kritischen Wert μ_c aus dem Quantil $z_{1-\alpha} = z_{0.95}$:

$$
\begin{aligned}
\mu_c = \mu_0 - z_{1-\alpha} \frac{\sigma}{\sqrt{n}} &= 2000 + 1.645 \frac{200}{10} \\
&= 2000 + 32.9 = 2032.9
\end{aligned}
$$

5. *Entscheidung:* Akzeptiere die H_0, falls $\bar{x} > \mu_c$ und verwerfe die H_0, falls $\bar{x} < \mu_c$.

Da $\mu_c = 2032.9 < \bar{x} = 2042$ kann die H_0 nicht verworfen werden: Die Glühbirnen brennen mindestens 2000 Stunden (und nicht mehr) auf $\alpha = 5\%$ Signifikanzniveau.

5.2.4 Mittelwerttest (t-Test): σ^2 unbekannt

1. *Modell:* Eine Zufallsstichprobe aus einer normalverteilten GG muss vorliegen:
$$X = \left\{ X_i \sim N(\mu, \sigma^2) \quad , \quad i = 1, \ldots, n \right\}$$

2. *Hypothesen:*

$$H_0: \quad \mu = \mu_0 \quad \text{gegen} \quad H_1: \left\{ \begin{array}{ll} a) & \mu \neq \mu_0 \\ b) & \mu < \mu_0 \\ c) & \mu > \mu_0 \end{array} \right.$$

3. *Signifikanzniveau α*

4. *Testgrösse:* Berechne den standardisierten Mittelwert

$$t_\nu = \frac{\bar{x} - \mu_0}{s/\sqrt{n}}$$

mit Stichprobenvarianz

$$s^2 = \frac{1}{n-1} \sum_{i=1}^{n} (x_i - \bar{x})^2.$$

Die Testgrösse $\underset{\cdot}{t}_\nu$ besitzt als Testverteilung die t-Verteilung mit $\nu = n-1$ Freiheitsgraden.

5. Die *Entscheidung* erfolgt

   (a) mit Hilfe von Quantilen:

   Lehne H_0 ab, falls
   a) $|\underset{\cdot}{t}_\nu| > t(1 - \frac{\alpha}{2}, \nu)$,
   b) $\underset{\cdot}{t}_\nu < t(\alpha, \nu) = -t(1 - \alpha, \nu)$,
   c) $\underset{\cdot}{t}_\nu > t(1 - \alpha, \nu)$,
   wobei $t(\alpha, \nu)$ die Quantile der t_ν-Verteilung sind.

   Man beachte, dass die Testgrösse auch mit Hilfe der deskriptiven Standardabweichung $\hat{\sigma} = \sqrt{\frac{1}{n} \sum (x_i - \bar{x})^2}$ berechnet werden kann:

   $$\underset{\cdot}{t} = \frac{\bar{x} - \mu_0}{s} \sqrt{n} = \frac{\bar{x} - \mu_0}{\hat{\sigma}} \sqrt{n-1}.$$

   (b) mit Hilfe von p-Werten:

   Lehne H_0 ab, falls $p < \alpha$ ist
   a) $p = Pr(|T| > |\underset{\cdot}{t}_\nu|) = 2(1 - \Phi_t(|\underset{\cdot}{t}_\nu|))$,
   b) $p = Pr(T < \underset{\cdot}{t}_\nu) = \Phi_t(\underset{\cdot}{t}_\nu)$,
   c) $p = Pr(T > \underset{\cdot}{t}_\nu) = 1 - \Phi_t(\underset{\cdot}{t}_\nu)$.
   Bei der Berechnung von p-Werten benötigt man die Verteilungsfunktion Φ_t der t-Verteilung. Ist der p-Wert kleiner als das Signifikanzniveau, wird die Nullhypothese abgelehnt.

Beispiel 5.5: 9 Röhren-Durchmesser
Eine Stichprobe von 9 Messungen soll überprüfen, ob der Durchmesser der Röhren 8cm beträgt:

1. *Modell:* Stichprobe: $\{7.7, 8.0, 7.4, 7.8, 8.4, 7.2, 7.8, 8.2, 7.6\}$. Von den $n = 9$ Beobachtungen wird angenommen, dass sie normalverteilt sind:

   $$X_i \sim N(\mu, \sigma^2), \quad i = 1, \ldots, 9$$

   und σ^2 ist unbekannt.

2. *Hypothesen:*

   $$H_0: \quad \mu = 8 \quad \text{gegen} \quad H_1: \quad \mu \neq 8.$$

Die Stichprobe wird mit dem Stichprobenmittel und der Stichproben-varianz zusammengefasst:

$$\bar{x} = 7.8; \quad s^2 = \frac{1}{n-1} \sum_{i=1}^{n} (x_i - \bar{x})^2 = 0.376^2.$$

3. *Signifikanzniveau:* $\alpha = 5\%$. Das kritische Quantil der t-Verteilung bei $\nu = 9 - 1 = 8$ Freiheitsgraden ist

$$t(0.975, 8) = 2.306.$$

4. *Teststatistik:*

$$t_8 = \frac{\bar{x} - \mu_0}{s/\sqrt{n}} = \frac{7.8 - 8}{0.38/\sqrt{9}} = \frac{-0.2}{0.127} = -1.60.$$

5. *Entscheidung:* Die Testgrösse ist dem Betrag nach kleiner als das kri-tische Quantil

$$|t_8| = 1.60 < 2.306.$$

Daher kann die Nullhypothese H_0 nicht abgelehnt werden: Der Röhren-durchmesser beträgt 8 cm, die Stichprobe unterscheidet sich nicht sig-nifikant von der Nullhypothese.

5.3   Anteilstest: n gross

5.3.1   Anteilstest (z-Test) : „Standard-Version"

Dieser Test testet den unbekannten Anteil einer Grundgesamtheit, bzw. den Parameter einer Bernoulli-Verteilung (engl.: Large sample test of a propor-tion π).

1. *Stichprobenmodell:* Gegeben sei eine Zufallsstichprobe $\{X_1, \ldots, X_n\}$ eines qualitativen Merkmals mit

$$X = \{X_i \sim Ber(\pi), \quad i = 1, \ldots, n\},$$

und X_i ist eine unabhängige verteilte binäre (dichotome) Zufallsgrösse.

2. *Hypothese:*

$$H_0: \quad \pi = \pi_0 \quad \text{gegen} \quad H_1: \quad \begin{cases} a) & \pi \neq \pi_0 \\ b) & \pi < \pi_0 \\ c) & \pi > \pi_0 \end{cases}$$

3. *Wähle ein Signifikanzniveau α*

4. Berechne die *Prüfgrösse*

$$\hat{\pi} = \frac{1}{n} \sum_{i=1}^{n} X_i,$$

falls die Approximation durch Normalverteilung für $n\pi_0(1 - \pi_0) \geq 9$
gilt. Die Stichprobenverteilung von $\hat{\pi}$ unter H_0 lautet:

$$\hat{\pi} \sim N\left(\pi, \sigma_0^2 = \frac{\pi_0(1 - \pi_0)}{n}\right).$$

Die Testgrösse z ist der standardisierte Mittelwert $\hat{\pi}$ der Stichprobe

$$z = \frac{\hat{\pi} - \pi_0}{\sigma_0} \sim N(0, 1),$$

die unter den obigen Vorraussetzungen approximativ standardnormalverteilt ist.

5. *Entscheide* auf Ablehnung der H_0, wenn

   (a) $|z| > z_{1-\frac{\alpha}{2}}$
   (b) $z < z_\alpha = -z_{1-\alpha}$
   (c) $z > z_{1-\alpha}$

z_α ist das α-Quantil der Standardnormalverteilung $N(0, 1)$ und wird
auch das „kritische Quantil" des Signifikanztest genannt.

Beispiel 5.6: Qualitätskontrolle

1. *Modell:* Gegeben sei eine Zufallsstichprobe mit $n = 100$ Beobachtungen und 13 fehlerhaften Stücken. Man teste folgende Frage: Hält der
   Produzent sein Versprechen mit höchstens 10% Fehleranteil zu produzieren?

2. *Hypothesen:*

   $$H_0: \quad \pi = 0.1 = \pi_0 \quad \text{gegen} \quad H_1: \quad \pi > 0.1$$

3. *Signifikanzniveau:* $\alpha = 5\%$ und damit $z_{1-\alpha} = z_{0.95} = 1.645$.

4. Rechenschritte für die *Prüfgrösse:* Mit $100 \cdot 0.1(0.9) = 9$ ist die Normalverteilungsapproximation möglich. Die Varianz beträgt

   $$\sigma_0^2 = \frac{\pi_0(1 - \pi_0)}{n} = \frac{0.1 \cdot 0.9}{100} = \frac{0.09}{100} = \left(\frac{0.3}{10}\right)^2 = 0.03^2.$$

   Damit kann die Prüfgrösse berechnet werden:

   $$z = \frac{\hat{\pi} - \pi_0}{\sigma_0} = \frac{0.13 - 0.1}{0.03} = \frac{0.03}{0.03} = 1.$$

5. *Entscheidung:*

Es gilt $z = 1 < 1.64 = z_{1-\alpha}$, daher kann die H_0 nicht abgelehnt werden.

Der beobachtete Fehleranteil von 13% unterscheidet sich vom behaupteten Anteil von 10% nicht signifikant (auf 5% Niveau).

5.3.2   Anteilstest: p-Werte

1. *Stichprobenmodell:*

Wir betrachten eine Zufallsstichprobe $\{X_i \sim Ber(\pi), i = 1,\ldots,n$ (u.a.)$\}$, wobei der Anteil π der GG unbekannt ist.

2. *Hypothesen:*

$$H_0: \quad \pi = \pi_0 \quad \text{gegen} \quad H_1: \begin{cases} a) & \pi \neq \pi_0 \\ b) & \pi < \pi_0 \\ c) & \pi > \pi_0 \end{cases}$$

3. *Bestimme die Stichprobenverteilung unter H_0*

Für $n\pi_0(1-\pi_0) \geq 9$ ist die Approximation durch die Normalverteilung unter H_0 möglich. Die Merkmalssumme ist normalverteilt

$$X = \sum_{i=1}^n X_i \sim N[n\pi_0, n\pi_0(1-\pi_0)],$$

und der geschätzte Mittelwert besitzt die Stichprobenverteilung

$$\hat{\pi} = \frac{1}{n}\sum X_i \sim N\left[\pi_0, \frac{\pi_0(1-\pi_0)}{n} = \sigma_0^2\right].$$

Daraus folgt durch Standardisierung, dass die Testgrösse

$$z = \frac{\hat{\pi} - \pi_0}{\sigma_0} \sim N(0,1)$$

eine Standardnormalverteilung besitzt.

4. *Bestimme den p-Wert unter H_0*

Wir betrachten z als Realisation einer $N(0,1)$-verteilten Zufallsvariablen Z, und bestimmen für die folgenden Ereignisse den p-Wert, d.h. die Wahrscheinlichkeit, etwas genau so grosses oder extremes zu beobachten wie die berechnete Testgrösse z.

Die exakte und die approximative Berechnung des p-Wertes lautet für die 3 Testsituationen

$$\text{p-Wert} = \begin{cases} a) & Pr(|Z| > |z|) \cong 2(1 - \Phi(|z|)) \\ b) & Pr(Z < z) \cong \Phi(z) \\ c) & Pr(Z > z) \cong 1 - \Phi(z) \end{cases}$$

Der approximative p-Wert (denn z ist nur approximativ normalverteilt) wird über die Verteilungsfunktion Φ der Standardnormalverteilung berechnet.

5. *Entscheidung:* Lehne H_0 ab, falls der p-Wert kleiner als das gewählte Signifikanzniveau α ist.

Beispiel 5.7: Anteilstest mit p-Werten

1. *Modell:* Wie zuvor in Beispiel 5.5 mit $n = 100$, und $X = 13$ fehlerhaften Stücken.

2. *Hypothesen:*
$$H_0: \quad \pi = 0.1 \quad \text{gegen} \quad H_1 : \pi > 0.1$$

3. *Stichprobenverteilung:* Überprüfe die Bedingung der Normalverteilungsapproximation. Sie ist mit
$$n\pi_0(1 - \pi_0) = 100 \cdot 0.1(0.9) = 9$$

gerade erfüllt. Die Stichprobenverteilung unter der Nullhypothese H_0 lautet
$$\hat{\pi} \sim N(\pi_0, \sigma_0^2) \text{ mit } \sigma_0 = \sqrt{\frac{\pi_0(1 - \pi_0)}{n}} = 0.03.$$

4. Bestimme den p-Wert:
$$\begin{aligned}
p - \text{Wert} \quad &= \quad Pr\,(Z > z) = 1 - \Phi\left(\frac{\hat{\pi} - \pi_0}{\sigma_0}\right) = \\
&= \quad 1 - \Phi\left(\frac{0.13 - 0.1}{0.03}\right) \\
&= \quad 1 - \Phi(1) = 1 - 0.84 = 0.16
\end{aligned}$$

5. *Entscheidung:* Es ist das $\alpha = 5\%$ Signifikanzniveau vorgegeben. Da $0.16 > 0.05$, d.h. der p-Wert grösser als 5% ist, wird die H_0 nicht abgelehnt.

5.3.3 Anteilstest: Kritischer Bereich

1. *Stichprobenmodell:*

Gegeben ist eine Zufallsstichprobe aus einer Bernoulli (0/1) Verteilung:
$X = \{X_i \sim Ber(\pi), i = 1, \ldots, n \text{ (u.a.)}\}$

2. *Hypothesen:*
$$H_0: \quad \pi = \pi_0 \quad \text{gegen} \quad H_1 : \quad \begin{cases} a) & \pi \neq \pi_0 \\ b) & \pi < \pi_0 \\ c) & \pi > \pi_0 \end{cases}$$

3. Wähle das *Signifikanzniveau* α (und das kritische Quantil)

4. *Bestimme den kritischen Bereich K:*

   Die Stichprobenverteilung für $n\pi_0(1 - \pi_0) \geq 9$ lautet:

   $$\hat{\pi} \sim N(\pi_0, \sigma_0^2) \quad \text{mit} \quad \sigma_0 = \sqrt{\pi_0(1 - \pi_0)/n}$$

   Je nach Testsituation sind die kritischen Bereiche K und die Bereichsgrenzen π_c gegeben als

   (a) $\pi_c^{-,+} = \pi_0 \pm z_{1-\frac{\alpha}{2}}\sigma_0$ und $K = [0, \pi_c^-] \cup [\pi_c^+, 1]$,

   (b) $\pi_c = \pi_0 + z_\alpha\sigma_0 = \pi - z_{1-\alpha}\sigma_0$ und $K = [0, \pi_c]$,

   (c) $\pi_c = \pi_0 + z_{1-\alpha}\sigma_0$ und $K = [\pi_c, 1]$.

5. *Entscheidung:*

   Lehne H_0 ab, falls $\hat{\pi}$ in den kritischen Bereich K fällt:

   (a) $\hat{\pi} \in K: \quad \hat{\pi} < \pi_c^-$ oder $\hat{\pi} > \pi_c^+$

   (b) $\hat{\pi} \in K: \quad \hat{\pi} < \pi_c$

   (c) $\hat{\pi} \in K: \quad \hat{\pi} > \pi_c$

Beispiel 5.8:
In einer Zufallsstichprobe vom Umfang 100 Stück werden 13 fehlerhafte Stücke gefunden. Man teste die Hypothese, dass der Fehleranteil höchstens 10% beträgt.

1. *Modell:* Es liegt eine Bernoulli-Verteilung vor:

   $$X_i \sim Ber(\pi), i = 1, \ldots, n = 100,$$

   und $X = 13$ fehlerhafte Stück.

2. *Hypothesen:*
   $$H_0 : \pi_0 = 0.1 \quad \text{gegen} \quad H_1 : \pi > 0.1$$

3. *Signifikanzniveau:* $\alpha = 5\%$. Das kritische Quantil ist bei n=100 durch die Normalverteilung $z_{1-\alpha} = \Phi(0.95) = 1.645$ gegeben.

4. *Kritischer Bereich:* Eine Approximation durch die Normalverteilung ist wegen $100 \cdot 0.1 \cdot 0.9 = 9$ möglich. Die Varianz unter H_0 berechnet man als
   $$\sigma_0^2 = 0.1 \cdot 0.9/100 = 0.03^2.$$

   Die Testverteilung des Anteils π unter H_0 lautet: $\hat{\pi} \sim N(0.1, 0.03^2)$.

   Frage: ist $\hat{\pi} = \frac{13}{100} = 0.13$ nach H_0 verteilt ?

   Die kritische Grenze ist
   $$\pi_c = \pi_0 + z_{1-\alpha}\sigma_0 = 0.1 + 1.645 \cdot 0.03 = 0.1494.$$

5. *Entscheidung:* Der kritische Bereich K ist das Intervall

$$K = [0.1492, 1] \quad \rightarrow \hat{\pi} \notin K.$$

Der Stichprobenanteil $\hat{\pi} = 0.13$ fällt nicht in den kritischen Bereich, daher kann die H_0 nicht verworfen werden.

5.4 Test auf Differenzen von Lagemasszahlen

5.4.1 z-Test: Differenzen zweier Anteile für grosse Stichproben

1. *Modell:* 2 zufällige Stichproben $\{X_1, \ldots, X_{n_1}\}$ und $\{Y_1, \ldots, Y_{n_2}\}$, bzw. kurz zusammengefasst als: (p_1, n_1) und (p_2, n_2), wobei n_1 und n_2 gross sein sollen. Für jede Stichprobe muss die Approximationsvoraussetzung erfüllt sein: $n_i \pi_i (1 - \pi_i) \geq 9, \quad i = 1, 2.$ Dann gelten für die geschätzten Anteile

$$p_1 = \frac{1}{n_1} \sum_{i=1}^{n_1} X_i \quad \text{und} \quad p_2 = \frac{1}{n_2} \sum_{i=1}^{n_2} Y_i$$

die Stichprobenverteilungen

$$p_1 \sim N\left(\pi_1, \frac{\pi_1(1 - \pi_1)}{n_1}\right) \quad \text{und} \quad p_2 \sim N\left(\pi_2, \frac{\pi_2(1 - \pi_2)}{n_2}\right)$$

2. *Hypothesen:*

$$H_0: \quad \pi_1 = \pi_2 \quad \text{gegen} \quad H_1: \quad \begin{cases} a) & \pi_1 \neq \pi_2 \\ b) & \pi_1 < \pi_2 \\ c) & \pi_1 > \pi_2 \end{cases}$$

3. *Signifikanzniveau* α

4. *Testgrösse:* Berechne die Testgrösse

$$z = \frac{p_1 - p_2}{\sqrt{p(1 - p)\left(\frac{1}{n_1} + \frac{1}{n_2}\right)}},$$

wobei die Varianz der Differenz der Anteile im Nenner mit den gepoolten Anteil

$$p = \frac{n_1 p_1 + n_2 p_2}{n_1 + n_2}$$

berechnet wird.

5. *Entscheidung:*

Lehne H_0 ab, falls	oder falls $p < \alpha$ ist.
a) $|z| > z_{1-\frac{\alpha}{2}}$	$p = Pr(|Z| > |z|) = 2(1 - \Phi(|z|))$
b) $z < z_\alpha$	$p = Pr(Z < z) = \Phi(z)$
c) $z > z_{1-\alpha}$	$p = Pr(Z > z) = 1 - \Phi(z)$

Beispiel 5.9:

Ein Politiker bewirbt sich um die Wählergunst. Er möchte herausfinden, ob er besser in der Stadt oder auf dem „Land" ankommt. Zwei Stichproben vom Umfang $n = 400$ werden gezogen und ergaben folgende Anteile auf die Frage "beliebt":

$$p_1 = 55\%, \quad p_2 = 49\%.$$

Gibt es einen signifikanten Unterschied zwischen Stadt und Land ? (Signifikanzniveau $\alpha = 5\%$)
Wir wählen den symmetrischen Fall a) zum Test der Hypothesen:

$$H_0 : \pi_1 = \pi_2 \quad \text{gegen} \quad H_1 : \pi_1 \neq \pi_2.$$

Berechne mit dem gepoolten Anteil aus den beiden Stichproben

$$p = \frac{400 \cdot 0.55 + 400 \cdot 0.49}{800} = \frac{1}{2}(0.55 + 0.49) = 0.52$$

die Testgrösse

$$z = \frac{0.55 - 0.49}{\sqrt{0.52 \cdot 0.48 \cdot 0.005}} = \frac{0.06}{0.035} = 1.70.$$

Da $z = 1.70 < 1.96 = z_{(95\%)}$ kann die H_0 nicht verworfen werden, d.h. die Beliebtheit des Politikers unterscheidet sich nicht signifikant in Stadt und Land.

5.4.2 Differenz zweier Mittelwerte: σ^2 bekannt

1. *Modell:* 2 Zufallsstichproben $\{X_{11}, ..., X_{1n_1}\}$ und $\{X_{21}, ..., X_{2n_2}\}$
   Der Test kann für folgende beide Situationen verwendet werden:

   (a) Es liegen zwei grosse Stichproben vor: $n_j > 30$; $j = 1, 2$.

   (b) Die beiden Stichproben $\{X_{1i}\}$ und $\{X_{2i}\}$ sind normalverteilt und unabhängig.
   Daher lauten die Stichprobenverteilungen für die Stichprobenmittel

$$\bar{X}_1 \sim N\left(\mu_1, \frac{\sigma_1^2}{n_1}\right), \quad \bar{X}_2 \sim N\left(\mu_2, \frac{\sigma_2^2}{n_2}\right).$$

2. *Hypothesen:*

$$H_0 : \quad \mu_1 = \mu_2 \quad \text{gegen} \quad H_1 : \begin{cases} a) & \mu_1 \neq \mu_2 \\ b) & \mu_1 > \mu_2 \\ c) & \mu_1 < \mu_2 \end{cases}$$

3. *Signifikanzniveau* α

4. *Prüfgrösse:* Für die zu testende unbekannte Differenz $\Delta\mu = \mu_1 - \mu_2$ in der Grundgesamtheit berechne man die standardisierte Differenz

$$z = \frac{\overline{X}_1 - \overline{X}_2}{\sqrt{\frac{\sigma_1^2}{n_1} + \frac{\sigma_2^2}{n_2}}}.$$

5. *Entscheidung:*

Lehne H_0 ab, falls	oder falls $p < \alpha$ ist
a) $|z| > z_{1-\frac{\alpha}{2}}$	$p = Pr(|Z| > |z|) = 2(1 - \Phi(|z|))$
b) $z > z_{1-\alpha}$	$p = Pr(Z > z) = 1 - \Phi(z)$
c) $z < -z_{1-\alpha}$	$p = Pr(Z < z) = \Phi(z)$

Diese drei Fälle sehen graphisch folgendermassen aus:

Figur 5.1: Einseitige und zweiseitige Bereiche im z-Test

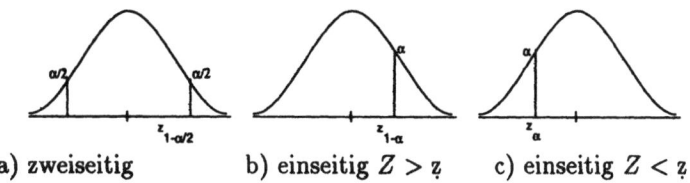

a) zweiseitig   b) einseitig $Z > z$ c) einseitig $Z < z$

Beispiel 5.10: Vergleich zweier Produktionen

In einer Firma werden zwei Produktionsvorgänge gemessen. Teste, ob es einen Unterschied zwischen den beiden Messungen gibt ($\alpha = 1\%$).

1. *Modell:*

Die Maschinen in beiden Werken produzieren die Bauteile mit einem Fehler von $\sigma = 0.1$mm. 2 Stichproben aus den beiden Werken vom Umfang $n = 100$ werden gezogen und die durchschnittliche Länge wird gemessen:

Werk 1	Werk 2
$\bar{x}_1 = 0.41$	$\bar{x}_2 = 0.45$
$\bar{x}_1 \sim N(\mu_1, \frac{0.1^2}{100})$	$\bar{x}_2 \sim N(\mu_2, \frac{0.1^2}{100})$

2. *Hypothese:* Wir wählen eine zweiseitige Fragestellung: Gibt es einen Unterschied in der durchschnittlichen Länge in den beiden Stichproben?

$$H_0: \quad \mu_1 = \mu_2 \quad \text{gegen} \quad H_1: \quad \mu_1 \neq \mu_2.$$

3. *Signifikanzniveau:* $\alpha = 1\%$.

4. *Testgrösse:*

$$\underset{\sim}{z} = \frac{0.41 - 0.45}{\frac{0.1}{10}\sqrt{2}} = \frac{-0.04}{0.01414} = -2.83.$$

5. *Entscheidung:* Der p-Wert wird über die Verteilungsfunktion der Standardnormalverteilung $N(0,1)$ berechnet:

$$Pr(Z < -2.83) = 0.0023 = \Phi(-2.83).$$

Anders ausgedrückt, das $\alpha = 0.23\%$ Quantil der $N(0,1)$-Verteilung liefert gerade den Wert der Testgrösse $\underset{\sim}{z}$:

$$z_{0.0023} = -2.83 = \underset{\sim}{z}.$$

Da ein 2-seitiger Test vorliegt, muss der einseitige p-Wert $Pr(Z < \underset{\sim}{z})$ verdoppelt werden:

$$\text{p-Wert} = 2 \cdot Pr(Z < \underset{\sim}{z}) = 0.0046.$$

Da der p-Wert, bzw. das empirischen Signifikanzniveau kleiner als $\alpha = 1\%$ ist, so kann die H_0 auf 1%-Niveau abgelehnt werden. Die Berechnung des p-Wertes ist graphisch in Figur 2.2 abgebildet.

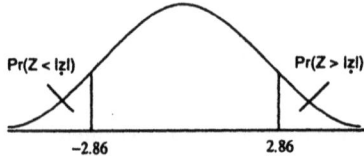

Figur 5.2: p-Wert im zweiseitigen Test

5.4.3 t-Test : Differenz zweier Mittelwerte: σ^2 unbekannt, aber gleich $\sigma_1^2 = \sigma_2^2 = \sigma^2$

1. *Modell:* Wir beobachten 2 Stichproben $X_1 = \{X_{11}, \ldots, X_{1n_1}\}$ unabhängig von $X_2 = \{X_{12}, \ldots, X_{2n_2}\}$.

Die Stichprobenverteilungen der Mittelwerte sind

$$\bar{X}_1 \sim N\left(\mu_1, \frac{\sigma^2}{n_1}\right) \quad \text{und} \quad \bar{X}_2 \sim N\left(\mu_2, \frac{\sigma^2}{n_2}\right),$$

wobei wegen der Annahme der unbekannten aber gleichen Varianzen σ^2 in beiden Stichprobenverteilungen zu finden ist. Die Stichprobenvarianzen können in den beiden Stichproben getrennt geschätzt werden:

$$s_1^2 = \frac{1}{n_1 - 1} \sum_{i=1}^{n_1} (X_{i1} - \bar{X}_1)^2 \quad \text{und} \quad s_2^2 = \frac{1}{n_2 - 1} \sum_{i=1}^{n_1} (X_{i2} - \bar{X}_2)^2.$$

2. *Hypothesen:*

$$H_0: \quad \mu_1 = \mu_2 \quad \text{gegen} \quad H_1: \begin{cases} a) & \mu_1 \neq \mu_2 \\ b) & \mu_1 < \mu_2 \\ c) & \mu_1 > \mu_2 \end{cases}$$

3. *Signifikanzniveau:* Wähle das Niveau α.

4. *Prüfgrösse:* Berechne zuerst die geschätzte gemeinsame Varianz

$$s^2 = \frac{1}{n_1 + n_2 - 2} \left((n_1 - 1)s_1^2 + (n_2 - 1)s_2^2 \right)$$

und die Prüfgrösse

$$\underline{t} = (\bar{X}_1 - \bar{X}_2)/\sqrt{s^2 \left(\frac{1}{n_1} + \frac{1}{n_2} \right)} \sim t(n_1 + n_2 - 2),$$

die t-verteilt mit $\nu = n_1 + n_2 - 2$ Freiheitsgraden ist.

5. *Entscheidung:*

Lehne H_0 ab, falls   oder falls $p < \alpha$ ist

a) $|\underline{t}| > t\left(1 - \frac{\alpha}{2}, \nu\right)$ $p = Pr(|T| > |\underline{t}|) = 2\left(1 - \Phi_t(|\underline{t}|)\right)$
b) $\underline{t} < t(\alpha, \nu)$ $p = Pr(T < \underline{t}) = \Phi_t(\underline{t})$
c) $\underline{t} > t(1 - \alpha, \nu)$ $p = Pr(T > \underline{t}) = 1 - \Phi_t(\underline{t})$

wobei Φ_t die Verteilungsfunktion der t-Verteilung mit $\nu = n_1 + n_2 - 2$ Freiheitsgraden ist.

Beispiel 5.11: Bier-Vergleich

2 Biersorten werden in einem Zufallsexperiment mit jeweils 9 Personen verglichen, wobei die Sorten nicht ersichtlich sind („einfach blind"). Die Bewertung erfolgt auf einer Skala mit $0 - 100$ Punkten. Auf $\alpha = 5\%$ Signifikanzniveau soll getestet werden, ob es einen Unterschied in der Beurteilung der Biersorten gibt.

1. *Modell:* Die Zusammenfassung der Stichproben lautet:

$$n_1 = n_2 = 9; \quad \bar{x}_1 = 60, s_1^2 = 1.5^2; \quad \bar{x}_2 = 61, s_2^2 = 1.94^2.$$

2. *Teste die Hypothesen:*

$$H_0: \quad \mu_1 = \mu_2 \quad \text{gegen} \quad H_1 : \mu_1 \neq \mu_2$$

3. *Signifikanzniveau:* $\alpha = 5\%$.

4. *Testgrösse:* Die gemeinsame Varianz

$$s^2 = \frac{(n_1 - 1)s_1^2 + (n_2 - 1)s_2^2}{n_1 + n_2 - 2} = \frac{1}{16}(8 \cdot 1.5^2 + 8 \cdot 1.94^2) = 3.007$$

führt zur Testgrösse

$$\underset{\cdot}{t} = \frac{60 - 61}{\sqrt{3.007 \cdot \frac{2}{9}}} = \frac{-1}{0.82} = -1.22.$$

5. *Entscheidung:* Lehne H_0 nicht ab, da

$$|\underset{\cdot}{t}| = |-1.22| = 1.22 < t\left(1 - \frac{\alpha}{2}, n_1 + n_2 - 2\right)$$
$$= t(0.975, 16) = 2.12,$$

bzw. kurz: da $|-1.22| < 2.12$ ist. Es gibt keinen Unterschied in der Beurteilung der Biersorten.

5.4.4 t-Test: Differenz zweier Mittelwerte für σ_1^2 und σ_2^2 unbekannt und verschieden, $\sigma_1^2 \neq \sigma_2^2$ (Behrens-Fisher-Problem)

1. *Stichprobenmodell:* Es liegen zwei Stichproben, $X_1 = \{X_{11}, \ldots, X_{1n_1}\}$ und $X_2 = \{X_{12}, \ldots, X_{2n_2}\}$ mit n_1 und n_2 Beobachtungen unabhängig voneinander vor. Die Stichprobenverteilungen der Stichprobenmittelwerte sind

$$\bar{X}_1 \sim N\left(\mu_1, \frac{\sigma_1^2}{n_1}\right) ; \qquad \bar{X}_2 \sim N\left(\mu_2, \frac{\sigma_2^2}{n_2}\right).$$

Die Stichprobenvarianzen sind

$$s_1^2 = \frac{1}{n_1 - 1}\sum_{i=1}^{n_1}(X_{i1} - \bar{X}_1)^2 ; \qquad s_2^2 = \frac{1}{n_2 - 1}\sum_{i=1}^{n_1}(X_{i2} - \bar{X}_2)^2$$

2. *Hypothesen:*

$$H_0: \quad \mu_1 = \mu_2 \quad \text{gegen} \quad H_1 : \begin{cases} a) & \mu_1 \neq \mu_2 \\ b) & \mu_1 < \mu_2 \\ c) & \mu_1 > \mu_2 \end{cases}$$

3. *Signifikanzniveau* α

4. *Testgrösse:* Die Behrens-Fischer Verteilung wird durch die t-Verteilung approximiert. Die Testgrösse

$$t = \frac{\bar{X}_1 - \bar{X}_2 - (\mu_1 - \mu_2)}{\sqrt{a+b}} = \frac{\bar{X}_1 - \bar{X}_2}{\sqrt{a+b}} \sim t(\alpha, \nu)$$

ist t-verteilt für $n_1 < 30$ und $n_2 < 30$ mit den Hilfsgrössen

$$a = \frac{s_1^2}{n_1} \quad \text{und} \quad b = \frac{s_2^2}{n_2}$$

(a) und der genauen Berechnung der Freiheitsgrade (WELCH-Approximation)

$$\nu = \frac{(a+b)^2}{\frac{a^2}{n_1-1} + \frac{b^2}{n_2-1}},$$

(b) oder der einfachen Berechnung:

$$\nu = min(n_1, n_2) - 1.$$

Bemerkungen:

(a) Beim Test der Hypothese $H_0 : \mu_1 - \mu_2 = d$ wird die Testgrösse

$$t = \frac{\bar{X}_1 - \bar{X}_2 - (\mu_1 - \mu_2)}{\sqrt{a+b}}$$

verwendet.

(b) Der Proportionalitätsfaktor c kann in der Berechnung der Freiheitsgrade weggelassen werden: Ist $a' = ca$ und $b' = cb$, dann lautet die „optimale Skalierung":

$$v = \frac{(a'+b')^2}{\frac{a'^2}{n_1-1} + \frac{b'^2}{n_2-1}} = \frac{(a+b)^2}{\frac{a^2}{n_1-1} + \frac{b^2}{n_2-1}}.$$

5. *Entscheidung:*

Lehne H_0 ab, falls

a) $|t| > |t(\alpha/2, \nu)| = t(1 - \frac{\alpha}{2}, \nu)$
b) $t < -t(1 - \alpha, \nu) = t(\alpha, \nu)$
c) $t > t(1 - \alpha, \nu)$

oder falls der p-Wert $p < \alpha$ ist:

a) $p = Pr(|T| > |t|) = 2(1 - \Phi_t(|t|))$
b) $p = Pr(T < t) = \Phi_t(t)$
c) $p = Pr(T > t) = 1 - \Phi_t(t)$

Beispiel 5.12: Vergleich von Flugzeugen

Die Fluggeschwindigkeit von 2 Flugzeugtypen soll verglichen werden. 2 Stichproben mit 8 Testpiloten ($n_1 = n_2 = 4$) ergeben folgende Stichprobenverteilung:

1. *Modell:* Unter der Annahme der Normalverteilung gilt

$$\text{Typ A:}\quad \bar{X}_1 \sim N\left(590, \frac{100^2}{4}\right); \quad \text{Typ B:}\quad \bar{X}_2 \sim N\left(750, \frac{80^2}{4}\right).$$

2. *Hypothesen:*

$$H_0: \quad \mu_1 = \mu_2 \quad \text{gegen} \quad H_1: \quad \mu_1 \neq \mu_2.$$

3. *Signifikanzniveau:* 5%

   Die Hilfsgrössen betragen

$$a = \frac{100^2}{4} = \frac{100^2}{2^2} = 50^2 \quad ; \quad b = \frac{80^2}{2^2} = 40^2.$$

   Die Berechnung der Freiheitsgrade führen wir mit dem Skalierungsfaktor $c = \frac{1}{10}$ durch: $a' = ca = 5, b' = cb = 4$ ergibt

$$v = \frac{(a'+b')^2}{\frac{a'^2}{n_1-1} + \frac{b'^2}{n_2-1}} = \frac{(25+16)^2}{\frac{25^2}{3} + \frac{16^2}{3}} = 3\frac{41^2}{625+256} = \frac{3 \cdot 1681}{881} = 5.7.$$

   Durch Abrundung (Runden auf die sichere Seite) ergibt sich $\nu = 5$.

4. *Testgrösse:*

$$t = \frac{590 - 750}{\sqrt{50^2 + 40^2}} = \frac{-160}{10\sqrt{41}} = \frac{-160}{64.03} = -2.5.$$

5. *Entscheidung:* Wegen

$$|t| = 2.5 < t(0.975, 5) = 2.57$$

kann die H_0 nicht abgelehnt werden, d. h. die Geschwindigkeit der beiden Flugzeuge unterscheidet sich nicht. Das etwas überraschende Resultat ergibt sich dadurch, dass der Unterschied von 160 kmh bei einer gepoolten Standardabweichung von 64.03 kmh -bei kleinen Freiheitsgraden und konservativer Teststrategie- nicht überzeugt (vgl. dazu auch den Bayes-Test in Abschnitt 3.9.3).

5.4.5 t-Test: Differenz zweier Mittelwerte für gebundene Stichproben

1. *Modell:* Gegeben sind *keine* 2 unabhängige Stichproben, sondern eine Stichprobe mit einem bivariaten Merkmal:

$$\{(x_1, y_1), (x_2, y_2), \ldots, (x_n, y_n)\}.$$

Dies ist eine „gebundene" oder „gepaarte" Stichprobe (engl.: paired comparison), von n Paaren von Beobachtungen.

2. *Hypothesen:*

$$H_0: \quad \mu_x = \mu_y \quad \text{gegen} \quad H_1: \begin{cases} a) & \mu_x \neq \mu_y \\ b) & \mu_x < \mu_y \\ c) & \mu_x > \mu_y \end{cases}$$

3. *Signifikanzniveau:* $\alpha\%$

4. *Prüfgrösse:*

$$t = \frac{\bar{x} - \bar{y} - (\mu_x - \mu_y)}{s_d/\sqrt{n}} = \frac{(\bar{x} - \bar{y})\sqrt{n}}{\sqrt{\frac{1}{n-1} \sum_{i=1}^{n} [x_i - y_i - (\bar{x} - \bar{y})]^2}}.$$

Die Stichprobenvarianz der Differenzen $d_i = x_i - y_i$ bezeichnen wir mit $VAR(d_i) = \sigma_d^2$ und sie wird berechnet durch

$$\begin{aligned} s_d^2 &= \frac{1}{n-1} \sum_{i=1}^{n} (x_i - y_i - \bar{x} + \bar{y})^2 \\ &= \frac{1}{n-1} \sum_{i=1}^{n} (d_i - \bar{d})^2 \end{aligned}$$

mit $\bar{d} = \frac{1}{n} \sum_{i=1}^{n} d_i$.

5. *Entscheidung:*

Lehne H_0 ab, falls

a) $|t| > |t(\alpha/2, n-1)| = t(1 - \frac{\alpha}{2}, n-1)$
b) $t < -t(1 - \alpha, n-1) = t(\alpha, n-1)$
c) $t > t(1 - \alpha, n-1)$

oder falls $p < \alpha$ ist

a) $p = Pr(|T| > |t|) = 2(1 - \Phi_t(|t|))$
b) $p = Pr(T < t) = \Phi_t(t)$
c) $p = Pr(T > t) = 1 - \Phi_t(t)$

Beispiel 5.13: Biofeedback-Übung

1. Man überprüfe, ob durch ein „Biofeedback"-Program der Blutdruck bei 6 Versuchspersonen (VPn) signifikant gesenkt werden kann:

i VPn	x_i Vorher	y_i Nachher	$d_i = x_i - y_i$ Differenz	d_i^2 Quadrate
1	136.9	130.2	-6.7	44.89
2	201.4	180.7	-20.7	428.49
3	166.8	149.6	-17.2	295.84
4	150.0	153.2	3.2	10.24
5	173.2	162.6	-10.6	112.36
6	169.3	160.1	-9.2	84.64
			$\bar{d} = -10.2$	976.46

2. *Hypothesen:* Die beiden Mittelwerte sind gleich, bzw.

$$H_0: \quad \mu_x = \mu_y \quad \text{gegen} \quad H_1: \quad \mu_x \neq \mu_y$$

3. *Signifikanzniveau:* $\alpha = 5\%$

4. *Testgrösse:*

   Die Varianz der Differenzen beträgt

$$s_d^2 = \frac{1}{5}\left(976.46 - 6 \cdot (-10.2)^2\right) = 70.444 = 8.393^2$$

   und damit ist

$$t = \frac{\bar{d}}{s_d}\sqrt{n} = \frac{-10.2}{8.393}\sqrt{6} = -2.98.$$

5. *Entscheidung:* Wegen

$$|t| = 2.98 > 2.571 = t(0.975, 5)$$

   ist der Unterschied signifikant. Das Bio-Feedback-Programm liefert eine signifikante ($\alpha = 5\%$) Senkung des Bluthochdrucks!

5.4.6 Signifikanztest der ln-*odds*-ratios

Der 2-Stichprobentest eines dichotomen Merkmals kann daher in Form von *odds*-ratios folgendermassen formuliert werden:

$$H_0: \quad odds - ratio = 1 \quad \text{gegen} \quad H_1: \quad odds - ratio \neq 1$$

1. *Modell:*

   Eine Zufallsstichprobe mit paarweisen Beobachtungen $\{(x_i, y_i),\ i = 1, \ldots, n\}$ eines bivariaten dichotomen, bzw. Bernoulli-verteilten Merkmals (X, Y) wird gezogen:

   $$(Y|X = 1) \sim Ber(\pi_1), \quad (Y|X = 0) \sim Ber(\pi_0).$$

   Für die Gruppe $X = 1$ ist Y Bernoulli-verteilt mit Anteil π_1 (kurz $Ber(\pi_1)$), für die Gruppe $X = 0$ mit Anteil π_0. Der senkrechte Strich hat die Bedeutung „unter der Bedingung, dass".

2. *Hypothese:*

   Mit dem ln-*odds*-ratio $\ln w$ (logarithmierten Quotenverhältnis) soll die Unabhängigkeit in der 4-Feldertafel, d. h. die Gleichheit der Bernoulliparameter in den beiden Stichproben getestet werden:

   $$H_0: \quad \log w = 0 \quad \text{gegen} \quad H_1: \quad \log w \neq 0.$$

3. *Signifikanzniveau* α

4. Die *Prüfgrösse* ist das standardisierte ln-*odds*-ratio

   $$z = \frac{w}{\sigma_w} = \frac{\ln n_{11}n_{22} - \ln n_{12}n_{21}}{\sqrt{\frac{1}{n_{11}} + \frac{1}{n_{22}} + \frac{1}{n_{12}} + \frac{1}{n_{21}}}},$$

   das standardnormalverteilt ist: $z \sim N(0, 1)$.

5. *Entscheidung:* Lehne die H_0 ab, falls $|z| > z_{1-\frac{\alpha}{2}}$ ist.

Bemerkung: Sollten bestimmte Richtungen der Grössenverhältnisse der Anteile in den beiden Gruppen als Hypothese formuliert werden können, so kann man auch einseitige Test verwenden: z. B.

$$H_0: \quad \ln w = 0 \quad \text{gegen} \quad H_1: \quad \ln w > 0.$$

H_0 wird dann abgelehnt, wenn $z > z_\alpha$ ist.

Beispiel 5.14: Ist das Auftreten einer Krankheit in 2 Gruppen gleich?

1. *Modell:* Aus einer Klinikkartei werden 112 Patienten mit Psychose und 113 Patienten ohne Psychose (Kontrollgruppe) zufällig gezogen. Als unabhängiges (Gruppierungs-) Merkmal wählen wir X: Psychose in der Familie des Patienten (ja/nein).

2. *Hypothese:* Teste die Unabhängigkeit in der 4-Feldertafel mit Hilfe der log-*odds* (Quotenverhältniss).

3. *Signifikanz:* Es soll auf 5% Signifikanzniveau getestet werden, ob die Erkrankungsrate in den beiden Gruppen gleich ist.

4. *Prüfgrösse:*

Die Daten sind durch folgende 4-Feldertafel gegeben:

Psychose	ja (1)	nein (0)	Summe
ja (0)	39	73	112
nein (1)	25	88	113
Summe	64	161	225

Das *odds*-ratio $\hat{w}$ beträgt

$$\hat{w} = odds-ratio = \frac{39 \cdot 88}{73 \cdot 25} = 1.88,$$

d. h. es ist fast 2 mal so wahrscheinlich an einer Psychose zu erkranken, wenn bereits in der Familie eine Psychose aufgetreten war.

Die geschätzten ln-*odds* ist $\ln \hat{w} = 0.63$ und die Varianz des Schätzers beträgt

$$\sigma_w^2 = \frac{1}{39} + \frac{1}{73} + \frac{1}{25} + \frac{1}{88} = 0.09 = 0.30^2.$$

b) Die Prüfgrösse lautet daher

$$z = \frac{0.63}{0.30} = 2.1.$$

5. *Entscheidung:* Da $z_{0.975} = 1.96 < z = 2.1$ ist, kann auf 5%-Signifikanzniveau die Nullhypothese, dass das Auftreten der Psychose in der Familie keinen Einfluss auf die Erkrankung von Patienten an Psychose hat, abgelehnt werden.

Bemerkung: Der ln-*odds*-Test wird seltener angewandt als der χ^2-Test auf Unabhängigkeit (oder der Test auf Anteilsdifferenzen). Durch die Berechnung der *odds-ratios* und deren Standardabweichung ist dieser Test i. A. informativer als der χ^2-Test, der im nächsten Abschnitt erklärt wird.

5.5   Der χ^2-Test

1. *Modell:* Der χ^2-Test dient zum Vergleich einer empirischen Verteilung eines klassierten Merkmals (Histogramm) f_i, $i = 1, \ldots, K$ mit einer erwarteten, theoretischen Verteilung e_i, $i = 1, \ldots, K$ in K Klassen.

2. *Hypothesen:* "Sind die beobachteten Anteile in den K Klassen gleich den erwarteten (H_0) oder sind sie verschieden (H_1)?"
Die einfache Formulierung des χ^2-Anpassungstest lautet:

$$H_0: \quad p_i = \pi_i \quad \text{gegen} \quad H_A: \quad p_i \neq \pi_i$$

$$\text{mit} \quad p_i = \frac{f_i}{N} \quad \text{und} \quad e_i = N \cdot \pi_i.$$

Es gilt:

$$\sum_{i=1}^{K} \pi_i = 1 \quad \text{und} \quad N = \sum_{i=1}^{K} f_i$$

Bemerkung: Eine Variante des χ^2-Tests kann die Hypothese über den Abstand *Abst.*(p, π) der empirischen (p) von der theoretischen Verteilung (π) spezifizieren. Da die empirische Verteilung eine Zufallsgrösse ist, so ist der Abstand zwischen den beiden praktisch wie Null. Es muss mit einer zufälligen Fluktuation gerechnet werden, die im Mittel den Wert $\bar{a}$ annimmt.

$$H_0: \quad \text{Abst.}(p, \pi) = \varepsilon > 0 \quad H_A: \quad \begin{array}{ll} \text{a)} & \text{Abst.}(p, \pi) \neq \bar{a} \\ \text{b)} & \text{Abst.}(p, \pi) > \bar{a} \\ \text{c)} & \text{Abst.}(p, \pi) < \bar{a} \end{array}$$

3. *Signifikanzniveau:* α.

4. *Testgrösse:*

$$\chi^2 = \sum_{i=1}^{K} \frac{(f_i - e_i)^2}{e_i} \sim \chi^2_{K-1}$$

Voraussetzung: Es soll $\min(e_i) \geq 5$, $i = 1, \ldots, K$, sein, d. h. die Klassen müssen so gewählt sein, dass die erwartete Anzahl pro Zelle mindestens 5 Beobachtungen beträgt.

5. *Entscheidungsregel:*

Lehne H_0 ab, falls

$$\chi^2 > \chi^2_{K-1}(1 - \alpha)$$

mit $K - 1$ Freiheitsgraden.

In der Variante "Abstandstest": Lehne H_0 ab, falls

a) $\chi^2 < \chi^2_{K-1}\left(\frac{\alpha}{2}\right)$ oder $\chi^2 > \chi^2_{K-1}\left(1 - \frac{\alpha}{2}\right)$,
b) $\chi^2 > \chi^2_{K-1}(1 - \alpha)$,
c) $\chi^2 < \chi^2_{K-1}(\alpha)$.

Beispiel 5.15: Wurfspiel

1. *Modell:* 200 Pfeile werden auf ein Ziel abgeschossen. Es wird gezählt, wie oft die Pfeile ins Schwarze, auf die Tafel oder daneben gehen. Die Beobachtungen für diese 3 Kategorien lauten $(45, 62, 93)$.

2. Es soll die Hypothese getestet werden

   (a) $\pi_1 = 0.2$ treffen ins Schwarze,

   (b) $\pi_2 = 0.3$ treffen die Tafel,

   (c) $\pi_3 = 0.5$ gehen daneben.

   d.h. es gibt $K = 3$ Klassen. Die erwarteten Häufigkeiten sind

   $$(e_1, e_2, e_3) = 200(\pi_1, \pi_2, \pi_3) = 200(0.2, 0.3, 0.5) = (40, 60, 100).$$

3. *Signikikanz:* $\alpha = 5\%$.

   Es gibt $K - 2$ Freiheitsgrade und das kritische Quantil ist $\chi_2^2(1 - \alpha) = 5.99$.

4. *Testgrösse:*

   Aus den erwarteten und beobachteten Häufigkeiten berechnen wir

   $$\begin{aligned}
   \chi^2 &= \sum_{i=1}^{3} \frac{(e_i - f_i)^2}{e_i} \\
   &= \frac{(45 - 40)^2}{40} + \frac{(62 - 60)^2}{60} + \frac{(93 - 100)^2}{100} \\
   &= \frac{25}{40} + \frac{4}{60} + \frac{49}{100} = 1.22.
   \end{aligned}$$

5. *Entscheidung:* Da die Ungleichung

   $$\chi^2 = 1.22 < \chi_2^2(0.95) = 5.99$$

   gilt, kann die H_0 kann nicht abgelehnt werden. Die beobachtete Verteilung stimmt mit der theoretischen Verteilung überein (ist nicht signifikant von der Behauptung verschieden).

Bemerkung: Bei $n = 20$ Beobachtungen in den 3 Klassen $(5, 7, 8)$ ist der χ^2-Test

$$\begin{aligned}
\chi^2 &= \frac{(5 - 4)^2}{4} + \frac{(7 - 6)^2}{6} + \frac{(10 - 8)^2}{10} \\
&= \frac{1}{4} + \frac{1}{6} + \frac{4}{10} = 0.8.
\end{aligned}$$

In diesem Fall kann die H_0 ebenfalls nicht abgelehnt werden.

5.5.1 Freiheitsgrade des χ^2-Test

Beim χ^2-Test muss man 2 verschiedene Situationen bei der Vergabe der Freiheitsgrade unterscheiden.

1. Beim Test: "Empirische gegen theoretische Verteilung", bzw.

$$(f_1 \ldots f_K) \quad \text{gegen} \quad (e_1 \ldots e_K)$$

gibt es $K - 1$ Freiheitsgrade, da nur $K - 1$ Klassen unabhängig besetzt werden können. Die letzte Klasse ist durch die Differenz zur Gesamtbeobachtungszahl N bestimmt.

2. Bei $(r \times s)$ Kontingenztafeln muss man für die Vergabe von Freiheitsgraden zwei Situationen unterscheiden: Aus den Randverteilungen kann wegen der Annahme der Unabhängigkeit die gemeinsame Verteilung berechnet werden, daher liegt der Fall "Test einer empirischen mit einer beobachteten Verteilung" vor, nun als 2-dimensionale Verteilung.

   (a) Test auf Unabhängigkeit bei nicht vorgegebenen Randverteilungen:

   $$e_{ij} = \frac{f_i \cdot f_j}{N}, \quad i = 1, \ldots, r, j = 1, \ldots, s.$$

   Ist N bekannt und die Randverteilungen f_i, f_j sind unbekannt, dann gibt es

   $$(r - 1)(s - 1) \quad \text{Freiheitsgrade}.$$

   (b) Test auf Unabhängigkeit bei vorgegebenen Rand:
   Da N bekannt und die Randverteilungen f_i, f_j bekannt sind, gibt es

   $$rs - 1 \quad \text{Freiheitsgrade}.$$

   Von einem vorgegebenen Rand spricht man dann, wenn die Randverteilungen einem bestimmten Verteilungsgesetz (Binomial, bzw. Multinomial) folgen sollen.

   Bemerkung: In diesem Fall werden die Freiheitsgrade analog zum 1. Fall vergeben, da eine vorgegebene erwartete gemeinsame Verteilung berechnet werden kann.

Beispiel 5.16: Freiheitsgrade in der 4-Feldertafel
In diesem Beispiel wollen wir schematisch zeigen, in welchen Fällen in einer 4-Feldertafel 1 oder 3 Freiheitsgrade verwendet werden müssen.

   (a) Der Rand ist unbekannt, aber 3 Zahlen der 4-Feldertafel sind bekannt. Ein "x" gibt die Zahlen der 4-Feldertafel an, die (durch die Fragestellung) gesetzt werden und das "?" gibt die Anzahl der Werte an, die frei gewählt werden können.

$$
\begin{array}{cc|c}
 & & f_{i\cdot} \\
? & \text{x} & ? \\
\text{x} & \text{x} & \text{x} \\
\hline
f_{\cdot j} \quad ? & \text{x} & \text{N}
\end{array}
$$

Es bleiben 3 Zahlen unbesetzt, daher gibt es in diesem Fall 3 Freiheitsgrade.

(b) Der ganze Rand ist vorgegeben bekannt und 3 Werte der Vierfeldertafel sind bekannt.

$$
\begin{array}{cc|c}
 & & f_{i\cdot} \\
? & \text{x} & \text{x} \\
\text{x} & \text{x} & \text{x} \\
\hline
f_{\cdot j} \quad \text{x} & \text{x} & \text{N}
\end{array}
$$

In diesem Fall kann nur 1 Zelle frei besetzt werden, daher gibt es nur 1 Freiheitsgrad.

5.5.2   Signifikanztest in der Vierfeldertafel

1. *Modell:* Bivariate Bernoulli-Verteilung $\{(X_i, Y_i),\ i = 1, \ldots, n\}$

Beobachtete Werte: Erwartete Werte:

$$
\begin{array}{cc|c}
f_{11} & f_{11} & f_{1\cdot} \\
f_{21} & f_{22} & f_{2\cdot} \\
\hline
\Sigma \quad f_{\cdot 1} & f_{\cdot 2} & \text{N}
\end{array}
\qquad
\begin{array}{cc|c}
e_{11} & e_{11} & f_{1\cdot} = e_{1\cdot} \\
e_{21} & e_{22} & f_{2\cdot} = e_{2\cdot} \\
\hline
\Sigma \quad f_{\cdot 1} & f_{\cdot 2} & \text{N}
\end{array}
$$

2. *Hypothesen:*

H_0: Es gibt keinen Zusammenhang in der Vierfeldertafel:

$$
\frac{f_{11}}{f_{21}} = \frac{f_{12}}{f_{22}} = \frac{f_{1\cdot}}{f_{2\cdot}}.
$$

Das Verhältnis zwischen den Zahlen in der 4-Feldertafel ist gleich dem Verhältnis in der Randverteilung. Der Test auf Unabhängigkeit kann auch folgendermassen formuliert werden:

$$
H_0: \left.\begin{array}{l} p(X) \sim Ber(\pi_x) \\ p(Y) \sim Ber(\pi_y) \end{array}\right\} p(X, Y) = p(X) \cdot p(Y)
$$

$$
\text{gegen} \quad H_A: \quad p(X, Y) \neq p(X) p(Y)
$$

$p(X, Y)$ ist die gemeinsame Verteilung und $p(X)$ und $p(Y)$ sind die (univariaten) Randverteilungen.

3. *Signifikanzniveau* α

4. *Testgrösse:*

Berechne

$$\chi^2 = \sum_{i=1}^{2} \sum_{j=1}^{2} \frac{(f_{ij} - e_{ij})^2}{e_{ij}} = \frac{\prod_{i,j} \text{Zellen!}}{N! \prod_{i,j} \text{Ränder!}}$$

wobei die erwarteten Häufigkeiten wie folgt berechnet werden:

$$e_{ij} = \frac{f_{i.} f_{.j}}{N}, i = 1, 2; j = 1, 2.$$

5. *Entscheidung:*

(a) Lehne H_0 ab, falls

$$\chi^2 > \chi^2(\nu, 1 - \alpha) \quad \nu = \left\{ \begin{array}{ll} 1 & \text{Rand unbekannt} \\ 3 & \text{Rand bekannt} \end{array} \right.$$

(b) Lehne H_0 nicht ab, falls

$$\chi^2 \geq \chi^2(\nu, 1 - \alpha)$$

Beispiel 5.17: 2. Mendel'sche Gesetz (Randverteilung bekannt)
(G.M. MENDEL 1822, Henzedorf österr. Schlesien - 1884 Brünn; aus
F. WEOLING (1970 ed.): Versuche über Pflanzenhybriden)

1. *Modell:* Teste die Mendel'schen Gesetze bei einer Kreuzung von 2 Merkmalen, deren Randverteilung (3/4, 1/4) ist. Die 2-dimensionale Verteilung lautet dann:

Gameten (Keimzellen)	Aa gelb	Bb grün	Rand
A rund	AA	Aa	3/4
a eckig	aA	aa	1/4
Rand	3/4	1/4	

2. *Hypothese:* Nach den "Mendel'schen Gesetzen" werden folgende Proportionen unterstellt:

$$AA : Aa : aA : aa = 9 : 3 : 3 : 1,$$

bzw. die Merkmale Form (rund und eckig) und Farbe (gelb und grün) vererben sich unabhängig.

H_0 : Form und Farbe sind unabhängig

gegen

$$H_1 : \text{Form und Farbe sind nicht unabhängig}$$

bzw.

$$H_0 : p(X,Y) = Ber(\pi_X = 0.75) \cdot Ber(\pi_Y = 0.75)$$

gegen

$$H_1 : p(X,Y) \neq Ber(\pi_X = 0.75) \cdot Ber(\pi_Y = 0.75)$$

3. *Signifikanzniveau:* α

4. *Die Berechnung der Testgrösse:* Die beobachtete Tabelle lautet

Beobachtungen	gelb	grün	Summe
rund	315	101	416
eckig	108	32	140

Bei Unabhängigkeit in der 4-Feldertafel und bei gegebener Rand-verteilung kann die Hypothese in die folgende 2-dimensionale Verteilung umgesetzt werden:

π_{ij}	gelb	grün	Rand
rund	9/16	3/16	3/4
eckig	3/16	1/16	1/4
Rand	3/4	1/4	1

Die theoretische Verteilung bei $N = 556$ Beobachtungen erhalten wir durch Multiplikation mit der erwarteten π_{ij}-Tabelle:

	gelb	grün	$f_{i\cdot}$
rund	313	104	417
eckig	104	45	139
$f_{\cdot j}$	417	139	556

Die Testgrösse beträgt

$$\chi^2 = \frac{2^2}{3/3} + \frac{3^2}{104} + \frac{3^2}{35} = 0.5 < \chi^2_{5\%,3} = 7.81.$$

Da die Randverteilung durch die Vererbungsgesetze vorgegeben waren, berechnen sich die Freiheitsgrade nach der Formel $\nu = 2 \cdot 2 - 1 = 3$.

5. *Entscheidung:* Die H_0 kann nicht verworfen werden: Der p-Wert beträgt $Pr(\chi^2_3 \geq 0.5) = 0.08$. Die beobachtete Vierfeldertafel stimmt mit den postulierten Mendel'schen Gesetzen auf $\alpha = 5\%$ Niveau überein.

Bemerkung: Der χ^2-Test in 4-Felder-Tafeln ist für grosse n äquivalent zum z-Test auf Differenzen von Anteilen in 2 unabhängigen Stichproben (vgl. 5.4.1). Der Kritische Quotient ist dann

$$\chi^2(\alpha) = z^2(\alpha).$$

5.5.3 Unabhängigkeit in Kontingenztafeln

Kontingenztafeln dienen zur Darstellung mehrdimensionaler Zufallsgrössen (Merkmale). Der einfachste Fall einer Kontingenztafel ist die 4-Feldertafel, d. h. ein zweidimensionales Bernoulli Merkmal (X, Y), so wie es im vorigen Abschnitt beschrieben wurde.

X	1	2	...	S	Rand
1	p_{11}	p_{12}	$\cdots$	p_{1S}	$p_{1\bullet}$
2	p_{21}	p_{22}	$\cdots$	p_{2S}	$p_{2\bullet}$
$\vdots$	$\vdots$	$\vdots$		$\vdots$	
r	p_{r1}	p_{r2}	$\cdots$	p_{rS}	$p_{r\bullet}$
	$p_{\bullet1}$	$p_{\bullet2}$		$p_{\bullet S}$	$p_{\bullet\bullet}$

Der χ^2-Test testet die Unabhängigkeit zweier Merkmale in einer Kontingenztafel. Dazu rufen wir uns den Unabhängigkeitsbegriff der Wahrscheinlichkeitsrechnung ins Gedächtnis.

Zwei diskrete Zufallsgrössen A und $B = (B_1, \ldots, B_S)$ heissen genau dann unabhängig, wenn die S bedingten Zufallsgrössen identisch verteilt sind:

$$Pr(A|B_1) = \ldots = Pr(A|B_S).$$

Jede Spalte und jede Zeile in einer Kontingenztafel kann als bedingte Verteilung eines multinominalen Merkmals angesehen werden. (Ein multinomiales Merkmal ist die Verallgemeinerung eines binomial verteilten Merkmals auf mehr als 2 Werte.)

Satz 5.1: Charakterisierung der Unabhängigkeit in Kontingenztafeln (vgl. LINDGREN, S. 434)

In einer Kontingenztafel sind folgende Aussagen äquivalent:
a) Die Zeilen sind proportional.
b) Die Spalten sind proportional.
c) Für die gemeinsamen Wahrscheinlichkeiten gilt:

$$p_{ij} = p_{i\bullet} \frac{p_{\bullet j}}{p_{\bullet\bullet}}$$

wobei $p_{i\bullet}$ die Zeilen-, $p_{\bullet j}$ die Spalten- und $p_{\bullet\bullet} = p$ die Gesamtsumme ist.

5.5.4 Der χ^2-Test in Kontingenztafeln

1. *Modell:* Ein 2-dimensionales qualitatives Merkmal mit r × S Zahlen werden beobachtet.

2. *Hypothesen*: Man testet die Hypothesen

H_0: Zeilen und Spalten sind unabhängig

gegen

H_1: Zeilen und Spalten sind nicht unabhängig.

3. *Signifikanzniveau* α

4. *Testgrösse:* Die χ^2-Testgrösse in einer $r \times S$ Kontingenztafel lautet

$$\chi^2 = \sum_{i=1}^{r}\sum_{j=1}^{S}\left(\frac{p_{ij}-e_{ij}}{e_{ij}}\right)^2 = \left(\sum_{i=1}^{r}\sum_{j=1}^{S}\frac{p_{ij}}{p_{i\bullet}p_{\bullet j}}-1\right)p_{\bullet\bullet}.$$

Diese ist χ^2-verteilt mit $\nu = (r-1)(S-1)$ Freiheitsgraden, wenn die Ränder unbekannt sind.

5. *Entscheidung:* Lehne die H_0 ab, falls $\chi^2 > \chi^2(\nu, 1-\alpha)$ ist.

Beispiel 5.18: Vierfeldertafel (2×2 contingency table)

1. *Modell:* Ist der Anteil von „Reichen" und „Armen" bei Demokraten und Republikanern gleich? Eine Zufallsstichprobe ergab folgende Vierfeldertafel:

Einkommen	Republikaner		Demokraten	Summe	
$\geq 50'000$	30		30	60	
		f_{ij}			$f_{i\cdot}$
$\leq 50'000$	70		170	240	
Summe	100	$f_{\cdot j}$	200	300	

2. *Hypothese:* Unter der Annahme der Unabhängigkeit ist die gemeinsame Verteilung das Produkt der Randverteilungen:

$$\pi_{ij} = p_{i\cdot}p_{\cdot j}, \quad i,j = 1,2.$$

Einkommen	Republikaner	Demokraten	Summe: $p_{\cdot j}$
$\geq 50'000$	$\frac{2}{30} = 0.066$	$\frac{4}{30} = 0.133$	$\frac{2}{10} = 0.2$
$\leq 50'000$	$\frac{8}{30} = 0.264$	$\frac{16}{30} = 0.536$	$\frac{8}{10} = 0.8$
$\pi_{i\cdot}$	$0.33 = \frac{1}{3}$	$0.67 = \frac{2}{3}$	1

Die erwartete Anzahl erhalten wir, indem wir die gemeinsame Verteilung π_{ij} mit der Anzahl der Stichproben multiplizieren: $e_{ij} = \pi_{ij} \times 300$

Einkommen	Republikaner	Demokraten	
$\geq 50'000$	20	40	60
$\leq 50'000$	80	160	240
Σ	100	200	100

3. *Signifikanzniveau* $\alpha = 5\%$. Das kritische Quantil ist

$$\chi^2(1, \alpha = 5\%) = 3.584.$$

4. Berechne die Testgrösse:

$$
\begin{aligned}
\chi^2 &= \sum \frac{(f - e)^2}{e} \\
&= \frac{(30 - 20)^2}{20} + \frac{(30 - 40)^2}{40} + \frac{(70 - 80)^2}{80} + \frac{(170 - 180)^2}{180} \\
&= \frac{100}{20} + \frac{100}{40} + \frac{100}{80} + \frac{100}{160} = 9.375
\end{aligned}
$$

5. Entscheide bei $\alpha = 5\%$. Da $9.375 > 3.84$ kann die H_0 abgelehnt werden: Der Anteil von „Arm und Reich" unterscheiden sich bei Demokraten und Republikanern.

5.6 Die Gütefunktion eines Tests (bzw. die OC-Kurve)

Ist bei einem Test das Signifikanzniveau α fixiert, dann kann man die Güte eines Tests über den Fehler 2. Art charakterisieren. daher wollen wir die Begriffe Gütefunktion (Operations-Charakteristik), Macht und Trennschärfe eines Tests erklären.

Definition 5.3: Die Gütefunktion oder OC-Kurve (Operations-Charakteristik, engl.: operating characteristic) eines Tests ist die Funktion des Fehlers 2. Art (β-Fehler) vom Parameter der Gegenhypothese:

$$\beta = \beta(\mu_1), \ \mu_1 \in H_1 \subset Def(\mu).$$

Dabei variiert μ_1 über den gesamten Bereich der Gegenhypothese H_1, der selbst eine Teilmenge des Definitionsbereichs $Def(\mu)$ des Parameters μ ist. Beim Test einer 2-Punkt Hypothese reduziert sich der Fehler 2.Art auf eine Zahl, z.B. schuldig als unschuldig zu erkennen, Kranke als gesund zu finden.

a) Einseitiger Test: OC-Kurve für den Fall

$$H_0 : \mu < 1200 \quad \text{gegen} \quad H_1 : \mu > 1200$$

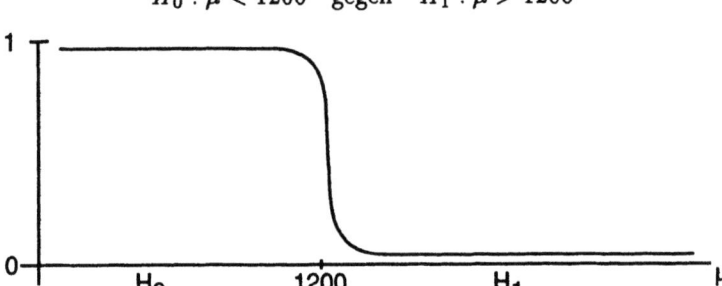

b) Zweiseitiger Test: OC-Kurve für den Fall

$$H_0 : \mu = 1200 \quad \text{gegen} \quad H_1 : \mu \neq 1200$$

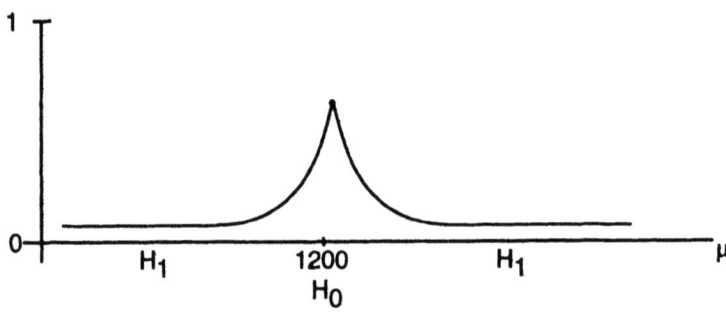

Figur 5.3: Die OC-Kurve im einseitigen und zweiseitigen Test.

In engem Zusammenhang mit der OC-Kurve steht die Trennschärfe eines Tests: Je grösser die Stichprobengrösse n, desto steiler ist die OC-Kurve, desto trennschärfer ist ein Test.

Definition 5.4: Die Macht
oder Sensitivität eines Tests (power function) an der Stelle μ_1 ist die Wahrscheinlichkeit
$$1 - \beta = 1 - \beta(\mu_1),$$
dass die zutreffende Gegenhypothese H_1 angenommen wird, z.B. einen Schuldigen als schuldig zu sprechen.

Beispiel 5.19: Die OC-Kurve $\beta(\mu_1)$ für den Mittelwerttest
Der β-Fehler ist die Wahrscheinlichkeit, die Nullhypothese nicht abzulehnen, obwohl sie falsch ist. $\beta(\mu_1)$ ist der β-Fehler als Funktion der Gegenhypothese μ_1. Die OC-Kurve hat graphisch bei einseitigen und zweiseitigen Tests das Aussehen wie in Figur 5.3.

Berechnung des kritischen Wertes:

1. Das Signifikanzniveau α (5%) bestimmt das kritische Quantil z_α.

2. Aus dem kritischen Quantil z_α

$$z_\alpha = \frac{\mu_c - \mu_0}{\sigma_0}$$

berechnen wir den kritischen Wert μ_c

$$\mu_c = \mu_0 + z_\alpha \sigma_0.$$

Bemerkung: Die OC-Kurve kann als „Sensitivitätsanalyse" eines Signifikanztests angesehen werden. Es wird gefragt: „Wie ändert sich der β-Fehler, wenn man die Gegenhypothese μ ändert." Vom Bayes-Standpunkt ist die Frage weniger relevant als die Sensitivitätsanalyse bezüglich der a priori Information: „Wie ändert sich die posteriori-Wahrscheinlichkeit der H_0, wenn man die a-priori Wahrscheinlichkeit ändert?"

5.6.1 Die OC-Kurve im Normalverteilungstest

Für gegebenen α-Fehler (und damit kritischem Wert μ_c) kann der Fehler 2. Art für bestimmte Punkte der Gegenhypothese $\mu_1 \in H_1$ berechnet werden. Für die nachstehende Diskussion setzen wir $H_0 : \mu = \mu_0$ und die Stichprobenverteilung $\bar{x} \sim N(\mu_1, \sigma/\sqrt{n})$ voraus. Wir gliedern die Diskussion nach den 3 Möglichkeiten der Gegenhypothese.

1. H_1: $\mu > \mu_0$

Der β-Fehler an der Stelle μ_1 ist

$$\beta = Pr\left(\frac{\bar{x} - \mu_1}{\sigma/\sqrt{n}} < \frac{\mu_c - \mu_1}{\sigma/\sqrt{n}}\right) = Pr\left(\bar{x} < \mu_c\right) = \Phi\left(\frac{\mu_c - \mu_1}{\sigma/\sqrt{n}}\right),$$

wobei σ bekannt, $\mu_1 \in H_1$ ein Punkt der Gegenhypothese und Φ die Verteilungsfunktion der $N(0,1)$ ist.

Der β-Fehler wird kleiner

(a) wenn $\mu_c - \mu_1$ kleiner wird (d. h. der Abstand der Alternative μ_1 vom kritischen Wert μ_c wird grösser für $\mu_1 > \mu_c$)

(b) mit grösserer Signifikanz α (z. B. 5% statt 1%) liegt μ_c näher bei μ_0

(c) mit kleinerer Varianz σ^2

(d) mit grösserem n

2. H_1: $\mu < \mu_0$

In diesem einseitigen Fall ist der β-Fehler

$$\beta = 1 - \Phi\left(\frac{\mu_c - \mu_1}{\sigma/\sqrt{n}}\right).$$

Die Aussagen (b)-(d) unter Punkt 1 über die Veränderung von β gelten analog. Aussage (a) lautet: wenn $\mu_1 - \mu_c$ (statt $\mu_c - \mu_1$) kleiner wird (d.h. der Abstand der Alternative μ_1 vom kritischen Wert μ_c wird grösser für $\mu_1 < \mu_c$).

3. H_1: $\mu \neq \mu_0$

Im zweiseitigen Fall ist der β-Fehler

$$\beta = \Phi\left(\frac{\mu_c - \mu_1}{\sigma/\sqrt{n}}\right) - \Phi\left(\frac{\mu_c' - \mu_1}{\sigma/\sqrt{n}}\right),$$

wobei $\mu_c' < \mu_c$ die beiden kritischen Werte sind.

Der β-Fehler wird kleiner

(a) je weiter μ_1 von μ_0 entfernt ist.

Aussagen (b)-(d) unter Punkt 1 gelten analog.

5.6.2 Der kritische Bereich (Critical Region) im Binomialtest

Beispiel 5.20: Kontrolle einer Lieferung
100 PC's sollen mit einer besonders billigen Harddisk ausgestattet werden. 10% der Harddisks sind fehlerhaft. Um dies zu überprüfen, wählen Sie 5 aus und testen Sie in einem langwierigen Versuch auf ihre Funktion.
Bei wieviel fehlerhaften Stück soll man die Lieferung zurückzuweisen ?
Die Wahrscheinlichkeit k fehlerhafte Stücke in einer Lieferung vom Umfang n zu erhalten ist durch die Binomialverteilung gegeben:

$$Pr(X = k) = \binom{n}{k}\pi^k(1 - \pi)^{n-k}.$$

Für $\pi = 0.1$ erhält man für $k = 0, \ldots, 5$

k	0	1	2	3	4	5
Pr(X=k)	0.59	0.33	0.07	0.008	0.0004	0

Nun können wir den Stichprobenraum Ω in 2 disjunkte Bereiche unterteilen, d. h. wir nehmen die Partitionierung $\Omega = C \cup \bar{C}$ vor. Die Testentscheidung kann nun direkt über die Stichprobe $\mathbf{x} = \{x_1, \dots, x_n\}$ erfolgen:

$$\mathbf{x} \in C \dots H_0 \quad \text{wird abgelehnt;}$$
$$\mathbf{x} \notin C \dots H_0 \quad \text{wird akzeptiert.}$$

Die Nullhypothese H_0 über die GG (Stichprobenverteilung) induziert einen kritischen Bereich für die Beobachtungen $\{X_i\}$.

5.6.3   p-Wert und Sternchen-Signifikanz

p-Werte haben in den letzten Jahren zu einer Sternchen-Symbolik geführt. Bei Signifikanztests gibt es eine Kennzeichnung der Punktschätzungen mit Hilfe von 1-3 Sternchen. Dabei können folgende Übereinkünfte getroffen werden:

$*$: 0.01< p-Wert < 0.05   bzw. $*$: 0.05 < p-Wert < 0.1
$**$: 0.001 < p-Wert < 0.01 $**$: 0.01 < p-Wert < 0.05
$***$: p-Wert < 0.001 $***$: p-Wert < 0.01

In der klassischen Test-Theorie ist die Kennzeichnung von p-Werten mit Sternchen umstritten. Bei Hypothesentests gibt es eher einen „Krieg der Sternchen...", da sie wie Hypothesenwahrscheinlichkeiten interpretiert werden können.

5.7   * Multiple Tests

5.7.1   Die Bonferroni-Ungleichung

Bei Signifikanztests der klassischen Testtheorie gibt es das Problem des tatsächlichen Signifikanzniveaus, wenn mehrere Hypothesen zu gleich getestet werden sollen. Dieses Problem der multiplen Tests existiert nicht in der Bayes-Theorie, weil man die Stichprobe fest (als realisierte Zufallsgrösse) ansieht, in der klassischen Theorie behilft man sich mit der Bonferroni-Ungleichung. Die Wahrscheinlichkeit, mindestens eine von n Nullhypothesen zu verwerfen ist nicht grösser als die Summe der Irrtumswahrscheinlichkeiten. Wir betrachten n Nullhypothesen

$$H_{0i}, \quad i = 1, \dots, n,$$

die alle mit Signifikanz α in derselben Stichprobe getestet werden sollen. Das gemeinsame Ereignis ist

$$\bigcup_{i=1}^{n} H_{0i} = H_{0i} \cup \dots \cup H_{0n}.$$

Wenn $Pr(H_{0i}) = \alpha$ die Ablehnwahrscheinlichkeiten für die $i = 1, \ldots, n$ Nullhypothesen sind, dann ist die Wahrscheinlichkeit des Ereignisses, dass mindestens eine der n Hypothesen abgelehnt wird, bei Unabhängigkeit der Einzeltests gegeben durch

$$p = Pr\left(\bigcup_{i=1}^{n} H_{0i}\right) = 1 - (1 - \alpha)^n \leq n\alpha.$$

Diese Formel sei am Beispiel $\alpha = 0.05$ und $n = 3$ Tests kurz erläutert. Die Wahrscheinlichkeit, dass mindestens ein Test (zufällig) signifikant ist, beträgt

$$p = 1 - (1 - 0.05)^3 = 1 - 0.857375 = 0.142625.$$

Die Bonferroni-Ungleichung besagt, dass p maximal 15% ist:

$$p < 0.05 + 0.05 + 0.05 = 0.15.$$

Plant man im Vorhinein 3 Tests, und möchte man das gemeinsame Signifikanzniveau kontrollieren, dann muss man die „Einzelsignifikanzen", d. h. die Signifikanzniveaus der Einzeltests verkleinern. Aus der Bonferroni-Ungleichung folgt, dass eine Division des globalen Signifikanzniveaus α durch die geplante Anzahl der Tests die korrigierten Ablehnwahrscheinlichkeiten α' liefert: Bezeichnen wir die multiplen oder Einzelsignifikanzen mit $\alpha' = \alpha/n$, dann lautet die Bonferroni-Ungleichung:

$$\begin{aligned} p = Pr\left(\bigcup_{i=1}^{n} H_{0i}\right) &= 1 - (1 - \alpha')^n < n\alpha' \\ &= 1 - \left(1 - \frac{\alpha}{n}\right)^n < \alpha. \end{aligned}$$

Nun steht auf der rechten Seite das gesamte Signifikanzniveau α.

Beispiel 5.21: Bestimme das multiple Signifikanzniveau α' für 3 und 5 Tests bei einem globalen $\alpha = 0.05$

a) $\alpha = 0.05$ und $n = 3$

Hypothesen: Das multiple Signifikanzniveau betrgt bei Bonferroni-Korrektur $\alpha' = \frac{0.05}{3}$ jedes Hypothesentests

$$p = 1 - (1 - \frac{0.05}{3})^3 = 1 - 0.9833^3 = 1 - 0.9508 < 0.05.$$

Bei 3 Tests und einem globalen Signifikanzniveau von 5% müssen die Einzeltests auf $\alpha' = 0.05/3 = (0.0166)$ Signifikanzniveau getestet werden.

b) $\alpha = 0.05$ und $n = 5$

Hypothesen: Das multiple Signifikanzniveau betrgt

$$p = 1 - (1 - 0.01)^5 = 1 - 0.99^5 = 1 - 0.951 < 0.05.$$

Bei 5 Tests und einem globalen Signifikanzniveau von 5% müssen die Einzeltests auf $\alpha' = 0.05/5 = (0.01)$ Signifikanzniveau getestet werden.

Beispiel 5.22: Mehrfachtest mit $n = 4$ und $\alpha = 0.05$
Die Wahrscheinlichkeiten für keinen, bzw. für wenigstens einen statistisch signifikanten Effekt für zwei vorgegebene Irrtumswahrscheinlichkeiten sollen berechnet werden.

1) $\alpha = 0.05$
Die Wahrscheinlichkeiten einer richtigen Entscheidung ist:

$$1 - \alpha = 1 - 0.05 = 0.95.$$

Bei Unabhängigkeit der Tests ist die Wahrscheinlichkeit, dass keiner der $n=4$ Test signifikant ist: $0.95^4 = 0.8145$.
Die Wahrscheinlichkeit, das mindestens ein Test ist signifikant ist:

$$p = 1 - 0.8145 = 0.1855$$

2) Mit korrigiertem Signifikanzniveau $\alpha' = 0.05/4 = 0.0125$ ist die Einzelwahrscheinlichkeit für Nichtsignifikanz

$$1 - \alpha' = 1 - 0.0125 = 0.9875.$$

Kein Test ist signifikant mit Wahrscheinlichkeit:

$$0.9875^4 = 0.9509.$$

Mindestens ein Test ist signifikant:

$$p = 1 - 0.9509 = 0.0491$$

oder gerundet 0.05.

Bemerkung: In der Praxis haben sich die „korrigierten Signifikanztests" mit Bonferroni-Korrektur nur wenig durchgesetzt. Mehrfachtests erfolgen ad-hoc, d. h. selten ist die Anzahl der Tests im Vorhinein bekannt. Die Verwendung von p-Werten löst das multiple Testproblem auch nicht, weil es in der Klassik keine Hypothesenwahrscheinlichkeiten gibt. Lediglich die Bayes-Theorie kann als Rechtfertigung der gängigen Praxis, keine Korrekturen sondern eher p-Werte zu verwenden, herangezogen werden, wobei man klassische Verfahren als 'nichtinformative Bayesverfahren' interpretieren muss. Da man in der Bayes-Theorie auf die beobachteten Daten π bedingt, können beliebig viele Tests mit der gleichen Stichprobe durchgeführt werden. Lediglich die posteriori-Wahrscheinlichkeit der verschiedenen H_0 sind wichtig (in Abhängigkeit von den apriori-Wahrscheilichkeiten).

Kapitel 6

Bayes-Tests

6.1 Einleitung

In mindestens 3 Ansichten unterscheiden sich klassische und Bayes'sche Tests:
a) Einen wichtigen Unterschied in der klassischen und Bayes'schen Testtheorie gibt es in der Behandlung der Hypothesen:

Klassik: Behandelt die H_0 und die H_1 asymmetrisch.

Bayes: Behandelt die H_0 und die H_1 gleich.

Bei Bayes-Tests ist es daher nicht wichtig, welche Hypothese einem statistischen Problem als H_0 und die H_1 formuliert werden.

b) Auch in der Testphilosophie gibt es Unterschiede zwischen dem Klassik- und dem Bayes-Ansatz. Diese kann man wie folgt charakterisieren:0

Klassik: Halte so lange an der H_0 fest, bis die Daten (Stichprobe) das Gegenteil beweisen.

Bayes: Entscheide dich für die wahrscheinlichere Hypothese.

c) Testen mit Nutzen- oder Verlustfunktion.

Kann eine Nutzenfunktion angegeben werden, dann entscheide dich für die Hypothese mit dem grösseren (erwarteten) Nutzen. Kann eine Verlustfunktion angegeben werden, dann entscheide dich für die Hypothese mit dem kleineren Verlust. Aus Einfachkeitsgründen werden in diesem Kapitel keine Entscheidungen mit Verlustfunktionen behandelt.

6.1.1 Ein- und zweiseitige Bayes'sche Tests:

1. Bei einseitigen Tests (Bereich gegen Bereich), wie z.B.

$$H_0 : \theta > 0 \text{ gegen } H_1 : \theta < 0$$

berechnet man die Wahrscheinlichkeit der Parameterbereiche (Hypothesen) unter der posteriori Verteilung. Wir entscheiden uns im

Bayestest immer für die wahrscheinlichere Hypothese.

2. Bei zweiseitigen Tests (Punkthypothese gegen Bereichshypothese)

$$H_0 : \ \theta = \theta_0 \ \text{gegen} \ H_1 : \ \theta \neq \theta_0$$

benötigt man eine Bewertungs- (Gewichtungs-) Funktion für den Bereich der Gegenhypothese. In diesem Kapitel werden die einfachsten (nicht informativen) Bewertungsfunktionen für die Alternative verwendet. Diese daraus folgenden Tests nennen wir "Standard Bayes-Test".

Die Berechnung des Bayestest erfolgt zweistufig: Zuerst berechnet man den Bayesfaktor B, der die Datenevidenz von der Hypothese und der Gegenhypothese zusammenfasst.

Dann berechnet man die posteriori Wahrscheinlichkeit der Nullhypothese H_0 mit Hilfe des Bayes-Faktors B:

$$Pr(H_0|Daten) = \left[1 + odds(H_1) \cdot B^{-1}\right]^{-1} = \frac{B}{B + odds(H_1)}$$

Mit $p_{**} = Pr(H_0|Daten)$ bezeichnen wir kurz die posteriori Wahrscheinlichkeit der Nullhypothese.

Ist die Alternative eine zusammengesetzte Hypothese, dann benötigt man zur Berechnung des Bayesfaktors eine Bewertung in Form einer Dichtefunktion.

Ist die Bewertung der Alternative identisch mit der a-priori Verteilung, dann hat der Bayesfaktor B ein einfaches Aussehen:

$$B = \frac{p(\theta = \theta_0|Daten)}{p(\theta = \theta_0)} = \left. \frac{posteriori\ Ordinate}{apriori\ Ordinate} \right|_{\theta = \theta_0}$$

d. h. das Verhältnis der Ordinaten der a-priori und der posteriori Verteilung an der Stelle der zu testenden Hypothese $\theta = \theta_0$. Graphisch ist dies in Figur 6.1. dargestellt. Bei gleicher Hypothesenbewertung werden alle diejenigen Hypothesen akzeptiert, bei denen die posteriori Verteilung die a-priori Verteilung dominiert. Andernfalls wird die H_0 abgelehnt, d. h. H_1 wird akzeptiert.

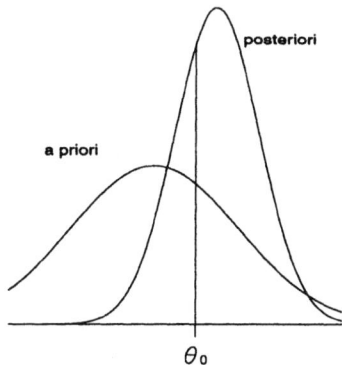

Figur 6.1: Ordinatenverhältnisse

Vorinformation: Eine etwaige Vorinformation über die beiden Hypothesen fliesst über die a-priori $odds(H_1)$ ein. Im einfachsten Fall ist $odds(H_1) = 1$.
Entscheidung: Im Bayes-Test wird diejenige Hypothese akzeptiert, die die höhere posteriori Wahrscheinlichkeit besitzt. Wir lehnen H_0 ab, wenn die posteriori Wahrscheinlichkeit $< \frac{1}{2}$ ist.
Dabei nennen wir $odds(H_0)$ das a-priori Chancenverhältnis der H_0

$$odds(H_0) = \frac{Pr(H_0)}{1 - Pr(H_0)}$$

und $odds(H_1)$ das a-priori Chancenverhältnis der H_1 :

$$odds(H_1) = \frac{Pr(H_1)}{1 - Pr(H_1)} = \frac{1 - Pr(H_0)}{Pr(H_0)}.$$

B ist der Bayes-Faktor und hängt vom Testproblem ab, da die Parameter über das Produkt von Likelihood und a-priori Verteilung herausintegriert werden. B kann als gewogener Likelihoodwert angesehen werden, wobei die a-priori Verteilung die Gewichte der Parameter bestimmt.
Ist $odds(H_1) = 1$, d.h. sind H_0 und H_1 vor der Durchführung des Tests gleichwahrscheinlich, so gilt: Ist der Bayesfaktor $B > 1$, dann stützen die Daten die Nullhypothese; ist $B < 1$, dann favorisieren die Daten die Gegenhypothese.

Bemerkungen:

1. Ist das Zutreffen von H_0 und H_1 gleichwahrscheinlich, dann ist das a-priori Chancenverhältnis

$$odds(H_0) = odds(H_1) = 1.$$

2. Alle Dateninformation steckt im Bayes-Faktor B (bei zweiseitigen Tests).

3. Der Stichprobenraum S wird durch die beiden Hypothesen partitioniert (d.h. überschneidungsfrei zerlegt):

$$S = H_1 \cup H_0 \quad \text{mit} \quad H_1 \cap H_0 = \emptyset.$$

(Partitionierung bedeutet: die Vereinigung gibt das sichere Ereignis und der Durchschnitt die leere Menge.)

4. Es gibt 2 Vorbewertungen: Die a-priori Wahrscheinlichkeit der Hypothesen und die a-priori Verteilung der Parameter.

5. Diffuse (nicht informative) a-priori Verteilungen sind für Bayes-Tests ungeeignet und führen zum LINDLEY-Paradox, das besagt, dass die H_0 für grosse n stets angenommen wird.

6.2 Allgemeine Vorgehensweise

In Analogie zu den klassischen Testprozeduren wollen wir den Standard-Bayes-Test ebenfalls in 5 Schritten durchführen.

1. *Aufstellen des Stichprobenmodells.*

   Unter den „Daten" X verstehen wir die Zufallsstichprobe $X = \{X_1, \ldots, X_n\}$. Bei metrischen Zufallsgrössen ist es im allgemeinen die Normalverteilung

   $$X = \{X_i \sim N[\mu, \sigma^2], i = 1, \ldots, n\},$$

   bei qualitativen Merkmalen (binären Merkmalen) das Binomial- oder Bernoulli-Modell:

   $$X = \{X_i \sim Ber(\pi), i = 1, \ldots, n; \quad \sum_{i=1}^{n} X_i \sim Bin(n, \pi)\}.$$

   In Worten: Sind die X_i identisch und unabhängig Bernoulliverteilt, dann ist die Summe binomialverteilt.

2. *Formulieren der Hypothesen (über die Parameter der Grundgesamtheit).* Die einseitigen Bereichshypothesen können bei Bayes-Tests im Vergleich zu Signifikanztests symmetrisch formuliert werden.

   $$p_* = Pr(H_0) = Pr(H_1)$$

   Einfachheitshalber weisen wir der Null- und der Gegenhypothese die gleiche Wahrscheinlichkeit zu. Dies impliziert a-priori-*odds* von 1 bzw. gleiche Wahrscheinlichkeit für die Null- und die Gegenhypothese. Davon abweichende *odds* sind ebenfalls möglich (vgl. Abschnitt 6.3.)

3. *Vorinformation: Elizitieren, d. h. Quantifizieren der Vorinformation in einer a-priori Verteilung für die unbekannten Parameter der Grundgesamtheit (die in der Verteilungsannahme des Stichprobenmodells impliziert sind).*

4. *Berechne die posteriori-Wahrscheinlichkeit $p_{**} = Pr(H_0|Daten)$ der Nullhypothese.* Bei einseitigen Tests ist dies das Integral unter der posteriori-Verteilung, über den Bereich der Nullhypothese. Im zweiseitigen Test kann oft die klassische Testgrösse zur Berechnung des Bayesfaktors verwendet werden.

5. *Entscheidung:* Wir entscheiden uns für diejenige Hypothese, die am wahrscheinlichsten ist. Wir akzeptieren die Null-Hypothese, wenn die posteriori-Wahrscheinlichkeit p_{**} grösser als $\frac{1}{2}$ ist. Dies ist dann der Fall, wenn der Bayesfaktor B grösser als 1 ist. Der Bayesfaktor B ist zugleich die odds für H_0: $odds(H_0) = \text{B:1}$.

Beachte: Für den Standard-Bayestest setzen wir $p_* = 0.5$ und wir berechnen die posteriori Wahrscheinlichkeit der Nullhypothese mit Hilfe des Bayesfaktor B als

$$p_{**} = \frac{B}{B+1}.$$

Definition 6.1: *Die „9:19:99"- oder die odds-Bewertungsregel*
Odds zwischen
- 1 und 9 sind unterstützend, aber wenig bemerkenswert;
- 9 und 19 sind bemerkenswert, aber nicht signifikant;
- 19 und 99 sind signifikant
- und über 99 hochsignifikant.

Auf der Wahrscheinlichkeitsskala bedeutet dies:
$0.5 < p_{**} \leq 0.9$ ... unterstützend, aber wenig bemerkenswert
$0.9 < p_{**} < 0.95$ ... bemerkenswert, aber nicht signifikant
$0.95 < p_{**} < 0.99$ ... signifikant
$p_{**} > 0.99$ ... hoch signifikant
Analog wird die Gegenhypothese interpretiert.

Sind die a-priori-odds gleich 1, dann ist der Bayesfaktor gleich den posteriori odds. In diesem Fall wird der Bayesfaktor nach der odds-Bewertungsregel interpretiert.
Graphisch ist diese Hypothesenbewertung in der Figur 2.9 zu sehen.

Ist der Bayesfaktor kleiner als 1, dann zeigt sein Reziprokwert $B^{-1} = \frac{1}{B}$ die odds für die Gegenhypothese an: $odds(H_1) = B^{-1} : 1$

6.3 * Die Herleitung der posteriori Wahrscheinlichkeit p_{**}

Die a-priori-Wahrscheinlichkeiten der Hypothesen bezeichnen wir mit $Pr(H_0)$ und $Pr(H_1) = 1 - Pr(H_0)$ und die a-priori Verteilung für den Parameter θ mit $f(\theta)$. Die mittlere Likelihood der Stichprobe $X = (X_1, \ldots, X_n)$ unter der Nullhypothese H_0 ist

$$\int f(X|H_0, \theta) f(\theta) d\theta = f(X|H_0) = L_0,$$

d. h. der Parameter θ wird mit Hilfe der a-priori Verteilung $f(\theta)$ aus der Likelihoodfunktion $f(X|H_0, \theta)$ herausintegriert. Unter der Gegenhypothese beträgt die mittlere Likelihood

$$\int f(X|H_1, \theta) f(\theta) d\theta = f(X|H_1) = L_1.$$

L_0 und L_1 können als Erwartungswert der Likelihood unter der Annahme der Null- und Gegenhypothese angesehen werden, wenn mit der a-priori Verteilung gewichtet wird. Der Bayesfaktor B ist das Verhältnis der gewogenen Erwartungen der Likelihoodfunktionen unter der Null- und Gegenhypothese:

$$B := \frac{L_0}{L_1} = \frac{\int f(X|H_0, \theta) f(\theta) d\theta}{\int f(X|H_1, \theta) f(\theta) d\theta}.$$

Nach der Formel von Bayes gilt für die posteriori Wahrscheinlichkeit der Nullhypothese $p_{**} = Pr(H_0|X)$, bzw.

$$
\begin{aligned}
Pr(H_0|X) &= \frac{Pr(H_0) f(X|H_0)}{Pr(H_0) f(X|H_0) + Pr(H_1) f(X|H_1)} \\
&= \frac{Pr(H_0) L_0}{Pr(H_0) L_0 + Pr(H_1) L_1} \\
&= \frac{L_0}{L_0 + \frac{1 - Pr(H_0)}{Pr(H_0)} \cdot L_1} \\
&= \frac{B}{B + \frac{1 - Pr(H_0)}{Pr(H_0)}}.
\end{aligned}
$$

Berechnen wir mit

$$odds(H_1) = \frac{1 - Pr(H_0)}{Pr(H_0)}$$

das Chancenverhältnis *für* die Alternative, d. h. die a priori $odds(H_1)$ der Gegenhypothese und mit

$$odds(H_0) = \frac{Pr(H_0)}{1 - Pr(H_0)}$$

das Chancenverhältnis der Nullhypothese, dann ist $p_{**} = Pr(H_0|X)$:

$$p_{**} = \frac{B}{B + odds(H_1)} = \frac{B}{B + 1/odds(H_0)}.$$

Unter der Standardannahme, dass H_0 und H_1 a priori gleich wahrscheinlich sind, gilt $odds(H_0) = odds(H_1) = 1$ und für die posteriori Wahrscheinlichkeit der Nullhypothese folgt

$$p_{**} = \frac{B}{B + 1}.$$

6.4 Einfacher Standard Bayes-Anteilstest

6.4.1 Zweiseitiger Bayes-Test

1. *Modell*: Betrachte die n Realisierungen einer Zufallsstichprobe $\mathbf{x} = \{x_1, \ldots, x_n\}$ einer binären (dichotomen) Zufallsgrösse, bzw.

$$X = \{X_i \sim Ber(\pi), \qquad i = 1, \ldots, n\}.$$

Der Parameter π beschreibt den „Erfolgs"-Anteil in $i = 1, \ldots, n$ unabhängigen Bernoulli-Versuchen:

$$X_i = \begin{cases} 1 & \text{mit Wahrscheinlichkeit} \quad \pi \\ 0 & \text{mit Wahrscheinlichkeit} \quad 1 - \pi \end{cases}$$

2. *Hypothesen*: Teste Punkt- gegen Bereichshypothese

$$H_0 : \pi = \pi_0 \quad \text{gegen} \quad H_1 : \pi \neq \pi_0.$$

3. *Standard a-priori-Verteilungen* (diffus oder nichtinformativ): Um das Bayes'sche Testprinzip für Standardfälle möglichst einfach zu erklären, führen wir den sogenannten Standard Bayes Test ein. (Bei komplexen Fragestellungen sollte davon eher Abstand genommen werden, denn eine genaue Elizitation der Vorinformation ist notwendig.)

   (a) Die a-priori Verteilung für den Anteil π ist gleichverteilt im Intervall $(0, 1)$. Eine Gleichverteilung erhält man im Beta-Binomialmodell wenn die Hyperparameter der Beta-Verteilung $a_* = b_* = 1$ gesetzt werden. Die a-priori Verteilung ist eine $Beta(1, 1)$-Verteilung.

   (b) Die Standardannahme für die a-priori-Wahrscheinlichkeit der Nullhypothese lautet

$$p_* = Pr(H_0) = \frac{1}{2} = Pr(H_1),$$

   d. h. das a-priori Chancenverhältnis ist

$$odds(H_1) = 1.$$

4. *Bayesfaktor B*:

Aus der realisierten Zufallsstichprobe $\mathbf{x} = \{x_1, \ldots, x_n\}$ berechnen wir die „Merkmalssumme" x als Summe der Beobachtungen x_i:

$$x = \sum_{i=1}^{n} x_i.$$

Die Bernoulliverteilte Zufallsgrösse liefert bei Erfolg $x_i = 1$ und bei Misserfolg $x_i = 0$, d. h. x ist die Anzahl der Erfolge in n Experimenten.

(a) Wird die Nullhypothese $\pi = \pi_0 = \frac{1}{2}$ getestet, so lautet der Bayes-Faktor:

$$B = \binom{n}{x} \cdot \frac{n+1}{2^n}$$

(b) Ist die Nullhypothese $\pi = \pi_0 \neq \frac{1}{2}$, so berechnet sich der Bayes-Faktor als

$$B = \binom{n}{x} \cdot (n+1) \cdot \pi_0^x \cdot (1 - \pi_0)^{n-x}.$$

5. *Entscheidung*

Die posteriori-Wahrscheinlichkeit der H_0 lautet:

$$p_{**} = Pr(H_0|\mathbf{x}) = \frac{B}{B + odds(H_1)} = \frac{B}{B+1}.$$

Im Falle des Standard-Bayes Test ist $odds(H_1) = 1$ und damit lautet die posteriori Wahrscheinlichkeit der H_0

$$p_{**} = \frac{B}{B+1},$$

und wir akzeptieren die H_0, falls $p_{**} > \frac{1}{2}$.

Bemerkung: die posteriori-*odds* der H_0 ist gleich dem Bayesfaktor B

$$odds(H_0|\mathbf{x}) = \frac{p_{**}}{1 - p_{**}} = \frac{B}{B+1-B} = B.$$

Dies ist auch direkt aus der *odds*-Form des Bayestheorems

$$\frac{Pr(H_0|\mathbf{x})}{Pr(H_1|\mathbf{x})} = B \cdot \frac{Pr(H_0)}{Pr(H_1)}$$

ersichtlich.

Beispiel 6.1: Standard-Bayes-Anteils-Test:
Hat Vitamin C einen Einfluss auf die Grippe? Es wurden 17 Patientenpaare zusammengestellt, von denen einer Vitamin C bekam, der andere Placebo. Von den 17 Patientenpaaren ging es den mit Vitamin C behandelten Patienten 13 mal besser, und 4 mal schlechter als den unbehandelten.

1. *Modell:* Der Behandlungserfolg (d. h. den Vitamin-C-Patienten bei Patientenpaaren geht es besser) ist binomialverteilt mit unbekanntem Parameter π und $n = 30$.

2. *Hypothesen:*

$$H_0: \quad \pi = \tfrac{1}{2} \quad \text{``oder Vitamin C wirkt nur zufällig.''}$$
$$H_1: \quad \pi \neq \tfrac{1}{2} \quad \text{``oder Vitamin C hat eine Wirkung,}$$
aber die Richtung des Effekts ist nicht vorhersehbar''.

3. *Die Standard a-priori-Wahrscheinlichkeit der Nullhypothese ist:*

$$Pr(H_0) = 50\% \quad \text{bzw.} \quad p_* = 0.5,$$

und daher sind die a-priori *odds* 1.

4. *Bayes-Faktor:*

$$B = \binom{17}{13} \cdot \frac{18}{2^{17}} = \frac{17 \cdot 16 \cdot 15 \cdot 14}{1 \cdot 2 \cdot 3 \cdot 4} \cdot \frac{18}{2^{17}} = \frac{1}{3.06} = 0.327.$$

5. *Die posteriori-Wahrscheinlichkeit der H_0 ist:*

$$p_{**} = Pr(H_0|\mathbf{x}) = \frac{B}{B+1} = \frac{0.327}{1.327} = 0.246.$$

Die H_0 („Vitamin C wirkt nur zufällig") ist a-posteriori mit 24.6% wahrscheinlich, die Gegenhypothese ist mit 75.4% wahrscheinlicher. Damit stehen die posteriori Quoten (*odds*) 3 : 1 für die Alternative, da die Quote

$$\frac{75.4}{24.6} \approx 3 - odds(H_1) - \frac{1}{B}$$

aus dem Bayesfaktor ablesbar ist. Nach der *odds*-Bewertungsregel (Definition 6.1)ist aber die empirische Evidenz zugunsten von Vitamin C zwar vorhanden aber nur wenig überzeugend oder bemerkenswert.

6.4.2 Einseitiger Bayes-Anteilstest

1. *Modell:* Gegeben ist eine Zufallsstichprobe einer binären, Bernoulli-verteilten Zufallsgrösse $\mathbf{x} = \{X_i = x_i \sim Ber(\pi), i = 1, \ldots, n\}$.

2. *Hypothesen:*
$$H_0 : \pi < \pi_0 \quad \text{gegen} \quad H_1 : \pi > \pi_0.$$

3. Die *a-priori-Verteilungen* sind die konjugierten Beta-Verteilungen:

   (a) Die informative a-priori Verteilung muss elizitiert werden als
   $$\pi \sim Beta(a_*, b_*),$$

   (b) Die nicht-informative a-priori Verteilung (Gleichverteilung) kann durch die Beta-Verteilung
   $$\pi \sim Beta(1, 1)$$
   mit den apriori Parametern $a_* = 1$ und $b_* = 1$ dargestellt werden.

4. Die *posteriori Verteilung* ist eine Beta-Verteilung:

   (a) bei informativer a priori
   $$\pi|\mathbf{x} \sim Beta(a_{**}, b_{**}),$$

   (b) bei nichtinformativer a priori
   $$\pi|\mathbf{x} \sim Beta(1 + x, 1 + n - x),$$
   d. h. die posteriori Parameter sind $a_{**} = 1+x$ und $b_{**} = 1+n-x$.

Die posteriori Wahrscheinlichkeit der H_0 ist die Fläche unter der Beta-Verteilung von 0 bis π_0:
$$p_{**} = \int_0^{\pi_0} Beta(\pi|a_{**}, b_{**})d\pi.$$

Dieses Integral muss numerisch (am Computer) ausgewertet werden. Für grosse Parameter a_{**} und b_{**} kann p_{**} mit Hilfe der Normalverteilung berechnet werden:
$$p_{**} = \Phi\left(\frac{\pi_0 - \mu}{\sigma}\right)$$

mit Mittelwert
$$\mu = \frac{a_{**}}{a_{**} + b_{**}}$$

und Varianz
$$\sigma^2 = \mu(1 - \mu)/(a_{**} + b_{**} + 1).$$

Beispiel 6.2: Bayes-Binomial-Test: Teste den Ausschussanteil bei Harddisks.

1. *Modell:* Eine Lieferung von 100 Harddisks wird auf Funktionstüchtigkeit überprüft. Der Ausschussanteil ist Bernoulli-verteilt:

$$X_i \sim Ber(\pi), \quad i = 1, \ldots, 100.$$

Die Stichprobe ergibt: $x = 13$ fehlerhafte Stück.

2. *Hypothesen:*
$$H_0 : \pi \geq 0,1 \quad \text{gegen} \quad H_1 : \pi > 0.1$$

3. *Standard a-priori-Verteilung:*

$$\pi \sim Beta(1,1)$$

4. *posteriori Verteilung:*
$$\pi|\mathbf{x} \sim Beta(14, 88)$$

Die exakte posteriori Wahrscheinlichkeit für H_0 liefert numerisch der Computer:

$$
\begin{aligned}
p_{**} &= Pr(\pi \geq 0.1) = \Phi_{Beta}(0.1|14.88) \\
&= 0.131.
\end{aligned}
$$

Die Approximation durch die Normalverteilung (die Bedingung für die Binomialverteilung $100 \cdot 0.1 \times 0.9 = 9$ ist erfüllt) lautet

$$
\begin{aligned}
p_{**} &= \Phi\left(\frac{0.10 - 0.1373}{0.0339}\right) = \Phi(-1.1) \\
&= 1 - 0.8643 = 0.1357.
\end{aligned}
$$

Der Unterschied in der approximativen und der exakten Berechnung ist sehr gering.

5. *Entscheidung:* Die H_0 ist mit 13.57% eher unwahrscheinlich, daher sollte man die H_0 ablehnen.

6.5 Bayes-Test: Mittelwert einer Normalverteilung

6.5.1 Zweiseitiger Test bei bekannter Varianz

1. *Modell:* Es liegt eine Zufallsstichprobe $X = \{X_1, \ldots, X_n\}$ einer metrischen Zufallsgrösse bei bekannter Varianz σ_0^2 vor:

$$X_i \sim N(\mu, \sigma_0^2), \qquad i = 1, \ldots, n.$$

2. *Hypothesen*: Teste

$$H_0 : \mu = \mu_0 \quad \text{gegen} \quad H_1 : \mu \neq \mu_0$$

3. *a-priori Verteilungen*:

   (a) Die a-priori Bewertung der Hypothesen lautet:

   $$Pr(H_0) = p_* \quad \text{und} \quad Pr(H_1) = 1 - p_*.$$

   (b) Die Bewertung der Alternative erfolgt über eine Normalverteilung

   $$\mu|H_1 \sim N(\mu_* = \mu_0, \sigma_*^2),$$

   wobei σ_*^2 eine bekannte oder eine zu elizitierende Varianz ist. Die a-priori Verteilung ist symmetrisch um die Nullhypothese μ_0. Die a-priori Verteilung ist umso diffuser, je grösser die Varianz σ_*^2 ist.

4. (a) *Der Bayes-Faktor* fasst die Datenevidenz mit Hilfe der z-Statistik und des Varianzverhältnis v^2 zusammen:

   $$B = \sqrt{1 + \frac{1}{v^2}} \; \exp\left[\frac{-1}{2} \cdot \frac{z^2}{1 + v^2} \right],$$

   wobei z die klassische Testgrösse zum Test des Mittelwerts bei bekannter Varianz σ_0^2 ist, d. h.

   $$z = \frac{\overline{x} - \mu_0}{\sigma_0/\sqrt{n}},$$

   und v^2 das Verhältnis der Varianzen ist

   $$v^2 = \frac{Var(\overline{x})}{Var(\mu|H_1)} = \frac{\sigma_0^2}{\sigma_*^2 \cdot n}.$$

   (b) *Die posteriori-Wahrscheinlichkeit der Nullhypothese* beträgt

   $$p_{**} = Pr(H_0|\mathbf{x}) = \frac{B}{B + odds(H_1)},$$

   falls die a-priori odds (Quote) durch

   $$odds(H_1) = \frac{1 - p_*}{p_*}$$

   mit der a-priori Wahrscheinlichkeit $p_* = Pr(H_0)$ gegeben sind.

5. *Entscheidung*: Akzeptiere H_0, falls die posteriori-Wahrscheinlichkeit grösser als $\frac{1}{2}$ ist:

$$p_{**} = Pr(H_0|\mathbf{x}) > \frac{1}{2}.$$

6.5.2 Einseitiger Bayes-Test bei bekannter Varianz

1. *Modell*:

   Es liegt eine Zufallsstichprobe eines metrischen Merkmals vor:

   $$X = \{X_i \sim N[\mu, \sigma_0^2], i = 1, \ldots, n\},$$

   deren Realisierung bezeichnen wir mit $\mathbf{x} = (x_1, \ldots, x_n)$.

2. *Hypothesen*

   $$H_0 : \mu < \mu_0 \quad \text{gegen} \quad H_1 : \mu > \mu_0.$$

3. *a-priori Verteilungen:*

   (a) informativ:

   $$\mu \sim N[\mu_*, \frac{\sigma_0^2}{n'}],$$

   Die Genauigkeit der a-priori Verteilung wird mit der Grösse n', der hypothetischen Stichprobengrösse, gesteuert.

   (b) nicht informativ:

   $$\mu \sim N[0, \infty].$$

4. Die *posteriori Verteilung*

   (a) Bei informativer a-priori Verteilung erhält man als posteriori Verteilung die Normalverteilung

   $$\mu | \mathbf{x} \sim N[\mu_{**}, \sigma_{**}^2]$$

   mit den Parametern

   $$\mu_{**} = \frac{n\bar{x} + n'\mu_*}{n + n'} \quad , \quad \sigma_{**}^2 = \frac{\sigma_0^2}{n + n'}.$$

   (b) Bei nicht-informativer a-priori Verteilung erhält man die "klassische Stichprobenverteilung"

   $$\mu | \mathbf{x} \sim N[\bar{x}, \frac{\sigma^2}{n}].$$

5. Die *posteriori Wahrscheinlichkeit* der Nullhypothese beträgt

   (a) im informativen Fall:

   $$p_{**} = \int_{-\infty}^{\mu_0} p(\mu | \mathbf{x}) d\mu = \Phi\left(\frac{\mu_0 - \mu_{**}}{\sigma_{**}}\right).$$

(b) im nicht informativen Fall ist die posteriori Wahrscheinlichkeit im
     Standard-Bayestest gleich dem klassischen p-Wert:

$$p_{**} = \Phi\left(\frac{\mu_0 - \bar{x}}{\sigma}\sqrt{n}\right) = \text{p} - \text{Wert}(z),$$

wobei Φ die Verteilungsfunktion der Standardnormalverteilung
$N(0,1)$ und

$$z = \frac{\mu_0 - \bar{x}}{\sigma}\sqrt{n}$$

die klassische z-Statistik ist.

Aus der Berechnung der posteriori-Wahrscheinlichkeit unter nichtinformativer a-priori Verteilung erkennt man, dass dies numerisch
gleich dem p-Wert eines Signifikanztests (vgl. 5.2.3) ist. Damit können
Bayes-Tests bei einseitigem Test mit klassischen Programmpaketen
leicht durchgeführt werden, bzw. die p-Werte in einseitigen Tests
können als Bayes'sche posteriori Wahrscheinlichkeiten interpretiert werden.

Beispiel 6.3: Brenndauer von Glühlampen
Stimmt die Behauptung einer Firma, ihre Glühlampen brennen länger als
2000 Stunden? Eine Stichprobe von $n = 100$ Glühlampen ergab in einer
zerstörenden Prüfung $\bar{x} = 2042$ Stunden und die Varianz $\sigma^2 = 200^2$ sei
bekannt.
Wir folgen dem obigen Ablaufschema und setzen eine nicht-informative a-
priori Verteilung voraus. Die posteriori Verteilung ist in diesem Fall

$$\mu|\mathbf{x} \sim N[2042, \frac{200^2}{10^2} = 20^2],$$

und für die Nullhypothese $H_0 : \mu < \mu_0$, die aus Vergleichbarkeitsgründen
mit dem klassischen Signifikanztest als „Die Glühlampen brennen nicht 2000
Stunden" aufgestellt wird, ergibt sich als posteriori Wahrscheinlichkeit

$$\begin{aligned}
p_{**} &= \Phi\left(\frac{2000 - 2042}{20}\right) = \Phi(-2.1) = \\
&= 1 - \Phi(2.1) = 1 - 0.9821 \\
&= 0.0179.
\end{aligned}$$

Da der Bayes-Test die beiden einseitigen Hypothesen symmetrisch behandelt, ist die Wahrscheinlichkeit der Hypothese $H_1 : \mu > 2000$ gerade das
Komplement:

$$Pr(\mu > 2000) = 0.9821.$$

Diese beiden posteriori Wahrscheinlichkeiten sind graphisch leicht der posteriori Verteilung zu entnehmen, da die Hypothesen H_0 und H_1 den Parameterraum in 2 Teile spalten, d. h. partitionieren:

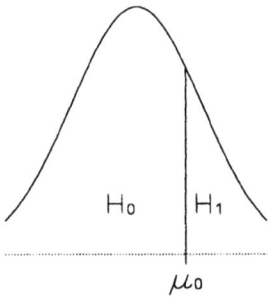

Figur 6.2: Die posteriori Wahrscheinlichkeiten im einseitigen Bayes-Test $p_{**} = Pr(H_0|\text{Daten})$ ist die Fläche unter der posteriori Verteilung $p_{**} = Pr(\mu < \mu_0)$.

6.5.3 Variante: Bayes-Test mit hypothetischer Stichprobengrösse

Der Ablauf des Test ist bis auf Modifikationen der Punkte 3 und 4 der gleiche wie vorhin.

1. *Modell:* Es liegt eine Zufallsstichprobe $X = \{X_1, ..., X_n\}$ aus einer Normalverteilung mit bekannter Varianz $\sigma^2 = \sigma_0^2$ vor,

$$\mathbf{x} = \{X_i = x_i \sim N(\mu, \sigma_0^2), \quad i = 1, ..., n\}.$$

2. *Hypothesen:* Teste

$$H_0 : \mu = \mu_0 \quad \text{gegen} \quad H_1 : \mu \neq \mu_0.$$

3. *Standard a-priori Verteilungen* (diffus, nichtinformativ)

   (a) A-priori-Wahrscheinlichkeit der Hypothesen:

   $$Pr(H_0) = Pr(H_1) = \frac{1}{2} \, (= p_*).$$

   (b) Als „automatische" Bewertung der Alternative kann man folgende Verteilung verwenden:

   $$\mu|H_1 \sim N(\mu_0, \sigma_0^2),$$

   d. h.

   $$\sigma_*^2 = \frac{\sigma_0^2}{n'},$$

   das entspricht einer hypothetischen Stichprobengrösse von $n' = 1$.

4. (a) Der Bayes-Faktor lautet (Spezialfall von vorherigem mit $n' = 1$):

$$B = \sqrt{1+n} \quad \exp\left[\frac{-z^2}{2 \cdot (1 + \frac{1}{n})}\right]$$

wobei

$$z = \frac{\overline{x} - \mu_0}{\sigma_0} \cdot \sqrt{n}$$

die klassische z-Statistik ist.

(b) Die posteriori-Wahrscheinlichkeiten der H_0 ist:

$$Pr(H_0|\mathbf{x}) = \frac{B}{B+1}.$$

5. *Entscheidung*: Akzeptiere H_0, falls

$$p_{**} = Pr(H_0|\mathbf{x}) > \frac{1}{2} > Pr(H_1|\mathbf{x}).$$

6.5.4   Das LINDLEY-Paradoxon

Wird die Varianz der Alternativenbewertung mit Hilfe von σ_0^2 elizitiert, d. h. ist die Bewertungsfunktion

$$\mu|H_1 \sim N\left[\mu_0, \sigma_*^2 = \frac{\sigma_0^2}{n'}\right],$$

dann reduziert sich der Bayes-Faktor auf

$$B = \sqrt{1 + \frac{n}{n'}} \quad \exp\left[\frac{-1}{2} \cdot \frac{z^2}{1 + \frac{n'}{n}}\right].$$

Aus dem Bayesfaktor kann man folgende 2 mögliche Grenzverhalten für grosse n folgern: Ist die Stichprobengrösse fixiert, dann liefern grosse z-Werte (die klassische Testgrösse) einen kleinen Wert in der e-Potenz, da $e^{-z^2} \rightarrow 0$ für grosse z^2. Dadurch geht der ganze Bayesfaktor B gegen Null und unterstützt damit die Gegenhypothese. Nehmen wir nun andererseits eine beliebige grosse z-Statistik und überlegen uns das Verhalten bei unterschiedlichen Stichprobengrössen. Ist n klein, dann dominiert wieder der z^2-Wert und die Nullhypothese wird abgelehnt. Kann aber n beliebig gross gemacht werden, dann liefert der Bayesfaktor ebenfalls einen beliebig grossen Wert. Denn der erste Faktor $\sqrt{1 + \frac{n}{n'}}$, wächst über alle Grenzen, während der zweite Faktor gegen die Konstante $e^{-z^2/2}$ strebt. Damit unterstützt der Bayesfaktor bei grossen Stichproben die Nullhypothese, auch wenn der klassische z-Wert auf Ablehnung drängt. Dies nennt man das Lindley-Paradoxon, weil klassische und Bayes-Test verschiedene Entscheidungen liefern. Der

Bayes-Test liefert bei grossen z-Werten nicht automatisch eine Ablehnung sondern "diskontiert" dieses Resultat mit der Stichprobengrösse. Damit führen grosse Stichproben im Bayestest nicht so oft zu Ablehnungen wie bei klassischen Tests.

Um die H_0 im Bayes-Test abzulehnen braucht es überzeugende Daten, d. h. mit grösseren n muss die z-Statistik grösser werden. Um H_0 abzulehnen, muss $\bar{x}$ bei grossen Stichproben weiter von μ_0 entfernt liegen als bei kleinen Stichproben.

Beispiel 6.4: Hühnergewicht (Die Daten stammen aus BLEYMÜLLER S. 107)

1. *Modell*

   Das Durchschnittsgewicht von Hühnern betrug in der Vergangenheit $\mu = 492.5g$ bei einer Standardabweichung von $\sigma = 18.9g$. Eine Stichprobe ergab bei 81 Hühnern $\bar{x} = 496.3g$.

2. Man teste die *Hypothesen*:

$$H_0 : \mu = 492.5g \quad \text{gegen} \quad H_1 : \mu \neq 492.5g$$

3. Wir wählen die Standard a-priori mit $p_0^* = \frac{1}{2}$ und $n' = 1$.

4. a) *Als klassische Testgrösse* verwendet man den z-Wert, da die Varianz aus der Vergangenheit mit $\sigma_0^2 = 18.9^2$ bekannt ist:

$$z = \frac{\bar{x} - \mu_0}{\sigma_0} \cdot \sqrt{n} = \frac{496.3 - 492.5}{18.9} \cdot \sqrt{81} = 1.81.$$

   b) *Der Bayes-Faktor* lautet:

$$B = \sqrt{1 + 81} \cdot \exp\left(\frac{-1.81^2}{2 \cdot (1 + \frac{1}{81})}\right) = 9.055 \cdot \exp(-1.617) = 1.797.$$

5. *Entscheidung:* Die posteriori Wahrscheinlichkeit beträgt

$$Pr(H_0|\mathbf{x}) = \frac{B}{B + 1} = \frac{1.797}{2.797} = 0.642 = 64.2\%.$$

Wir entscheiden uns für die Hypothese H_0 (und lehnen H_1 ab), obwohl die posteriori *odds* (das Chancenverhältnis) mit $1.797 : 1$, d. h. knapp 2:1, und damit nur wenig überzeugend sind.

Beispiel 6.5: Eine neue Technik verringert die Standardabweichung auf $\sigma = 10g$. Wie verändert sich dadurch die Testaussage in (6.5.4)?

Die zu testenden Hypothesen sind,

$$H_0 : \mu = 492.5 \quad \text{gegen} \quad H_1 : \mu \neq 492.5.$$

1. *Die klassische Testgrösse* unter der Annahme von $\sigma_0^2 = 100$ ist der z-Wert:

$$z = \frac{\overline{x} - \mu_0}{\sigma} \cdot \sqrt{n} = \frac{496.3 - 492.5}{10} \cdot \sqrt{81} = 3.42.$$

2. *Der Bayes-Faktor B*, wenn die alternative Hypothese mit der Normalverteilung $\mu \sim N[492.5, 10^2]$ gewichtet wird (man nennt dies auch „automatische Bewertung der Alternative"), beträgt:

$$
\begin{aligned}
B &= \sqrt{1 + 81} \cdot \exp\left(\frac{-3.42^2}{2} \cdot \frac{n}{1+n}\right) \\
&= 9.055 \cdot \exp(-5.78) \\
&= 0.028 = \frac{1}{35.6}.
\end{aligned}
$$

Der Bayesfaktor ist zugleich die posteriori.*odds* und zeigt mit 1:35.6 ein signifikantes Resultat an.

3. Die *posteriori-Wahrscheinlichkeit* beträgt

$$p_{**} = Pr(H_0|\mathbf{x}) = \frac{B}{B+1} = \frac{0.028}{1.028} = 0.027 = 2.7\%,$$

Der Bayesfaktor ist zugleich die posteriori-*odds* und zeigt mit der Quote von 1:35.6 ein signifikantes Resultat an.

Daraus erkennt man, dass die Kenntnis der Varianz der Beobachtung einen wichtigen Einfluss auf die Signifikanz eines Tests haben kann.

6.6 Einseitiger Bayes-Test bei unbekannter Varianz

1. *Modell*: Es liegt eine Zufallsstichprobe eines (metrischen) normalverteilten Merkmals:

$$X = \{X_i \sim N[\mu, \sigma^2], \ i = 1, \ldots, n\}.$$

mit Realisation $\mathbf{x} = (x_1, \ldots, x_n)$ vor.

2. *Hypothesen*

$$H_0 : \mu < \mu_0 \quad \text{gegen} \quad H_1 : \mu > \mu_0.$$

3. *a-priori Verteilungen*

(a) informativ

$$p(\mu, \sigma^{-2}) = N\Gamma[\mu_*, n', s_*^2, n_*],$$

wobei $N\Gamma$ für eine Normal-gamma-Verteilung steht.

(b) nicht informativ

$$p(\mu, \sigma^{-2}) \propto \frac{1}{\sigma^2}.$$

4. Die *posteriori Randverteilung* für μ ist

(a) bei informativer a-priori Verteilung ist die posteriori Verteilung eine t-Verteilung

$$\mu|\mathbf{x} \sim t(\mu_{**}, s_{**}^2, n_{**})$$

mit den Parametern

$$\mu_{**} = \frac{n\bar{x} + n'\mu_*}{n + n'},$$
$$n_{**} = n_* + n,$$
$$s_{**}^2 = \frac{1}{n_{**}} \left(n_* s_*^2 + n s^2 + \frac{nn'}{n + n'} (\mu_* - \bar{x})^2 \right).$$

(b) bei nicht-informativer a-priori Verteilung erhalten wir als posteriori Verteilung die t-Verteilung der

$$\mu|\mathbf{x} \sim t \left(\bar{x}, \frac{s^2}{n}, n \right),$$

wobei s^2 wie in 5.2.4 gegeben ist.

Die posteriori Wahrscheinlichkeit der Nullhypothese beträgt:

(a) im informativen Fall:

$$p_{**} = \int_{-\infty}^{\mu_0} t\left(\mu \mid \mu_{**}, s_{**}^2, n_{**}\right) d\mu = \Phi_{t_{n_{**}}} \left(\frac{\mu_0 - \mu_{**}}{\sigma_{**}} \right),$$

(b) im nicht-informativen Fall:

$$p_{**} = \Phi_{t_n} \left(\frac{\mu_0 - \bar{x}}{\sigma} \sqrt{n} \right) = \text{p} - \text{Wert},$$

wobei Φ_{t_n} die Verteilungsfunktion der t-Verteilung mit n Freiheitsgraden ist.

5. *Entscheidung:* Akzeptiere die Nullhypothese, wenn die posteriori Wahrscheinlichkeit $p_{**} > \frac{1}{2}$ ist.

6.7 Standard Bayes-Test in einer 4-Felder-Tafel

Dieser Bayes-Test einer 4-Felder Tafel von der Form:

$$
\begin{array}{cc|c}
n_{11} & n_{12} & n_{1\bullet} \\
n_{21} & n_{22} & n_{2\bullet} \\
\hline
n_{\bullet 1} & n_{\bullet 2} & n
\end{array}
$$

wird in PHILLIPS (1973, S. 351) und in JEFFREYS (1961) beschrieben.

1. *Modell*: Gegeben sei eine Zufallsstichprobe eines bivariaten Bernoulli-Merkmals

$$Z = \{(X_1, Y_1), \ldots, (X_n, Y_n)\},$$

   d. h. $X_i \sim Ber(\pi_1),$ $Y_i \sim Ber(\pi_2),$ $i = 1, \ldots, n.$

   Die Variablen X und Y besitzen eine Bernoulliverteilung mit unterschiedlichem π_1 und π_2 Anteilen.

2. *Hypothesen:*

   Die Frage „Sind die beiden Merkmale unabhängig?" wird im Bayestest als Hypothesen wie folgt formuliert:

   Für alle $i = 1, \ldots, n$ gelte die Nullhypothese

$$H_0 : Pr(X_i, Y_i) = Pr(X_i)Pr(Y_i)$$

   gegen die Alternative

$$H_1 : Pr(X_i, Y_i) \neq Pr(X_i)Pr(Y_i).$$

   Bei Unabhängigkeit ist die Wahrscheinlichkeit der gemeinsamen Verteilung gleich dem Produkt aus den Wahrscheinlichkeiten der Randverteilungen $Pr(X_i)$ und $Pr(Y_i)$.

3. *Die a-priori-Bewertung* der Hypothesen sei gleich:

$$Pr(H_0) = p_0^* = \frac{1}{2},$$

   und für π_1 und π_2 wird eine diffuse a-priori Verteilung verwendet.

4. Die *posteriori-Wahrscheinlichkeit* beträgt

$$p_{\bullet\bullet} = \frac{B}{B+1},$$

wobei B der Bayes-Faktor durch

$$B = \frac{(kleinster Rand + 1)! \ \Pi(andere Ränder)!}{n! \ \Pi(Zellhäufigkeiten)!}.$$

berechnet wird. Dabei ist n die Anzahl der Beobachtungen und Π das Produktsymbol:

$$\prod_{i=1}^{n} x_i = x_1 \cdot x_2 \cdot \ldots \cdot x_n$$

Die Berechnung von B erfolgt leichter über $\log B$ und der Verwendung von $\log$-Fakultätentabelle A4.

5. *Entscheidung:*

Falls $p_{**} > 0.5$ ist wird die Nullhypothese H_0 angenommen.

Beispiel 6.6: Bayes-Unabhängigkeitstest in einer 4-Felder-Tafel
Gibt es einen Zusammenhang zwischen Rauchen und Frühgeburt? 103 Frauen wurden in einer Stichprobe folgendermassen klassifiziert:

X	Y Früh	Geburt Normal	$\sum$
Raucher	33	22	55
Nicht-Raucher	17	31	48
$\sum$	50	53	103

1. *Modell:* Wir beobachten eine bivariate Bernoulliverteilte Zufallsgrösse, $X \ldots$ Rauchen (ja/nein) und $Y \ldots$ Geburtszeit (früh/normal):

$$X_i \sim Ber(\pi_1), \quad Y_i \sim Ber(\pi_2), i = 1, \cdots, n = 103$$

2. *Hypothesen:* Teste

   $H_0 : X$ und Y (Rauchen und Frühgeburten) sind unabhängig, d. h.

   $$Pr(X, Y) = Pr(X)Pr(Y)$$

   gegen

   $H_1 : X$ und Y sind nicht unabhängig, d. h.

   $$Pr(X, Y) \neq Pr(X)Pr(Y).$$

3. Die Bewertung der Hypothesen mit der Standard a-priori-Annahme ist $1 : 1$, d. h. $p_0^* = 0.5$.

4. Der *Bayesfaktor* lautet:

$$B = \frac{(48 + 1)! \ 55! \ 50! \ 53!}{103! \ 33! \ 22! \ 17! \ 31!}$$

und kann mit Hilfe der ln-Fakultäten-Tabelle (vgl. Anhang A.4) berechnet werden

$$
\begin{array}{ll|ll}
\ln 49! = & 144.57 & \ln 103! = & 377.61 \\
\ln 55! = & 168.33 & \ln 33! = & 85.05 \\
\ln 50! = & 148.48 & \ln 22! = & 48.47 \\
\ln 53! = & 160.33 & \ln 17! = & 33.51 \\
 & & \ln 31! = & 78.09 \\
\hline
\text{Summe} & 621.71 & \text{Summe} & 622.73
\end{array}
$$

Den Logarithmus des Bayes-Faktors berechnet man als

$$\ln B = 621.71 - 622.73 = -1.02$$

und der Bayes-Faktor ist

$$B = e^{-1.02} = 0.36 = \frac{1}{2.8}.$$

5. *Entscheidung:* Die posteriori Wahrscheinlichkeit der Nullhypothese ist

$$p_{**} = \frac{0.36}{1.36} = 26.5\%,$$

und daher wird die H_0 verworfen. Es besteht ein Zusammenhang zwischen Frühgeburt und Rauchen. Diese Hyphothese ist nach der *odds*-Bewertungsregel aber nur schwach gestützt: Die posteriori *odds* betragen 1:2.8.

Beachte: Der Bayes-Test für 4-Feldertafeln kann als „Spezialfall" von „Fishers exaktem Test" aufgefasst werden.
Für fixierte Randverteilungen $n_{1\bullet}$ und $n_{2\bullet}$ berechnet der „exakte Test" nach FISHER die Wahrscheinlichkeit aller möglichen 4-Felder-Tafeln:

$$
\begin{aligned}
Pr(n_{11}) &= \frac{\binom{n_{1\bullet}}{n_{11}}\binom{n_{2\bullet}}{n_{21}}}{\binom{n}{n_{\bullet 1}}} \\
&= \frac{n_{\bullet 1}!\ n_{\bullet 2}!\ n_{1\bullet}!\ n_{2\bullet}!}{n!\ n_{11}!\ n_{21}!\ n_{12}!\ n_{22}!} = \frac{\Pi[(Rand)!]}{n!\ \Pi[(Zellhäufigkeiten)!]}.
\end{aligned}
$$

Der Bayes-Faktor B kann daher aus dem exakten Test nach Fisher auch folgendermassen berechnet werden:

$$B = Pr(n_{11}) \cdot (M + 1)$$

wobei $M = min(n_{1\bullet}, n_{2\bullet}, n_{1\bullet}, n_{2\bullet})$ das Minimum der "Ränder" ist.

6.8   Bayes-Test auf Korrelation

1. *Modell:* Zufallsstichprobe eines bivariaten Merkmals

$$X = \left\{ (X_i, Y_i) \sim N \left[\begin{pmatrix} \mu_* \\ \mu_y \end{pmatrix}, \Sigma \right], \quad i = 1, \ldots, n \right\}$$

wobei die Kovarianzmatrix folgendes Aussehen hat:

$$\Sigma = \begin{pmatrix} \sigma_1^2 & \sigma_1 \sigma_2 \rho \\ \% & \sigma_2^2 \end{pmatrix}.$$

Das Nebendiagonalelement (% bedeutet in der symmetrischen Matrix das gleiche Element) ist $Cov(X, Y) = \sigma_1 \sigma_2 \rho$.

2. *Hypothese:*
$$H_0: \quad \rho = \rho_0 \quad \text{gegen} \quad H_1: \quad \rho \neq \rho_0$$

3. Wir wählen die Standard a-priori Verteilung nach JEFFREYS (1961), S. 291.

4. Die posteriori Hypothesenwahrscheinlichkeit beträgt

$$p_{**} = \frac{B}{B+1}$$

mit dem Bayesfaktor

$$B = \sqrt{\frac{2\nu - 1}{\pi}} \frac{(1 - \rho_0^2)^{\frac{\nu}{2}} (1 - r^2)^{\frac{\nu-3}{2}}}{(1 - \rho_0 r)^{\nu - \frac{1}{2}}},$$

wobei ν die Freiheitsgrade sind:

$$\nu = \begin{cases} n & \mu = 0, \\ n-1 & \mu = \hat{\mu}' = (\bar{x}, \bar{y})'. \end{cases}$$

Die Testgrösse ist der empirische Korrelationskoeffizient

$$r = Corr(x_i, y_i).$$

Für die Nullhypothese $H_0: \rho_0 = 0$ (Bayes-Test auf keine Korrelation) ist der Bayesfaktor

$$B = \sqrt{\frac{2\nu - 1}{\pi}} (1 - r^2)^{\nu - 3}$$

5. *Entscheidung:* Wähle H_0, falls $p_{**} > \frac{1}{2}$ ist.

Beispiel 6.7:
Man teste auf $\rho = 0$ in einer Stichprobe mit $n = 67$. $r = 0.2$ wurde in der Stichprobe mit dem gewöhnlichen Korrelationskoeffizienten erhoben.

Der Bayesfaktor ist

$$B = \sqrt{\frac{2 \cdot 67}{\pi}(1 - 0.2^2)^{67-3-1}} = \sqrt{3.1283} = 1.7687.$$

Die posteriori Wahrscheinlichkeit ist

$$p_{**} = \frac{1.7687}{2.7687} = 0.6388,$$

d. h. die H_0 ist zu 64% wahrscheinlich, denn die posteriori Quote (odds) unterstuützt knapp die H_0:

$$1 : 1.7687.$$

Bemerkung: Ist der Korrelationskoeffizient $r = 0.5$, dann ist der Bayesfaktor

$$B = 0.0007$$

und damit ist die posteriori Wahrscheinlichkeit für $H_0 : \rho = 0$ sehr gering:

$$p_{**} = 0.0007.$$

Die posteriori Quote (odds) spricht mit 1 : 1526 klar gegen die Nullhypothese.

6.9   Bayes-Test für Differenzen

6.9.1   Anteilsdifferenzen

1. *Stichprobenmodell:* Es liegen 2 Zufallsstichproben $\{X_1, \ldots, X_{n1}\}$, $\{Y_1, \ldots, Y_{n2}\}$ von 2 dichotomen (0/1) bzw. Bernoulliverteilten Merkmalen vor:

$$X_i|\pi_1 \sim Ber(\pi_1), \quad i = 1, \ldots, n_1,$$

und

$$Y_i|\pi_2 \sim Ber(\pi_2) \quad i = 1, \ldots, n_2.$$

2. *Hypothesen:*

   (a) $H_0 :$ $\pi_1 = \pi_2$ $H_A :$ $\pi_1 \neq \pi_2$

   (b) $H_0 :$ $\pi_1 < \pi_2$ $H_A :$ $\pi_1 > \pi_2$

   (c) $H_0 :$ $\pi_1 > \pi_2$ $H_A :$ $\pi_1 < \pi_2$

3. Die *posteriori Verteilung:* Bei k_1 Erfolgen in Stichprobe 1 und k_2 Erfolgen in Stichprobe 2 lautet die posteriori Verteilung für die Differenz der Anteile

$$\Delta = \pi_2 - \pi_1 \sim N[\hat{p}_2 - \hat{p}_1, \hat{\sigma}_1^2 + \hat{\sigma}_2^2 = \hat{\sigma}_\Delta^2].$$

Die Anteilschätzung ist

$$\hat{p}_1 = \frac{k_1}{n_1}, \quad \hat{p}_2 = \frac{k_2}{n_2}$$

mit den Varianzen

$$\hat{\sigma}_1^2 = \frac{\hat{p}_1(1 - \hat{p}_1)}{n_1}, \quad \hat{\sigma}_2^2 = \frac{\hat{p}_2(1 - \hat{p}_2)}{n_2}.$$

4. Die Berechnung der posteriori Wahrscheinlichkeiten erfolgt über die klassische Testgrösse

$$z = \frac{\hat{p}_2 - \hat{p}_1}{\hat{\sigma}_\Delta},$$

und die posteriori Wahrscheinlichkeiten der H_0 für die 3 Testsituationen lauten:

(a)

$$p_{**} = Pr(\pi_1 = \pi_2) = \frac{B}{B + 1},$$

wobei B der approximative Bayesfaktor ist:

$$B = \sqrt{n_1 + n_2 + 1}\, e^{-\frac{z^2}{2}};$$

(b)

$$p_{**} = Pr(\pi_1 < \pi_2) = \Phi(z);$$

(c)

$$p_{**} = Pr(\pi_1 > \pi_2) = 1 - \Phi(z).$$

Die exakte Berechnung des Bayesfaktors

$$B = \frac{C_1 C_2}{C_3},$$

erfolgt mit Hilfe der Binomialkoeffizienten

$$C_i = \binom{n_i}{k_i}(n_i + 1), \quad i = 1, 2, 3, \quad n_3 = n_1 + n_2, \quad k_3 = k_1 + k_2.$$

5. *Entscheidung:* Wähle die Nullhypothese, falls $p_{**} > \frac{1}{2}$ ist.

Beispiel 6.8: Anteilsdifferenzen

1. *Modell:* 2 Zufallsstichproben über die Beliebtheit eines Politikers ergaben bei $n = 400$ 55% und 49% Ja-Stimmen:

$$\pi_1 \sim Bi(0.55, 400) \quad \text{und} \quad \pi_2 \sim Bi(0.49, 400).$$

Unterscheiden sich die Anteile in beiden Stichproben ?

2. *Hypothese:*

$$H_0 : \quad \pi_1 = \pi_2 \quad \text{gegen} \quad H_A : \quad \pi_1 \neq \pi_2$$

3. Die posteriori Verteilung für die Differenz der Anteile ist

$$\pi_2 - \pi_1 \sim N[-0.06, \sigma_\Delta^2 = 0.0353^2]$$

mit der Varianz für die Differenz

$$
\begin{aligned}
\sigma_\Delta^2 &= \frac{0.55 \cdot 0.45}{400} + \frac{0.49 \cdot 0.51}{400} \\
&= \frac{6.188}{104} + 6.24104 + \frac{6.24}{104} = 0.0353^2.
\end{aligned}
$$

Die klassische Testgrösse ist

$$z = \frac{-0.06}{0.0353} = -1.7.$$

4. *Posteriori Wahrscheinlichkeit:*

Der Bayesfaktor ist

$$B = \sqrt{801} e^{-\frac{1.7^2}{2}} = 28.3 \cdot 0.236 = 6.672$$

und die posteriori Wahrscheinlichkeit ist

$$p_{**} = \frac{6.672}{7.672} = 0.87.$$

5. *Entscheidung:* Die H_0 ist mit 87% sehr wahrscheinlich, die Beliebtheit des Politikers ist "mit ziemlicher Sicherheit" in den beiden Stichproben gleich. Nach der odds-Bewertungsregel (Def. 6.1) ist dieses Resultat bemerkenswert aber nicht signifikant.

6.9.2 Mittelwertdifferenzen (Varianzen unbekannt, aber gleich $\sigma_1^2 = \sigma_2^2$)

1. *Stichprobenmodell:*

Wir betrachten 2 unabhängige Zufallsstichproben

$$\{X_1, \ldots, X_{n_1}\}, \{Y_1, \ldots, Y_{n_2}\}$$

eines metrischen Merkmals aus 2 Normalverteilungen

$$X_i \sim N[\mu_1, \sigma_1^2], \ i = 1, \ldots, n_1, \quad Y_i \sim N[\mu_2, \sigma_2^2], \ i = 1, \ldots, n_2.$$

2. *Hypothesen:*

   (a) $H_0: \quad \mu_1 = \mu_2 \qquad H_A: \quad \mu_1 \neq \mu_2$

   (b) $H_0: \quad \mu_1 < \mu_2 \qquad H_A: \quad \mu_1 > \mu_2$

   (c) $H_0: \quad \mu_1 > \mu_2 \qquad H_A: \quad \mu_1 < \mu_2$

Hinweis: Man kann den Test zu Hypothesen über die Grösse der Differenz Δ_0 der Mittelwerte.

$$H_0: \quad \mu_2 - \mu_1 = \Delta_0$$

erweitern.

3. *Posteriori Verteilung:* (vgl. NOVICK-JACKSON S.249)

Ist die a-priori Verteilung in beiden Stichproben nicht informativ, dann kann die posteriori Verteilung für die Differenzen der Mittelwerte durch eine t-Verteilung beschrieben werden:

$$\Delta = \mu_2 - \mu_1 \sim t[\bar{x}_2 - \bar{x}_1, s_\Delta^2, n_1 + n_2 - 2].$$

Die klassische Prüfgrösse lautet

$$t = \frac{\bar{x}_2 - \bar{x}_1}{s_\Delta} \sqrt{\frac{n_1 n_2}{n_1 + n_2}} = \frac{\bar{x}_2 - \bar{x}_1}{s_\Delta} \sqrt{\frac{1}{n_1} + \frac{1}{n_2}},$$

mit der gepoolten Varianz

$$s_\Delta^2 = \frac{(n_1 - 1)s_1^2 + (n_2 - 1)s_2^2}{(n_1 + n_2 - 2)}$$

wobei s_1^2 und s_2^2 die Stichprobenvarianzen sind.

Eine alternative Berechnung für die gepoolte Varianz ist

$$s_\Delta^2 = [\Sigma(x_i - \bar{x})^2 + \Sigma(y_i - \bar{y})^2] \cdot \frac{n_1 n_2}{n_1 + n_2}$$

$$= \frac{n_1 \hat{\sigma}_1^2 + n_2 \hat{\sigma}_2^2}{\frac{1}{n_1} + \frac{1}{n_2}},$$

wobei $\hat{\sigma}_1^2$ und $\hat{\sigma}_2^2$ die deskriptiven Varianzen sind.

4. *Posteriori Wahrscheinlichkeit* (JEFFREY-PHILLIPS S.349).

   (a) Die posteriori Wahrscheinlichkeit der H_0 wird im zweiseitigem Fall durch

   $$p_{**} = \frac{B}{B+1},$$

   berechnet, wobei der Bayesfaktor

   $$B = \frac{2}{5}\sqrt{\frac{\pi}{2}\frac{n_1 n_2}{n_1 + n_2}}e^{-\frac{t^2}{2}}$$

   die klassische Testgrösse t enthält.

   (b)

   $$p_{**} = Pr(\mu_1 < \mu_2) = \Phi_t(t, n_1 + n_2 - 2)$$

   (c)

   $$p_{**} = Pr(\mu_1 > \mu_2) = 1 - \Phi_t(t, n_1 + n_2 - 2)$$

5. *Entscheidung:* Wähle die Nullhypothese, falls $p_{**} > 1/2$ ist.

Beispiel 6.9: Bayes-Test für Mittelwertdifferenzen

1. *Modell:* Mit einem "einfach blinden Marketing Test" soll der Geschmack zweier Biersorten verglichen werden. 2 Gruppen von 9 Probanden testen 2 Produkte auf einer 0-100 Punkte-Skala. Die Annahme der Normalverteilung sei gerechtfertigt.

2. *Hypothesen:*

   $$H_0: \quad \mu_1 = \mu_2 \quad \text{gegen} \quad H_A: \quad \mu_1 \neq \mu_2.$$

3. *Posteriori Verteilung:* Aus den beiden Stichproben wurden folgende Masszahlen berechnet

   $$\bar{x}_1 = 60, \quad s_1^2 = 1.5^2, \quad \bar{x}_2 = 61.5, \quad s_2^2 = 1.94^2.$$

   Die Varianz der Mittelwertdifferenzen beträgt

   $$s_\Delta^2 = \frac{8 \cdot 1.5^2 + 8 \cdot 1.94^2}{16} = 3.$$

   Die posteriori Verteilung ist eine t-Verteilung mit 16 Freiheitsgraden:

   $$\mu_1 - \mu_2 = \Delta \sim N[1.5, s_\Delta^2 = 3, 9 + 9 - 2 = 16].$$

   Die klassische Prüfgrösse ist

   $$t = \frac{1.5}{\sqrt{3\left(\frac{1}{9} + \frac{1}{9}\right)}} = 1.83.$$

4. Der *Bayesfaktor* beträgt

$$B = \frac{2}{5}\sqrt{\frac{\pi}{2}\frac{9 \cdot 9}{9+9}}e^{-\frac{1.83^2}{2}} = 1.063 \cdot 0.187 = 0.20 = \frac{1}{5}$$

und die posteriori Wahrscheinlichkeit ist

$$p_{**} = \frac{B}{B+1} = \frac{0.2}{1.2} = 0.166.$$

5. *Entscheidung:* Lehne die H_0 ab, da die Alternative H_A mit 83.4% wahrscheinlicher ist.

6.9.3 Mittelwertdifferenzen ($\sigma_1^2 \neq \sigma_2^2$ unbekannt: WELCH Approximation der Behrens-Verteilung)

1. *Modell:* 2 Zufallsstichproben $\{X_1, \ldots, X_{n_1}\}$, und $\{Y_1, \ldots, Y_{n_2}\}$ aus 2 Normalverteilungen:

$$X_i \sim N[\mu_1, \sigma_1^2], \; i = 1, \ldots, n, \quad Y_j \sim N[\mu_2, \sigma_2^2], \; j = 1, \ldots, n_2.$$

Die posteriori Verteilungen für die beiden Mittelwerte bei nichtinformativer a-priori-Verteilung sind

$$\mu_1 \sim N\left[\bar{x}_1, \frac{s_1^2}{n_1} = a\right], \quad \mu_2 \sim N\left[\bar{x}_2, \frac{s_2^2}{n_2} = b\right]$$

mit

$$\bar{x}_1 = \frac{1}{n_1}\sum_{i=1}^{n_1} x_i$$

und

$$s_1^2 = \frac{1}{n_1 - 1}\Sigma(x_{i1} - \bar{x}_1)^2,$$

sowie

$$\bar{x}_2 = \frac{1}{n_2}\sum_{i=1}^{n_2} y_i,$$

$$s_2^2 = \frac{1}{n_2 - 1}\Sigma(x_{i2} - \bar{x}_2)^2.$$

2. *Hypothesen:*

   (a) $H_0: \quad \mu_1 = \mu_2 \qquad H_A: \quad \mu_1 \neq \mu_2$

   (b) $H_0: \quad \mu_1 < \mu_2 \qquad H_A: \quad \mu_1 > \mu_2$

   (c) $H_0: \quad \mu_1 > \mu_2 \qquad H_A: \quad \mu_1 < \mu_2$

3. *Posteriori Verteilung:* („WELCH"- Approximation)

Die Differenz der Mittelwerte ist approximativ t-verteilt

$$\Delta = \mu_2 - \mu_1 \sim t[\bar{x}_2 - \bar{x}_1, s_\Delta^2 = a + b, \nu],$$

mit

$$a = \frac{s_1^2}{n_1}, \quad b = \frac{s_2^2}{n_2}.$$

Die Freiheitsgrade werden wie im klassischen Test berechnet

$$\nu = \frac{(a+b)^2}{\frac{a^2}{n_1-1} + \frac{b^2}{n_2-1}},$$

wobei ν gerundet werden muss.

4. Die *posteriori Hypothesenwahrscheinlichkeit* berechnet man mit Hilfe der klassischen Testgrösse t:

$$t = \frac{\bar{x}_2 - \bar{x}_1}{\sqrt{a+b}}.$$

(a) Im zweiseitigen Test lautet die posteriori Wahrscheinlichkeit

$$p_{**} = \frac{B}{B+1}$$

mit dem Bayesfaktor

$$B = \frac{2}{5} \sqrt{\frac{\pi}{2} \frac{n_1 n_2}{n_1 + n_2}} e^{-\frac{t^2}{2}}$$

wobei $\pi = 3.14$ ist.

(b)
$$p_{**} = Pr(\mu_1 < \mu_2) = \Phi_t(t, \nu);$$

(c)
$$p_{**} = Pr(\mu_1 > \mu_2) = 1 - \Phi_t(t, \nu).$$

In den einseitigen Tests (b) und (c) werden die posteriori Wahrscheinlichkeiten mit Hilfe der Verteilungsfunktion $\Phi_t(.,.)$ der t-Verteilung numerisch (am Computer) bestimmt. Nur für grosse Freiheitsgrade ist die Approximation durch die Normalverteilung möglich.

5. *Entscheidung:* Man wählt die Hypothese, für die $p_{**} > \frac{1}{2}$ ist.

Beispiel 6.10: Bayes-Test von Mittelwertdifferenzen (Flugzeugvergleich)

1. *Modell:* Die Schnelligkeit zweier Flugzeugtypen soll verglichen werden: 2×4 Testpiloten erzielen die folgenden Daten für die Geschwindigkeit der beiden Flugzeuge:

$$\mu_1 \sim N \left[590, \frac{100^2}{4} \right], \quad \mu_2 \sim N \left[750, \frac{80^2}{4} \right].$$

2. *Hypothesen:*

$$H_0: \quad \mu_1 = \mu_2 \quad \text{gegen} \quad H_A: \quad \mu_1 \neq \mu_2.$$

3. *posteriori Verteilung:*

Die Varianz der Mittelwertdifferenzen ist

$$s_\Delta^2 = a^2 + b^2 = 50^2 + 40^2 = 64,$$

und die Anzahl der Freiheitsgrade

$$\nu = \frac{90}{\frac{50^2}{3} + \frac{40^2}{3}} = \frac{8100 \cdot 3}{64^2} = 5.9$$

wird auf $\nu = 6$ gerundet. Damit lautet die posteriori Verteilung

$$\mu_2 - \mu_1 \sim t(750 - 590, 64^2, 6).$$

Die klassische Testgrösse ist

$$t = \frac{160}{64} = 2.5.$$

4. Der *Bayesfaktor* ist

$$\begin{aligned} B &= \frac{2}{5} \sqrt{\frac{\pi}{2} \cdot \frac{16}{8}} e^{-\frac{2.5^2}{2}} = 0.4\sqrt{\pi} \cdot e^{-3.125} \\ &= 0.031. \end{aligned}$$

Die posteriori Wahrscheinlichkeit der Nullhypothese ist

$$p_{**} = \frac{B}{B+1} = \frac{0.031}{1.031} = 0.0302.$$

5. *Entscheidung:* Die Nullhypothese, dass die beiden Flugzeuge gleich schnell fliegen, ist mit 3.02% sehr unwahrscheinlich und liegt unter der Signifikanzgrenze von 5% (vgl. Def. 6.1). Man beachte, dass die Entscheidung des Bayes Test das Gegenteil der Entscheidung des klassischen Tests ist: Der t-Wert von 2.5 kann bei 3 Freiheitsgraden nicht abgelehnt werden. Bei kleinen Stichproben sind widersprechende Aussagen von klassischen und Bayes-Tests nicht ungewöhnlich.

6.10   Bayes-Test einer Varianz

1. *Modell:* Gegeben ist eine Zufallsstichprobe $\{X_1, \ldots, X_n\}$ aus einer Normalverteilung, d. h.

$$X = \{X_i \sim N[\mu, \sigma^2], i = 1, \ldots, n\}.$$

2. *Hypothesen:*

   (a) $H_0: \quad \sigma^2 = \sigma_0^2 \qquad H_A: \quad \sigma^2 \neq \sigma_0^2$

   (b) $H_0: \quad \sigma^2 < \sigma_0^2 \qquad H_A: \quad \sigma^2 > \sigma_0^2$

   (c) $H_0: \quad \sigma^2 > \sigma_0^2 \qquad H_A: \quad \sigma^2 < \sigma_0^2$

3. *Posteriori Verteilung*

$$\sigma^2 \sim IG(s^2, n-1) \sim \chi_{n-1}^{-2} \cdot s^2(n-1)$$

   IG steht für "inverse Gamma" Verteilung mit $n-1$ Freiheitsgraden, von der die inverse χ^2-Verteilung (χ_{n-1}^{-2}) ein Spezialfall ist. Die Stichprobenquadratsumme $(n-1)s^2 = \Sigma(x_i - \bar{x})^2$ ist der Skalierungsfaktor der inversen χ^2-Verteilung.

   Die Testgrösse ist

$$\chi^2 = \frac{(n-1)s^2}{\sigma_0^2}$$

4. Die *Hypothesenwahrscheinlichkeiten* berechnet man mit Hilfe der Testgrösse χ^2 für die 3 Fälle wie folgt:

   (a)

$$p_{**} = Pr(\sigma^2 = \sigma_0^2) = \frac{B}{B+1}$$

   mit dem Bayesfaktor

$$B = \frac{\left(\frac{\chi^2}{2}\right)^{\frac{n}{2}} e^{-\frac{\chi^2}{2}}}{\left(\frac{n}{2} - 1\right)}.$$

   Die Berechnung kann auch über den log-Bayesfaktor erfolgen

$$ln \quad B = -\frac{\chi^2}{2} + \frac{n}{2}ln\left(\frac{\chi^2}{2}\right) - ln\left(\frac{n}{2} - 1\right)!$$

   Dabei kann die log-Fakultäten-Tabelle A.4 verwendet werden.

   (b)

$$p_{**} = Pr(\sigma^2 < \sigma_0^2) = 1 - \Phi_{\chi^2}(\chi^2, n-1)$$

(c)
$$p_{**} = Pr(\sigma^2 > \sigma_0^2) = \Phi_{\chi^2}(\chi^2, n-1)$$

Die Berechnung in den Fällen (b) und (c) erfolgt numerisch mit Hilfe der Verteilungsfunktion der χ^2-Verteilung.

5. *Entscheidung:* Wähle die Hypothese mit $p_{**} > 1/2$.

Beispiel 6.11: Bayes-Test einer Varianz

1. *Modell:* 11 Preise werden erhoben und ergeben eine Stichprobenvarianz von $s^2 = 30'000$. Von der Stichprobe wird angenommen, dass sie approximativ normalverteilt ist.

2. Man teste die *Hypothese*

$$H_0: \quad \sigma^2 = 10'000 \quad \text{gegen} \quad H_A: \quad \sigma^2 \neq 10'000.$$

3. Die *posteriori Verteilung* der Varianz σ^2 ist (bei diffuser a-priori-Verteilung)

$$\sigma^2 \sim \chi_{10}^{-2} 30'000 \cdot 10.$$

Die Testgrösse lautet

$$\chi^2 = \frac{(n-1)s^2}{\sigma_0^2} = \frac{10 \cdot 30'000}{10'000} = 30.$$

4. Der *Bayesfaktor* ist

$$B = \frac{\left(\frac{\chi^2}{2}\right)^{\frac{n}{2}} e^{-\frac{\chi^2}{2}}}{(n-1)!} = \frac{15^{5.5} e^{-15}}{10!}$$

$$= 0.9 \cdot 10^{-6.6}.$$

Die alternative Berechnung des Bayesfaktors ist

$$ln \quad B = -15 + 14.89 - 15.1044 = -15.2144.$$

5. *Entscheidung:* Die H_0 ist äusserst unwahrscheinlich und wird daher abgelehnt, denn die posteriori Hypothesenwahrscheinlichkeit beträgt

$$p_{**} = \frac{B}{B+1} = 0(-10^{-6})$$

bzw. die odds sprechen mit $1 : 4.03 \cdot 10^6$ signifikant gegen die Hypothese.

Kapitel 7

Verteilungsfreie Tests

Statistische Methoden, die ohne spezielle Verteilungsannahme über die Beobachtungen in der Stichprobe auskommen, heissen verteilungsfrei; Verfahren, die nicht auf Inferenz über Parameter einer Verteilung hinauslaufen nennt man auch „parameterfrei" (nonparametric). Die Bezeichnung „parameterfrei" oder „verteilungsfrei" ist nicht ganz glücklich, da es eigentlich um Tests bei unbekannter Verteilungs*form* geht. Oft bauen sie auf Rang-Masszahlen wie Median oder Spannweite auf. Wie bei den Parametertests wird im Folgenden von der Lage zur Dispersion und von einer zu zwei Stichproben fortgeschritten.

Verteilungsoffene Test wären eigentlich die idealen statistischen Tests. Sie haben aber i.A. den Nachteil, dass sie geringere Macht (power) besitzen. Im Unterschied zu den parametrischen Test wird man daher öfters eine falsche Entscheidung treffen, besonders bei kleinen Stichproben. Daher sollte man wenn möglich immer den parametrischen Test verwenden, besonders dann, wenn die Verteilungsannahme gerechtfertigt werden kann.

Würde man immer verteilungsfreie Tests verwenden, so nimmt man einen höheren Fehler 2. Art in Kauf. Die statistische Entscheidung ist dann konservativ, d.h. man hält „länger" als geboten an der Nullhypothese fest und kommt etwas seltener zu statistisch signifikanten Befunden, oder anders ausgedrückt: zur Verwerfung der Nullhypothese sind grössere Stichproben nötig. Liegen kleine Stichproben vor ($n < 15$), dann sind verteilungsunabhängige Tests oft wirksamer als die sonst optimalen parametrischen Tests, die für $n \geq 80$ meist wirksamer und auch einfacher zu handhaben sind.

Kommen für eine Analyse mehrere Tests in Frage, so ist im allgemeinen derjenige Test zu bevorzugen, der den Informationsgehalt der Ausgangsdaten am vollständigsten ausschöpft. Hierauf gehen wir im nächsten Abschnitt näher ein. Verlangt wird natürlich, dass die Grundvoraussetzungen des dem Test zugrundeliegenden statistischen Modells seitens der Ausgangsdaten erfüllt sind.

7.1   Signifikanztests von Lagemassen

Folgende Tabelle soll den Vergleich von Tests auf Lagemasse bei normalverteilter und unbekannter Verteilung erleichtern. Verteilungsfreie Tests
sind Verfahren die bei kleinen Stichproben anzuwenden sind, wenn die Normalverteilungsannahme nicht gerechtfertigt ist.

Anzahl und Art der Stichproben	quantitative **Zielgrösse**		dichotome Zielgrösse
	normalverteilt	Verteilung unbek.	
eine	einfacher t-Test	Ein-Stichproben-Wilcoxon-Test	Binomialtest
zwei verbundene	t-Test für verbundene Stichproben	Wilcoxon-Test für Paardifferenzen	Vorzeichentest
zwei unverbundene	t-Test für unverbundene Stichproben	U-Test von Mann, Whitney, Wilcoxon	Vierfelder-tafel-Test

Die folgende Figur soll die unterschiedlichen Möglichkeiten der Verteilungsan-
nahmen bei Tests auf Lageunterschiede aufzeigen.

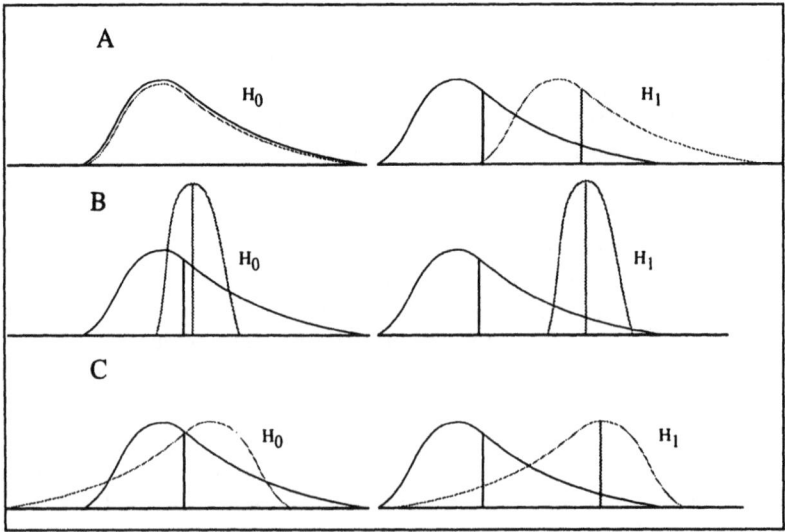

Figur 7.1: Voraussetzung des MANN-WHITNEY-Tests (schematisch)

A: Die Merkmalsverteilungen (in den beiden Grundgesamtheiten) unterschei-
den sich in Bezug auf ihre Lage, nicht aber in der Form ihrer Dichte.
B und C: Die Merkmalsverteilungen unterscheiden sich in der Form ihrer
Dichte.

Bei kleinen Stichprobenanzahlen reagieren „normalverteilte" Tests sehr sensitiv auf Abweichungen von der Normalverteilung. (Bei grossen Stichproben ist dies nicht der Fall). Auch „verteilungsfreie" (Rang-)Tests reagieren nicht immer optimal bei kleinen Stichproben. So sollte der MANN-WHITNEY-WILCOXON-Test nur unter der Bedingung A angewendet werden.

7.2 Vorzeichentest auf den Median oder „Mediantest"

Der bekannte Vorzeichen- bzw. Zeichentest (Sign Test) hat seinen Namen vom Zählen der Vorzeichen bei der Bestimmung der Testgrösse. Besser ist die Bezeichnung „Mediantest", da er den Median einer beliebigen Verteilung der GG testet.

Der Median ist „verteilungsfrei" aber nicht „parameterfrei", da er den Parameter „Median in der GG" bei einer beliebigen Verteilung der GG testet.

1. *Modell:*

   Gegeben sei eine metrische Stichprobe $\{X_1, \ldots, X_n\}$, wobei X_i beliebig verteilt sein kann. M sei der Median dieser Verteilung.

2. *Hypothesen:*

   (a) $H_0 : M = M_0$ gegen $H_1 : M \neq M_0$

   (b) $H_0 : M \leq M_0$ gegen $H_1 : M > M_0$

   (c) $H_0 : M \geq M_0$ gegen $H_1 : M < M_0$

3. *Setze das Signifikanzniveau α fest.*

4. *Testgrösse:*

   Die Anzahl der Beobachtungen, die grösser sind als M_0 (der Median der GG), wobei auch die Hälfte der $X_i = \mu_0$ gezählt wird. Formal wird dies mit der Zählfunktion $sign^+(\cdot)$ definiert:

$$V = \sum_{i=1}^{n} sign^+(X_i - M_0) \text{ mit } sign^+(X_i - M_0) = \begin{cases} 1 & \text{für } X_i > M_0 \\ \frac{1}{2} & \text{für } X_i = M_0 \\ 0 & \text{für } X_i < M_0 \end{cases}$$

Der Median ist das Symmetriezentrum jeder Verteilung, d.h. Abweichungen nach oben und unten treten - unabhängig von der Grösse - gleich häufig auf. Daher sind die Vorzeichen der Abweichungen ($sign(X_i - M_0)$) Bernoulli-verteilt mit $\pi = \frac{1}{2}$ und die Summe ist Binomial-verteilt $Bin(n, \frac{1}{2})$. Die Prüfgrösse V ist unter der Nullhypothese, d.h. im Fall $M = M_0$, binomialverteilt mit den Parametern n und $\frac{1}{2}$:

$$V \sim Bin\left(n, \frac{1}{2}\right).$$

Damit erhält man für die die Momente von V :

$$E(V) = \frac{n}{2}, \quad Var(V) = \frac{n}{4}.$$

Durch die Zählfunktion funktioniert der Zeichentest nach dem Prinzip des Binomialtests. Wie dort, so kann man auch hier für grosse Stichprobenumfänge die Binomialverteilung durch die Normalverteilung approximieren. Da die Binomialverteilung $Bin\left(n, \frac{1}{2}\right)$ symmetrisch ist, ist die Konvergenz der Verteilung der Testgrösse V gegen die Normalverteilung schon bei kleinen n sehr genau:

$$V \rightarrow N\left(\frac{n}{2}, \frac{n}{4}\right) \text{ ab } n = 36 \text{ Beobachtungen } (n \cdot p \cdot q \geq 9).$$

Um mit kritischen Werten der Standardnormalverteilung vergleichen zu können, verwendet man die standardisierte Testgrösse V_0

$$\frac{2 \cdot V - n}{\sqrt{n}} = V_0 \sim N(0, 1).$$

5. *Entscheidung:* Lehne H_0 ab,

falls die standardisierte

Testgrösse V_0 oder falls $p < \alpha$ ist

(a) $|V_0| > z_{1-\alpha/2}$ $p = 2(1 - \Phi(V_0))$
(b) $V_0 > z_{1-\alpha}$ $p = 1 - \Phi(V_0)$
(c) $V_0 < z_{\alpha}$ $p = \Phi(V_0)$

Verwendet man zur Durchführung ein Software-Paket, so werden meistens p-Werte (p values) ausgegeben. Sie werden für die 3 Tests der Hypothesen mit Hilfe der Verteilungsfunktion der $N(0, 1)$- Verteilung, $\Phi(V_0)$, berechnet. p-Werte dienen dazu, dass man sie mit dem vorgegebenen Signifikanzniveau vergleicht. Eine Interpretation als „mit dieser Stichprobe erreichbares, minimales Signifikanzniveau", „marginales Signifikanzniveau" oder „Hypothesenwahrscheinlichkeit" ist unzulässig. Trotzdem kann man in Anwendungen oft diese Ausdrücke zur "besseren Verständlichkeit" finden.

7.2.1 Vorzeichentest auf Quantile

Man kann den Vorzeichentest auf Tests der α-Quantile mit der Nullhypothese $H_0: \quad Q_\alpha = Q_\alpha^0$ verallgemeinern, wobei Q_α das α-Quantil der GG ist. Dann gleicht die Durchführung einem Binomialtest mit Modellverteilung $Bin(n, \alpha)$ und der Testgrösse

$$V = \sum_{i=1}^{n} sign^+(X_i - Q_\alpha^0)$$

$$\text{mit } sign^+(X_i - Q_\alpha^0) = \begin{cases} 1 & \text{für } X_i > Q_\alpha^0 \\ \frac{1}{2} & \text{für } X_i = Q_\alpha^0 \\ 0 & \text{für } X_i < Q_\alpha^0 \end{cases}$$

Beispiel 7.1: Vorzeichentest auf Median einer Lebensdauer von Reifen
Eine Reifenfirma behauptet, ihre Reifen hielten 45'000 Km. Eine Stichprobe
von 36 Reifen wird gezogen und 9 Reifen haben länger als 45'000 Km gehalten. Man teste auf dem Signifikanzniveau $\alpha = 5\%$, ob die Behauptung
stimmt.

1. *Modell:*
   Die Fahrweise von Autofahrern lässt die Normalverteilungsannahme
   nur schwer zu. Sonntagsfahrer, Raser und Drängler sorgen durch besonders extreme Fahrweise für viel oder wenig Abrieb und Verschleiss, so
   dass obere und untere Ausreisser zu erwarten sind. Deshalb teste auf
   Median, nicht auf Mittelwert. Die Vorzeichen der Abweichung vom
   Median implizieren eine Binomialwahrscheinlichkeit von $\frac{1}{2}$, und wegen
   $n \cdot \frac{1}{2} \cdot \frac{1}{2} = \frac{36}{4} = 9$ ist die Normalverteilungsapproximation gerechtfertigt.

2. *Hypothesen:* Teste $M_0 = 45'000$ mit einem einseitigen Test

$$H_0 : \text{Med} \geq 45'000 \quad \text{gegen} \quad H_1 : \text{Med} < 45'000$$

3. *Signifikanzniveau:* $\alpha = 0.05$

4. *Die Prüfgrösse beträgt* $V = 9$. Die standardisierte Prüfgrösse beträgt

$$V_0 = \frac{2 \cdot 9 - 36}{\sqrt{36}} = \frac{-18}{6} = -3.$$

5. *Entscheidung:* Vergleiche V_0 mit dem kritischen Wert, d.h.

$$V_0 = -3 < -1.645 = -z_{0.95} = -z_{1-\alpha} = z_\alpha.$$

Die Nullhypothese H_0 kann abgelehnt werden. Die Reifen halten nicht
länger als 45'000 km. (Unter H_0 hätte man als Prüfgrösse $V = 18$
erwartet.)

7.2.2 Die Bayes-Version des Vorzeichentests

Statt der Signifikanztests kann man die posteriori-Verteilung der Vorzeichen in einem Mediantest verwenden. Das Verteilungsmodell ist das Beta-
Binomialmodell (vgl. Kapitel 4), wobei die apriori-Verteilung für den Anteil
der Vorzeichen beim Mediantest $\frac{1}{2}$, bzw. eine Beta(1,1)-Verteilung ist:

$$\pi \sim Beta(1,1).$$

Ist V die Anzahl der positiven Vorzeichen und $\mathbf{x} = (x_1, \ldots, x_n)$ die realisierte Stichprobe, dann ist die posteriori Verteilung der Vorzeichen:

$$\pi|\mathbf{x} \sim Beta(1 + V, n + 1 - V).$$

Der Test ist ein zweistufiger, denn es wird der Anteil der Vorzeichen der Medianabweichungen berechnet. Daher ist es folgerichtig, dass man in der zweiten Stufe auf die (Punkt-) Hypothese $H_0 : \pi = \pi_0$ gegen $H_1 : \pi \neq \pi_0$ den jeweiligen Vorzeichenanteil zweiseitig testet.

Der Bayesfaktor ist wie beim gewöhnlichen Binomialtest mit $V_0 = (2V - n)/\sqrt{n}$:

$$B = \begin{cases} \sqrt{n + 1}\, e^{-0.5V_0^2/(1+1/n)} & n\ gross \\[2mm] Beta\,[\pi_0|V + 1, n + 1 - V] \\ = \binom{n}{V}(n + 1)\pi_0^V(1 - \pi_0)^{n-V} & n\ klein \end{cases}$$

Die posteriori Wahrscheinlichkeit der Nullhypothese $H_0 : \pi = \pi_0$ ist

$$p_{**} = \frac{B}{B + 1}.$$

Beispiel 7.2: Der Bayes-Vorzeichentest
Wir analysieren die Fragestellung in Beispiel 7.1 vom Bayes'schen Standpunkt aus. Wir testen die Hypothese

$$H_0 : Med > 45000 \quad \text{gegen} \quad H_1 : Med < 45000$$

Die a-priori Verteilung ist diffus, d. h. $\pi \sim Beta(1, 1)$ gleichverteilt im Intervall $(0, 1)$. Da von $n = 36$ Testergebnissen $V = 9$ Reifen länger als 45000km gehalten haben, ergibt dies eine posteriori-Beta-Verteilung mit den Parametern $a = 1 + 9 = 10$ und $b = 36 + 1 - 9 = 28$

$$\pi|\mathbf{x} \sim Beta(10, 28).$$

Damit kann man den Anteil der Fahrzeuge schätzen, deren Reifen länger als 45000km gehalten haben:

$$\hat{p} = \frac{V + 1}{n + 2} = \frac{10}{38} = 0.263.$$

Die Varianz ist

$$\hat{\sigma}_p^2 = \frac{10}{38} \cdot \frac{28}{38} \cdot \frac{1}{38} = 0.0051 = 0.0714^2.$$

Die klassische Testgrösse ist

$$z = \frac{\frac{1}{2} - 0.263}{0.0714} = 3.319.$$

Die Wahrscheinlichkeit der Nullhypothese, d. h. die Abweichungen vom Median treten mit Anteil $\frac{1}{2}$ auf (bzw. mit 50% Wahrscheinlichkeit auf) ist:

$$B = \sqrt{37}\, e^{-0.5 \cdot 3.319^2/(1+1/36)} = 0.0286.$$

Damit ist die posteriori Wahrscheinlichkeit:

$$p_{**} = \frac{0.0286}{1.0286} = 0.0278 \sim 2.78\%.$$

Vergleicht man dies mit dem klassischen p-Wert, d. h. $p-Wert = 2\Phi(V_0)-1$ mit der Testgrösse V_0 aus Beispiel 7.1, so erhält man den $p-Wert = 0.002$, also einen viel kleineren Wert.

Bemerkung:

a) Berechnet man die Dichte der Beta-Verteilung $Beta(0.5; 10, 28)$, dann erhält man für $B = 0.0507$ und $p_{**} = 0.0483$.

b) Um die der Bayesfaktoren und posteriori Wahrscheinlichkeiten nach der Formel

$$B = \sqrt{n+1}\, e^{-0.5z^2/(1+1/n)}$$

und $p_{**} = B/(1+B)$ zu vereinfachen, sind in der folgenden Tabelle 7.1 die Berechnung von B und p_* für verschiedene Werte von n (senkrechte Spalte) und der z-Statistik (waagrechte Zeile) zusammengestellt.

Tabelle 7.1: a) Bayesfaktoren in Abhängigkeit von n und der z-Statistik

n \ z	1	1.5	2	2.5	3	4	5
1	1.10	0.806	0.520	0.296	0.1491	0.02590	2.73e-03
2	1.24	0.818	0.457	0.216	0.0862	0.00836	4.16e-04
5	1.61	0.959	0.463	0.181	0.0576	0.00312	7.33e-05
10	2.11	1.193	0.538	0.194	0.0555	0.00230	3.85e-05
15	2.50	1.393	0.613	0.214	0.0589	0.00221	3.26e-05
20	2.85	1.570	0.682	0.234	0.0631	0.00225	3.10e-05
25	3.15	1.729	0.745	0.253	0.0673	0.00233	3.07e-05
30	3.43	1.874	0.804	0.271	0.0715	0.00242	3.11e-05
40	3.93	2.137	0.910	0.304	0.0794	0.00261	3.24e-05
50	4.37	2.370	1.005	0.334	0.0867	0.00280	3.40e-05
60	4.78	2.583	1.092	0.361	0.0934	0.00299	3.57e-05
80	5.40	2.963	1.248	0.411	0.1057	0.00333	3.91e-05
100	6.13	3.299	1.387	0.455	0.1167	0.00365	4.24e-05
500	13.59	7.283	3.041	0.990	0.2509	0.00763	8.55e-05
1000	19.20	10.283	4.290	1.394	0.3531	0.01070	1.19e-04
10000	60.66	32.471	13.537	4.395	1.1115	0.03357	3.73e-04

b) Posteriori Wahrscheinlichkeiten in Abhängigkeiten von n und z

$n \setminus z$	1	1.5	2	2.5	3	4	5
1	0.524	0.446	0.342	0.229	0.1297	0.02525	2.72e-03
2	0.554	0.450	0.313	0.177	0.0794	0.00829	4.16e-04
5	0.618	0.490	0.316	0.153	0.0545	0.00311	7.33e-05
10	0.678	0.544	0.350	0.162	0.0526	0.00230	3.85e-05
15	0.715	0.582	0.380	0.176	0.0556	0.00221	3.26e-05
20	0.740	0.611	0.406	0.189	0.0593	0.00225	3.10e-05
25	0.759	0.634	0.427	0.202	0.0631	0.00232	3.07e-05
30	0.774	0.652	0.446	0.213	0.0667	0.00241	3.11e-05
40	0.797	0.681	0.476	0.233	0.0735	0.00260	3.24e-05
50	0.814	0.703	0.501	0.250	0.0797	0.00279	3.40e-05
60	0.827	0.721	0.522	0.265	0.0854	0.00298	3.57e-05
80	0.846	0.748	0.555	0.291	0.0956	0.00332	3.91e-05
100	0.860	0.767	0.581	0.313	0.1045	0.00364	4.24e-05
500	0.931	0.879	0.753	0.497	0.2006	0.00757	8.55e-05
1000	0.950	0.911	0.811	0.582	0.2609	0.01059	1.19e-04
10000	0.984	0.970	0.931	0.815	0.5264	0.03248	3.73e-04

7.3   Test auf Regellosigkeit (Runs Test)

Dieser auch Iterationstest (engl.: Runs Test) genannte Test prüft die
Zufälligkeit von binären (dichotomen) Beobachtungen im Zeitablauf. Das
ist eine Frage von grundlegender Bedeutung, da so die häufig getroffene
Annahme der unabhängigen Wiederholungen eines Zufallsexperimentes (d.h.
des Vorliegens einer Zufallsstichprobe) getestet werden kann.

Dieser Test ist parameterfrei (Test auf Unabhängigkeit), aber nicht
verteilungsfrei (da jede binäre Zufallsgrösse Bernoulli-verteilt ist). Der
Regellosigkeits- (bzw. Runs-) Test testet somit, ob eine Stichprobe einer
binären GG eine Zufallsstichprobe ist.

1. *Modell:*
   Gegeben sei eine zeitlich geordnete Stichprobe („Zeitreihe") $\mathbf{x} =
   (x_1, \ldots, x_T)$ eines Bernoulli-Experimentes

$$x_t \sim Ber(\pi), \quad t = 1, \ldots, T.$$

Als Iterationen (Runs) bezeichnet man alle Folgen gleicher Ver-
suchsergebnisse.   Man kennzeichnet sie durch Unterstreichen, wie
etwa bei den extremen Zeitreihen $\mathbf{x}_1 = \{\underline{0}, \underline{1}, \underline{0}, \underline{1}, \underline{0}, \underline{1}\}$ (völlige negative Abhängigkeit) bzw. $\mathbf{x}_2 = \{\underline{1, 1, 1}, \underline{0, 0, 0}\}$ (völlige positive
Anhängigkeit).

2. *Hypothesen:*
   H_0 : Die aufeinander folgenden X_t sind unabhängig, d.h. „die Sequen-

zen im Zeitablauf des Bernoulli-Experiments waren zufällig" oder „das Bernoulli-Experiment ist regellos" gegen

(a) H_1 : Die aufeinander folgenden X_t sind abhängig.

(b) H_1: „Die X_t sind positiv abhängig" (zu wenige Runs).

(c) H_1: „Die X_t sind negativ abhängig" (zu viele Runs).

3. *Signifikanzniveau:* α

4. *Testgrösse:*
   Sei T die Grösse der Stichprobe, n_0 die Anzahl der Nullen und n_1 die Anzahl Einer ($n = n_0 + n_1$). Die Anzahl der Iterationen V liegt zwischen 2 und $2 \cdot \min(n_0; n_1) + 1$, z. B. für die extremen Zeitreihen $V(\mathbf{x}_1) = 6, V(\mathbf{x}_2) = 2$.

   Für lange Folgen ($n_1, n_2 > 20$) und π nicht zu extrem gilt die Normalverteilungsapproximation:

   $$\frac{2 \cdot n_0 \cdot n_1}{n_0 + n_1} = \frac{2 \cdot n_0 \cdot n_1}{T} = a,$$

   dann ist die Testgrösse V asymptotisch normalverteilt,

   $$V \overset{a}{\sim} N(\mu, \sigma^2)$$

   mit $\mu = a + 1$ und $\sigma^2 = a \cdot (a - 1)/(T - 1)$.

   Exakte Berechnung: Unter der Hypothese H_0 und gegeben man zählt die Nullen, ist V hypergeometrisch verteilt, so dass für die Verteilung von V für gerade Anzahl Iterationen v gilt:

   $$Pr(V = v) = \frac{2 \begin{pmatrix} n_0 - 1 \\ \frac{v}{2} - 1 \end{pmatrix} \begin{pmatrix} n_1 - 1 \\ \frac{v}{2} - 1 \end{pmatrix}}{\begin{pmatrix} n \\ n_1 \end{pmatrix}}.$$

   Für ungerades v gilt:

   $$Pr(V = v) = \frac{\begin{pmatrix} n_0 - 1 \\ \frac{v-1}{2} \end{pmatrix} \begin{pmatrix} n_1 - 1 \\ \frac{v-1}{2} - 1 \end{pmatrix} + \begin{pmatrix} n_0 - 1 \\ \frac{v-1}{2} - 1 \end{pmatrix} \begin{pmatrix} n_1 - 1 \\ \frac{v-1}{2} \end{pmatrix}}{\begin{pmatrix} n \\ n_1 \end{pmatrix}}.$$

5. *Entscheidungsregel:*
   Die standardisierte Prüfgrösse

   $$V_0 = \frac{V - \mu}{\sigma}$$

ist $N(0,1)$-verteilt.

Die H_0 wird abgelehnt, falls   oder falls $p < \alpha$

(a) $\mid V_0 \mid \geq z_{1-\frac{\alpha}{2}}$ $p = 2(1 - \Phi(V_0))$

(b) $V_0 > z_{1-\alpha}$ $p = 1 - \Phi(V_0)$

(c) $V_0 < z_\alpha$ $p = 1 - \Phi^{(}V_0)$

Der Fall (a) ist zweiseitig, da positive wie negative Abhängigkeiten, wie z. B. die extremen Fälle $\mathbf{x}_1$ und $\mathbf{x}_2$ von oben, zur Ablehnung der Nullhypothese führen.

Beispiel 7.3: Gibt es Pechstränen beim Tennis?
Ivan Lendl (L) und John McEnroe (E) spielten 37 Mal gegeneinander, 16 Mal gewann Lendl, 21 Mal McEnroe:

$$E \underbrace{\, L \,} \underbrace{EE} \underbrace{L} \underbrace{EE} \underbrace{L} \underbrace{EE} LLL \underbrace{\, E \,} \underbrace{LL} \underbrace{EEE} L \underbrace{\, E \,} \underbrace{L} \underbrace{EE} \underbrace{L} \underbrace{EE} LL \underbrace{EEE} LL \underbrace{EE} L$$

$$\quad 1 \quad\quad 2 \quad\quad 3 \quad\quad 4 \quad\quad\quad 5 \quad\quad 6 \quad\quad 7 \quad 8 \quad\quad 9 \quad\quad 10 \quad\quad 11$$

V, die Anzahl der wiederholten Siege, ist hier für jeden Spieler 11, zusammen also $V = 22$. Mit der Hilfsgrösse a

$$a = \frac{2 \cdot n_0 \cdot n_1}{n_0 + n_1} = \frac{2 \cdot 16 \cdot 21}{37} = 18.16$$

berechnet man die Parameter der asymptotischen Normalverteilung $N(\mu, \sigma^2)$:

$$\mu = a + 1 = 19.16,$$

$$\sigma^2 = \frac{a \cdot (a - 1)}{T - 1} = \frac{18.16 \cdot 17.16}{36} = 8.66 = 2.94^2.$$

Die standardisierte Testgrösse V_0 wird mit dem kritischen Quantil verglichen:

$$\mid V_0 \mid = \left| \frac{V - \mu}{\sigma} \right| = \frac{22 - 19.16}{2.94} = 0.96 < 1.96 = z_{0.975}$$

Die Hypothese, die Gewinnsequenz sei regellos, kann zum Signifikanzniveau $\alpha = 5\%$ nicht abgelehnt werden. Es sieht danach aus, dass die beiden Spieler etwa gleich gut sind und weder eine längere Pechsträne noch ein regelmässiger Wechsel nachweisbar ist.

Bemerkung: Der Iterationstest für den 2-Stichproben-Vergleich
Der Iterationstest kann auch zum Test der Nullhypothese verwendet werden, ob 2 Stichproben von annähernd gleicher Grösse aus derselben GG stammen. In diesem Fall werden die $n_1 + n_2$ Beobachtungen gemeinsam der Grösse nach geordnet. Je kleiner die Anzahl der Iterationen ist, desto eher kann die H_0 verworfen werden. (Für den Fall von Bindungen vgl. YASSOUIRIDIS 1990, auch Iterationstest von WALD und WOLFOWITZ genannt.)

7.4 Vorzeichenrangtest auf den Median oder „Test auf ein Symmetriezentrum"

Analog zu dem hier beschriebenen Test ist der WILCOXON-Test für das 2-Stichprobenproblem (WILCOXON signed rank test) konstruiert.

Dieser Test ist wie der Mediantest verteilungsfrei (d. h. verteilungsoffen), aber nicht parameterfrei, da der Test auf den Median als Parameter der GG erfolgt.

1. *Modell:*
   Gegeben sei eine unabhängige Stichprobe $\{X_1, \ldots, X_n\}$ eines metrischen Merkmals X. Die Verteilung $F(x)$ der X_i ist stetig und symmetrisch um den Median M.

2. *Hypothesen:*

   (a) $H_0 : M = M_0$ gegen $H_1 : M \neq M_0$

   (b) $H_0 : M \leq M_0$ gegen $H_1 : M > M_0$

   (c) $H_0 : M \geq M_0$ gegen $H_1 : M < M_0$

   Wegen der Modellannahme der Symmetrie kann man den Test der Hypothesen im Fall (a) umformulieren zu

   $$H_0 : F(M_0 - X_i) = 1 - F(M_0 + X_i)$$

   $$H_1 : F(M_0 - X_i) \neq 1 - F(M_0 + X_i).$$

   Man testet dann auf das Symmetriezentrum M, wobei F die Verteilungsfunktion ist.

3. *Bestimme das Signifikanzniveau α.*

4. *Testgrösse:* Die Testgrösse W kann für diesen Test leichter verbal als mit Formeln beschrieben werden: $W = $ Summe der Rangzahlen der negativen Residuen. Für grosse n (Faustregel $n > 25$) ist W approximativ normalverteilt mit Erwartungswert

   $$\mu = n \cdot (n+1)/4$$

   und Varianz

   $$\sigma^2 = (2n+1) \cdot \mu/6.$$

   Diese beiden Formeln werden aus

   $$\sum_{i=1}^{n} i = \frac{n(n+1)}{2} \quad \text{und} \quad \sum_{i=1}^{n} i^2 = \frac{n}{6}(n+1)(2n+1)$$

hergeleitet. Als Testgrösse vergleicht man daher die standardisierte
Testgrösse W_0

$$W_0 = \frac{W - \mu}{\sigma}$$

mit einem kritischen Quantil der Standardnormalverteilung.

Berechnung:

(a) Berechne die Differenzen vom Symmetriezentrum M_0:

$$\varepsilon_i = X_i - M_0, \quad i = 1, \ldots, n.$$

(b) Ordne diese Residuen nach ihren Absolutwerten ($|\varepsilon_i|$) und weise
die Rangzahlen $r_1, \ldots, r_n$ zu: Das kleinste $|\varepsilon_i|$ erhält Rang $r_1 = 1$.

(c) Die Testgrösse ist $W = \sum_{i=1}^{m} r_i^{(-)}$, wobei die $r_i^{(-)}$ diejenigen
Rangzahlen sind, deren ε_i negativ ist ($i = 1, \ldots, m$), und m die
Anzahl der negativen Residuen ist.

5. *Entscheidungsregel:* Lehne die H_0 ab, falls für die standardisierte
Testgrösse W_0 gilt:

		oder falls $p < \alpha$ ist
(a)	$|W_0| > z_{1-\alpha/2}$	$p = 2(1 - \Phi(W_0))$
(b)	$W_0 < z_\alpha = -z_{1-\alpha}$	$p = \Phi(W_0)$
(c)	$W_0 > z_{1-\alpha}$	$p = 1 - \Phi(W_0)$

Bemerkungen:
a) Für den Fall, dass Bindungen (engl.: ties), d. h. Residuen mit dem gleichen
Rang, auftreten, wird die Verwendung einer korrigierten Varianz empfohlen:

$$\sigma^2 = \frac{(2n + 1) \cdot \mu}{6} - \sum_{j=1}^{g} \frac{t_j \cdot (t_j - 1) \cdot (t_j + 1)}{48}.$$

Dabei ist g die Anzahl der Bindungen und t_j die Anzahl der in Bindung j
gebundenen Beobachtungen.
b) Die exakte Verteilung der Prüfgrösse W ist eine Transformation der Binomialverteilung, die man für kleine Stichprobenumfänge aus Tafeln abliest,
vgl. SACHS (1984).
c) Die Berechnung der Testgrösse mit Indikatorfunktion : Aus den geord-
neten absoluten Residuen $|\varepsilon_i|$ und den Indikatorfunktionen dafür, dass die
Beobachtungen den hypothetischen Median $M = M_0$ übersteigen, d. h.

$$I_{[-\infty;M]}(x) = \begin{cases} 1 & \text{falls} \quad x \in [-\infty; M] \\ 0 & \text{sonst} \end{cases}$$

berechnet man die Summe der Ränge r_i der absoluten Residuen der unterhalb von M_0 gelegenen Beobachtungen

$$W = \sum_{i=1}^{n} r_i I_{[-\infty;M]}(X_{[i]}).$$

d) Im Fall gebundener Stichproben eignet sich dieser Test zum Lagevergleich mit Differenzen.

Beispiel 7.4: Test auf das Symmetriezentrum
Eine Prüfung bestand aus 11 Fragen, die mit Punkten bewertet wurden. Vor der Durchführung der Prüfung nahm man an, die Punktzahlen würden um 61 Punkte symmetrisch verteilt sein.

1. *Modell:*
   Alle Testergebnisse X_i stammen aus der gleichen Verteilung und sind voneinander unabhängig (kein Mogeln).

2. *Hypothesen:*
$$H_0 : F(61 - X_i) = 1 - F(61 - X_i)$$

3. *Signifikanzniveau:* $\alpha = 5\%$

4. *Testgrösse:* Berechne die Residuen vom postulierten Symmetriezentrum $M_0 = 61$:

X_i	73	55	67	53	69	71	55	68	65	73	69
$\epsilon_i = X_i - 61$	12	−6	6	−8	8	10	−6	7	4	12	8

Ränge der absoluten Residuen:

$|\epsilon_i|$	4	6	6	6	7	8	8	8	10	12	12
i	1	2	3	4	5	6	7	8	9	10	11
r_i	1	3	3	3	5	7	7	7	9	10.5	10.5

Die Prüfgrösse berechnet sich als

$$W = \sum_{i=1}^{n} r_i I_{[-\infty;61]}(X_i) = 3 + 3 + 7 = 13.$$

Die Parameter der asymptotischen Normalverteilung sind

$$\mu = \frac{n \cdot (n+1)}{4} = \frac{11 \cdot 12}{4} = 33,$$

$$\sigma^2 = \frac{(2n+1) \cdot \mu}{6} = \frac{23 \cdot 33}{6} = 11.25^2.$$

5. *Entscheidung:*

Vergleiche die standardisierte Testgrösse W_0 mit dem kritischen Quantil der Standard-Normalverteilung

$$|W_0| = \left| \frac{W - \mu}{\sigma} \right| = \left| \frac{13 - 33}{11.25} \right| \approx 1.78 < 1.96 = z_{0.975}.$$

Daraus folgt, dass H_0 nicht abgelehnt werden kann. Die Ergebnisse der Prüfung sind um die vorgegebenen 61 Punkte symmetrisch verteilt.

Bemerkung:

- Die Entscheidung widerspricht dem Augenschein (3 negative und 8 positive Abweichungen), was an der geringen Macht des Tests liegt.

- Wegen des geringen Stichprobenumfanges ($n = 11$) ist die Normalverteilungsapproximation eigentlich nicht erlaubt.

- Eigentlich müsste man hier mit einer korrigierten Varianz arbeiten, da $g = 3$ Bindungen auftreten:

$$
\begin{aligned}
\sigma^2 &= \frac{(2n+1) \cdot \mu}{6} - \sum_{j=1}^{g} \frac{t_j(t_j - 1)(t_j + 1)}{48} \\
&= \frac{23 \cdot 33}{6} - \frac{1}{48}(3 \cdot 2 \cdot 4 + 3 \cdot 2 \cdot 4 + 2 \cdot 1 \cdot 3) \\
&= 126.5 - \frac{1}{48}(24 + 24 + 6) = 125.375 = 11.20^2.
\end{aligned}
$$

Mit dieser korrigierten Varianz lautet die Testgrösse

$$W_0 = \frac{W - \mu}{\sigma} = \frac{13 - 33}{11.20} = 1.79.$$

Wie man sieht, ändert dies nichts am Resultat des Tests.

Die Bayes-Version des Rangtest auf ein Symmetriezentrum (WILCOXON signed rank test) berechnet die posteriori Wahrscheinlichkeit wie folgt für die 3 Testsituationen:

a) $p_{**} = Pr(W \leq W_0) = \Phi(W_o),$

b) $p_{**} = Pr(W > W_o) = 1 - \Phi(W_o)$

c) Der Bayesfaktor ist

$$B = \sqrt{n+1} \, e^{-0.5 W_0^2 / 2(1 + 1/n)}$$

und $p_{**} = B/(B+1)$.

Für das Beispiel 7.4 ergibt sich ein Bayesfaktor von

$$B = \sqrt{11 + 1}e^{-0.5 \cdot 1.79^2/(1+1/11)} = 0.798$$

und eine posteriori Wahrscheinlichkeit von $p_{**} = \frac{0.798}{1.798} = 0.444$. Der Bayesfaktor ist kleiner als 1 und die posteriori Wahrscheinlichkeit spricht leicht gegen die Nullhypothese.

7.5 WILCOXON Rangsummen-Test auf Gleichheit zweier Verteilungen

Dieser Test wird auch MANN-WHITNEY-WILCOXON (MWW- oder U-Test) genannt. Der Rangsummentest ist parameterfrei und verteilungsoffen, da er die Gleichheit zweier (unbekannter und nicht spezifizierter) Verteilungen testet.

1. *Modell:* Gegeben seien zwei unabhängige Stichproben: $X = \{X_1, \ldots, X_{n_1}\}$ und $Y = \{Y_1, \ldots, Y_{n_2}\}$ mit den Verteilungsfunktionen F_X und $F_Y(y) = F_X(y + d)$. (s. Figur 7.1).

2. *Hypothesen:*

   (a) $H_0 : F_X = F_Y$ gegen $H_1 : F_X \neq F_Y$, bzw.

   $H_0 : d = 0$ gegen $H_1 : d \neq 0$.

   (b) $H_0 : F_X \geq F_Y$ gegen $H_1 : F_X < F_Y$ (an mindestens einer Stelle)

   (c) $H_0 : F_X \leq F_Y$ gegen $H_1 : F_X > F_Y$ (an mindestens einer Stelle)

   Beachte, dass die Fälle (b) und (c) die Richtung der Ungleichheit der beiden Verteilungen testen.

3. *Signifikanzniveau:* α

4. *Testgrösse:* Beide Stichproben werden gemeinsam geordnet und die Rangzahlen zugeordnet:

$$\{X, Y\} \rightarrow (r_1, \ldots, r_{n_1+n_2}).$$

Die kleinste Beobachtung erhält den Rang 1. Selektiere daraus die n_1 Rangzahlen, die zu den Beobachtungen der ersten Stichprobe gehören: $(\tilde{r}_1, \ldots, \tilde{r}_{n_1})$. Berechne daraus die Rangsumme W der ersten Stichprobe:

$$W = \tilde{r}_1 + \ldots + \tilde{r}_{n_1} = \sum_{j=1}^{n_1} \tilde{r}_j.$$

Die Testgrösse W folgt für $(n_1 > 10, n_2 > 10)$ einer approximativen Normalverteilung, d. h.

$$W \sim N(\mu, \sigma^2)$$

mit den Parametern

$$\mu = \frac{1}{2} \cdot n_1 \cdot (n_1 + n_2 + 1),$$

$$\sigma^2 = \frac{1}{12} \cdot n_1 \cdot n_2 \cdot (n_1 + n_2 + 1).$$

5. *Entscheidung:* Die Nullhypothese lautet H_0 : „Die Verteilungen F_x und F_y sind gleich". Lehne H_0 ab, falls für die standardisierte Testgrösse $W_0 = (W - \mu)/\sigma$ gilt:

		oder falls $p < \alpha$ ist
(a)	$\|W_0\| > z_{1-\alpha/2}$	$p = 2(1 - \Phi(W_0))$
(b)	$W_0 < z_\alpha$	$p = \Phi(W_0)$
(c)	$W_0 > z_{1-\alpha}$	$p = 1 - \Phi(W_0)$

Bemerkung:

- Gelegentlich wird der Mittelwert μ, wie z. B. in MANSFIELD (S. 375) leicht verschieden berechnet:

$$\mu = \frac{n_1}{2} \cdot \left(n_1 + n_2 + \frac{1}{n_1} \right)$$

- Für $n_1 < 10$ und $n_2 < 10$ sind die kritischen Werte für W tabelliert (z.B. in SACHS(1984)).

Beispiel 7.5: Rangsummentest auf Gleichheit zweier Verteilungen

1. *Modell:* Gibt es einen Unterschied in der Lebensdauer der Reifen der Firmen C und D? 2 unabhängige Stichproben mit den Umfängen $n_1 = n_2 = 14$ werden erhoben.

2. *Hypothesen:* Die Nullhypothese ist, dass die Verteilungen der Lebensdauern der Reifen der Firmen C und D gleich sind:

   $$H_0 : F_D = F_C \text{ gegen } H_1 : F_D \neq F_C$$

3. *Signifikanzniveau:* 5%

4. *Berechnung der Prüfgrösse:* Erstelle ein vergleichbares Stamm & Blatt (vgl. POLASEK 1994)

Einheit: $20 * | 3_8 = 2038$

Firma C		Firma D
97	18*	
	.	
	19*	
56798	.	$7_5 9_5 8_2 8_5$
3421	20*	$3_8 2_6 4_5 8_5 6_5 3_5 7_5$
	.	
10	21*	0_5
3	31*	$2_5 1_5$

Da ein vergleichbares Stamm&Blatt eine gemeinsame Ordnung der beiden Stichproben liefert können die gemeinsamen Rangzahlen im Schema des Stamm&Blatts einfach vergeben werden.

Summe der Rangzahlen Firma C	gemeinsame Rangzahlen		
3	$2, 1$	18*	
		.	
		19*	
29	$10, 7, 5, 4, 3$	.	$6, 8, 9, 11$
58	$18, 15, 13, 12$	20*	$14, 16, 17, 19, 20, 21, 22$
		.	
48	$25, 23$	21*	24
28	28	31*	$26, 27$

$$W = 166$$

Aus der linken Hälfte des Stamm-und-Blatts werden nun die Rangzahlen der ersten Stichprobe (Firma C) ausgewählt und die Summe der Rangzahlen wird in der linken Spalte berechnet. Die Parameter der approximativen Normalverteilung sind

$$\mu = \frac{n_1 \cdot (n_1 + n_2 + 1)}{2} = \frac{14}{2} \cdot (14 + 14 + 1) = 7 \cdot 29 = 203$$

und

$$\sigma^2 = \frac{n_1 n_2}{12}(n_1 + n_2 + 1)\frac{14 \cdot 14}{12} \cdot 29 = \frac{49}{3} \cdot 29 = 21.8^2.$$

Berechne die standardisierte Testgrösse W_0 :

$$W_0 = \left| \frac{W - \mu}{\sigma} \right| = \left| \frac{166 - 203}{21.8} \right| = 1.7$$

5. *Entscheidung:* Da $W_0 = 1.7 < 1.96 = z_{0.975}$, kann die H_0 bei einem Signifikanzniveau $\alpha = 5\%$ nicht verworfen werden. Die Lebensdauer der beiden Reifentypen ist gleich, bzw. unterscheidet sich nicht signifikant.

Der Mann-Whitney-Wilcoxon oder U- Test

- ist eine nichtparametrische Form des Lagemasstestes (t-Test) in 2 Stichproben;

- hat fast dieselbe Macht wie der klassische t-Test;

- hat für andere als die Normalverteilung mehr Macht als der t-Test;

- hat den Nachteil: In grossen Stichproben benötigt das Ordnen viel Zeit.

7.5.1 Äquivalenz von „WILCOXON Rangsummentest" und „MANN-WHITNEY-U-Test"

Wir zeigen die Gleichheit im folgenden durch die Tatsache, dass die standardisierten Testgrössen der beiden Tests gleich sind.

Ist W die Rangsumme der 1. Stichprobe, dann kann die MANN-WHITNEY-U-Statistik als Funktion der Wilcoxon-Statistik W geschrieben werden:

$$U = n_1 \cdot n_2 + \frac{1}{2} \cdot (n_1 + 1) \cdot n_1 - W$$

mit Erwartungswert

$$E(U) = \frac{n_1 \cdot n_2}{2}$$

und Varianz

$$\sigma_U^2 = \sigma_W^2 = \frac{1}{12} \cdot n_1 \cdot n_2 \cdot (n_1 + n_2 + 1).$$

Zum Beweis zeigt man, dass die standardisierten U- und W-Prüfgrössen gleich sind:

$$
\left| \frac{U - E(U)}{\sigma_U} \right| = \left| \left(n_1 \cdot n_2 + \frac{n_1 \cdot (n_1 + 1)}{2} - W - \frac{n_1 \cdot n_2}{2} \right) / \sigma_U \right|
$$

$$
= \left| \left(\frac{n_1 \cdot (n_2 + n_1 + 1)}{2} - W \right) / \sigma_U \right|
$$

$$
= \left| \frac{W - \mu_W}{\sigma_U} \right| = \left| \frac{W - \mu_W}{\sigma_W} \right|.
$$

Dies zeigt die Gleichheit der beiden Tests.

7.6 Streuungsvergleich mit dem SIEGEL-TUKEY-Test

Der hier beschriebene SIEGEL-TUKEY-Test betrachtet das Phänomen der Streuung einer Verteilung — nicht eine spezielle Masszahl dafür. Nach der im Test zur Anwendung gelangenden Technik der oszillierenden Anordnung der Rangzahlen könnte man den Test als „Oszillationstest" bezeichnen. Er ist parameter- und verteilungsfrei.

1. *Modell:*
   $\{X_1,\ldots,X_{n_y}\}$ und $\{Y_1,\ldots,Y_{n_x}\}$ sind unabhängige Zufallsstichproben aus den Verteilungen F_x und F_y, die eine vergleichbare Lage aufweisen.

2. *Hypothesen:*

   (a) H_0 : Die Streuungen sind gleich.
   H_1 : Die Streuungen sind ungleich.

   (b) H_0 : Die Streuung von Y ist grösser als diejenige von X.
   H_1 : Die Streuung von X ist grösser.

   (c) H_0 : Die Streuung von X ist grösser als diejenige von Y.
   H_1 : Die Streuung von Y ist grösser.

3. *Signifikanzniveau:* α muss vorgegeben werden.

4. *Testgrösse:* Falls sich die Stichproben hinsichtlich der Lage unterscheiden, ist von beiden ein geeignetes Lagemass zu subtrahieren. Gleichwertig wäre z. B. $\{X_i - (Med(X) - Med(Y))\}$, wodurch beide Stichproben den gleichen Median $Med(Y)$ erhalten.

   Beide Stichproben werden in eine Reihenfolge (gemeinsame Rangliste) gebracht und die Werte „oszillierend" durchnummeriert: Der grösste Wert erhält Rang 1, der kleinste Rang 2, der zweitkleinste Rang 3, zweit- und drittgrösste Werte die Ränge 4 und 5, und so fort (Schema OUUOOUUO... wobei O für „oben" und U für „unten" steht). Die Summe dieser oszillierenden Rangzahlen für die erste Stichprobe X bezeichnen wir mit W. Sie ist unter H_0, d.h. bei Gleichheit der Streuungen, normalverteilt:

$$n_X \cdot n_Y + \frac{n_X \cdot (n_X + 1)}{2} - W = U \sim N(\mu, \sigma^2)$$

mit Mittelwert

$$\mu = \frac{n_X \cdot n_Y}{2}$$

und Varianz

$$\sigma^2 = \frac{(n_X + n_Y + 1) \cdot \mu}{6}.$$

5. *Entscheidung:* Berechne die standardisierte Testgrösse $W_0 = \frac{U-\mu}{\sigma}$ und lehne H_0 ab, falls

oder falls $p < \alpha$ ist.

(a)	$|W_0| > z_{1-\alpha/2}$	$p = 2(1 - \Phi(W_0))$
(b)	$W_0 > z_{1-\alpha}$	$p = 1 - \Phi(W_0)$
(c)	$W_0 < z_\alpha$	$p = \Phi(W_0)$

Beispiel 7.6: Vergleich von Anlagestrategien

Ein Börsenmakler testet, ob die Fundamentalmethode (A) oder die technische Analyse (B) das gleiche Risiko haben, d. h. ob die Gewinne der letzten Jahre die gleiche Streuung besitzen. Er vergleicht die Halbjahresperformance mit Hilfe zweier Stichproben A und B:

Die prozentuale Gewinne der beiden Fonds lauten:

A	+5	+20	−24	−9	+50	+32			$n_A = 6$
B	−4	+19	+21	+13	+2	−7	+24	+10	$n_B = 8.$

1. *Modell:* Die beiden Fonds A und B besitzen gleiches Risiko (Streuung) und rentieren unabhängig.

2. *Hypothesen:*

   (a) H_0 : Beide Anlagestrategien riskieren gleichviel.
       H_1 : Eine Anlagestrategie riskiert mehr.

3. *Signifikanzniveau:* 5%

4. *Prüfgrösse:* Man bildet zuerst ein vergleichbares Stamm-und-Blatt (vgl. EDA-Methoden in POLASEK (1994)) der beiden Stichproben und vergibt bei gemeinsamer Ordnung der beiden Stichproben die oszillierenden Rangzahlen $R(A)$ und $R(B)$ getrennt:

Einheit: 5|0 = 50%

R(A)	Verteilung A		Verteilung B	R(B)
1	0	5		
		4		
4	2	3		
9	0	2	14	5, 8
		1	039	12, 13, 14
11	5	0	2	10
3	9	−0	47	6, 7
		−1		
2	4	−2		

Summe: $W = 30$

In den beiden Aussenspalten werden die oszillierenden Ränge $R(A)$ und $R(B)$ der Verteilungen A und B abwechselnd zugewiesen. Die Summe der Rangzahlen der ersten Stichprobe W bildet den Ausgangspunkt zur Berechnung der Testgrösse U :

$$U = n_A \cdot n_B + \frac{n_A \cdot (n_A + 1)}{2} - W = 48 + \frac{6 \cdot 7}{2} - 30 = 39.$$

Mittelwert und Varianz der Testgrösse sind

$$\mu = \frac{n_A \cdot n_B}{2} = \frac{6 \cdot 8}{2} = 24$$

und

$$\sigma^2 = \frac{\mu \cdot (n_A + n_B + 1)}{6} = \frac{24 \cdot 15}{6} = 60 = 7.75^2.$$

5. *Entscheidung*: Die standardisierte Testgrösse W_0 lautet daher:

$$W_0 = \frac{U - \mu}{\sigma} = \frac{39 - 24}{7.75} = 1.94 < 1.96 = z_{1 - \frac{0.05}{2}}.$$

Daher folgt dass die H_0 nicht abgelehnt werden kann. Ein Unterschied im Risiko der beiden Fonds ist nicht nachzuweisen. Da die Testgrösse aber knapp unter der Signifikanzgrösse liegt (p-Wert = 5.03%), ist eine abschliessende Beurteilung der Fragestellung nur dann möglich, wenn mehr Beobachtungen vorliegen.

Bemerkung: Die Bayes-Version des SIEGEL-TUKEY-Test folgt dem Schema des "zweiseitigen Bayes-z-Test". Man berechnet den Bayesfaktor

$$B = \sqrt{n_A + n_B + 1} \, e^{-W_0^2 / 2}$$

und die posteriori Wahrscheinlichkeit beträgt $p_{**} = \frac{B}{B+1}$. Im Beispiel 7.5 beträgt der Bayesfaktor

$$B = \sqrt{6 + 8 + 1} \, e^{-1.94^2 / 2} = 0.5899$$

und die posteriori Wahrscheinlichkeit der H_0 ist $p_{**} = \frac{0.5899}{1.5899} = 0.371$. (Eine Berücksichtigung der Stichprobengrösse im Exponenten verändert die posteriori Wahrscheinlichkeit nur gering, wie man aus Tabelle 7.1 ablesen kann).

7.7 Trendtests

7.7.1 Der Vorzeichen Trend-Test (Vorzeichentest von COX und STUART)

1. *Modell:* Eine Zeitreihe $\{x_1, \ldots, x_n\}$ soll auf das Vorhandensein eines Trends in der Periode 1 bis n getestet werden. Dabei können 3 Trend-typen unterschieden werden: steigender, fallender und gleichbleibender

Trend. Dazu teilt man die Zeitreihe aus n Elementen in 3 gleichgrosse Abschnitte, wobei im ersten und letzten Abschnitt gleich viele Beobachtungen vorhanden sein sollen. Bei Nichtbeachtung des mittleren Drittels werden nun die Beobachtungen im ersten und im letzten Drittel paarweise verglichen und deren Veränderung als Vorzeichen (+,-) festgehalten.

2. *Hypothesen:* Die Nullhypothese ist, dass die Vorzeichen der gepaarten Differenzen des 1. und des 3. Drittels der Zeitreihe im Mittel 50%, d.h. Anteil $\pi = 0.5$, betragen. Die Gegenhypothese ist in Analogie zum Vorzeichentest ein zweiseitiger:

$$H_0 : \pi = \frac{1}{2} \quad \text{gegen} \quad H_1 : \pi \neq \frac{1}{2}.$$

3. *Signifikanz:* α

4. *Prüfgrösse:* Die Summe S der Plus- (oder Minus-) Zeichens ist approximativ normalverteilt mit Mittelwert $\mu = \frac{n}{6}$ und Varianz $\frac{n}{12}$. Daher kann die standardisierte Testgrösse so in einem z-Test, d.h. mit den kritischen Quantilen der Standardnormalverteilung verglichen werden:

$$S_0 = \frac{|S - n/6|}{\sqrt{n/12}} \sim N(0,1).$$

5. Entscheidung: Je nach Fragestellung kann einseitig oder zweiseitig getestet werden, Details findet man z.B. in SACHS (1984). Die Nullhypothese wird abgelehnt, wenn

$$|S_0| > z_{1-\alpha/2}$$

ist.

Beispiel 7.7: Ist der Preisindex in den letzten $1\frac{1}{2}$ Jahren gefallen ?

Die Veränderung des Preisindexes (Total der Schweiz) in den Jahren 1993-1994 sah folgendermassen aus:

Monat	1993	1994	Vorzeichen der Veränderung
Januar	0.5	0.1	−
Februar	0.6	0.4	−
März	0.5	0.0	−
April	0.3	0.1	−
Mai	0.1	-0.6	−
Juni	0.0	0.2	+
Juli	-0.1		
August	0.5		
September	-0.1		
Oktober	0.1		
November	-0.1		
Dezember	0.1		

Die 18 Monate können in 3 gleichgrosse Drittel geteilt werden. In diesem Beispiel fällt der Test so aus, dass nur die erste Jahreshälfte von 1993 und 1994 verglichen werden muss, um den Trend zu bestimmen. Wie man sieht, gab es bis auf den letzten Monat nur Preisrückgänge, d. h. die Summe S ist $S = 5$.

Die standardisierte Testgrösse beträgt

$$S_0 = \frac{|5 - \frac{18}{6}|}{\sqrt{18/12}} = \frac{|5 - 3|}{\sqrt{3/2}} = \frac{2}{1.225} = 1.633.$$

Der Vergleich mit dem 97.5%-Quantil der $N(0,1)$ Verteilung für $\alpha = 95\%$ und zweiseitiger Fragestellung, d. h. $z_{0.975} = 1.96$, zeigt, dass der Test nicht signifikant ist. Auch wenn alle 6 Monate einen negativen Trend erzielt hätten (in diesem Fall wäre die standardisierte Testgrösse $S_0 = 2.45$), wäre das Ergebnis nur knapp auf 95%-Niveau signifikant. Das zeigt, dass dieser Test bei kleinen Stichproben nur wenig aussagekräftig ist, bzw. geringe Macht hat.

Bemerkung: Die Bayes-Version des Vorzeichen-Trend-Tests folgt dem Muster des Bildens der Bayesfaktoren mit Hilfe der z-Statistik bei zweiseitigem Test. Der Bayesfaktor lautet

$$B = \sqrt{n+1}\, e^{-S_0^2/2}$$

und die posteriori Wahrscheinlichkeit der Nullhypothese ist $p_{**} = \frac{B}{B+1}$. Für das Beispiel 7.6 beträgt der Bayesfaktor $B = \sqrt{19}\, e^{-1.633^2/2} = 1.149$ und die posteriori Wahrscheinlichkeit beträgt $p_{**} = \frac{1.149}{2.149} = 0.535$. Die geringe p_{**}-Wahrscheinlichkeit und der kleine Bayesfaktor ist auf die kleine Stichprobenanzahl zurückzuführen.

7.7.2   Heteroskedastischer Trendtest

1. *Modell:* Ein einfacher weiterer Trendtest baut auf der Idee eines Varianzvergleich auf. Gegeben sei die Zeitreihe $\{x_1, \ldots, x_n\}$ mit der Stichprobenvarianz

$$s^2 = \frac{1}{n-1} \sum_{i=1}^{n} (x_i - \bar{x})^2.$$

Ausserdem bildet man die Quadrate der aufeinanderfolgenden Differenzen

$$
\begin{aligned}
\Delta^2 &= \frac{1}{n-1} \sum_{i=2}^{n} (x_i - x_{i-1})^2 \\
&= \left((x_2 - x_1)^2 + \ldots + (x_n - x_{n-1})^2 \right) / (n-1).
\end{aligned}
$$

Ist die Zeitreihe ein reiner Zufallsprozess (white noise), d.h. sind alle Beobachtungen unkorreliert, dann gilt

$$\Delta^2 \cong 2s^2$$

bzw. der Quotient aus den Quadraten der 1. Differenzen und den Abweichungsquadraten ist 2:

$$R = \frac{\Delta^2}{s^2} = \frac{\sum_{i=2}^{n} (x_i - x_{i-1})^2}{\sum_{i=1}^{n} (x_i - \bar{x})^2} \cong 2.$$

Liegt ein Trend vor, dann wird die Differenzenquadratsumme Δ^2 schnell kleiner, d.h. es gilt $\Delta^2/s^2 < 2$.

2. Damit lautet die zu testende Hypothese

$$H_0: \quad 2s^2 = \Delta^2 \quad \text{gegen} \quad H_1: \quad 2s^2 \neq \Delta^2,$$

bzw. wir testen die Nullhypothese H_0: white noise (weisses Rauschen) gegen H_1: pink noise, d.h. ein gefärbtes oder korreliertes weisses Rauschen.

3. *Signifikanzniveau:* $\alpha = 5\%$

4. Die *Prüfgrösse* ist der Quotient

$$R = \frac{\Delta^2}{s^2}.$$

5. *Entscheidung:* Wir lehnen die Nullhypothese ab, falls

$$R < z_R(1 - \alpha)$$

ist, wobei der kritische Wert $z_R(1 - \alpha)$ aus den $(1 - \alpha)$-Quantilen $z_{1-\alpha}$ der Standardnormalverteilung berechnet wird:

$$z_R(1 - \alpha) = 2 - z_{1-\alpha} \cdot \frac{2}{\sqrt{n + 1}}.$$

Eine etwas genauere Approximation erhält man durch die Formel

$$z_R(1 - \alpha) = 2 - 2z_{1-\alpha}\sqrt{\frac{n - 2}{(n - 1)(n + 1)}}.$$

Für kleine n kann man auch genauere Tabellen verwenden, wie z. B. in KREYSZIG (1992, S. 482)

Bemerkung: Dieser Test hat Ähnlichkeiten mit dem DURBIN-WATSON-Test in der Ökonometrie und Zeitreihenanalyse.

7.8 Test auf repräsentative Stichprobe

1. *Modell:*
Gegeben sei eine endliche Grundgesamtheit mit N Werten eines quantitativen Merkmals X, für die die gesamte Rangliste $X_{(1)} \geq \ldots \geq X_{(N)}$ bekannt ist. Mit einer Zufallsstichprobe vom Umfang n wird getestet, ob die Stichprobe repräsentativ ist. Die zugehörigen Rangzahlen sind $\{R_1, \ldots, R_N\}$.

2. *Hypothesen:*
Als Nullhypothese nimmt man an, dass die Rangzahlen der Stichprobe um den Mittelwert der Rangzahlen der Grundgesamtheit streuen. Bei N Werten der GG ist der deskriptive Mittelwert der Rangzahlen der GG

$$\mu = \frac{1}{N} \sum_{i=1}^{N} R_i = \frac{1}{N} \frac{N(N + 1)}{2} = \frac{N + 1}{2}.$$

Die zu testende Hypothese ist

$$H_0 : \mu = \frac{N + 1}{2} \quad \text{gegen} \quad H_1 : \mu \neq \frac{N + 1}{2}.$$

An dieser Stelle wird ersichtlich, dass die Anzahl der Werte in der GG bekannt sein muss.

3. *Signifikanzniveau:* α

4. *Testgrösse:* Man bestimme die Rangzahlen der Zufallsstichprobe $R_1, \ldots, R_n$. Sei

$$\bar{R} = \frac{1}{n} \sum_{i=1}^{n} R_i$$

der Mittelwert der Rangzahlen in der Stichprobe, dann ist die Stichprobenverteilung bei grossen Stichproben gegeben durch

$$\bar{R} \sim N[\mu, \sigma^2]$$

mit

$$\mu = \frac{N+1}{2} \quad \text{und} \quad \sigma^2 = \frac{N^2-1}{12n}\left(1 - \frac{n}{N}\right).$$

Die Testgrösse ist der standardisierte Mittelwert der Rangmasszahlen
folgt einen z-Test, da die Varianz aus den Grössen n und N exakt
berechnet werden kann:

$$R_0 = \frac{\bar{R} - \mu}{\sigma}.$$

5. *Entscheidung:* Verwerfe die Nullhypothese, falls

$$|R_0| < z_{1-\frac{\alpha}{2}}$$

wobei z_α das α-Quantil der Standardnormalverteilung ist.

In eher seltenen Fällen könnte man bei diesem Test auf repräsentative
Auswahl auch einseitig testen: Dann müsste ein begründeter Verdacht bestehen, dass Stichproben aus der GG vom "oberen" oder "unteren" Ende gezielt
ausgewählt wurde.

Beispiel 7.8: (vgl. WERNER 1992)
Aus der Kartei eines Betriebes mit $N = 500$ Mitarbeitern wurde eine Zufallsstichprobe vom Umfang $n = 50$ gezogen. Ist diese Stichprobe bezogen
auf das Merkmal "Lohn" repräsentativ ?
Eine Rangordnung aller 500 Beschäftigten wurde mit dem Computer
durchgeführt und 50 Leute werden mit dem Zufallsgenerator ausgewählt.

1. *Modell:*
   Die Zufallsstichprobe ergibt eine durchschnittliche Rangzahl des Merkmals Lohn mit

   $$\bar{R} = 236.04.$$

2. *Hypothesen:*

   $$H_0 : \mu = \frac{N+1}{2} = 250.5 \quad \text{gegen} \quad H_1 : \mu \neq 250.5.$$

3. *Signifikanzniveau:* Mit $\alpha = 5\%$, ist das kritische Quantil $z_{0.975} = 1.96$.

4. Die Berechnung der Varianz ergibt

   $$\sigma^2 = \frac{249998}{600}0.9 = 19.3649^2$$

und damit ist die Testgrösse

$$R_0 = \frac{\bar{R} - \mu}{\sigma} = \frac{236.04 - 250.5}{19.3649} = -0.7467.$$

5. *Entscheidung:* Die Nullhypothese der repräsentativen Auswahl nach dem Merkmal "Lohn" kann nicht verworfen werden, da

$$|R_0| = 0.7467 < 1.96 = z_{1 - \frac{\alpha}{2}}.$$

Bemerkung: Die Bayes-Version des Tests auf repräsentative Stichproben

Dies ist ein zweiseitiger Test bezüglich den Rangzahlen, daher kann der Bayesfaktor mit Hilfe der z-Statistik für grosse Stichproben berechnet werden, d.h.

$$B = \sqrt{n+1}\, e^{-R_0^2/2}$$

und die posteriori Wahrscheinlichkeit der Nullhypothese ist $p_{**} = \frac{B}{B+1}$. Im Beispiel 7.8 ergibt sich als Bayesfaktor

$$B = \sqrt{51}\, e^{-(-0.7467)^2/2} = 5.4$$

und die posteriori Wahrscheinlichkeit ist $p_{**} = 0.844$, d.h. eine mässige Unterstützung der Nullhypothese.

Kapitel 8

Bestimmung des Stichprobenumfanges

8.1 Stichprobenplanung für Schätzintervalle

Modellübersicht:

1) $N(\mu, \sigma^2)$ unendliche Grundgesamtheit, σ^2 bekannt
2) Bayes'sche   Stichprobenplanung
3) $N(\mu, \sigma^2)$ endliche Grundgesamtheit, σ^2 bekannt
4) $Bin(n, p)$ unendliche Grundgesamtheit
5) $Bin(n, p)$ endliche Grundgesamtheit

Durch Vorgabe einer gewünschten Breite eines Konfidenzintervalles lässt sich zu jedem gegebenen Niveau die erforderliche Stichprobengrösse n berechnen. Daher gehen wir bei der Planung des Stichprobenumfangs von dem jeweiligen Konfidenzintervall der Schätztheorie aus.

8.1.1 Normalverteilung $N(\mu, \sigma^2)$, σ^2 bekannt, unendliche Grundgesamtheit

Das Konfidenzintervall für μ zum Niveau α lautet:

$$\alpha \quad KONF(\mu) = \left[\left[\bar{w} \pm z_{\frac{1+\alpha}{2}} \; \sigma_{\overline{w}}\right]_\alpha\right] = [\bar{w} \pm \Delta\mu]_\alpha.$$

Die halbe Breite des Konfidenzintervalls ist

$$\Delta\mu = z_{\frac{1+\alpha}{2}} \cdot \frac{\sigma}{\sqrt{n}}$$

wobei $\Delta\mu, \sigma$ und α Vorgaben des Problems sind. Durch Quadrieren der Gleichung

$$(\Delta\mu)^2 = z^2_{\frac{1+\alpha}{2}} \cdot \frac{\sigma^2}{n}$$

kann man diese nach n auflösen. Daraus folgt die grundlegende Formel für die Planung des Stichprobenumfanges n für die Normalverteilung:

$$n_\infty = \frac{z^2_{\frac{1+\alpha}{2}} \cdot \sigma^2}{(\Delta\mu)^2} = \left(\frac{z_{\frac{1+\alpha}{2}} \cdot \sigma}{\Delta\mu}\right)^2 . \qquad (8.1)$$

n_∞ ist i. A. keine ganze Zahl, daher rundet man auf die nächste ganze Zahl auf. Das ∞-Symbol steht dabei für das Ziehen aus einer „unendlichen Grundgesamtheit". Man wählt als Stichprobenumfang die kleinste ganze Zahl $n \geq n_\infty$, um „auf der sicheren Stichprobenseite zu sein".

Beispiel 8.1:
Mit 99% Wahrscheinlichkeit soll die Abweichung von μ des Abfüllgewichts kleiner als $\Delta\mu = \pm 0.01$ kg sein: Wie gross ist der Stichprobenumfang zu planen, wenn σ bekannt ist? Dabei soll von zwei Annahmen bezüglich der Standardabweichung ausgegangen werden: a) $\sigma = 0.05$, und b) $\sigma = 0.1$.

a) Für $\sigma = 0.05$ ergibt die Stichprobenformel (8.1)

$$n_\infty = \frac{2.58^2}{0.01^2} \cdot (0.05)^2 = 2.58^2 \cdot (5)^2 = 166.4 \quad \Rightarrow \quad n \geq 167$$

b) Für $\sigma = 0.1$:

$$n_\infty = \frac{2.58^2}{0.01^2} \cdot (0.1)^2 = 6.656 \cdot 100 = 665.6 \quad \Rightarrow \quad n \geq 666$$

Bemerkung: Für $\sigma = 0.005$ ist $n_\infty = 1.664$, d.h die minimale Stichprobengrösse ist $n \geq 2$.
Man sieht deutlich, dass bei abnehmender Standardabweichung σ auch die Stichprobenanzahl zurückgeht. Eine grössere Präzision im Abfüllvorgang benötigt nur eine kleinere Stichprobe zur Kontrolle.

8.1.2   Bayes'sche Stichprobenplanung

Für bekannte Varianz lautet das HPD-Intervall von Wahrscheinlichkeit α für μ:

$$HPD_\alpha(\mu) = [(\mu_{**} \pm \Delta\mu_{**})]_\alpha,$$

wobei μ_{**} der posteriori Mittelwert

$$\mu_{**} = \frac{n'\mu_* + n\overline{x}}{n' + n}$$

und $\Delta\mu_{**}$ die halbe Länge des HPD-Intervalls ist :

$$\Delta\mu_{**} = z_{\frac{1+\alpha}{2}} \cdot \frac{\sigma}{\sqrt{n' + n}}.$$

Da der hypothetische Stichprobenumfang n' a priori bekannt ist, liefert das Quadrat der obigen Gleichung

$$n' + n = \frac{z_{\frac{1+\alpha}{2}}^2 \cdot \sigma^2}{(\Delta\mu_{**})^2}.$$

Die rechte Seite ist gerade

$$n_\infty = \frac{z_{\frac{1+\alpha}{2}}^2 \cdot \sigma^2}{(\Delta\mu_{**})^2}$$

der Stichprobenumfang des zugehörigen klassischen Problems (bei unendlicher GG), und daher ist der Bayes'sche Stichprobenumfang

$$n_\infty^* = n_\infty - n'. \tag{8.2}$$

Gegenüber dem klassischen Fall spart man sich n' Beobachtungen, d. h. den hypothetischen Stichprobenumfang der Vorinformation bezüglich μ.

Beispiel 8.2:
Wie sieht die Bayes'sche Stichprobenplanung des vorigen Beispiels bei minimaler Vorinformation $n' = 1$ und diffuser a priori Verteilung ($\mu_{**} = \bar{x}$) aus?

a) $\alpha = 99\%$, $\sigma = 0.05$, $\Delta\mu = 0.01$: $n_\infty^* = 167 - 1 = 166$
b) $\alpha = 99\%$, $\sigma = 0.1$, -"- : $n_\infty^* = 666 - 1 = 665$
c) $\alpha = 99\%$, $\sigma = 0.005$, -"- : $n_\infty^* = 2 - 1 = 1$

Daraus lässt sich folgende Faustregel für den Stichprobenumfang bei minimaler Vorinformation $n' = 1$ ableiten:
Klassik: n_∞ aufrunden,
Bayes: n_∞^* abrunden.

8.1.3 Binomialverteilung (unendliche Grundgesamtheit)

Die Bestimmung des Stichprobenumfangs für eine Anteilsschätzung (Ziehen mit Zurücklegen) mit der Binomialverteilung $Bin(n, \pi)$ erfolgt mit Hilfe der Normalverteilungs-Approximation:
Für $n \cdot \pi(1 - \pi) \geq 9$ ist das Konfidenzintervall gegeben durch

$$\alpha - KONF(\pi) \cong \left[\hat{\pi} \pm z_{\frac{1+\alpha}{2}} \cdot \sigma_\pi\right]_\alpha,$$

wobei die σ_π Standardabweichung von $\hat{\pi}$ ist:

$$\sigma_\pi = \sqrt{\frac{\pi \cdot (1 - \pi)}{n}}.$$

Sei $z = z_{\frac{1+\alpha}{2}}$ das symmetrische α-Quantil der $N(0, 1)$-Verteilung. Aus einer vorgegebenen halben Intervallbreite $\Delta\pi = z \cdot \sqrt{\frac{\pi \cdot (1-\pi)}{n}}$ folgt für den Umfang der Stichprobe aus der unendlichen Grundgesamtheit

$$n_\infty = \frac{z^2 \cdot \pi \cdot (1 - \pi)}{(\Delta\pi)^2}. \tag{8.3}$$

n_∞		π				
		0.01	0.02	0.05	0.1	0.2
	0.001	26785	53029	128514	243499	432887
	0.002	6697	13258	32129	60875	108222
	0.005	1072	2122	5141	9740	17316
	0.01	268	531	1286	2435	4329
	0.02	67	133	322	609	1083
	0.05	11	22	52	98	174
$\Delta\pi$	0.1	3	6	13	25	44
	0.2	1	2	4	7	11
	0.25	1	1	3	4	7
	0.3	1	1	2	3	5
	0.333	1	1	2	3	4
	0.4	1	1	1	2	3
	0.5	1	1	1	1	2

n_∞		π				
		0.25	0.3	0.333	0.4	0.5
	0.001	507290	568165	600931	649331	676386
	0.002	126823	142042	150233	162333	169097
	0.005	20292	22727	24038	25974	27056
	0.01	5073	5682	6010	6494	6764
	0.02	1269	1421	1503	1624	1691
	0.05	203	228	241	260	271
$\Delta\pi$	0.1	51	57	61	65	68
	0.2	13	15	16	17	17
	0.25	9	10	10	11	11
	0.3	6	7	7	8	8
	0.333	5	6	6	6	7
	0.4	4	4	4	5	5
	0.5	3	3	3	3	3

Tabelle 8.1: Planung des Stichprobenumfangs bei gegebenem Niveau $\alpha =$

95% und gegebener Intervallbreite $2 \cdot \Delta\pi$ bei unendlicher Grundgesamtheit nach Formel (8.3)

Entweder kennt man den unbekannten Anteil π approximativ oder es ist eine Abschätzung durch das Maximum der Varianz der Bernoulliverteilung möglich. Das Maximum tritt an der Stelle $\pi = 0.5$ auf (Beweis durch Ableitung) und die maximale Varianz eines einzelnen Stichprobenelements beträgt $\pi \cdot (1 - \pi) = 0.25$. Dann ist der Stichprobenumfang bei unendlicher Grundgesamtheit

$$n_\infty \approx \frac{z^2}{4 \cdot (\Delta\pi)^2}. \tag{8.4}$$

Beispiel 8.3:
Eine Meinungsumfrage wird geplant. Die Prozentzahlen sollen mit Signifikanzniveau $\alpha = 95\%$ berechnet werden, wobei π auf $\Delta\pi = \pm 0.02$ genau berechnet werden soll.
Ohne weitere Annahmen über π berechnet man
a) approximativ (mit $z_{0.975} = 1.96 \approx 2$):

$$n = \frac{1.96^2}{4 \cdot (0.02)^2} \approx \frac{1}{0.0004} = \frac{10000}{4} = 2500.$$

b) Die genaue Berechnung ergibt:

$$n_\infty = \frac{0.96}{0.0004} = 2401.$$

Nimmt man an, es sei ein Anteilswert von $\pi = 0.1$ oder $\pi = 0.9$ zu schätzen, berechnet man
a) approximativ:

$$n = \frac{1.96^2 \cdot 0.1 \cdot 0.9}{(0.02)^2} \approx \frac{4}{0.0004} \cdot 0.09 = \frac{9}{0.01} = 900.$$

b) Die genaue Berechnung ergibt den minimalen Umfang

$$n \geq 9604 \cdot \frac{9}{100} = 864.36.$$

8.1.4 Stichprobenumfang für die Differenz von Anteilen

Das Konfidenzintervall für die Differenz von Anteilen ist nach Abschnitt 2.3.4 mit $z = z_{\frac{1+\alpha}{2}}$ gegeben als

$$\alpha\% - KONF(\Delta p) = \left[\Delta\hat{p} \pm z \sqrt{\frac{\hat{p}_1 \hat{q}_1}{n_1} + \frac{\hat{p}_2 \hat{q}_2}{n_2}} \right]_{\alpha\%}.$$

Zur Berechnung der Stichprobenumfangs treffen wir die vereinfachende Annahme gleicher Stichprobenanzahl und gleicher Anteile

$$n_1 = n_2 \quad \text{und} \quad p_1 = p_2.$$

Dann ist das halbe Konfidenzintervall

$$d = \pm z_{(\alpha)} \sqrt{2 \frac{\hat{p}\hat{q}}{n}}.$$

Im ungünstigsten Fall ist $\hat{p} = \hat{q} = \frac{1}{2}$ und es reduziert sich die Intervallänge auf

$$d_{max} = \pm \frac{z_{(\alpha)}}{\sqrt{2n}}.$$

Beispiel 8.4:
Ist $\alpha = 95\%$ und n gross, dann ist das α-Quantil (gerundet) $z_\alpha = 2$.
Wir stellen die halbe Breite des Konfidenzintervalls für $\hat{p} = 10\%$ (d) und $\hat{p} = 50\%$ (d_{max}) gegenüber:

n	d_{max} $\hat{p} = 0.5$	d $\hat{p} = 0.1$
50	$\pm 20\%$	$\pm 12\%$
75	$\pm 16\%$	$\pm 9.8\%$
100	$\pm 14\%$	$\pm 8.5\%$

8.2   Planung bei endlicher Grundgesamtheit

Konfidenzintervalle für Lageparameter μ aus endlicher GG haben i. A. die Form:

$$\alpha - KONF(\mu) = \left[\mu \pm \Delta\mu \cdot \sqrt{\frac{N-n}{N-1}} \right]_\alpha$$

wobei $\Delta\mu$ die halbe Intervallbreite des gewöhnlichen Konfidenzintervalls (aus endlicher GG) ist:

$$\Delta\mu = \frac{z \cdot \sigma}{\sqrt{n}}.$$

Ausserdem ist N der Umfang der GG, n der Umfang der Stichprobe, $z = z_{\frac{1+\alpha}{2}}$ das Quantil der $N(0,1)$-Verteilung und den Ausdruck unter der Wurzel bezeichnet man als Endlichkeitskorrektur, der als Funktion des Auswahlsatzes $f = \frac{n}{N}$ geschrieben werden kann:

$$\frac{N-n}{N-1} \approx 1 - f.$$

Für die folgende Herleitung bezeichnen wir mit $\Delta^*\mu$ die Intervallbreite des Konfidenzintervall aus endlicher GG

$$\Delta^*\mu = \Delta\mu \cdot \sqrt{1-f}.$$

Man beachte, dass $\Delta^*\mu$ immer kleiner als $\Delta\mu$ ist. Quadrieren liefert die Beziehung

$$(\Delta^*\mu)^2 = (\Delta\mu)^2 \cdot (1-f) = \frac{z^2 \cdot \sigma^2}{n} \cdot (1-f).$$

Daraus folgt die Gleichung für den minimalen Stichprobenumfang:

$$n = \frac{z^2 \cdot \sigma^2}{(\Delta^*\mu)^2} \cdot (1-f). \qquad (8.5)$$

Die einfach zu merkende Formel für den Stichprobenumfang von endlichen GG ist:

$$\frac{1}{n} = \frac{1}{n_\infty} + \frac{1}{N}. \qquad (8.6)$$

Bei kleinem Auswahlsatz f, d. h. $f < 0.05$, kann man die Endlichkeitskorrektur vernachlässigen. Denn aus der Annahme $f < 0.05$ folgt

$$\sqrt{1-f} \geq \sqrt{0.95} \geq 0.974$$

und der Stichprobenumfang ist

$$n = \frac{1}{\frac{1}{n_\infty} + \frac{1}{N}}, \text{ mit } n_\infty = \frac{z^2 \cdot \sigma^2}{(\Delta\mu)^2}.$$

8.2.1 Endliche Grundgesamtheit im Normalverteilungsmodell

Das $\alpha-$Konfidenzintervall für μ im $N(\mu, \sigma^2)$-Modell lautet:

$$\alpha - KONF(\mu) = \left[\overline{x} \pm z_{\frac{1+\alpha}{2}} \cdot \sigma_{\overline{x}} \cdot \sqrt{\frac{N-n}{N-1}} \right]_\alpha.$$

Wenn man die Stichprobengrösse nicht 2-stufig über n_∞ berechnen will, sondern direkt in einer einzigen Formel, dann erhält man für die Stichprobengrösse

$$n \geq \frac{z^2 \cdot N \cdot \sigma^2}{(\Delta\mu)^2 \cdot (N-1) + z^2 \cdot \sigma^2}.$$

Beispiel 8.5: Schätzung des mittleren Alters
Gegeben ist eine endliche Grundgesamtheit mit $N = 100$, und σ^2 ist bekannt. Schätze das Alter der Hörer der Vorlesung auf $\Delta\mu = \pm 1$ Jahr genau.

(Signifikanzniveau $\alpha = 95\%$)
Wir nehmen für die Stichprobe der Altersverteilung eine Normalverteilung mit unbekanntem Mittelwert und bekannter Varianz an:

$$X_i \sim N(\mu, \sigma^2), \quad i = 1, \ldots, 100.$$

Die Grösse der Standardabweichung σ hat auf die Stichprobe einen wesentlichen Einfluss. Daher sollte die Abschätzung, bzw. Elizitation der Standardabweichung sorgfältig erfolgen. Dabei kann man bei der Elizitation der Standardabweichung analog zu den Techniken der Bayes-Analyse verfahren.
Zur Abschätzung der Standardabweichung gehen wir wie folgt vor. Die Altersspanne der Hörer liegt zwischen 19 und 30 Jahren. Bei Annahme einer Normalverteilung decken etwa 4 Standardabweichungen dieses Intervall von 12 Jahren ab:

$$4 \cdot \sigma = 12 \, \text{Jahre}.$$

Daraus ergibt sich $\sigma = 3$. Bei Annahme einer 6-maligen Abdeckung von Standardabweichungen erhalten wir $\sigma = 2$, das ist eine „ganz sichere" Abschätzung. Der Stichprobenumfang für unendliche GG ist

$$\sigma = 2: \quad n_\infty = \frac{1.96^2 \cdot 4}{1^2} = 15.37 = 16,$$

$$\sigma = 3: \quad n_\infty = \frac{1.96^2 \cdot 9}{1^2} = 34.6 = 35.$$

Für die endliche GG mit $N = 100$ ergibt sich ein Stichprobenumfang von

$$\sigma = 2: \quad n = \frac{1}{\frac{1}{16} + \frac{1}{100}} = \frac{1}{0.0625 + 0.01} = \frac{1}{0.0725} = 13.8 \cong 14,$$

$$\sigma = 3: \quad n = \frac{1}{\frac{1}{35} + \frac{1}{100}} = \frac{1}{0.0286 + 0.01} = \frac{1}{0.0386} = 25.9 \cong 26.$$

8.2.2 Binomialverteilung $Bin(n, \pi)$, endliche Grundgesamtheit, Ziehen ohne Zurücklegen

Eine Zufallsstichprobe für einen unbekannten Anteil π einer Grundgesamtheit werde geplant. Das $\alpha\%$-Konfidenzintervall für den Anteil π lautet:

$$\alpha - KONF(\pi) = \left[\hat{\pi} \pm z_{\frac{1+\alpha}{2}} \cdot \sigma_\pi \cdot \sqrt{\frac{N-n}{N-1}} \right]_\alpha$$

Mit der Varianz $\sigma_\pi^2 = \frac{\pi \cdot (1-\pi)}{n}$ und der Endlichkeitskorrektur

$$\sqrt{\frac{N-n}{N-1}} \approx \sqrt{1-f} \quad \text{mit} \quad f = \frac{n}{N}$$

kann die Breite des halben Konfidenzintervalls $\Delta\pi$ folgendermassen abgeschätzt werden:

$$\Delta\pi \geq z \cdot \sqrt{\frac{\pi \cdot (1-\pi)}{n}} \cdot \sqrt{1-f}$$

$$\Rightarrow (\Delta\pi)^2 \geq z^2 \cdot \frac{\pi \cdot (1-\pi)}{n} \cdot (1-f)$$

$$n \geq \frac{z^2 \cdot \pi \cdot (1-\pi)}{(\Delta\pi)^2} \cdot (1-f) = n_\infty \cdot (1-f)$$

Aus dieser Beziehung zwischen n und n_∞ lässt sich folgende grundlegende Beziehung für alle Stichprobenumfänge aus endlichen Grundgesamtheiten ableiten:

$$\frac{1}{n} = \frac{1}{n_\infty} + \frac{1}{N}. \tag{8.7}$$

Zum Beispiel ist für $n_\infty = 2500$ aus folgender Tabelle für verschiedene N der Stichprobenumfang n ablesbar:

N	500	1000	5000	10000	100000
n	417	715	1667	2000	2440

Bemerkung: Eine alternative, direkte Formel für den minimalen Umfang n existiert, aber sie ist komplizierter aufgebaut:

$$\alpha - KONF(\pi) = \left[\hat{\pi} \pm z \cdot \sigma_\pi \cdot \sqrt{\frac{N-n}{N-1}} \right]_{\alpha\%}.$$

Aus der vorgegebenen halben Breite des Konfidenzintervalls

$$\Delta\pi = z \cdot \sqrt{\frac{\pi \cdot (1-\pi)}{n}} \cdot \sqrt{1-f}, \quad \text{mit } f = \frac{n}{N}$$

berechnet man die minimale Stichprobengrösse als

$$\Rightarrow n \geq \frac{z^2 \cdot N \cdot \pi \cdot (1-\pi)}{(\Delta\pi)^2 \cdot (N-1) + z^2 \cdot \pi \cdot (1-\pi)}.$$

Bemerkung:
a) Bei kleinem Auswahlsatz f, d. h. $f < 0.05$, trägt die Endlichkeitskorrektur so gut wie nichts bei, und man kann die im letzten Abschnitt hergeleitete Formel verwenden.
b) Eine Abschätzung bei unbekanntem π ist möglich:

$$n = \frac{z^2 \cdot \frac{N}{4}}{(\Delta\pi)^2 \cdot (N-1) + \frac{z^2}{4}} \approx \frac{z^2}{(\Delta\pi)^2 \cdot 4 + \frac{z^2}{N}}.$$

Beispiel 8.6: Stichprobenplanung   einer   Meinungsumfrage   zur
Parteienpräferenz in einer kleinen Gemeinde
Die Grundgesamtheit ist $N = 1000$. Die Konfidenzintervalle sollen mit Hilfe
der Formel (8.7) auf $\alpha = 95\%$ und $\Delta\pi = 0.02$ genau bestimmt werden.

a) Zunächst bestimmen wir die minimale Stichprobegrösse für eine unendliche
GG:

$$n_\infty = \frac{z^2}{4 \cdot (\Delta\pi)^2} = \frac{(1.96)^2}{4 \cdot 0.0004} = 2401.$$

Da die Stichprobengrösse grösser als die GG ist, wird durch die Formel (8.7)
bei einer endlichen Grundgesamtheit der Stichprobenumfang verkleinert. In
unserem Fall mit $N = 1000$ ergibt sich

$$\frac{1}{n} = \frac{1}{2401} + \frac{1}{1000} = 0.000416 + 0.001 = 0.001416,$$

bzw.

$$\Rightarrow n = \frac{1}{0.001416} = 705.97 \cong 706.$$

Mit 706 Stichproben bei einer GG von 1000 erscheint die Stichprobe trotzdem sehr gross zu sein. Dies ist auf die grosse Varianz und die relativ hohe
Genauigkeitsforderung zurückzuführen.
b) Bei einem geringeren zu erwartenden Anteil kann sich der Stichprobenumfang ebenfalls verringern: Ist $\pi = 0.1$ (zum Beispiel der Anteil grüner
Stimmen), dann ist bei unendlicher GG der minimale Stichprobenumfang

$$n_\infty = \frac{1.96^2}{0.02^2} \cdot 0.1 \cdot 0.9 = 865.$$

Für die Stichprobenplanung der endlichen GG ($N = 1000$) ergibt sich

$$\frac{1}{n} = \frac{1}{865} + \frac{1}{1000} = 0.001156 + 0.001 = 0.002156$$

$$\Rightarrow n = \frac{1}{0.002156} = 463.8 \cong 464.$$

Gegenüber der Fragestellung in a) hat sich der Stichprobenumfang
beträchtlich verkleinert. Eine weitere Verringerung der Stichprobe ist bei
einer grösseren Intervallbreite Δp zu erzielen.

Beispiel 8.7:
Eine Meinungsumfrage wird geplant, $\alpha = 95\%$, auf $\Delta\pi = \pm 0.02$ genau. Die
Grösse der GG ist $N = 1000$ und die Planung erfolgt für einen unbekannten
Anteil in der Grössenordnung $\pi = 0.5$ und für $\pi = 0.1$.
$\pi = 0.5$:

$$n \geq \frac{(1.96)^2 \cdot \frac{1000}{4}}{(0.02)^2 \cdot 999 + \frac{(1.96)^2}{4}} = \frac{\frac{3842}{4}}{1.36} = 706.18 \Rightarrow n \geq 707$$

$\pi = 0.1$:

$$n \geq \frac{(1.96)^2 \cdot 0.1 \cdot 0.9 \cdot 1000}{(0.02)^2 \cdot 999 + (1.96)^2 \cdot 0.9 \cdot 0.1} = \frac{345.74}{0.745} = 463.9 \Rightarrow n \geq 464.$$

8.3 Stichprobenplanung für Tests

Modellübersicht:

1) Mittelwerttest μ	bei bekanntem β-Fehler
2) $Bin(n,p)$	bei bekanntem β-Fehler
3) $\Delta\mu$	bei bekanntem β-Fehler
4) Δp	bei bekanntem β-Fehler

8.3.1 Planung von n beim Mittelwerttest bei gegebenen α- und β-Fehler

1. *Teste eine einseitige Hypothese* zum Niveau α

$$H_0: \quad \mu \leq \mu_0 \qquad \text{gegen} \qquad H_1: \quad \mu > \mu_0,$$

wobei der Fehler 2. Art β an der Stelle $\mu_1 > \mu_0$ eingehalten werden soll: Wie zuvor nehmen wir an, dass die Varianz σ^2 bekannt ist:

$$\mu_0 + z_{1-\alpha}\frac{\sigma}{\sqrt{n}} = \mu_1 - z_{1-\beta}\frac{\sigma}{\sqrt{n}},$$

$$\mu_0 - \mu_1 = (-z_{1-\beta} - z_{1-\alpha})\,\sigma/\sqrt{n},$$

$$\sqrt{n} = \sigma \cdot \frac{z_{1-\beta} + z_{1-\alpha}}{\mu_1 - \mu_0}.$$

Der Stichprobenumfang lautet:

$$n \geq \left[\sigma\frac{z_{1-\alpha} + z_{1-\beta}}{\mu_1 - \mu_0}\right]^2. \tag{8.8}$$

2. *Teste eine zweiseitige Hypothese* zum Niveau α

$$H_0: \quad \mu = \mu_0 \qquad \text{gegen} \qquad H_1: \quad \mu \neq \mu_0,$$

wobei der β-Fehler an einer Stelle $\mu_1 \neq \mu_0$ vorgegeben ist (σ^2 bekannt):

$$n \geq \left(\sigma\frac{z_{1-\frac{\alpha}{2}} + z_{1-\beta}}{\mu_0 - \mu_1}\right)^2. \tag{8.9}$$

Beachte: Der Stichprobenumfang n muss umso grösser gewählt werden,

a) je grösser σ;

b) je kleiner $\mu_0 - \mu_1$;

c) je kleiner α und β ist.

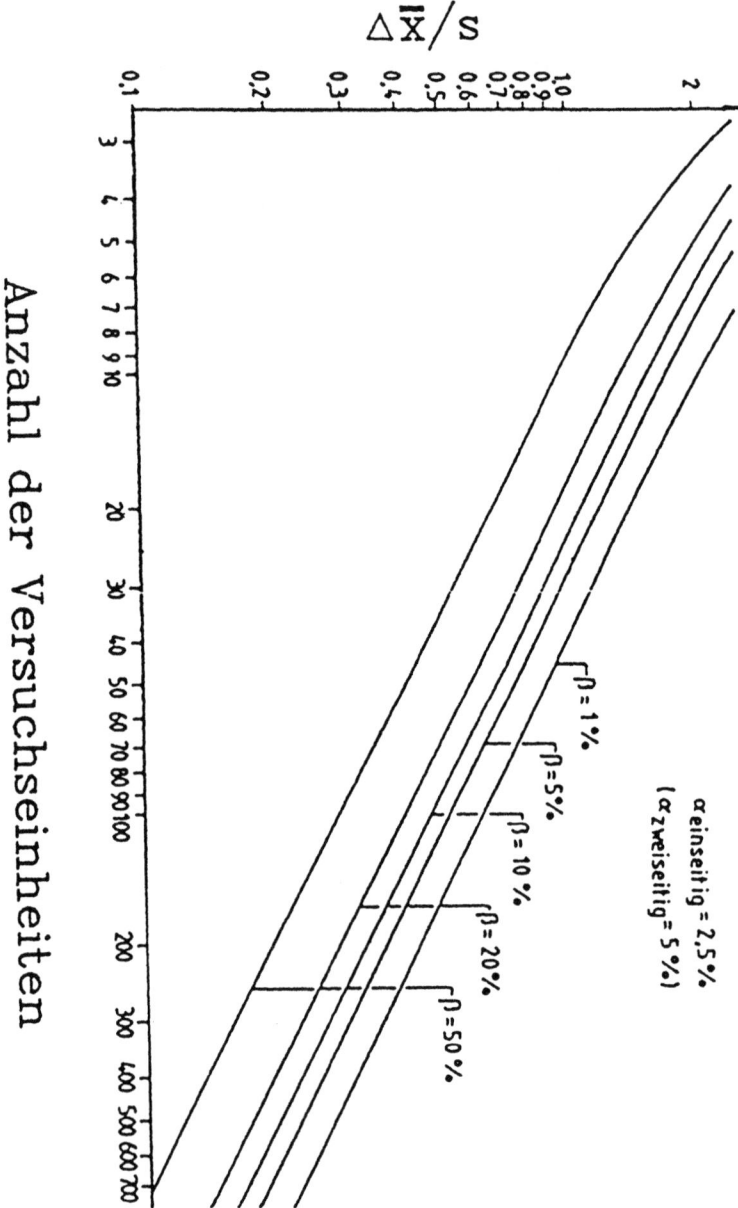

Figur 8.1: Planung des Stichprobenumfanges bei vorgegebenen α- und β-Fehler beim Mittelwerttest

Beispiel 8.8: Stichprobenumfang beim Signifikanztest auf das Durch-
schnittsalter von Studenten
Bestimme n im Testproblem mit $\alpha = 2.5\%$ Signifikanz: Ist das Durch-
schnittsalter der Hörer einer Vorlesung grösser oder kleiner als 22 Jahre?

$$H_0: \quad \mu \le 22 \quad \text{gegen} \quad H_1: \quad \mu > 22 \quad (\sigma^2 = 9).$$

Es soll an der Stelle $\mu_1 = 25$ der β-Fehler $\beta = 5\%$ eingehalten werden.
Einsetzen in die Formel ergibt

$$n \ge \left(\sigma \frac{z_{1-\alpha} + z_{1-\beta}}{\mu_0 - \mu_1}\right)^2 = \left(3 \cdot \frac{1.96 + 1.645}{22 - 25}\right)^2$$
$$= (-3.605)^2 = 12.996.$$

Runden „auf die sichere Seite" ergibt ein $n = 13$. Daraus erhalten wir folgende Antwort auf das Problem der Stichprobenplanung: Die Stichprobe
muss mindestens vom Umfang $n = 13$ sein, wenn

(a) $H_0: \mu \le 22$ in max. 2.5% fälschlich abgelehnt werden soll.

(b) H_0 (fälschlicherweise) in 5% der Fälle akzeptiert wird, wenn $\mu = 25$ ist.

Aber: Ist $22 < \mu < 25$, so kann keine Aussage über den β-Fehler
gemacht werden.

Eine graphische Veranschaulichung ist in Figur 8.1 gegeben, wobei $c = \mu_0 + 1.96\,\sigma/\sqrt{n}$ der kritische Wert im einseitigen Testproblem zum Niveau $\alpha = 2.5\%$ bedeutet.

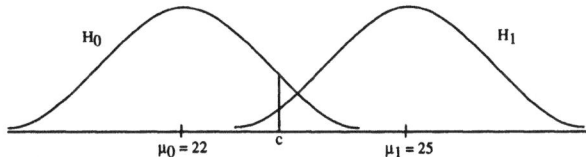

Figur 8.2: Stichprobenplanung im Beispiel 8.8

8.3.2 Binomialtest bei gegebenen β-Fehler

Bestimmung des Stichprobenumfangs n beim Testen von Hypothesen über
den Parameter π einer Binomialverteilung bei vorgegebenen Fehlern 1. und
2. Art. Getestet werden die Hypothesen

$$H_0: \quad \pi \le \pi_0 \quad \text{gegen} \quad H_1: \quad \pi > \pi_0$$

zum Niveau α. Dabei soll ein Fehler 2. Art β an einer Stelle $\pi_1 > \pi_0$ vorgegeben werden. Dann ergibt sich als Stichprobenumfang

$$n \geq \left(\frac{\sqrt{\pi_0(1-\pi_0)}z_{1-\alpha} + \sqrt{\pi_1(1-\pi_1)}z_{1-\beta}}{\pi_1 - \pi_0} \right)^2. \qquad (8.10)$$

Die gleiche Formel zur Bestimmung von n gilt für die Fragestellung

$$H_0: \quad \pi \geq \pi_0 \quad \text{gegen} \quad H_1: \quad \pi < \pi_0$$

bei vorgegebenem β-Fehler an einer Stelle $\pi_1 < \pi_0$. Im zweiseitigen Testproblem

$$H_0: \quad \pi = \pi_0 \quad \text{gegen} \quad H_1: \quad \pi \neq \pi_0$$

zum Niveau α bestimmt man den Stichprobenumfang n aus

$$n \geq \left(\frac{\sqrt{\pi_0(1-\pi_0)}z_{1-\frac{\alpha}{2}} + \sqrt{\pi_1(1-\pi_1)}z_{1-\beta}}{\pi_1 - \pi_0} \right)^2, \qquad (8.11)$$

wenn man an einer Stelle $\pi_1 \neq \pi_0$ einen Fehler 2. Art β vorgibt.

Bemerkung: Allgemein gilt folgendes Konstruktionsprinzip für die obigen Formeln

$$n \geq \left(\frac{\sigma_0 z_{(\alpha)} + \sigma_1 z_{1-\beta}}{\pi_1 - \pi_0} \right)^2, \qquad (8.12)$$

wobei $\sigma_0^2 = \pi_0(1-\pi_0)$ und $\sigma_1^2 = \pi_1(1-\pi_1)$ die Varianzen unter H_0 und H_1 sind. $z_{(\alpha)}$ steht kurz für den z-Wert bei einseitiger oder zweiseitiger Fragestellung.

Beispiel 8.9: Einseitiger Biniomaltest (vgl. HARTUNG 1987)
Zum Niveau $\alpha = 0.05$ soll die Hypothese

$$H_0: \quad \pi \leq 0.3 \quad \text{gegen} \quad H_1: \quad \pi > 0.3$$

getestet werden und dabei ist an der Stelle $\pi_1 = 0.5$ einen Fehler $\beta = 0.05$ zweiter Art vorgegeben. Um dann die beiden Fehlerwahrscheinlichkeiten α und β nicht zu überschreiten, muss man eine Stichprobe vom Umfang

$$
\begin{aligned}
n \;&\geq\; \left(\frac{\sqrt{\pi_0(1-\pi_0)}z_{1-\alpha} + \sqrt{\pi_1(1-\pi_1)}z_{1-\beta}}{\pi_1 - \pi_0} \right)^2 \\[2mm]
&=\; \left(\frac{\sqrt{0.3 \cdot 0.7}z_{0.95} + \sqrt{0.5 \cdot 0.5}z_{0.95}}{0.5 - 0.3} \right)^2 \\[2mm]
&=\; \left(\frac{\sqrt{0.21} \cdot 1.645 + \sqrt{0.25} \cdot 1.645}{0.2} \right)^2 = 62.1
\end{aligned}
$$

aus der Grundgesamtheit ziehen.

8.3.3 Differenz zweier Mittelwerte bei gegebenem β-Fehler

Sind die Varianzen zweier normalverteilter GG bekannt und gleich $\sigma_1^2 = \sigma_2^2 = \sigma^2$ oder kann die gemeinsame Varianz σ^2 abgeschätzt werden, dann gilt für das Testproblem für die Differenz zweier Mittelwerte

$$H_0: \quad \mu_1 - \mu_2 \leq d_0 \quad \text{gegen} \quad H_1: \quad \mu_1 - \mu_2 > d_0$$

$$\text{(bzw.} \quad H_0: \quad \mu_1 - \mu_2 \geq d_0 \quad \text{gegen} \quad H_1: \quad \mu_1 - \mu_2 < d_0)$$

bei gegebenen $\alpha-$ und $\beta-$Fehler an der Stelle $d_1 > d_0$ (bzw. $d_1 < d_0$) für den Stichprobenumfang $n = n_1 = n_2$:

$$n \geq 2\sigma^2 \left(\frac{z_{1-\alpha} + z_{1-\beta}}{d_1 - d_0} \right)^2 \tag{8.13}$$

wobei z_α das α-Quantil der Standardnormalverteilung $N(0,1)$ ist.

b) im zweiseitigen Testproblem

$$H_0: \quad \mu_1 - \mu_2 = d_0 \quad \text{gegen} \quad H_1: \quad \mu_1 - \mu_2 \neq d_0$$

erhält man für den Stichprobenumfang

$$n \geq 2\sigma^2 \left(\frac{z_{1-\frac{\alpha}{2}} + z_{1-\beta}}{d_1 - d_0} \right)^2, \quad \text{für} \quad d_1 \neq d_0 \tag{8.14}$$

und bei vorgegebenen β an der Stelle d_1.

Beispiel 8.10: Stichprobenplanung für den Unterschied von Gehältern in 2 Abteilungen
Die Differenz der Mittelwerte in zwei Stichproben soll getestet werden ($\Delta\mu$-Test). Das Signifikanzniveau ist $\alpha = 5\%$ und die Nullhypothese „Es gibt keinen Unterschied in den Gehältern" wird als einseitiger Test formuliert:

$$H_0: \quad \mu_1 - \mu_2 \geq 0 \quad \text{gegen} \quad H_1: \quad \mu_1 - \mu_2 < 0,$$

wobei an der Stelle $d_1 = 100$ der Fehler 2. Art $\beta = 10\%$ betragen soll. Die Varianz der beiden Grundgesamtheiten sei $\sigma^2 = 100^2$. Wie gross muss n gewählt werden?

a) Im einseitigen Testproblem ergibt sich für den Stichprobenumfang

$$n \geq 2 \cdot 100^2 \left(\frac{z_{0.95} + z_{0.90}}{100 - 0} \right)^2 = 2(1.645 + 1.282)^2 = 17.13$$

Es muss also $n \geq 18$ gewählt werden (Aufrunden ist dabei das Runden auf die sichere Seite).

b) Im zweiseitigen Testproblem mit Nullhypothese $H_0 : d_0 = 0$ ergibt sich

$$n > 2 \cdot 100^2 \left(\frac{z_{0.975} + z_{0.90}}{100 - 0} \right)^2 = 2(1.96 + 1.282)^2 = 21.02.$$

Aufrunden ergibt den Stichprobenumfang $n \geq 22$. Der Stichprobenumfang ist im zweiseitigen Testproblem also etwas grösser.

Bemerkungen:

(a) $2\sigma^2$ kann gegebenenfalls durch $(\sigma_1^2 + \sigma_2^2)$ ersetzt werden, falls die Varianz in den beiden Stichproben bekannt sind.

(b) Die Genauigkeit von n hängt von der Anzahl der Nachkommastellen der z_α-Quantile ab (2 bis 3 Nachkommastellen sind oft ausreichend)

Eine alternative Berechnungsformel des Stichprobenumfangs (8.13) soll im nächsten Beispiel gezeigt werden.

Beispiel 8.11: Gehaltsunterschiede bei Männern und Frauen:
Für dieses Beispiel empfiehlt es sich, die Formel (8.13) für den Stichprobenumfang etwas anders anzuschreiben:

$$n \geq 2\frac{\sigma^2}{(d_1 - d_0)^2}(z_{1-\alpha} + z_{1-\beta})^2 = 2k^2(z_{1-\alpha} + z_{1-\beta})^2 \qquad (8.15)$$

Der Faktor k^2 mit $k = \frac{\sigma}{|d_1 - d_0|}$ kann als Varianz/Diskrepanz - Verhältnis interpretiert werden.

Die einseitige Hypothese, dass $d = 500$ SFr Unterschied besteht, soll auf $\alpha = 5\%$ getestet werden.

$$H_0: \quad \mu_1 - \mu_2 \leq 500 \quad \text{gegen} \quad H_1: \quad \mu_1 - \mu_2 > 500$$

An der Stelle $d_1 = 1000$ SFr soll der Fehler 2. Art maximal 10% betragen. Der Abstand der Nullhypothese d_0 von der Stelle d_1 im Vergleich zur Standardabweichung σ, d. h. der Faktor k entscheidet über die Grösse der Stichprobe. Da die Grössenordnung von der Varianz unbekannt ist, berechnen wir mit n_1 die Stichprobengrösse für $\sigma = 500$:

$$n_1 \geq 2\left[\frac{z_{0.95} + z_{0.90}}{1000 - 500} \cdot \sigma\right]^2$$
$$= 2k^2[1.645 + 1.282]^2 = 17.13$$

da für $\sigma = 500$ der Faktor $k = \frac{500}{500} = 1$ ist. Ist $\sigma = 1000$, dann ist $k = \frac{1000}{500} = 2$ und es vervierfacht sich die Mindestanzahl, d. h. die Beziehung zwischen den beiden Stichprobenumfängen lautet $n_2 = 4n_1$.

Kapitel 9

Varianzanalyse

9.1 Ein-Weg-ANOVA

Die Ein-Weg-Varianzanalyse wird in der englischen Literatur als One-Way Analysis Of Variance bezeichnet. Diese einfache Varianzanalyse dient zum Testen der Hypothese, ob sich die Mittelwerte von k normalverteilten Gruppen unterscheiden. Die Ein-Weg-$ANOVA$ kann damit als Erweiterung des t–Tests von 2 auf k Gruppen angesehen werden.

9.1.1 Fragestellung

Beispiel 9.1:
4 Biersorten W, X, Y, Z werden zufällig in 5 Wiederholungen auf einer Punktskala von $1 - 80$ bewertet, um in einem vollständig randomisierten Versuch (completely randomized design) Geschmacksunterschiede der 4 Biersorten herauszufinden. Jede der 4 Biersorten wird von 5 Prüfern auf der Punkteskala beurteilt:

	Biersorten $k = 4$			
	W	X	Y	Z
	60	61	58	61
Beobach-	59	60	54	57
tungen	61	66	58	61
$n = 5$	55	62	58	61
	65	56	62	65
$\bar{x}_{.j}$	60	61	58	61
s_j^2	13	13	8	8

Dabei sind die $\bar{x}_{.j}$ die Gruppenmittelwerte der $i = 1, \ldots, n = 5$ Beobachtungen und s_j^2 die Gruppenvarianzen der $j = 1, \ldots, k = 4$ Gruppen.

Frage: Werden die 4 Biersorten statistisch signifikant unterschiedlich bewertet?

9.1.2 Theoretisches Modell

Wir betrachten k verschiedene Stichproben (Gruppen) mit jeweils n Beobachtungen einer metrischen Zufallsvariablen X. Diese werden als k Spalten einer $n \times k$ Matrix-Tabelle angeschrieben.

$$
\begin{array}{cccc}
x_{11} & x_{12} & \cdots & x_{1k} \\
x_{21} & x_{22} & \cdots & x_{2k} \\
\vdots & \vdots & \vdots & \vdots \\
x_{n1} & x_{n2} & \cdots & x_{nk}
\end{array}
$$

Gehen wir der Frage nach, ob sich die k Gruppen unterscheiden, so spricht man in der Statistik von der einfachen oder 1-Weg Varianzanalyse (ANOVA).

a) 1-Weg ANOVA: Formulierung 1:

Die Modellannahmen der Ein-Weg ANOVA sind:
(1) Normalverteilte Grundgesamtheit der k Gruppen:

$$x_{ij} \sim N(\mu_j, \sigma_j^2), \quad i = 1, \ldots, n; \quad j = 1, \ldots, k. \tag{9.1}$$

(2) Varianzhomogenität:

$$\sigma_1^2 = \sigma_2^2 = \cdots = \sigma_k^2 \tag{9.2}$$

(3) Es liegen k unabhängige Zufallsstichproben vor.
(4) Die zu testenden Hypothesen sind:

$$H_0 : \mu_1 = \mu_2 = \cdots = \mu_k \text{ gegen } H_1 : \text{nicht alle } \mu_j \text{ sind gleich} \tag{9.3}$$

b) 1-Weg ANOVA: Formulierung 2:

Eine andere Formulierung des Modells der einfachen oder 1-Weg ANOVA-Modells (9.1) ist:

$$x_{ij} = \mu + \alpha_j + \varepsilon_{ij}, \quad \varepsilon_{ij} \sim N(0, \sigma^2), \quad i = 1, \ldots, n, \quad j = 1, \ldots, k \tag{9.4}$$

wobei μ der gemeinsame Effekt (Mittelwert) und die ε_{ij} die Residuen des "linearen Modells" sind. Die α_j sind die k Spalten- oder Gruppeneffekte, für die die folgende Nebenbedingung gilt:

$$\sum_{j=1}^{k} \alpha_j = 0.$$

Die Hypothesen in der zweiten Form lauten:

H_0: Alle Gruppeneffekte sind Null: $\alpha_1 = \alpha_2 = \cdots = \alpha_k = 0$
H_1: Nicht alle Gruppeneffekte sind Null.

Der Zusammenhang mit Formulierung (9.1) ist:

$$x_{ij} \sim N[\mu + \alpha_j, \sigma^2]$$

bzw. $x_{ij} \sim N[\mu_j, \sigma^2]$ mit

$$\mu_j = \mu + \alpha_j, \qquad j = 1, \ldots, k,$$

wobei die μ_j die Gruppenmittelwerte sind, die additiv in einen gemeinsamen und in k Gruppeneffekte zerlegt werden. Ausserdem gilt die Varianzhomogenität (9.2).

9.1.3 Streuungszerlegung

Die totale Quadratsumme (Streuung) der $(n \times k)$ Beobachtungen kann in folgende Teil-Quadratsummen zerlegt werden:

1. Totale Quadratsumme (Total Sum of Squares):

$$TSS = \sum_{i=1}^{n} \sum_{j=1}^{k} (x_{ij} - \bar{x}_{..})^2, \qquad \bar{x}_{..} = \frac{1}{nk} \sum_{i=1}^{n} \sum_{j=1}^{k} x_{ij},$$

   bildet die gesamte Quadratsumme (Variation) in allen Beobachtungen vom Gesamtmittelwert $\bar{x}_{..}$.

2. Quadratsumme zwischen den Gruppen (Between-Group Sum of Squares):

$$BSS = n \sum_{j=1}^{k} (\bar{x}_{.j} - \bar{x}_{..})^2, \qquad \bar{x}_{.j} = \frac{1}{n} \sum_{i=1}^{n} x_{ij},$$

   bildet die Quadratsumme der Gruppen-Mittelwerte $\bar{x}_{.j}$ um das Gesamtmittel $\bar{x}_{..}$.

3. Quadratsumme innerhalb der Gruppen (Within-Group Sum of Squares):

$$WSS = \sum_{j=1}^{k} \sum_{i=1}^{n} (x_{ij} - \bar{x}_{.j})^2,$$

   bildet die Quadratsumme um das Mittel in jeder Gruppe. Sie kann auch als Fehlerquadratsumme (Error Sum of Squares) des Modells (9.1) angesehen werden.

Satz 9.1:
Die Steuungszerlegung im 1-Weg-ANOVA-Modell lautet:

$$TSS = BSS + WSS. \tag{9.5}$$

Satz 9.2: F-Statistik in der 1-Weg-ANOVA
Unter den Modellannahmen (9.1) − (9.3) und der H_0 gilt:

$$F = \frac{BSS/(k-1)}{WSS/k(n-1)} \sim F(k-1, k(n-1)). \tag{9.6}$$

Beachte: Da k und n durch die Versuchsanordnung gegeben sind, gilt: Je grösser die Quadratsumme des Modells (9.1), d. h. je grösser die BSS ist (im Vergleich zur Fehlerquadratsumme WSS), desto unwahrscheinlicher ist die Nullhypothese H_0.

9.1.4 Die ANOVA-Streuungszerlegung

Die ANOVA-Quadratsummenzerlegung in (9.5) lautet in Summennotation

$$\sum_i^n \sum_j^k (x_{ij} - \overline{x}_{..})^2 = n \cdot \sum_j^k (\overline{x}_{.j} - \overline{x}_{..})^2 + \sum_i^n \sum_j^k (x_{ij} - \overline{x}_{.j})^2$$

und kann folgendermassen als Zerlegung der deskriptiven Varianz und der Stichprobenvarianz formuliert werden:

1. Mit den deskriptiven Varianzen

$$\sigma_x^2 = \frac{1}{nk} \sum_{i=1}^n \sum_{j=1}^k (x_{ij} - \overline{x}_{..})^2 = \frac{1}{nk} TSS$$

$$\sigma_{\overline{x}}^2 = \frac{1}{k} \sum_j^k (\overline{x}_{.j} - \overline{x}_{..})^2 = \frac{1}{nk} BSS,$$

$$\overline{\sigma}_j^2 = \frac{1}{n} \sum_j^k (x_{ij} - \overline{x}_{.j})^2 = \frac{1}{nk} WSS$$

kann die ANOVA-Zerlegung folgendermassen geschrieben werden:

(a)

$$TSS = BSS + WSS$$

bzw.

$$nk \cdot \sigma_x^2 = nk \cdot \sigma_{\bar{x}}^2 + \sum_{j=1}^{k} n \cdot \bar{\sigma}_j^2. \tag{9.7}$$

(b) Sei $\sigma_x^2 = Var(X)$, $\sigma_{\bar{x}}^2 = Var(\bar{x}_{.j})$ und $\overline{\sigma^2} = \frac{1}{k}\sum_{j=1}^{k}\bar{\sigma}_j^2 = Ave(\sigma_j^2)$, wobei "$Ave$" für die Durchschnittsbildung steht. Dann gilt

$$Var(X) = Var(\bar{x}_{.j}) + Ave(\sigma_j^2)$$

bzw.

$$\sigma_x^2 = \sigma_{\bar{x}}^2 + \overline{\sigma^2}. \tag{9.8}$$

2. In Stichprobenvarianzen kann die ANOVA-Zerlegung weniger einfach geschrieben werden:

$$(nk - 1) \cdot s_x^2 = n \cdot (k - 1) \cdot s_{\bar{x}}^2 + k \cdot (n - 1) \cdot \bar{s}^2 \tag{9.9}$$

wobei folgende Stichprobenvarianzen definiert werden:

$$s_x^2 = \frac{1}{nk - 1}\sum_{i=1}^{n}\sum_{j=1}^{k}(x_{ij} - \bar{x}_{..})^2$$

$$s_{\bar{x}}^2 = \frac{1}{k - 1}\sum_{j=1}^{k}(\bar{x}_{.j} - \bar{x}_{..})^2$$

$$\bar{s}^2 = \frac{1}{n - 1}\cdot\sum_{i=1}^{n}(x_{ij} - \bar{x}_{.j})$$

Die Division benötigt die folgende Zerlegung der Freiheitsgrade:

$$nk = (n - 1)(k - 1) + n + k - 1$$

da $BSS = nk\sigma_{\bar{x}}^2$ und $WSS = nk\overline{\sigma^2}$.
Man beachte, dass der F-Wert in (9.6) auch mit Hilfe der deskriptiven Varianzen gebildet werden kann:

$$F = \frac{BSS/(k - 1)}{WSS/k(n - 1)} = k \cdot \frac{\sigma_{\bar{x}}^2/(k - 1)}{\overline{\sigma^2}/(n - 1)}.$$

9.1.5   Signifikanz-Test der Gruppenmittelwerte

1. Erstelle eine $n \times k$ Beobachtungsmatrix, wobei die k Gruppen waagerecht und die n Beobachtungen jeweils senkrecht aufgetragen werden.

2. Formuliere die Null- und Alternativ-Hypothesen:

$$H_0 : \mu_1 = \mu_2 = \cdots = \mu_k \quad \text{gegen} \quad H_1 : \text{nicht alle } \mu_j \text{ sind gleich.}$$

3. Fixiere das Signifikanzniveau α.

4. Erstelle die 1-Weg-ANOVA-Tabelle:

   (a) Berechne die Gruppen-Mittel und -Varianzen:

$$\bar{x}_{.j} = \frac{1}{n} \sum_{i=1}^{n} x_{ij}, \qquad j = 1, \ldots, k,$$

$$s_j^2 = \frac{1}{n-1} \sum_{i=1}^{n} (x_{ij} - \bar{x}_{.j})^2, \qquad j = 1, \ldots, k.$$

   (b) Berechne das Gesamtmittel aus den Gruppen-Mittelwerten:

$$\bar{x}_{..} = \frac{1}{k} \sum_{j=1}^{k} \bar{x}_{.j}$$

   (c) Berechne die Quadratsumme zwischen den Gruppen:

$$BSS = n \sum_{j=1}^{k} (\bar{x}_{.j} - \bar{x}_{..})^2$$

   (d) Berechne die Quadratsumme innerhalb aller Gruppen:

$$WSS = (n-1) \sum_{j=1}^{k} s_j^2$$

Man beachte, dass sich auch die Freiheitsgrade analog zur Quadratsummenzerlegung aufsummieren:

$$(k-1) + k(n-1) = nk - 1.$$

Die ANOVA-Tabelle hat folgendes Aussehen:

Quelle	Quadrat-summe	Freiheits-grade	Mittlere Quadratsumme	F-Test
Modell	BSS	$k-1$	$BSS/(k-1)$	
Fehler	WSS	$k(n-1)$	$WSS/k(n-1)$	$F = \frac{BSS/(k-1)}{WSS/k(n-1)}$
Total	TSS	$nk-1$		

5. Entscheidung: Vergleiche den berechneten F-Wert mit dem 'kritischen Wert', d. h. dem $(1-\alpha)$-Quantil der F-Verteilung $F_\alpha = F_{1-\alpha}(k-1, k(n-1))$ und lehne die H_0 ab, falls $F > F_\alpha$.

Beispiel 9.2: Ein-Weg Varianzanalyse im Bier-Vergleich
Gegeben sei die 4·5 Beobachtungen der Bewertung von Biersorten aus Beispiel 9.1, wobei auch Mittelwerte, Varianzen und Quadratsummen gebildet werden

	Biersorten $k = 4$				
	W	X	Y	Z	
	60	61	58	61	
Beobach-	59	60	54	57	
tungen	61	66	58	61	
$n = 5$	55	62	58	61	
	65	56	62	65	
$\bar{x}_{\cdot j}$	60	61	58	61	$\bar{x}_{\cdot\cdot} = 60$
s_j^2	13	13	8	8	$\sum_{j=1}^{k} s_j^2 = 42$
$(\bar{x}_{\cdot j} - \bar{x}_{\cdot\cdot})^2$	0	1	4	1	$\sum_{j=1}^{k}(\bar{x}_{\cdot j} - \bar{x}_{\cdot\cdot})^2 = 6$

Die Quadratsummenzerlegung lautet:

$$TSS = BSS + WSS = 30 + 168 = 198$$

mit der Quadratsumme zwischen den Mittelwerten

$$BSS = n \sum_{j=1}^{k} (\bar{x}_{\cdot j} - \bar{x}_{\cdot\cdot})^2 = 5 \cdot 6 = 30$$

und der Quadratsumme innerhalb der Gruppen:

$$WSS = (n-1) \sum_{j=1}^{k} s_j^2 = 4 \cdot 42 = 168.$$

Signifikanz-Test:

1. Modell: Die Bewertungen der Testpersonen auf einer Geschmacksskala von $1 - 80$ kann als annähernd normalverteilt angesehen werden.

2. Hypothesen:

$$H_0 : \mu_1 = \mu_2 = \mu_3 = \mu_4 \quad \text{gegen} \quad H_1 : \text{nicht alle } \mu_j \text{ sind gleich.}$$

3. Signifikanzniveau: $\alpha = 5\%$

4. Die Berechnung der Testgrösse mittels der 1-Weg-ANOVA-Tabelle ergibt:

Quelle	Quadrat- summe	Freiheits- grade	Mittlere Quadratsumme	F-Test
Modell	$BSS = 30$	$k - 1 = 3$	$30/3 = 10$	
Fehler	$WSS = 168$	$k(n - 1) = 16$	$168/16 = 10.5$	$F = \frac{10}{10.5} = 0.95$
Total	$TSS = 198$	$nk - 1 = 19$		

5. Entscheidung: Es ist das kritische Quantil $F_\alpha = F_{0.05} = F_{0.95}(3, 16) = 3.24$ und da $F = 0.95 < 3.24 = F_{0.05}$ gilt, wird die Nullhypothese H_0 nicht abgelehnt.

9.2   Die Bayessche Ein-Weg-ANOVA

1. Das Modell: k normalverteilte Stichproben mit jeweils n Beobachtungen

$$X_{i1} \sim N[\mu_1, \sigma^2], \ldots, X_{ik} \sim N[\mu_k, \sigma^2],$$

$$j = 1, \ldots, k, \qquad i = 1, \ldots, n.$$

2. Hypothesen:
$$H_0 : \mu_1 = \mu_2 = \ldots = \mu_k;$$

gegen
$$H_1 : \mu_i \neq \mu_i$$

für mindestens ein $i \neq j$.

H_0 ist die 'restringierte' und H_1 die 'unrestringierte' Hypothese.

3. Die a-priori-Verteilung ist diffus (vgl. LEAMER 1978, S.111).

Die posteriori-Verteilung für die Gruppenmittelwerte bei grossen n ist

$$\mu_j \sim N[\overline{x}_j, \sigma_{\overline{x}}^2], \qquad j = 1, \ldots, k$$

mit den deskriptiven Varianzen

$$\sigma_{\overline{x}}^2 = \frac{1}{k} \sum_{j=1}^{k} (\overline{x}_{\cdot j} - \overline{x}_{\cdot\cdot})^2 \quad \text{und} \quad \hat{\sigma}^2 = \frac{1}{nk} \sum_{i=1}^{n} \sum_{j=1}^{k} (x_{ij} - \overline{x}_{\cdot\cdot})^2.$$

4. Bayesfaktor:

$$B_{UR}^R = \left(\frac{WSS}{TSS}\right)^{nk/2} \cdot (nk)^{(k-1)/2}$$

Der Bayesfaktor B_{UR}^R bedeutet, dass die restringierte Quadratsumme WSS im Zähler und die unrestringierte TSS im Nenner steht.

5. Entscheidungsregel:

Lehne H_0 ab, falls $B_{UR}^R < 1$, bzw.

Lehne H_1 ab (akzeptiere H_0), falls $B_{UR}^R > 1$.

Die posteriori-Wahrscheinlichkeit p_{**} für die Nullhypothese H_0 ist

$$p_{**} = \frac{B}{B+1},$$

falls die a-priori-Wahrscheinlichkeiten der Hypothesen gleich sind, d.h. $Pr(H_0) = Pr(H_1) = \frac{1}{2}$:

Beispiel 9.3: Bayes-Varianzanalyse des Biersortenvergleichs

1. Das Modell: 4 Biersorten und jeweils 5 unabhängige Beobachtungen für jede Biersorte.

2. Hypothesen:

$H_0 : \mu_1 = \mu_2 = \mu_3 = \mu_4$, d.h. 'die Biersorten sind gleich gut',

$H_1 :$ 'mindestens ein μ_i ist verschieden', d.h. 'die Biersorten sind verschieden' (bzw. mindestens eine Biersorte unterscheidet sich von allen anderen).

3. a-priori: diffus

4. Bayesfaktor:

$$\begin{aligned} B_{UR}^R &= \left(\frac{WSS}{TSS}\right)^{nk/2} \cdot (nk)^{(k-1)/2} = \left(\frac{168}{198}\right)^{20/2} \cdot 20^{3/2} \\ &= 0.193 \cdot 89.4 = 17.3 \end{aligned}$$

B_{UR}^R kann gleichzeitig als Quote des restringierten Modells (der Nullhypothese) über das unrestringierte Modell angesehen werden. Mit 17.3 liegt die Quote knapp unter der Grenze für signifikante Hypothesen.

5. Entscheidung: Die posteriori-Wahrscheinlichkeit der H_0 beträgt

$$p_{**} = \frac{17.3}{18.3} = 94.5\%.$$

Daher kann die Nullhypothese 'Die Biersorten sind gleich gut' mit 94.5% Wahrscheinlichkeit angenommen werden. Man beachte, dass der Bayes-Test die empirische Evidenz in dieser 1-Weg ANOVA etwas anders bewertet als der Signifikanztest. Der Signifikanztest lehnt die H_0 nicht ab, da das kritische Testniveau nicht übersprungen werden kann. Der Bayes-Test akzeptiert die Nullhypothese (knapp an der Überzeugungsgrenze) mit 94.5%, d. h. mit hoher Wahrscheinlichkeit. Nach der *odds*-Regel ist ein posteriori *odds* von 17.3 zwar gut, aber doch noch unter der Grenze von 19, bei der die "signifikanten" Hypothesen beginnen.

9.3   Zwei-Weg-ANOVA

Die Zwei-Weg-ANOVA wird in der englischen Literatur als Two-Way Analysis of Variance bezeichnet.

9.3.1   Fragestellung

Beispiel 9.4: Bier-Vergleich
Die 4 Biersorten werden von 5 Testpersonen in einem geplanten Experiment (randomized block design) bewertet. Die 4×5 Datenmatrix mit den Zeilen-, Spalten- und Gesamtmittelwerten lautet:

Prüfer	W	X	Y	Z	$\bar{x}_{i\cdot}$
Andreas	63	59	62	61	61.25
Bernd	61	62	57	63	60.75
Chris	61	64	60	58	60.75
Daniel	62	62	60	62	61.50
Emil	58	63	61	61	60.75
$\bar{x}_{\cdot j}$	61	62	60	61	$\bar{x}_{\cdot\cdot} = 61$

(Spaltenüberschrift: "Gruppen")

Die Spalten bilden die verschiedenen Biersorten ($k = 4$), im allgemeinen sind dies Gruppen (treatments, Behandlungen). Die Zeilen bilden die Prüfpersonen, i. a. sind das die n Stichprobenelemente der k Gruppen.
Die zu beantwortenden Fragen, bzw. die zu testenden Hypothesen sind:

1. Sind die Testpersonen unterschiedlich (Gibt es einen Zeilen-Effekt)?

2. Sind die Biersorten unterschiedlich (Gibt es einen Spalten-Effekt)?

9.3.2 Das theoretische Modell

Gegeben die $n \times k$ Beobachtungsmatrix einer metrischen Zufallsvariablen X wobei im Unterschied zur 1-Weg $ANOVA$ die Zufallsgrösse X als "zweidimensionale" Zufallsgrösse angegeben werden kann (in Analogie zu einem zweidimensionalen Merkmal)

$$
\begin{array}{|cccc|}
\hline
x_{11} & x_{12} & \cdots & x_{1k} \\
x_{21} & x_{22} & \cdots & x_{2k} \\
\vdots & \vdots & \vdots & \vdots \\
x_{n1} & x_{n2} & \cdots & x_{nk} \\
\hline
\end{array}
$$

Das lineare Modell der Zwei-Weg-ANOVA kann folgendermassen formuliert werden:

$$x_{ij} = \mu + \alpha_i + \beta_j + \varepsilon_{ij}, \qquad \varepsilon_{ij} \sim N(0, \sigma^2),$$

$$i = 1, \ldots, n, \qquad j = 1, \ldots, k,$$

wobei die Varianzhomogenität wie zuvor gelten soll. Dabei erfüllen die Zeileneffekte α_i und die Spalteneffekte β_j die Nebenbedingungen

$$\sum_{j=1}^{n} \alpha_i = 0 \quad \text{und} \quad \sum_{j=1}^{k} \beta_j = 0.$$

Die Hypothesen lauten:

1. $\tilde{H}_0 : \alpha_1 = \alpha_2 = \cdots = \alpha_n = 0$ (Alle Zeileneffekte sind 0)

   $\tilde{H}_1 :$ mindestens ein $\alpha_i \neq 0$ (Nicht alle Zeileneffekte sind 0)

2. $H_0 : \beta_1 = \beta_2 = \cdots = \beta_k = 0$ (Alle Spalteneffekte sind 0)

   $H_1 :$ mindestens ein $\beta_j \neq 0$ (Nicht alle Spalteneffekte sind 0)

Zeilenmittel:

$$\bar{x}_{i\cdot} = \frac{1}{k} \sum_{j=1}^{k} x_{ij}$$

Spaltenmittel:

$$\bar{x}_{\cdot j} = \frac{1}{n} \sum_{i=1}^{n} x_{ij}$$

Gesamtmittel:

$$\bar{x}_{\cdot\cdot} = \frac{1}{nk} \sum_{i=1}^{n} \sum_{j=1}^{k} x_{ij}$$

9.3.3   Streuungszerlegung

Die Quadratsumme der Beobachtungsmatrix kann in Modell (9.1) folgendermassen zerlegt werden:

1. Totale Quadratsumme (Total Sum of Squares):

$$TSS = \sum_{i=1}^{n}\sum_{j=1}^{k}(x_{ij} - \bar{x}_{..})^2, \qquad \bar{x}_{..} = \frac{1}{nk}\sum_{i=1}^{n}\sum_{j=1}^{k} x_{ij}.$$

2. Zeilen-Quadratsumme (Row Sum of Squares):

$$RSS = k\sum_{i=1}^{n}(\bar{x}_{i.} - \bar{x}_{..})^2, \qquad \bar{x}_{i.} = \frac{1}{k}\sum_{j=1}^{k} x_{ij}.$$

3. Spalten-Quadratsumme (Between Sum of Squares):

$$BSS = n\sum_{j=1}^{k}(\bar{x}_{.j} - \bar{x}_{..})^2, \qquad \bar{x}_{.j} = \frac{1}{n}\sum_{i=1}^{n} x_{ij}.$$

4. Fehler-Quadratsumme (Error Sum of Squares):

$$ESS = TSS - BSS - RSS.$$

Bemerkung: Die Zeilen werden in der ANOVA oft auch als 'Blöcke' (blocks) und die Spalten (Gruppen) auch als 'Treatment' bezeichnet.

Satz 9.3: F-Statisik der 2-Weg-ANOVA

Unter den Modellannahmen (9.1)-(9.3) und H_0 gilt für die Testgrössen der Zeilen- und Spalteneffekte:

$$F_B = \frac{BSS/(k-1)}{ESS/(k-1)(n-1)} \sim F(k-1, (k-1)(n-1)),$$

$$F_R = \frac{RSS/(n-1)}{ESS/(n-1)(n-1)} \sim F(k-1, (k-1)(n-1)).$$

Satz 9.4:

Die Streuungszerlegung im 2-Weg-ANOVA-Modell lautet:

$$TSS = RSS + BSS + ESS$$

bzw.

$$\sigma_x^2 = \sigma_\alpha^2 + \sigma_\beta^2 + \sigma_\varepsilon^2.$$

* **Beweis:** Wir setzen $a_i = \bar{x}_{i.} - \bar{x}_{..}$, $b_j = \bar{x}_{.j} - \bar{x}_{..}$ und $e_{ij} = x_{ij} - \bar{x}_{i.} - \bar{x}_{.j} + \bar{x}_{..}$. Dann gilt:

$$
\begin{aligned}
TSS &= \sum\sum (x_{ij} - \bar{x}_{..})^2 \\
&= \sum\sum ((\bar{x}_{i.} - \bar{x}_{..}) + (\bar{x}_{.j} - \bar{x}_{..}) + (x_{ij} - \bar{x}_{i.} - \bar{x}_{.j} + \bar{x}_{..}))^2 \\
&= \sum\sum (a_i + b_j + e_{ij})^2 \\
&= \sum\sum (a_i^2 + b_j^2 + e_{ij}^2 + 2a_i b_j + 2a_i e_{ij} + 2b_j e_{ij}) \\
&= \sum k a_i^2 + \sum n b_j^2 + \sum\sum e_{ij}^2 + 2 \sum_i a_i \sum_j b_j + \\
&\quad + 2\sum_i (a_i \sum_j e_{ij}) + 2\sum_j (b_j \sum_i e_{ij}) \\
&= k\sum_i (a_i - 0)^2 + n\sum_i (b_j - 0)^2 + \sum\sum (e_{ij}^2 - 0)^2 \sum_i a_i \cdot 0 + \\
&\quad + 2\sum_i a_i \cdot 0 + 2\sum_j b_j \cdot 0 \\
&= nk Var(A) + nk Var(B) + nk Var(E) + 0 + 0 \\
&= nk\sigma_\alpha^2 + nk\sigma_\beta^2 + nk\sigma_\varepsilon^2
\end{aligned}
$$

$$= RSS + BSS + ESS$$

Wobei $\sigma_\alpha^2 = Var(A)$, $\sigma_\beta^2 = Var(B)$ und $\sigma_\varepsilon^2 = Var(E)$ die Varianzen der Zeilen (Faktor A), der Spalten (Faktor B) und der Residuen (Faktor E) bedeuten. Es werden also α_i, β_j, ε_{ij} durch a_i, b_j, e_{ij} geschätzt. Aus dem Gesamtmittelwert

$$\bar{x}_{..} = \frac{1}{k}\sum_j \bar{x}_{.j} = \frac{1}{n}\sum_i \bar{x}_{i.}$$

folgt

$$\sum_i a_i = \sum_i (\bar{x}_{i.} - \bar{x}_{..}) = \sum_i \bar{x}_{i.} - n\bar{x}_{..} = 0$$

und

$$\sum_j (\bar{x}_{.j} - \bar{x}_{..}) = \sum_j b_j = 0.$$

Ausserdem ist die Summe der geschätzten Residuen Null, d. h.

$$\sum_j e_{ij} = \sum_i e_{ij} = 0.$$

Dies folgt aus der Modellvoraussetzung unter der Nullhypothese H_0, weil

$$\begin{aligned}
\sum_j e_{ij} &= \sum_j (x_{ij} - \bar{x}_{i.} - \bar{x}_{.j} + \bar{x}_{..}) \\
&= \sum_j (x_{ij} - (\bar{x}_{i.} - \bar{x}_{..}) - (x_{.j} - \bar{x}_{..}) - \bar{x}_{..}) \\
&= \sum_j (x_{ij} - \alpha_i - \beta_j - \bar{x}_{..}) \\
&= \sum_j (x_{ij} - \bar{x}_{..}) \\
&= \sum_j (x_{ij} - \bar{x}_{i.}) = 0.
\end{aligned}$$

9.3.4 Signifikanz-Test

Das Berechnungsschema der Zwei-Weg-ANOVA lautet:

1. Erstelle eine $n \times k$ Beobachtungsmatrix, mit n waagrechten Zeilen und k senkrechten Spalten der normalverteilten Stichprobe.

2. Die Hypothesen, die getestet werden können, sind:

    (a) $\tilde{H}_0$: Alle Zeileneffekte sind 0.
    $\tilde{H}_1$: Nicht alle Zeileneffekte sind 0.

(b) H_0 : Alle Spalteneffekte sind 0.

H_1 : Nicht alle Spalteneffekte sind 0.

3. Signifikanzniveau: $\alpha = 5\%$

4. Berechne die Testgrössen:

(a) Berechne die Mittelwerte: $\bar{x}_{i.}, \bar{x}_{.j}$ und $\bar{x}_{..}$.

(b) Berechne die Quadratsummen: TSS, BSS, RSS, ESS.

(c) Erstelle die 2-Weg-ANOVA-Tabelle:

Quelle	Quadrat-summe	Freiheits-grade	Mittlere Quadratsumme	F-Test
Zeilen	RSS	$n-1$	$RSS/(n-1)$	$F_R = \frac{RSS/(n-1)}{ESS/(n-1)(k-1)}$
Spalten	BSS	$k-1$	$BSS/(k-1)$	$F_B = \frac{BSS/(k-1)}{ESS/(n-1)(k-1)}$
Fehler	ESS	$(k-1)(n-1)$	$ESS/(k-1)(n-1)$	
Total	TSS	$nk-1$		

Man beachte, dass sich analog zu den Quadratsummen auch die Freiheitsgrade additiv zerlegen lassen:

$$(n-1) + (k-1) + (k-1)(n-1) = nk - 1.$$

5. Entscheidungen:

(a) $\tilde{H}_0$ wird abgelehnt, falls $F_R > F_{1-\alpha}(n-1, (k-1)(n-1))$

(b) H_0 wird abgelehnt, falls $F_B > F_{1-\alpha}(k-1, (k-1)(n-1))$

Bemerkung: In der 2-Weg ANOVA wird die Quadratsumme wie die zugehörigen Freiheitsgrade in gleicher Weise zerlegt, d. h.

$$TSS = RSS + BSS + ESS$$

und

$$TDF = RDF + BDF + EDF,$$

wobei DF hier ausnahmsweise statt "df" für "degrees of freedom", bzw. Freiheitsgrade steht:

$$TDF = nk - 1, \quad RDF = n - 1, \quad BDF = k - 1, \quad EDF = (k-1)(n-1).$$

Beispiel 9.5: Zwei-Weg-Varianzanalyse des Biervergleichs (Fortsetzung)
Aus der Stichprobe werden die Mittelwerte und Quadratsummen berechnet:

	Treatment (Behandlung) W X Y Z	Mittelwerte $\bar{x}_{i\cdot}$	Abweichungsquadrate $(\bar{x}_{i\cdot} - \bar{x}_{..})^2$
Andreas	63 59 62 61	61.25	0.0625
Bernd	61 62 57 63	60.75	0.0625
Chris	61 64 60 58	60.75	0.0625
Daniel	62 62 60 62	61.50	0.25
Emil	58 63 61 61	60.75	0.0625
$\bar{x}_{\cdot j}$	61 62 60 61	$\bar{x}_{..} = 61$	$\sum(\bar{x}_{i\cdot} - \bar{x}_{..})^2 = 0.5$
$(\bar{x}_{\cdot j} - \bar{x}_{..})^2$	0 1 1 0	$\sum(\bar{x}_{\cdot j} - \bar{x}_{..})^2 = 2$	

Die Quadratsummen lauten:

$$
\begin{aligned}
BSS &= 5 \cdot 2 = 10 \\
RSS &= 4 \cdot 0.5 = 2 \\
TSS &= (63 - 61)^2 + (61 - 61)^2 + \cdots + (61 - 61)^2 = 66 \\
ESS &= 66 - 10 - 2 = 54
\end{aligned}
$$

Die 5 Schritte des Signifikanztests lauten:

1. Modell: Wie zuvor können die Bewertungen auf der Punktskala als normalverteilt angesehen werden.

2. Die zu testenden Hypothesen lauten:

   (a) $\tilde{H}_0$: Alle Zeileneffekte sind 0.
       $\tilde{H}_1$: Nicht alle Zeileneffekte sind 0.

   (b) H_0 : Alle Spalteneffekte sind 0.
       H_1 : Nicht alle Spalteneffekte sind 0.

3. Signifikanzniveau: $\alpha = 5\%$

4. Berechnung der Testgrössen in der 2-Weg-ANOVA-Tabelle:

Quelle	Quadrat-summe	Freiheitsgrade	Mittlere Quadratsumme	F-Test
Zeilen	$BSS = 10$	$k - 1 = 3$	$10/3 = 3.33$	$F_B = 3.33/4.5$ $= 0.74$
Spalten	$RSS = 2$	$n - 1 = 4$	$2/4 = 0.5$	$F_R = 0.5/4.5$ $= 0.11$
Fehler	$ESS = 54$	$(k-1)(n-1) = 12$	$54/12 = 4.5$	
Total	$TSS = 66$	$nk - 1 = 19$		

5. Entscheidungen:

   (a) Da die Testgrösse $F_R = 0.11 < 3.26 = F_{.95}(4, 12)$ kleiner als der kritische Wert ist, wird die Nullhypothese H_0 nicht abgelehnt. Es gibt keinen grossen Unterschied zwischen Testpersonen.

   (b) Da $F_B = 0.74 < 3.49 = F_{.95}(3, 12)$, wird die Nullhypothese $\tilde{H}_0$ nicht abgelehnt. Es gibt keinen grossen Unterschied zwischen Biersorten.

9.4 Bayes Zwei-Weg-ANOVA

1. Das Modell: Ein Tableau (Matrix) mit $n \times k$ unabhängigen Beobachtungen sei normalverteilt als

$$x_{ij} \sim N[\mu_{ij}, \sigma^2], \qquad \mu_{ij} = \mu + \alpha_i + \beta_j, \qquad (9.10)$$

$$i = 1, \ldots, n, \qquad j = 1, \ldots, k$$

unter der Nebenbedingung, dass die Summe der Spalten- und Zeileneffekte Null ist:

$$\alpha_1 + \ldots + \alpha_n = 0, \qquad \beta_1 + \ldots + \beta_k = 0$$

2. Hypothesen:

   (a) $H_0^{\alpha} : \alpha_1 = \alpha_2 = \ldots = \alpha_n = 0$ gegen
   $H_1^{\alpha} : \alpha_i \neq 0$ für mindestens ein $i = 1, \ldots, n$,
   bzw. 'alle Zeileneffekte sind 0'.

   (b) $H_0^{\beta} : \beta_1 = \beta_2 = \ldots = \beta_k = 0$ gegen
   $H_1^{\beta} : \beta_j \neq 0$ für mindestens ein $j = 1, \ldots, k$,
   bzw. 'alle Spalteneffekte sind 0'.

   (c) $H_0^{\alpha} \cup H_0^{\beta}$ gegen $\{\alpha_i \neq 0\} \cup \{\beta_j \neq 0\}$,
   bzw. 'alle Effekte sind 0'.

3. a-priori-Verteilung: diffus

4. Die Bayes-Faktoren für die obigen 3 Hypothesen lauten:

   (a) Zeileneffekte

   $$B_Z = \left(\frac{ESS + RSS}{TSS} \right)^{nk/2} \cdot (nk)^{(n-1)/2}$$

   (b) Spalteneffekte

   $$B_{Sp} = \left(\frac{ESS + BSS}{TSS} \right)^{nk/2} \cdot (nk)^{(k-1)/2}$$

(c) alle Effekte

$$B_{Sp\&Z} = \left(\frac{ESS}{TSS}\right)^{nk/2} \cdot (nk)^{(n+k-1)/2}$$

Sp steht für Spalte und Z für Zeile.

5. Entscheidung:

Lehne H_0 ab, falls $B < 1$.

Die posteriori-Wahrscheinlichkeit für die Nullhypothesen H_0 $(a) - (c)$ werden nach dem üblichen Schema gebildet:

$$p_{**} = \frac{B}{B+1}.$$

Bemerkung: Die 3 Hypothesen stellen durch die Parameterrestriktion $\alpha_i = 0$ und $\beta_i = 0$ ein restringiertes Modell des allgemeinen additiven Modells (9.10) dar. Parameterrestriktion haben den Vorteil, dass weniger Parameter zu schätzen sind, dafür aber die Parametervarianz ansteigt.

Die Ergebnisse der BAYES'schen Varianzanalyse kann man in einer Art ANOVA-Tabelle zusammenstellen. Die BAYESfaktoren-Tabelle füe die 2-Weg-ANOVA hat die Form:

	Quadrat-summe	Freiheits-grade	Bayesfaktor	posteriori Wahrsch.k.
Faktor	SS	df	$\left(\frac{ESS+\bullet}{TSS}\right)^{\frac{nk}{2}} \cdot (nk)^{\frac{df}{2}} = B_\bullet$	$p_{**} = \frac{B_\bullet}{B_\bullet+1}$
Spalten	BSS	$k-1$	$\left(\frac{ESS+BSS}{TSS}\right)^{\frac{nk}{2}} \cdot (nk)^{\frac{k-1}{2}} = B_{Sp}$	p_{Sp}^{**}
Zeilen	RSS	$n-1$	$\left(\frac{ESS+RSS}{TSS}\right)^{\frac{nk}{2}} \cdot (nk)^{\frac{n-1}{2}} = B_Z$	p_Z^{**}
Rest	ESS	$n+k-1$	$\left(\frac{ESS}{TSS}\right)^{\frac{nk}{2}} \cdot (nk)^{\frac{n+k-1}{2}} = B_{Sp\&Z}$	p_{Sp+Z}^{**}
Total	TSS			

Beispiel 9.6: Bayes-ANOVA für den Biervergleich (vgl. Beispiel 9.4)

1. Die Nullhypothese H_0^α lautet: Alle $(n = 5)$ Zeileneffekte sind 0, bzw. der $\alpha-$Effekte-Vektor ist $(\alpha_1, \ldots, \alpha_5) = (0, 0, 0, 0, 0)$, bzw. in Worten: "Es gibt keinen Unterschied der Testpersonen."

Der Bayes-Faktor für den Zeileneffekt berechnet sich als:

$$\begin{aligned} B_Z &= \left(\frac{ESS + RSS}{TSS}\right)^{nk/2} \cdot (nk)^{(n-1)/2} \\ &= \left(\frac{56}{66}\right)^{20/2} \cdot (20)^{4/2} = 0.193 \cdot 400 = 77.36 \end{aligned}$$

Da der Bayes-Faktor auch als posteriori Quote angesehen werden kann, wird die H_0 mit 1 : 77 sehr favorisiert. Die posteriori-Wahrscheinlichkeit der H_0^α über die Zeileneffekte ist:

$$p_{**} = \frac{B_Z}{B_Z + 1} = \frac{77.36}{78.36} = 98.7\%.$$

Die Nullhypothese H_0^α kann daher mit grosser Wahrscheinlichkeit (98.7%) akzeptiert werden: "Es gibt keine Unterschiede zwischen den Testpersonen."

2. Die Nullhypothese H_0^β lautet: Alle Spalteneffekte in (9.10) sind 0, d. h. $\beta_j = 0$, $j = 1, ..., 4$, bzw. "Es gibt keinen Unterschied in den Biersorten."

Der Bayes-Faktor für den Spalteneffekt ist:

$$
\begin{aligned}
B_{Sp} &= \left(\frac{ESS + BSS}{TSS}\right)^{nk/2} \cdot (nk)^{(k-1)/2} \\
&= \left(\frac{64}{66}\right)^{20/2} \cdot (20)^{3/2} = 0.73 \cdot 89.4 \\
&= 65.8.
\end{aligned}
$$

Die posteriori Quote spricht wieder eindeutig für die H_0. Die posteriori-Wahrscheinlichkeit der H_0^β über die Spalteneffekte ist:

$$p_{**} = \frac{B_{Sp}}{B_{Sp} + 1} = \frac{65.8}{66.8} = 98.5\%$$

Es ist daher hoch wahrscheinlich, dass es keine Unterschiede zwischen den Biersorten gibt.

3. Der gemeinsame Bayes-Test umfasst als Nullhypothese die beiden vorigen Nullhypothesen, d. h. die $H_0^\alpha \cup H_0^\beta$ lautet: "Zeilen- und Spalten-Effekte sind 0."

Der Bayes-Faktor für "keine Effekte" ist:

$$
\begin{aligned}
B_{Sp\&Z} &= \left(\frac{ESS}{TSS}\right)^{nk/2} \cdot (nk)^{(n+k-1)/2} \\
&= \left(\frac{54}{66}\right)^{20/2} \cdot (20)^{8/2} \\
&= 0.13 \cdot 160'000 = 21'509.
\end{aligned}
$$

Die posteriori Quote für die beiden Hypothesen ist überwältigend. Die posteriori-Wahrscheinlichkeit ist daher sehr hoch:

$$p_{**} = \frac{B_{Sp\&Z}}{B_{Sp\&Z} + 1} = \frac{21509}{21510} = 99.995\%.$$

Daher kann die $H_0^\alpha \cup H_0^\beta$ nicht abgelehnt werden, es ist fast sicher, dass es keine Unterschiede zwischen den Biersorten und Testern (Spalten und Zeilen) gibt.

Die Ergebnisse werden in der BAYESfaktoren-Tabelle zusammengefasst.

Faktor	Quadrat-summen	Freiheits-grade	Bayesfaktoren $(B_\bullet)$	posteriori Wahrscheinlichkeiten
Spalten	$BSS = 10$	$k - 1 \quad = 3$	$B_{Sp} \quad = \quad 65.8$	0.985
Zeilen	$RSS = 2$	$n - 1 \quad = 4$	$B_Z \quad = \quad 77.4$	0.987
Rest	$ESS = 54$	$n - k - 1 = 8$	$B_{Sp\&Z} = \quad 21'509$	0.99995
Total	$TSS = 66$			

9.4.1   Bayes-Faktoren nach ZELLNER-SIOW (1980)

Zellner-Siow haben andere Bayesfaktoren vorgeschlagen, als die bisher behandelten.

1) 1-Weg ANOVA: Der Bayesfaktor zum Test der Nullhypothese ("alle Effekte sind 0") lautet

$$B = c_K \left(\frac{k(n-1)-1}{2} \right)^{\frac{k}{2}} \left(\frac{WSS}{TSS} \right)^{\frac{k(n-1)-2}{2}},$$

und die Konstante c wird entweder mit Hilfe der Gammafunktion berechnet

$$c_K = \frac{\sqrt{\pi}}{\Gamma\left(\frac{k+1}{2}\right)}, \quad \text{mit} \quad \Gamma\left(\frac{1}{2}\right) = \sqrt{\pi}, \quad \Gamma(n) = (n-1)!,$$

oder kann aus Tabelle 9.1 abgelesen werden.

Tabelle 9.1: Werte für $c_K = \sqrt{\pi}/\Gamma\left(\frac{k+1}{2}\right)$ für verschiedene k

k	c	k	c	k	c
1	1.77	17	4.4e-05	33	8.47e-14
2	2	18	1.49e-05	34	2.07e-14
3	1.77	19	4.88e-06	35	4.98e-15
4	1.33	20	1.56e-06	36	1.18e-15
5	0.886	21	4.88e-07	37	2.77e-16
6	0.533	22	1.49e-07	38	6.39e-17
7	0.295	23	4.44e-08	39	1.46e-17
8	0.152	24	1.3e-08	40	3.28e-19
9	0.0739	25	3.7e-09	41	7.29e-19
10	0.0339	26	1.04e-09	42	1.6e-19
11	0.0148	27	2.85e-10	43	3.47e-20
12	0.00616	28	7.68e-11	44	7.44e-21
13	0.00246	29	2.03e-11	45	1.58e-21
14	0.000947	30	5.29e-12	46	3.31e-22
15	0.000352	31	1.36e-12	47	6.86e-23
16	0.000126	32	3.42e-13	48	1.41e-23

Beispiel 9.7: Biervergleich, $n = 5$, $k = 4$ (vgl. Beispiel 9.4)

$$B_{UR}^R = c_K \left(\frac{16-1}{2}\right)^2 \left(\frac{168}{198}\right)^{\frac{14}{2}} = \frac{4}{3} \cdot 56.25 \cdot 0.3166 = \frac{4}{3} \cdot 17.8 = 23.75.$$

Die Konstante ist

$$c_K = \frac{\sqrt{\pi}}{\Gamma\left(\frac{5}{2}\right)} = \frac{\sqrt{\pi}}{\frac{3}{2} \cdot \frac{1}{2} \cdot \sqrt{\pi}} = \frac{4}{3} = 1.33.$$

und die posteriori-Wahrscheinlichkeit der H_0 ist

$$p_{**} = \frac{B}{B+1} = \frac{23.75}{24.75} = 0.9596.$$

2) 2-Weg ANOVA: Die Bayesfaktoren zum Test der 3 Hypothesen lauten

a) Zeileneffekte

$$B_Z = \left(\frac{ESS + RSS}{TSS}\right)^{\frac{n(k-1)-2}{2}} \cdot \left(\frac{n(k-1)-1}{2}\right)^{\frac{n}{2}} \cdot \frac{\sqrt{\pi}}{\Gamma\left(\frac{n+1}{2}\right)}$$

b) Spalteneffekte

$$B_{Sp} = \left(\frac{ESS + BSS}{TSS}\right)^{\frac{k(n-1)-2}{2}} \cdot \left(\frac{k(n-1)-1}{2}\right)^{\frac{k}{2}} \cdot \frac{\sqrt{\pi}}{\Gamma\left(\frac{k+1}{2}\right)}$$

c) Spalten- und Zeileneffekte

$$B_{Sp\&Z} = \left(\frac{ESS}{TSS}\right)^{\frac{(n-1)(k-1)-1}{2}} \left(\frac{(n-1)(k-1)}{2}\right)^{\frac{n+k}{2}} \frac{\sqrt{\pi}}{\Gamma\left(\frac{n+k+1}{2}\right)}$$

wegen $nk - n - k - 1 = (n-k)(k-1)$.

Bemerkung: Die Gammafunktion für den Wert $\frac{3}{2}$ berechnet man rekursiv als

$$\Gamma\left(\frac{3}{2}\right) = \frac{1}{2}\Gamma\left(\frac{1}{2}\right) = \frac{1}{2}\sqrt{\pi} = 0.886,$$

und für den Wert $\frac{5}{2}$:

$$\Gamma\left(\frac{5}{2}\right) = \frac{3}{2}\Gamma\left(\frac{3}{2}\right) = \frac{3}{2}\cdot\frac{1}{2}\sqrt{\pi} = 1.33.$$

Für beliebiges k berechnet man rekursiv

$$\Gamma\left(k + \frac{1}{2}\right) = (2k-1)(2k-3)\ldots 5\cdot 3\cdot 1\frac{\sqrt{\pi}}{2^k}.$$

Beispiel 9.8: Bayestest im Biervergleich
a) Zeileneffekte
Der Bayesfaktor B_Z der Zeileneffekte ist

$$B_Z = \left(\frac{ESS + RSS}{TSS}\right)^{\frac{n(k-1)-2}{2}} \left(\frac{n(k-1)-1}{2}\right)^{\frac{n}{2}} \frac{\sqrt{\pi}}{\Gamma\left(\frac{n+1}{2}\right)}.$$

Mit $n = 5$ und $k = 4$ lautet der Bayesfaktor

$$B_Z = \left(\frac{56}{66}\right)^{\frac{15-2}{2}} \left(\frac{15-1}{2}\right)^{\frac{5}{2}} \cdot \frac{1.77}{2} = 0.3437 \cdot 129.64 \cdot 0.886 = 39.49.$$

Die posteriori Wahrscheinlichkeit der H_0^β ist

$$p_{**} = \frac{B_Z}{B_Z + 1} = \frac{39.43}{40.43} = 0.9753,$$

d.h. die H_0^β ist hoch wahrscheinlich: Es gibt keinen Unterschied zwischen den Testpersonen.

b) Spalteneffekte
Der Bayesfaktor B_{Sp} der Spalteneffekte lautet

$$\begin{aligned}
B_{Sp} &= \left(\frac{ESS + BSS}{TSS}\right)^{\frac{k(n-1)-2}{2}} \left(\frac{k(n-1)-1}{2}\right)^{\frac{k}{2}} \frac{\sqrt{\pi}}{\Gamma\left(\frac{k+1}{2}\right)} \\
&= \left(\frac{64}{66}\right)^{\frac{16-2}{2}} \left(\frac{16-1}{2}\right)^{2} \cdot 1.33 \\
&= 0.8062 \cdot 56.25 \cdot 1.33 = 60.47.
\end{aligned}$$

Die posteriori Wahrscheinlichkeit der H_0^{α} für die Spalteneffekte ist ebenfalls hoch:

$$p_{**} = \frac{B}{B+1} = \frac{60.46}{61.47} = 0.9837.$$

Es gibt keinen Unterschied zwischen den Biersorten.

c) Für beide Effekte lautet der Bayesfaktor

$$
\begin{aligned}
B_{Sp\&Z} &= \left(\frac{ESS}{TSS}\right)^{\frac{(n-1)(k-1)-1}{2}} \left(\frac{(n-1)(k-1)}{2}\right)^{\frac{n+k}{2}} \frac{\Gamma(\pi)}{\Gamma\left(\frac{n+k+1}{2}\right)} \\
&= \left(\frac{54}{66}\right)^{\frac{12-1}{2}} \left(\frac{12}{2}\right)^{\frac{2}{2}} \frac{1.772}{4!} \\
&= 0.3316 \cdot 3174.5 \cdot 0.0739 = 77.8.
\end{aligned}
$$

Die posteriori Wahrscheinlichkeit für $H_0^{\beta} \cup H_0^{\alpha}$ ist

$$p_{**} = \frac{77.8}{78.8} = 0.9873.$$

Wie in Beispiel 9.4 sind die Nullhypothesen hoch wahrscheinlich und können daher nicht abgelehnt werden.

9.4.2 Alternative: Bayes-Test über modifizierte F-Werte

Als Variante zum Bayes-Test, die aber nicht häufig anzutreffen ist, wollen wir kurz die Methode der modifizierten F-Werte beschreiben. (vgl. LEAMER 1978, S. 114 ff.)

Bayes'scher F-Test: Wir lehnen die Nullhypothese H_0 (das restringierte Modell trifft zu) ab, falls

$$F > \frac{n-k}{p} \cdot \left(n^{\frac{p}{n}} - 1\right),$$

wobei p die Differenz der Freiheitsgrade des restringierten und des unrestringierten Modells und n die Anzahl der Beobachtungen bedeutet. Restriktion heisst wie zuvor, dass die entsprechenden Parameter (Effekte) Null gesetzt werden.

1. Der modifizierte F-Wert in der Ein-Weg-ANOVA

Lehne H_0 im Bayes-Test ab, falls $F > F_{one-way}^B$, wobei der modifizierte F-Wert $F_{one-way}^B$ folgendermassen berechnet wird:

$$F_{one-way}^B = \frac{nk-k+1}{k-1} \cdot \left(nk^{\frac{k-1}{nk}} - 1\right).$$

Beispiel 9.9: Biervergleich

Der modifizierte F-Wert lautet:

$$F^B_{one-way} = \frac{20-4+1}{3}\left(20^{\frac{3}{20}}-1\right) = 5.67 \cdot (1.56-1) = 3.21$$

Damit kann auch im Bayes-Test die Nullhypothese H_0 nicht abgelehnt werden.

2. Die modifizierten F-Werte der Zwei-Weg-ANOVA sind

(a)

$$F^B_{Sp\&Z} = \frac{nk-n-k+1}{n+k-1} \cdot \left((nk)^{\frac{n+k-1}{nk}}-1\right)$$

(b)

$$F^B_{Sp} = \frac{nk-k+1}{k-1} \cdot \left((nk)^{\frac{k-1}{nk}}-1\right)$$

(c)

$$F^B_Z = \frac{nk-n+1}{n-1} \cdot \left((nk)^{\frac{n-1}{nk}}-1\right)$$

Beispiel 9.10: Biervergleich

Die modifizierten F-Werte für den Bayes-Test für den Biervergleich lauten:

(a)

$$F^B_{Sp\&Z} = \frac{20-5-4+1}{8} \cdot \left(20^{\frac{8}{20}}-1\right) = 1.5 \cdot (3.3-1) = 3.47,$$

(b)

$$F^B_{Sp} = \frac{20-4+1}{3} \cdot \left(20^{\frac{3}{20}}-1\right) = F^B_{one-way} = 3.21,$$

(c)

$$F^B_Z = \frac{20-5+1}{4} \cdot \left(20^{\frac{4}{20}}-1\right) = 4 \cdot (1.82-1) = 3.28.$$

Damit kann auch im Bayes-Test die Nullhypothese H_0 nicht abgelehnt werden.

9.4.3 Herleitung der Bayes'schen F-Werte

Der Bayesfaktor zugunsten der (restringierten) Nullhypothese H_0 im linearen Regressionsmodell ist (vgl. LEAMER (1978))

$$B_{UR}^R = \left(\frac{ESS_{UR}}{ESS_R}\right)^{\frac{n}{2}} \cdot n^{\frac{p}{2}}, \quad p = k - q$$

d. h. p ist die Differenz der Parameter vom unrestringierten Modell k (der Gegenhypothese) zum restringierten Modell q (der Nullhypothese). Die Nullhypothese (H_0 = restringiert) wird dann abgelehnt, wenn $B = B_{UR}^R < 1$ ist, d. h. das unrestringierte Modell wahrscheinlicher ist. Der Bayesfaktor kann nun folgendermassen durch eine monotone Transformation des F-Tests dargestellt werden:

$$F = \frac{(ESS_R - ESS_{UR})/p}{ESS_{UR}/(n-k)} \quad \text{mit} \quad p = k - q,$$

und durch Umformen erhält man

$$F\frac{p}{n-k} = \frac{ESS_R}{ESS_{UR}} - 1,$$

bzw.

$$\frac{ESS_{UR}}{ESS_R} = \left(1 + \frac{p}{n-k}F\right)^{-1}.$$

Dies kann nun in den Bayesfaktor eingesetzt werden. Man lehnt H_0 ab, falls

$$B = \left(1 + \frac{p}{n-k}F\right)^{-\frac{n}{2}} \cdot n^{\frac{p}{2}} < 1.$$

Ist $B < 1$ dann ist auch $B^2 < 1$, daher erhält man durch Auflösen nach F

$$\left(1 + \frac{p}{n-k}F\right)^n > n^p$$

oder

$$\frac{p}{n-k}F > n^{\frac{p}{n}} - 1,$$

bzw. die „Bayes'schen F-Werte" (vgl. LEAMER (1978))

$$F > \frac{n-k}{p}\left(n^{\frac{p}{n}} - 1\right).$$

9.4.4 Bayes'sche t-Werte

Setzt man $\nu = n - k$, wobei k die Anzahl der Regressoren ist und möchte man $p = 1$ Koeffizienten mit Hilfe der t-Verteilung testen, dann ergibt sich aus obiger Formel folgende Berechnungsformel für die Bayes'schen t-Werte:

$$t_{**} = \sqrt{\nu(\sqrt[\nu]{n} - 1)}.$$

Für $k = 1$ bis 10 und $n = 5$ bis 1000 sind in nachstehender Tabelle die Bayes'schen t_{**}-Werte tabelliert.

t_{n-k}^{**}				n			
k	5	10	20	50	100	500	1000
1	1.232	1.527	1.752	1.997	2.160	2.498	2.631
2	1.067	1.439	1.705	1.976	2.149	2.496	2.630
3	0.871	1.346	1.657	1.956	2.138	2.493	2.629
4	0.616	1.246	1.608	1.935	2.127	2.491	2.628
5	0.000	1.138	1.557	1.914	2.116	2.488	2.626
6		1.018	1.504	1.892	2.105	2.486	2.625
7		0.881	1.449	1.871	2.094	2.483	2.624
8		0.720	1.392	1.849	2.082	2.481	2.622
9		0.509	1.333	1.827	2.071	2.478	2.621
10		0.000	1.271	1.804	2.060	2.476	2.620

Im klassischen Test sind die kritischen Werte des t-Test durch die t-Verteilung mit ν Freiheitsgraden gegeben. Im Bayes-Test auf einen Regressionskoeffizienten erhält man folgende Faustregel: Bei $n = 10$ kann die $H_0 : \beta_i = 0$ bereits mit einem t-Wert von 1.5 abgelehnt werden, bei $n = 20$ ist $t_{**} = 1.75$, bei $n = 50$ ist $t_{**} = 2$ und bei $n = 500$ ist $t_{**} = 2.5$. Der Bayes-Test ist bei kleinen Stichproben grosszügiger und bei grossen Stichproben konservativer als der klassische Test.

Bemerkung: Die Bayes'schen t-Werte nach ZELLNER-SIOW sind

$$t_{**} = \sqrt{\nu[(\pi\nu/2)^{1/(\nu-1)} - 1]}.$$

Kapitel 10

Einfache Regression

10.1 Einführung

Die Regressionsanalyse ist eine der wichtigsten Analyseinstrumente der Statistik. Regressionsgeraden sind die einfachsten statistischen Modelle, die an einer zweidimensionalen Punktwolke (scattergram) angepasst werden können. Zusammen mit der Annahme von normalverteilten Störungen bildet die sogenannte Kleinstquadratschätzung eine wichtige Analysemethode in allen empirischen Wissenschaften, wie z.B. der Ökonometrie oder dem quantitativen Marketing. Wir beginnen mit dem deterministischen Modell und entwickeln Schritt für Schritt das statistische Modell.

10.1.1 Deterministische Beziehung zwischen zwei Variablen

Beispiel 10.1: Deterministische Beziehung
An 7 Tagen einer Woche werden die folgenden Temperaturen in Fahrenheit (°F) und Celsius (°C) gemessen.

Tag	F	C
Mo	32.0	0
Di	23.0	-5
Mi	37.4	3
Do	40.8	6
Fr	33.8	1
Sa	41.0	5
So	50.0	10

Werden diese Punkte in einem Streudiagramm aufgetragen, so ergibt sich folgendes Bild:

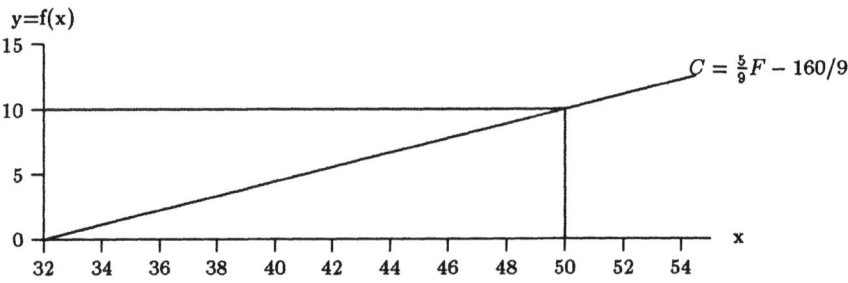

Figur 10.1:   Lineare deterministische Beziehung

Bei einer deterministischen Beziehung ist die abhängige Variable y durch die Funktion f an einer bestimmten Stelle x_0 vollständig bestimmt

$$y_0 = f(x_0).$$

Bei einer linearen Funktion (Gerade) ist mit beliebigen 2 Punkten P_1 und P_2 die Funktion bestimmt. Ist $P_1 = (x_1, y_1)$ und $P_2 = (x_2, y_2)$, so erhält man die Parameter a und b der Geraden $y = a + bx$ durch die Punkt-Anstiegs-Form (vgl. POLASEK 1994, S. 87):

$$b = \frac{y_2 - y_1}{x_2 - x_1} \quad \text{und} \quad a = y_1 - bx_1.$$

Bei einer deterministischen Beziehung kann die abhängige Variable y genau prognostiziert werden, da ein eindeutiger funktionaler Zusammenhang besteht. Das heisst, eine statistische Analyse ist nicht notwendig, da bei deterministischen Beziehungen (Funktionen) die Residuenvarianz Null ist. (So ist z. B. ein F-Test nicht definiert, wenn die Residuenquadratsumme $ESS = 0$ ist.)

10.1.2   Statistische Beziehung

Wir betrachten in einer Zufallsstichprobe von $n = 100$ Haushalten das gemeinsame Auftreten der Paare $(x_i, y_i), i = 1, \ldots, 100$ ($x_i \ldots$ Einkommen, $y_i \ldots$ Mietzins) und stellen eine 'durchschnittliche' Mietzinsbildung bei gegebenen Einkommen x_i fest:

$$E(Y|x_i) = \frac{1}{4} x_i.$$

Der bedingte Erwartungswert $E(Y|x_i)$ ist eine lineare Funktion bei einem fixierten und bekannten Einkommen x_i. Dabei werden die y_i der bivariaten Stichprobe als Realisierungen einer (metrischen) Zufallsgrösse Y angesehen, während die x_i als vorgegebene Werte in einem Versuchsplan anzusehen sind. Sollten die x_i ebenfalls Realisierungen einer Zufallsgrösse sein (d. h. $X_i = x_i$), dann kann streng genommen das einfache stochastische Regressionsmodell nicht angewendet werden. Bei Vorliegen einer bivariaten Realisierung der Zufallsgrössen (X, Y) muss genau genommen das sogenannte 'Fehler-in-den-Variablen'-Modell verwendet werden.

In Figur 10.2 ist diese stochastische Beziehung in einem Streudiagramm zu sehen:

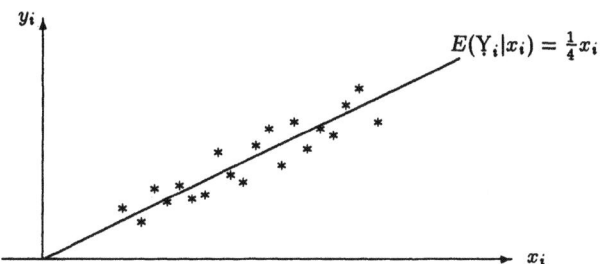

Figur 10.2: Stochastische lineare Beziehung

Für jeden Haushalt gilt die stochastische Beziehung:

$$y_i = E(Y|x_i) + \varepsilon_i, \qquad i = 1, \ldots, n,$$

wobei ein ε_i der Beobachtungsfehler für ein y_i ist. Bei gegebenen Einkommen x_i kann der Mietzins aus der Stichprobe y_i nicht genau bestimmt werden, sondern es kann nur der (bedingte) Erwartungswert $E(Y|x_i)$ geschätzt werden.

10.1.3 Die Regressionsfunktion in der Grundgesamtheit und in der Stichprobe

Die Beziehung zwischen Y und X in der Grundgesamtheit ist eine Folge von bedingten Erwartungswerten, die als Funktion der bedingten Variablen x_i, angesehen werden kann:

$$E(Y|x_i) = f(x_i).$$

Somit gilt für die abhängige Variable die Zerlegung

$$y_i = E(Y|x_i) + \varepsilon_i = f(x_i) + \varepsilon_i$$

bzw.

abhängige Variable = FIT plus RESIDUEN.

Die Annahme der Linearität für $f(x_i)$ bedeutet: Der FIT besteht aus einer linearen Funktion (d. h. die bedingten Erwartungswerte liegen auf einer Geraden)

$$f(x_i) = \alpha + \beta x_i$$

und das lineare Regressionsmodell lautet

$$y_i = \alpha + \beta x_i + \varepsilon_i.$$

Das ist die Regressionsfunktion der Grundgesamtheit (engl.: Population-Regression-Function)

$$Y = \alpha + \beta X + \varepsilon,$$

die an den (vorgegebenen) Stellen $x_i, i = 1, \ldots, n$ beobachtet wird. Die Regressionsgerade, die aus einer Stichprobe $\{(x_1, y_1), \ldots, (x_n, y_n)\}$ geschätzt wird, lautet

$$\hat{y}_i = \hat{\alpha} + \hat{\beta} x_i, \qquad i = 1, \ldots, n,$$

wobei $\hat{\alpha}$ und $\hat{\beta}$ die Schätzungen der Geradenparameter α und β der Grundgesamtheit darstellen. Daher nennt man diese Schätzung auch Stichprobenregressionsfunktion (engl.: sample regression function).

10.1.4 Analyse von Streudiagrammen

Die Form und Stärke der Beziehungen von X und Y in einem Streudiagramm bewirken 2 Typen von statistischen Fragestellungen und Analysen:

1. In welcher Form hängt Y von X ab? $\Rightarrow$ Regressionsanalyse.

2. Wie stark ist der lineare Zusammenhang zwischen Y und X? $\Rightarrow$ Korrelationsanalyse.

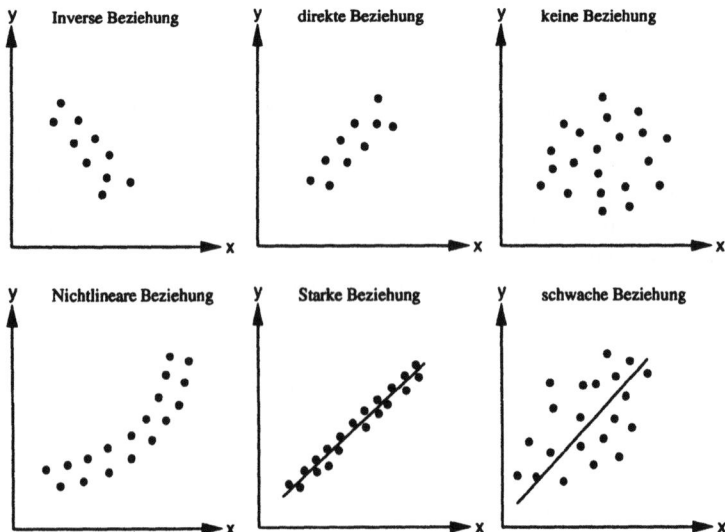

Figur 10.3: Die Form und Stärke des Zusammenhangs

Die graphische Umsetzung der beiden Analysen erfolgt in einem Streudiagramm (scattergram), das im nächsten Beispiel erklärt wird.

Beispiel 10.2: Output und Kosten

Eine Textilfabrik will untersuchen, wie die Produktionskosten vom Output abhängen. Über 9 Monate wurden folgende Daten erhoben:

Monat	1	2	3	4	5	6	7	8	9
Output x_i (Tonnen)	1	2	4	8	6	5	8	9	7
Kosten y_i (1000 \$)	2	3	4	7	6	5	8	8	6

In Figur 10.4 ist das Streudiagramm von Output und Kosten abgebildet, indem für die 9 Monate die Punkte $(x_i, y_i), i = 1, \ldots, 9$ aufgetragen werden:

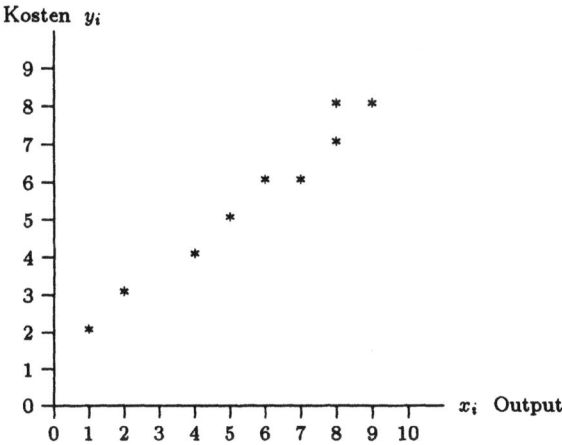

Figur 10.4: Streudiagramm der Produktionskosten

Die folgenden Abschnitte werden Analysen zu folgenden Fragen beschreiben:

1. Ist die Beziehung zwischen Produktionskosten und Output direkt oder indirekt proportional?

2. Ist die Beziehung linear oder nicht-linear?

3. Wie stark ist die Beziehung?

10.2   Das einfache lineare Regressionsmodell

Definition 10.1:
Das einfache lineare Regressionsmodell lautet:

$$y_i = \alpha + \beta x_i + \varepsilon_i, \qquad i = 1, \ldots, n, \qquad (10.1)$$

wobei wir folgende Bezeichnungen verwenden:

y_i : abhängige Variable Zufallsgrösse oder Regressand, fehlerbehaftet.

x_i : unabhängige Variable (keine Zufallsgrösse) oder Regressor, fehlerfrei festgelegt.

ε_i : Störterm (Zufallsgrösse); unbeobachtet.

α, β : Regressionskoeffizienten (unbekannte Parameter).

Die Annahmen des einfachen linearen Regressionsmodells sind:

(1) Die Residuen sind im Mittel 0:

$$E(\varepsilon_i) = 0, \quad i = 1, \ldots, n.$$

(2) Varianzhomogenität, bzw. Homoskedastizität:

$$Var(\varepsilon_i) = \sigma^2, \quad i = 1, \ldots, n.$$

(3) Es gibt keine Autokorrelation in den Residuen:

$$Cov(\varepsilon_i, \varepsilon_j) = 0, \quad i \neq j, \quad i, j = 1, \ldots, n.$$

(4) Die x_i sind nicht stochastisch, d. h. fest in wiederholten Versuchen, aber die x_i dürfen nicht immer den selben Wert annehmen.

(5) Die Residuen sind normalverteilt:

$$\varepsilon_i \sim N(0, \sigma^2), \quad i = 1, \ldots, n.$$

Diese Voraussetzung ist besonders für Verteilungsaussagen bei kleinen Stichproben wichtig, da nur dann Konfidenz- und Testaussagen stimmen.

Bemerkung: Aus der Annahme der Normalverteilung (5) folgen die Eigenschaften (1) und (2), da durch eine Verteilungsannahme Mittelwert und Varianz festgelegt sind.

Die Annahme der Normalverteilung ist graphisch in Figur 10.5 zu sehen. Um die Regressionsgerade der Grundgesamtheit

$$y_i = \alpha + \beta x_i = E(Y_i|x_i)$$

wird an der Stelle jeder Beobachtung eine Verteilung der Fehler wie in (5) postuliert, die am bedingten Erwartungswert zentriert ist.

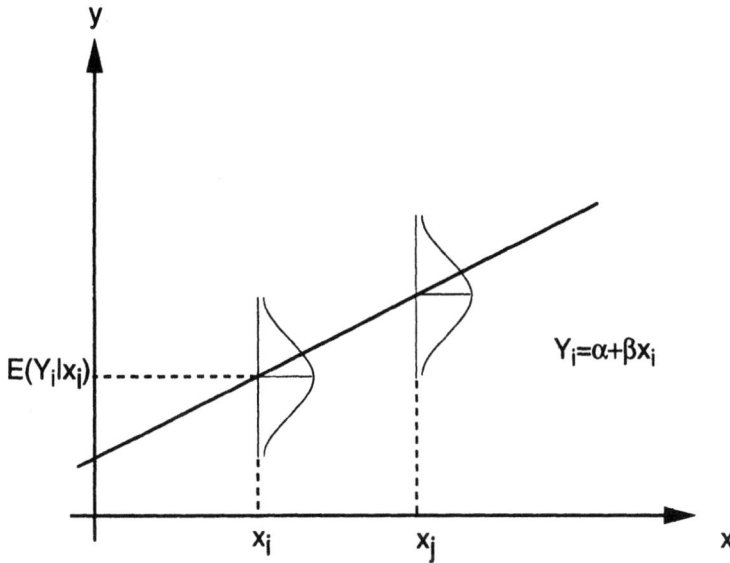

Figur 10.5: Lineare Regression, bedingte Erwartungswerte und Residuenverteilung

10.3 Die Kleinste-Quadrate Schätzung

Die Kleinste-Quadrate Schätzung (KQ-Schätzung) wird in der englischen Literatur Ordinary Least Squares (OLS) genannt. Sie geht auf C.F. GAUSS (1777-1855) zurück und die Minimierung der Residuenquadrate kann als deskriptives Schätzkriterium angesehen werden. Das KQ-Kriterium ist eines der wichtigsten und weit verbreitesten Schätzkriterien der Statistik und den empirischen Wissenschaften. Die KQ-Methode ist eine allgemeine Methode, die sich nicht auf Stichproben bezieht, sondern für beliebige (deskriptive) Geraden- und Funktionsberechnungen geeignet ist.

10.3.1 Das Kleinstquadrate (KQ-)Kriterium

Gegeben sind die Paare von Beobachtungen eines einfachen linearen Regressionsmodells:

$$(y_i, x_i), \qquad i = 1, \ldots, n,$$

wobei die x_i fest vorgegeben sind und die y_i die dazugehörigen Beobachtungen
der Zufallsvariablen Y sind. Es soll eine lineare Beziehung von der Form

$$y_i = \alpha + \beta x_i$$

berechnet werden. Die Zahlen α und β sind die Regressionsparameter
Achsenabschnitt (intercept) und Steigung (slope), die durch die KQ-Methode
geschätzt werden sollen. Die geschätzten Regressionsparameter bezeichnen
wir mit $\hat{\alpha}$ und $\hat{\beta}$. Damit kann man die geschätzte Gerade bzw. die Anpassung
der abhängigen Variablen y_i (bei gegebenen x_i) berechnen:

$$\hat{y}_i = \hat{\alpha} + \hat{\beta} \cdot x_i, \qquad i = 1, \ldots, n. \tag{10.2}$$

Die geschätzten Residuen sind deshalb

$$\hat{\varepsilon}_i = e_i = y_i - \hat{y}_i = y_i - \hat{\alpha} - \hat{\beta}x_i, \qquad i = 1, \ldots, n. \tag{10.3}$$

Die graphische Darstellung der KQ-Schätzung der Geraden und der Residuen
ist in Figur 10.6 zu sehen.

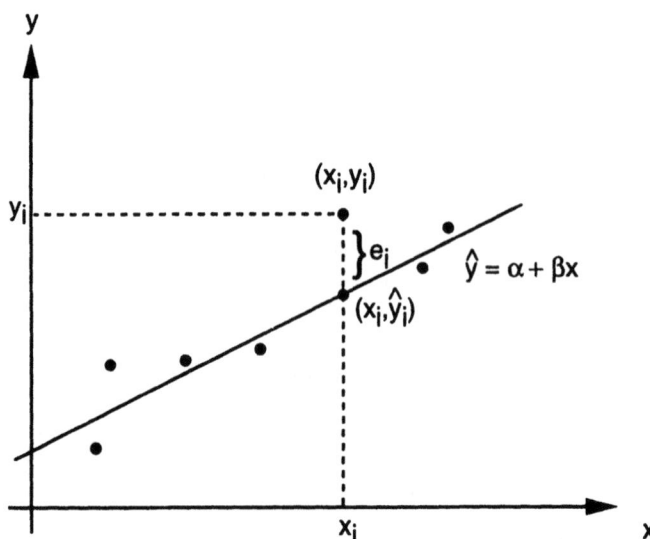

Figur 10.6: Die Geradenschätzung $\hat{y}_i$ und geschätzte Residuen
$e_i = \hat{\varepsilon}_i$

Gesucht wird diejenige Kombination von α und β, die die Abweichung vom
beobachteten y_i möglichst klein macht. Da das Vorzeichen dabei keine Rolle
spielen soll, wählt man als einfachste Verlustfunktion, die den Abstand von
den beobachteten zu den geschätzten y_i möglichst klein machen soll, die
Quadratfunktion. (Eine höhere Potenzfunktion bestraft extreme und grosse
Abweichungen noch stärker als die Quadratfunktion.)

Die KQ-Berechnung von α und β sind (im strengen statistischen Sinne) nur als KQ-Schätzung zu bezeichnen, wenn eine Zufallsstichprobe $\{(Y_i = y_i, x_i), i = 1, \ldots, n\}$ vorliegt. Dabei bedeutet $Y_i = y_i$, dass y_i die Realisierung von Y ist, bzw. die Stichprobe der Zufallsvariablen Y_i am Punkt x_i beobachtet wird.

Die KQ-Schätzungen der Parameter α und β bestimmt man so, dass die Quadratsumme der Residuen

$$Q(a, b) = \sum_{i=1}^{n} \varepsilon_i^2 = \sum_{i=1}^{n} (y_i - \alpha - \beta x_i)^2 \tag{10.4}$$

minimiert wird (Kleinstquadrat- oder (KQ-)Kriterium).

Satz 10.1: KQ-Schätzung

Die KQ-(OLS-)Berechnung für α und β im einfachen Regressionsmodell (10.1) werden mit $\hat{\beta}$ oder $\hat{\alpha}$ bezeichnet und sind gegeben durch:

$$\hat{\beta} = \frac{n \sum x_i y_i - \sum x_i \sum y_i}{n \sum x_i^2 - (\sum x_i)^2}, \tag{10.5}$$

und

$$\hat{\alpha} = \bar{y} - \hat{\beta} \bar{x}. \tag{10.6}$$

Eine einfachere zu merkende Formel für $\hat{\beta}$ ist

$$\hat{\beta} = \frac{Cov(x_i, y_i)}{Var(x_i)}$$

mit

$$n^2 Cov(x_i, y_i) = n \sum x_i y_i - \sum x_i \sum y_i,$$

und

$$n^2 Var(x_i) = n \sum x_i^2 - (\sum x_i)^2.$$

Beweis: Die zu minimierende Verlustfunktion ist eine Funktion von zwei Variablen α und β :

$$Q(\alpha, \beta) = \sum_{i=1}^{n} \hat{\varepsilon}_i^2 = \sum_{i=1}^{n} (y_i - \alpha - \beta x_i)^2.$$

Eine notwendige Bedingung für Extremwerte ist, dass die partiellen Ableitungen 0 sind:

$$
\frac{\partial Q(\alpha, \beta)}{\partial a} = -2 \sum_{i=1}^{n} (y_i - \alpha - \beta x_i) = 0,
$$

$$
\frac{\partial Q(\alpha, \beta)}{\partial b} = -2 \sum_{i=1}^{n} x_i (y_i - \alpha - \beta x_i) = 0.
$$

Aus diesen Bedingungen können die beiden sogenannten Normalgleichungen hergeleitet werden:

$$
\sum_{i=1}^{n} y_i = n\alpha + \beta \sum_{i=1}^{n} x_i, \qquad (N1)
$$

$$
\sum_{i=1}^{n} x_i y_i = \alpha \sum_{i=1}^{n} x_i + \beta \sum_{i=1}^{n} x_i^2. \qquad (N2)
$$

Jede Lösung dieses Gleichungssystems wird als OLS-Schätzer $\hat{\beta} = \hat{\beta}_{OLS}$ und $\hat{\alpha} = \hat{\alpha}_{OLS}$ bezeichnet. Division der ersten Normal-Gleichung (N1) durch n liefert $\bar{y} = \hat{\alpha} + \hat{\beta}\bar{x}$, und damit (10.6). Multiplikation der 2. Gleichung (N2) mit n und das Einsetzen von $n a$ aus der ersten Gleichung (N1) liefert (10.6). Das Vorliegen eines Minimums weist man durch die positiv definite Matrix der 2. Ableitungen nach. Ist das Gleichungssystem singulär, dann gibt es unendlich viele KQ-Lösungen.

10.3.2   Eigenschaften der KQ-Regression

1. Die geschätzte KQ-Gerade geht durch den Schwerpunkt $(\bar{x}, \bar{y})$ der Punktwolke:

$$
\bar{y} = \hat{\alpha} + \hat{\beta}\bar{x}. \qquad (10.7)
$$

Dies folgt aus der 1. Normalgleichung $(N1)$, indem man durch n dividiert.

2. Das Mittel der geschätzten y_i ist gleich dem Mittel der beobachteten y_i :

$$
\bar{\hat{y}} = \frac{1}{n} \sum_{i=1}^{n} \hat{y}_i = \bar{y}. \qquad (10.8)
$$

Dies folgt aus der 1. Normalgleichung (N1):

$$
\sum (y_i - \hat{y}_i) = 0 \quad \text{mit} \quad \hat{y}_i = \hat{\alpha} + \hat{\beta}x_i.
$$

3. Das Mittel der geschätzten Residuen $e_i = \hat{\varepsilon}_i$ ist 0 :

$$\bar{e} = \frac{1}{n} \sum_{i=1}^{n} e_i = 0. \tag{10.9}$$

Dies folgt aus der 1. Normalgleichung wie in (10.8) mit $e_i = y_i - \hat{y}_i$.

4. Die geschätzten Residuen und der Regressor x stehen aufeinander orthogonal (unkorreliert):

$$\sum_{i=1}^{n} x_i \hat{\varepsilon}_i = 0. \tag{10.10}$$

Dies folgt wegen $\hat{\varepsilon}_i = y_i - \hat{\alpha} - \hat{\beta} \cdot x_i$ aus der 2. Normalgleichung (N2).

5. Die geschätzten Residuen $\hat{\varepsilon}_i$ und die geschätzten $\hat{y}_i$ sind orthogonal:

$$\sum_{i=1}^{n} \hat{y}_i \hat{\varepsilon}_i = 0. \tag{10.11}$$

Dies folgt aus der Beziehung

$$\sum \hat{y}_i \hat{\varepsilon}_i = \hat{\alpha} \sum \hat{\varepsilon}_i + \hat{\beta} \sum \hat{x}_i \hat{\varepsilon}_i = 0 + 0$$

und wegen (10.9) und (10.10).

Bevor wir die KQ-Schätzung an einem Beispiel erklären, wollen wir noch kurz auf die die Schätzung des dritten Parameters σ^2 eingehen.

10.4 Standardfehler der Regression

Eine wichtigw Basisgrösse für die Varianz der KQ-Schätzung bildet die Schätzung der Residuenvarianz σ^2.

Definition 10.2: Residuenvarianz und Standardfehler

a) Die Schätzung der Residuenvarianz σ^2 erfolgt durch

$$s_\varepsilon^2 = \frac{1}{n-2} \sum_{i=1}^{n} \varepsilon_i^2 = \frac{1}{n-2} \sum_{i=1}^{n} (y_i - \hat{y}_i)^2. \tag{10.12}$$

b) Der Standardfehler der Regressionsgeraden ist die Wurzel aus der Stichprobenvarianz:

$$s_\varepsilon = \sqrt{\frac{\sum_{i=1}^{n} (y_i - \hat{y}_i)^2}{n-2}}. \tag{10.13}$$

Man beachte, dass in (10.13) durch $n - 2$ dividiert wird. Der Verlust von 2 Freiheitsgraden (*df*) entsteht wegen der Schätzung der Regressionsparameter $\hat{\alpha}$ und $\hat{\beta}$ in $\hat{y}_i = \hat{\alpha} + \hat{\beta}\, x_i$.

Die Berechnung der Residuenquadratsumme kann auch folgendermassen erfolgen:

$$\sum_{i=1}^{n}(y_i - \hat{y}_i)^2 = \sum_{i=1}^{n} y_i^2 - \hat{\alpha}\sum_{i=1}^{n} y_i - \hat{\beta}\sum_{i=1}^{n} x_i y_i. \tag{10.14}$$

Beispiel 10.3: KQ-Schätzung der Produktionskosten
Die Daten $(x_i, y_i), i = 1, \ldots, 9$ (X=Output; Y=Kosten) am Beispiel 10.2 stellt man übersichtlich in folgender Tabelle zusammen, an der man Hilfsgrössen berechnet:

Output X_i Tonnen	Kosten Y_i 1000\$	x_i^2	y_i^2	$x_i y_i$
1	2	1	4	2
2	3	4	9	6
4	4	16	16	16
8	7	64	49	56
6	6	36	36	36
5	5	25	25	25
8	8	64	64	64
9	8	81	64	72
7	6	49	36	42
$\sum x_i = 50 : 9$ $\bar{x} = 5.556$	$\sum y_i = 49 : 9$ $\bar{y} = 5.444$	$\sum x_i^2 = 340$	$\sum y_i^2 = 303$	$\sum x_i y_i = 319$

Die Kosten einer Produktion soll durch eine lineare Funktion des Outputs geschätzt werden: $Y = \alpha + \beta X + \varepsilon$.

a) KQ-Schätzer: Aus den Hilfsgrössen

$$\sum x_i = 50, \quad \sum y_i = 49,$$

$$\sum x_i^2 = 340, \quad \sum y_i^2 = 303, \quad \sum x_i y_i = 319,$$

und $n = 9$ berechnet man die KQ-Schätzer

$$\hat{\beta} = \frac{9 \cdot 319 - 50 \cdot 49}{9 \cdot 340 - 50^2} = 0.752,$$

$$\hat{\alpha} = \frac{49}{9} - 0.752 \cdot \frac{50}{9} = 1.268.$$

Damit lautet die geschätzte KQ-Gerade:

$$\hat{y}_i = 1.268 + 0.752x_i, \quad i = 1, \ldots, n.$$

b) Die Residuenvarianz s_ε^2 wird nach (10.12) berechnet:

$$s_\varepsilon^2 = \frac{303 - 1.266 \cdot 49 - 0.752 \cdot 319}{9 - 2} = 0.151.$$

c) Interpretation der Regressionskoeffizienten:

- Der Anstieg $\hat{\beta} = 0.752$ bedeutet: Wird der Output um 1 Tonne erhöht, so steigen die Kosten um \$ 752.

- Die Konstante $\hat{\alpha} = 1.266$ bedeutet: Bei 0 Output fallen im Durchschnitt \$ 1266 (Fix-) Kosten an.

- Der Standardfehler der Residuen beträgt

$$s_\varepsilon = \sqrt{0.151} = 0.388.$$

Werden die Produktionskosten durch den Output erklärt, so begeht man im Durchschnitt einen Erklärungsfehler von \$388.

10.5 Die Streuungszerlegung im Regressionsmodell

Ausgehend von der Gleichung $y_i - \bar{y} = y_i - \bar{y}$ erhalten wir durch Addition von $-\hat{y}_i + \hat{y}_i$ auf der rechten Seite:

$$\underset{\text{zu erklärende Variation}}{y_i - \bar{y}} \quad = \quad \underset{\text{nicht erklärte Variation}}{y_i - \hat{y}_i} \quad + \quad \underset{\text{erklärte Variation}}{\hat{y}_i - \bar{y}}.$$

Diese Zerlegung der "zu erklärenden Variation" ist graphisch in Figur 10.7

dargestellt.

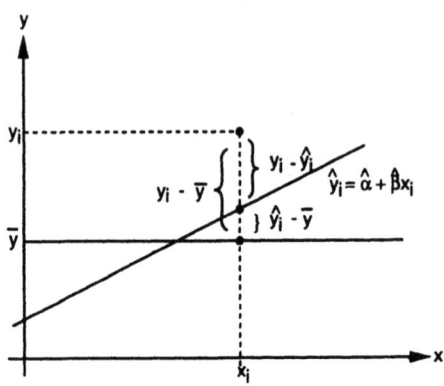

Figur 10.7: Die Komponenten der Streuungszerlegung

Totale Quadratsumme (Total Sum of Squares) der abhängigen Variablen:

$$SS_y = TSS = \sum_{i=1}^{n}(y_i - \bar{y})^2 \qquad (10.15)$$

Regressions-Quadratsumme (Regression Sum of Squares):

$$SS_{\hat{y}} = RSS = \sum_{i=1}^{n}(\hat{y}_i - \bar{y})^2 \qquad (10.16)$$

Residuen-Quadratsumme (Unexplained Sum of Squares):

$$SS_{\hat{\varepsilon}} = USS = \sum_{i=1}^{n}(y_i - \hat{y}_i)^2 = \sum_{i=1}^{n}\hat{\varepsilon}_i^2. \qquad (10.17)$$

Bemerkung: Da die Bezeichnungen RSS und ESS leicht verwechselt werden können (ESS als Residuenquadratsumme und ESS als 'erklärte' Quadratsumme), verwenden wir die Bezeichnung USS.

Satz 10.2: Streuungszerlegung im Regressionsmodell

a) Die gesamte Quadratsumme lässt sich additiv in die erklärte
($RSS = SS_{\hat{y}}$) und die unerklärte ($USS = SS_{\hat{\varepsilon}}$)
Quadratsumme zerlegen:

$$SS_y = SS_{\hat{y}} + SS_{\hat{\varepsilon}}, \tag{10.18}$$

bzw.

$$TSS = RSS + USS.$$

b) Die Streuungszerlegung mit deskriptiven Varianten lautet

$$\sigma_y^2 = \sigma_{\hat{y}}^2 + \sigma_{\hat{\varepsilon}}^2$$

bzw.

$$\text{Var}(y) = \text{Var}(\hat{y}) + \text{Var}(\hat{\varepsilon}_i). \tag{10.19}$$

Beweis: Die gesamte Quadratsumme (TSS) wird durch Erweitern der geschätzten $\hat{y}_i$ zerlegt in

$$
\begin{aligned}
SS_y &= \sum_{i=1}^{n}(y_i - \hat{y}_i + \hat{y}_i - \bar{y})^2 \\
&= SS_{\hat{y}} + SS_{\hat{\varepsilon}} + 2\sum_{i=1}^{n}(y_i - \hat{y}_i)(\hat{y}_i - \bar{y}) \\
&= SS_{\hat{y}} + SS_{\hat{\varepsilon}} + 2\sum_{i=1}^{n}\hat{\varepsilon}_i(\hat{y}_i - \bar{y}) \\
&= SS_{\hat{y}} + SS_{\hat{\varepsilon}}.
\end{aligned}
$$

Das gemischte Produkt fällt wegen den Eigenschaften

$$\sum_{i=1}^{n}\hat{\varepsilon}_i\hat{y}_i = 0 \quad \text{und} \quad \bar{y}\sum_{i=1}^{n}\hat{\varepsilon}_i = 0$$

in (10.9) und (10.11) weg.

10.5.1   Das Bestimmtheitsmass R^2

Definition 10.3:
Das Bestimmtheitsmass R^2 ist definiert als Quotient von erklärter Quadratsumme und totaler Quadratsumme

$$R^2 = \frac{SS_{\hat{y}}}{SS_y} = 1 - \frac{SS_{\hat{\varepsilon}}}{SS_y}. \tag{10.20}$$

R^2 misst die Stärke des linearen Zusammenhanges, d. h. es ist der Anteil der durch die Regression erklärten Quadratsumme in der abhängigen Variable. Die Berechnung der Quadratsummen erfolgt mit Hilfe des (Steiner'schen) Verschiebungssatzes für Varianzen:

$$SS_y = \sum_{i=1}^{n} y_i^2 - n\bar{y}^2 = \sum y_i^2 - \frac{1}{n}\left(\sum y_i\right)^2 = n\sigma_y^2,$$

wobei $\sigma_y^2 = Var(y)$ ist und die Residuenquadratsumme nach (10.14) ist auch

$$SS_{\hat{\varepsilon}} = \sum_{i=1}^{n} y_i^2 - \hat{\alpha}\sum_{i=1}^{n} y_i - \hat{\beta}\sum_{i=1}^{n} x_i y_i = n\hat{\sigma}^2.$$

Damit kann das Bestimmtheitsmass als

$$R^2 = 1 - \frac{\sigma_{\hat{y}}^2}{\sigma_y^2} = \frac{Var(\hat{y}_i)}{Var(y_i)}$$

geschrieben werden.

10.5.2   Die Eigenschaften des Bestimmtheitsmasses R^2

Das Bestimmtheitsmass R^2 ist für das einfache Regressionsmodell das Quadrat des Korrelationskoeffizienten und kann als Mass für die Erklärungsgüte einer Regression verwendet werden. Die Herleitung des R^2 erfolgt über die Streuungszerlegung im Regressionsmodell.
Für das Bestimmtheitsmass R^2 gilt:

$$0 \leq R^2 \leq 1.$$

Für die Interpretation von R^2 sind wie im deskriptiven Fall (vgl. POLASEK 1994) drei Fälle wichtig:

1. $R^2 = 1$ bedeutet perfekte Anpassung: Alle Beobachtungen liegen auf der Regressionsgeraden. $R^2 = 1$ ist nur dann möglich, wenn die Residuenquadratsumme 0 ist, d.h.

$$SS_{\hat{\varepsilon}} = \sum_{i=1}^{n}(y_i - \hat{y}_i)^2 = 0,$$

wenn der deterministische Fall mit $\sigma_{\varepsilon}^2 = 0$ eintritt, und daher Schätzung und Beobachtung gleich sind:

$$y_i = \hat{y}_i, \quad i = 1, \ldots, n.$$

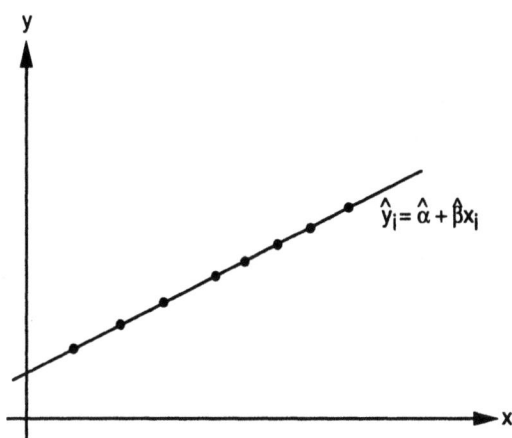

Figur 10.8: Perfekte lineare Anpassung

2. $R^2 = 0$: Es gibt keinen linearen Zusammenhang zwischen Y und den $\{x_i\}$. Der Zusammenhang zwischen abhängiger und unabhängiger Variable ist rein zufällig. $R^2 = 0$ ist nur dann möglich, wenn die Regressionsquadratsumme 0 ist:

$$SS_{\hat{y}} = \sum_{i=1}^{n}(\hat{y}_i - \bar{y})^2 = 0,$$

d.h. in diesem Fall sind die Regressionsschätzungen gleich dem Mittelwert der abhängigen Variablen und es folgt

$$\hat{y}_i = \bar{y}, \quad i = 1, \ldots, n.$$

Für die Parameterschätzungen der Regressionsgeraden gilt in diesem Fall:

$$\hat{\alpha} = \bar{y}, \quad \hat{\beta} = 0.$$

Bei einem zufälligen Zusammenhang erklärt die lineare Regression (eine waagerechte Gerade auf Höhe $\bar{y}$, vgl. Figur 10.9a) nichts. Andere als lineare Beziehungen könnten möglicherweise grosse R^2 erzielen.

3. Das Bestimmtheitsmass ist ein normiertes Mass und liegt zwischen 0 und 1.

$$0 \leq R^2 \leq 1. \qquad\qquad (10.21)$$

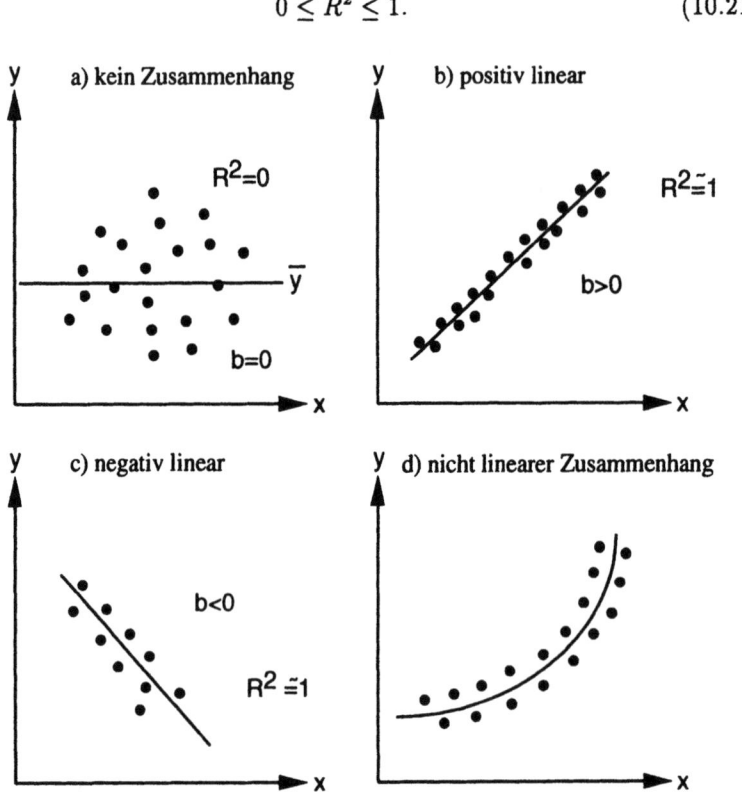

Figur 10.9: Bestimmtheitsmass und Regression

Beispiel 10.4: Bestimmtheitsmass R^2 der Produktionskosten
In Fortsetzung von Beispiel 10.3 berechnen wir die beiden Quadratsummen SS_y und $SS_{\hat{\varepsilon}}$:

$$SS_y = 303 - \frac{49^2}{9} = 36.222,$$

$$SS_{\hat{\varepsilon}} = 303 - 1.266 \cdot 49 - 0.752 \cdot 319 = 1.055.$$

Für die zugehörigen deskriptiven Varianzen folgt:

$$\sigma_y^2 = \frac{SS_y}{n} = \frac{36.222}{9} = 4.025,$$

$$\sigma_\epsilon^2 = \frac{SS_{\hat{\epsilon}}}{n} = \frac{1.055}{9} = 0.1173$$

und das Bestimmtheitsmass ist:

$$R^2 = 1 - \frac{1.055}{36.222} = 0.97.$$

D. h. 97% der Variation (der Varianz) in den Produktionskosten wird durch die einfache Regression erklärt.

10.5.3 Korrelations- und Regressionsbeziehung

Satz 10.3:
Es gelten im KQ-Regressionsmodell die Beziehungen

a) $\quad y_i - \bar{y} = \hat{\beta}(x_i - \bar{x}) + \hat{\epsilon}_i$ $\qquad$ (10.22)

b) $\quad SS_{\hat{y}} = \hat{\beta}^2 SS_x$ $\qquad$ (10.23)

c) $\quad R^2 = \hat{\beta}^2 \dfrac{SS_x}{SS_y}$ $\qquad$ (10.24)

Beweis: a) Wir setzen in die geschätzte Regressionsgerade den KQ-Schätzer von $\hat{\alpha} = \bar{y} - \hat{\beta}\bar{x}$ ein:

$$\begin{aligned} y_i = \hat{y}_i + \hat{\epsilon}_i &= \hat{\alpha} + \hat{\beta}x_i + \hat{\epsilon}_i \\ &= \bar{y} - \hat{\beta}\bar{x} + \hat{\beta}x_i + \hat{\epsilon}_i \end{aligned}$$

und daraus folgt

$$y_i - \bar{y} = \hat{\beta}(x_i - \bar{x}) + \hat{\epsilon}_i,$$

d. h. die Behauptung (10.22).

b) Aus den zugehörigen Quadratsummen folgt

$$\sum(y_i - \bar{y})^2 = \hat{\beta}^2 \sum(x_i - \bar{x})^2 + \sum \hat{\epsilon}_i^2$$

odor

$$SS_y = \hat{\beta}^2 SS_x + SS_{\hat{\epsilon}}$$

und mit dem Vergleich von Satz 10.2 (10.18) folgt für die erklärte Quadratsumme der Regression

$$SS_{\hat{y}} = \hat{\beta}^2 SS_x,$$

womit (10.23) bewiesen ist.

c) (10.23) in (10.22) eingesetzt ergibt (10.24).

$$\hat{\beta} = \frac{S_{xy}}{SS_x}$$

mit

$$S_{xy} = n \cdot Cov(x, y) = \sum x_i y_i - \sum x_i \sum y_i$$

kann das Bestimmtheitsmass auch folgendermassen berechnet werden:

$$R^2 = \left(\frac{S_{xy}}{SS_x}\right)^2 \cdot \frac{SS_x}{SS_y} = \frac{S_{xy}^2}{SS_x SS_y}.$$

10.6 Der F-Test im Regressionsmodell

Die Gültigkeit des gesamten Regressionsmodells testet man – im Gegensatz zu Hypothesen über die einzelnen Parameter – mit einem F-Test. Im einfachen Regressionsmodell ist dieser Test äquivalent zum t-Test auf den Anstieg β.

1. *Modell:*

$$y_i = \alpha + \beta x_i + \varepsilon_i, \quad i = 1, 2, \ldots, n$$

2. *Hypothesen:*

$$H_0 : \alpha \text{ beliebig und } \beta = 0$$

gegen

$$H_1 : \alpha \text{ beliebig und } \beta \neq 0.$$

3. *Signifikanzniveau:* α.

4. *Testgrösse:*

$$F = \frac{SS_{\hat{y}}}{SS_{\hat{\varepsilon}}}(n-2) = \frac{SS_{model}}{SS_{error}}(n-2) \sim F(1, n-2)$$

ist F-verteilt mit einem und $n-2$ Freiheitsgraden. Man vergleicht F mit dem kritischen Wert $F_\alpha = F(1, n-2; 1-\alpha)$.

5. *Entscheidung:* Verwerfe die Nullhypothese H_0 falls $F > F_\alpha$ oder der p-Wert grösser als α sind.

Wie bei der ANOVA stellt man die Rechenschritte übersichtlich in einer Varianzanalyse-Tabelle dar.

Tabelle 10.1: Einfache ANOVA

Quelle	Quadrat-summe	Freiheits-grade	Mittlere Quadratsumme	F-Test
Modell	$SS_{\hat{y}} = \sum (\hat{y}_i - \bar{y})^2$	1	$MS_{\hat{y}} = SS_{\hat{y}}/1$	$F = \frac{MS_{\hat{y}}}{MS_{\hat{\varepsilon}}}$
Fehler	$SS_{\hat{\varepsilon}} = \sum \hat{\varepsilon}^2$	$n-2$	$MS_{\hat{\varepsilon}} = SS_{\hat{\varepsilon}}/(n-2)$	
Total	SS_y	$n-1$	s_y^2	

Beispiel 10.5: Produktionskosten (Fortsetzung)
Die Frage, ob wirklich eine lineare Produktionsfunktion vorliegt, prüft man mit dem F-Test.

1. *Modell:* Die Kosten hängen linear vom Output ab:

$$y_i = \alpha + \beta x_i + \varepsilon_i, \quad i = 1, 2, \ldots, n$$

2. *Hypothesen:*

$$H_0 : \alpha \text{ beliebig und } \beta = 0,$$

d. h. die lineare Funktion erklärt nichts, gegen

$$H_1 : \alpha \text{ beliebig und } \beta \neq 0,$$

d. h. lineare Funktion mit Fixkosten α und variablen Kosten von β.

3. *Signifikanzniveau:* $\alpha = 0.05$.

4. *Testgrösse:*

Quelle	Quadrat-summe	Freiheits-grade	Mittlere Quadratsumme	F-Test
Modell	35.167	1	35.167	$F = 4.7624$
Fehler	1.055	7	0.1507	
Total	36.222	8	4.5278	

5. *Entscheidung:* Verwerfe die Nullhypothese H_0 nicht, weil $F = 4.7624 < 5.591 = F_\alpha = F(1, n-2; 1-\alpha)$. Es sind keine schwerwiegenden Indizien gegen die lineare Produktionsfunktion beobachtet worden.

10.7 Statistische Eigenschaften der KQ-Schätzung

Satz 10.4: Erwartungstreue
Unter den Annahmen (1)-(5) (vgl. Abschnitt 10.2) gelten für Erwartungswert und Varianz der geschätzten Parameter im Regressionsmodell:

1. Der KQ-Schätzer des Achsenabschnitts α ist erwartungstreu

$$E(\hat{\alpha}) = \alpha, \quad Var(\hat{\alpha}) = \frac{\sigma^2 \sum x_i^2}{n \sum x_i^2 - (\sum x_i)^2} := \sigma_\alpha^2 \qquad (10.25)$$

2. Der KQ-Schätzer des Anstiegs β ist erwartungstreu

$$E(\hat{\beta}) = \beta, \quad Var(\hat{\beta}) = \frac{n\sigma^2}{n \sum x_i^2 - (\sum x_i)^2} := \sigma_\beta^2 \qquad (10.26)$$

3. Der Residuenvarianzschätzer ist erwartungstreu

$$E(\hat{\sigma}^2) = \sigma^2. \qquad (10.27)$$

4. Die KQ-Schätzer sind (blockweise) unabhängig:

$$(\hat{\alpha}, \hat{\beta}) \text{ und } \hat{\sigma}^2 \text{ sind unabhängig.}$$

D. h. die Varianzschätzung s_ϵ^2 ist von der Regressionsschätzung ($\hat{\alpha}$ und $\hat{\beta}$) unabhängig. Aus der letzten Aussage folgt aber nicht, dass $\hat{\alpha}$ und $\hat{\beta}$ unabhängig sind (im Gegenteil, es besteht i. A. eine starke Abhängigkeit).

Bemerkung: Die lineare Transformation einer normalverteilten Zufallsgrösse ist wieder normalverteilt:
Ist $Y = a + bX$ und $X \sim N(\mu, \sigma^2)$ dann gilt $Y \sim N[a + b\mu, b^2\sigma^2]$.

Satz 10.5: Stichprobenverteilungen der KQ-Regression
Unter den Annahmen (1)-(5) gelten folgende Verteilungsaussagen für die OLS- (KQ-) Schätzungen im Regressionsmodell:

1. Bei bekannter Residuenvarianz σ^2 ist der KQ-geschätzte Achsenabschnitt α normalverteilt mit den Momenten aus (2.24):

$$\hat{\alpha} \sim N(\alpha, \sigma_\alpha^2)$$

2. Bei bekannter Residuenvarianz σ^2 ist der Anstieg β normalverteilt mit den Momenten aus (2.25):

$$\hat{\beta} \sim N(\beta, \sigma_\beta^2).$$

3. Bei unbekannter Residuenvarianz σ^2 ist der Achsenabschnitt α t-verteilt (mit $n - 2$ Freiheitsgraden)

$$\hat{\alpha} \sim t(\alpha, s_\alpha^2, n - 2),$$

bzw. für den standardisierten Wert gilt:

$$t = \frac{\hat{\alpha} - \alpha}{s_\alpha} \sim t_{n-2}, \quad s_\alpha = \sqrt{\frac{\sigma^2 \sum x_i^2}{n \sum x_i^2 - (\sum x_i)^2}} \qquad (10.28)$$

4. Bei unbekannter Residuenvarianz σ^2 ist der Anstieg β t-verteilt (mit $n - 2$ Freiheitsgraden)

$$\hat{\beta} \sim t(\beta, s_\beta^2, n - 2),$$

bzw. standardisiert:

$$\underset{\cdot}{t} = \frac{\hat{\beta} - \beta}{s_\beta} \sim t_{n-2}, \quad s_\beta = \sqrt{\frac{n\sigma^2}{n\sum x_i^2 - (\sum x_i)^2}} \qquad (10.29)$$

5. Die KQ-geschätzte Residuenvarianz s^2 ist χ^2-verteilt mit $n - 2$ Freiheitsgraden

$$\frac{(n - 2)s^2}{\sigma^2} \sim \chi_{n-2}^2 \qquad (10.30)$$

mit der Stichprobenvarianz der Residuen

$$s^2 = \frac{1}{n - 2} \sum_{i=1}^{n} \hat{\varepsilon}_i^2. \qquad (10.31)$$

Bemerkungen:

- Die Aussagen (1) und (2) heissen genaugenommen, dass die KQ-Schätzungen einzeln, d.h. univariat normalverteilt sind. Es ist aber $(\hat{\alpha}, \hat{\beta})$ gemeinsam auch bivariat normalverteilt.

- Die Behauptungen (3) und (4) bedeuten, dass die standardisierten Regressionskoeffizienten t-verteilt sind. (Ab $n = 20$ Stichprobenelementen gilt für die t-Verteilung approximativ die Normalverteilung.)

- Die Aussage (5) bedeutet auch, dass $s^2/\sigma^2 \sim \chi_{n-2}^2/(n - 2) = C_{n-2}^2$ modifiziert χ^2-verteilt ist.

10.8 t-Tests im linearen Regressionsmodell

Wie im Abschnitt zur Testtheorie wollen wir die Signifikanztests im Regressiosmodell in 5 Schritten zusammenfassen.

10.8.1 Signifikanztest auf den Anstieg β

1. *Modell:*
   Überprüfe die Annahmen des Tests und des Modells (Unabhängigkeit, Normalverteilung, Homoskedastizität)

2. *Hypothesen:*

$$H_0: \quad \beta = \beta_0 \quad \text{gegen} \quad H_1: \quad \begin{cases} a) & \beta \neq \beta_0 \\ b) & \beta < \beta_0 \\ c) & \beta > \beta_0 \end{cases}$$

3. *Signifikanzniveau:* α

4. *Prüfgrösse:* Bilde den standardisierten Anstieg, der t-verteilt mit $n-2$ Freiheitsgraden ist:

$$t = \frac{\hat{\beta} - \beta_0}{s_\beta} \sim t_{n-2}$$

5. *Entscheidungen:* In Abhängigkeit von der Gegenhypothese

   (a) $H_1 : \beta \neq \beta_0$: Lehne H_0 ab, falls $|t| > t_{(1-\alpha)/2;n-2}$

   (b) $H_1 : \beta < \beta_0$: Lehne H_0 ab, falls $t < -t_{1-\alpha;n-2}$

   (c) $H_1 : \beta > \beta_0$: Lehne H_0 ab, falls $t > t_{1-\alpha;n-2}$

10.8.2 Signifikanztest auf den Achsenabschnitt α

1. *Modell:*
   Überprüfe die Annahmen des Tests und des Modells (Unabhängigkeit, Normalverteilung, Homoskedastizität)

2. *Hypothese:*

$$H_0: \quad \alpha = \alpha_0 \quad \text{gegen} \quad H_1: \quad \begin{cases} a) & \alpha \neq \alpha_0 \\ b) & \alpha < \alpha_0 \\ c) & \alpha > \alpha_0 \end{cases}$$

3. *Signifikanzniveau:* α

4. *Prüfgrösse:* Der standardisierte Achsenabschnitt ist t-verteilt mit $n-2$ Freiheitsgraden

$$t = \frac{\hat{\alpha} - \alpha_0}{s_\alpha} \sim t_{n-2}.$$

5. *Entscheidungen:* In Abhängigkeit von der Gegenhypothese

   (a) Lehne H_0 ab, falls $|t| > t_{(1-\alpha)/2;n-2}$

   (b) Lehne H_0 ab, falls $t < -t_{1-\alpha;n-2}$

   (c) Lehne H_0 ab, falls $t > t_{1-\alpha;n-2}$

Dieser Test wird in den meisten Lehrbüchern oft falsch oder gar nicht dargestellt. Dem zweiseitigen t-Test entspricht folgender F-Test.

1. *Modell:* $y_i = \alpha + \beta x_i + \varepsilon_i, \quad \varepsilon_i \sim N(0, \sigma^2), \quad i, \ldots, n.$

2. *Hypothesen:* $H_0 : \alpha = 0 \quad$ gegen $\quad H_1 : \alpha \neq 0$, wobei σ beliebig sein kann.

3. *Niveau:* α

4. *Prüfgrösse:*

$$F = \frac{SS_R - SS_{UR}}{SS_{UR}/(n-2)} \sim F_{n-2}^1$$

mit

$$SS_R = \sum (y_i - \overline{y})^2 - \frac{\left(\sum (x_i - \overline{x})(y_i - \overline{y}) \right)^2}{\sum (x_i - \overline{x})^2}$$

und

$$SS_{UR} = \sum y_i^2 - \frac{\left(\sum x_i y_i \right)^2}{\sum x_i^2}$$

5. *Entscheidung:* Lehne H_0 ab, falls $F > F_{n-2}^1(1 - \alpha) = t^2(1 - \alpha, n - 2)$ ist, wobei $t(1 - \alpha, n - 2)$ das $1 - \alpha$ Quantil der t-Verteilung mit $n - 2$ Freiheitsgraden ist.

Man beachte, dass dieser F-Test nicht mit Hilfe der R^2 berechnet werden kann, weil das Bestimmtheitsmass bei der Regression durch den Ursprung nicht mit zentrierten Quadratsummen berechnet wird.

Beispiel 10.6: Produktionskosten der Textilfabrik
Man teste den Anstieg auf $\beta = 0$ in der geschätzten Regressionsfunktion:

$$\hat{y}_i = 1.268 + 0.752 x_i, \qquad s^2 = 0.151.$$

Frage: Hat der Output x_i einen signifikanten Einfluss auf die Produktionskosten y_i?

1. Modell: Die Residuen im linearen Regressionsmodell sind unabhängig normalverteilt.

2. Hypothesen: $H_0 : \beta = 0$ gegen $H_1 : \beta \neq 0$

3. Signifikanzniveau: $\alpha = 0.05$

4. Prüfgrösse: Mit Hilfe der Standardabweichung für den geschätzten Anstieg $\hat{\beta}$

$$s_\beta = \sqrt{\frac{9 \cdot 0.151}{9 \cdot 340 - 50^2}} = 0.05$$

berechnet man die t-verteilte Testgrösse

$$t = \frac{0.752 - 0}{0.05} = 15.27.$$

5. Entscheidung: Da $|t| = 15.27 > t_{.975;7} = 2.365$, wird die Nullhypothese
   H_0 abgelehnt. Der Output hat auf $\alpha = 5\%$ Signifikanzniveau einen
   signifikanten Einfluss auf die Produktionskosten.

10.9 Bayes-Test der Regressionskoeffizienten

10.9.1 Bayes Test für den Anstieg β

Dieser Test ist die Bayessche Alternative zum t-Test der Regression (vgl.
10.6). Interessanterweise ist im einfachen (bivariaten) Regressionsmodell
der Bayes-Test auf Anstieg $\beta = 0$ äquivalent zum Bayesschen F-Test (der
Bayes'schen Version der ANOVA).

1. *Modell:* Wir betrachten das bivariate lineare Regressionsmodell

$$y_i = \alpha + \beta x_i + \varepsilon_i \quad , \quad \varepsilon_i \sim N(0, \sigma^2),$$

   und die zu schätzenden Parameter sind α, β und σ^2.

2. *Hypothesen:* Die ausführliche Beschreibung der Hypothesen ist

$$H_0: \qquad \beta = 0, \quad \alpha \in \mathbb{R}, \quad \sigma \in \mathbb{R}^+,$$
$$H_1: \qquad \beta \neq 0, \quad \alpha \in \mathbb{R}, \quad \sigma \in \mathbb{R}^+.$$

   Eine kürzere Schreibweise ist: $H_0 : \beta = 0$ gegen $H_1 : \beta \neq 0$.

3. *a-priori Verteilung:* diffus (nach ZELLNER 1994)

4. *Bayesfaktor:*

   Der Bayesfaktor kann entweder über die Residuenquadrate $SS_{\hat{\varepsilon}}$ oder
   das Bestimmtheitsmass R^2 berechnet werden:

$$B = \sqrt{\pi} \left(\frac{n-2}{2} \right)^{\frac{1}{2}} \cdot \left[\frac{SS_{\hat{\varepsilon}}}{SS_y} \right]^{\frac{n-3}{2}}$$

   bzw.

$$B = \sqrt{\pi} \left(\frac{n-2}{2} \right)^{\frac{1}{2}} (1 - R^2)^{\frac{n-3}{2}} \quad \text{mit} \quad R^2 = \frac{SS_{\hat{y}}}{SS_y}.$$

   Die Quadratsummen sind

$$SS_{\hat{\varepsilon}} = \sum_i (y_i - \hat{y}_i)^2 = \sum_i \hat{\varepsilon}_i^2$$

   und

$$SS_y = \sum_i y_i^2 - \frac{1}{n} (\sum y_i)^2 = \sum_i y_i^2 - n\bar{y}^2.$$

5. *Entscheidung:*
Berechne die posteriori Wahrscheinlichkeit der Nullhypothese mit Hilfe des Bayesfaktors B als

$$p_{**} = \frac{B}{B+1}.$$

und lehne die H_0 ab, falls $p_{**} < \frac{1}{2}$ ist.

Beispiel 10.7: Bayes-Test für den Anstieg β

1. *Modell:* Die geschätzte Kostenfunktion der Textilfabrik lautet

$$\hat{y} = \quad 1.268 + 0.752x \quad , \quad R^2 = 0.9709$$
$$(St.D) \quad (0.303) \quad (0.049)$$

wobei die Zahlen in Klammern die Standardabweichungen (St.D) angeben.
Die Varianzen lauten:

$$\sigma_{\hat{\varepsilon}}^2 = 0.342^2,$$
$$\sigma_y^2 = \frac{1}{9}36.222 = 2.006^2.$$

2. *Hypothesen:* Wir testen den Anstieg

$$H_0 \quad : \quad \beta = 0, \quad \alpha \in \mathbb{R}, \quad \sigma \in \mathbb{R}^+;$$
$$H_1 \quad : \quad \beta \neq 0, \quad \alpha \in \mathbb{R}, \quad \sigma \in \mathbb{R}^+.$$

3. *a-priori Verteilung:* diffus (nach ZELLNER)

4. *Bayesfaktor:*

a) Die Berechnung über das Bestimmtheitsmass $R^2 = 0.9709$ ergibt für den Bayesfaktor

$$B = 1.77 \left(\frac{9-2}{2}\right)^{\frac{1}{2}} (1 - 0.9709)^{\frac{6}{2}}$$
$$= 3.316 \cdot 2.473 \cdot 10^{-5}$$
$$= 0.0001 = \frac{1}{12193}.$$

b) Die Berechnung über die Quadratsumme liefert den selben Wert

$$B = 1.77 \left(\frac{9-2}{2}\right)^{\frac{1}{2}} \left(\frac{1.055}{36.222}\right)^{\frac{6}{2}} = 0.0001.$$

5. *Entscheidung:*
Wir berechnen die posteriori Wahrscheinlichkeit

$$p_{**} = \frac{0.0001}{1.0001} = 0.0001.$$

Die Nullhypothese ist sehr unwahrscheinlich, die Gegenhypothese wird akzeptiert, d.h. der Anstieg β ist mit an Sicherheit grenzender Wahrscheinlichkeit nicht Null.

10.9.2 Bayes-Test für den Achsenabschnitt α

1. *Modell:* $\quad y_i = \alpha + \beta x_i + \varepsilon_i, \quad \varepsilon_i \sim N(0, \sigma^2), \quad i = 1, \dots, n.$

2. *Hypothesen:*

$$H_0: \quad \alpha = 0, \quad \beta \in \mathbb{R}, \quad \sigma \in \mathbb{R}^+;$$

gegen

$$H_1: \quad \alpha \neq 0, \quad \beta \in \mathbb{R}, \quad \sigma \in \mathbb{R}^+.$$

3. *a-priori Verteilung:* diffus

4. Der Bayes Faktor wird nach allgemeinen "Restriktionsformel" berechnet

$$B_R^{UR} = \left(\frac{SS_{UR}}{SS_R} \right)^{\frac{n}{2}} \sqrt{n}.$$

Dabei ist $SS_{UR} = \sum_{i=1}^{n} (y_i - \hat{\alpha} - \hat{\beta} x_i)^2$ und $SS_R = \sum_{i=1}^{n} (y_i - \hat{\beta}_R x_i)^2$, und $\hat{\beta}_R$ der restringierte Schätzer. Weichen die beiden Modelle von einander ab, dann erhält man einen kleinen Bayesfaktor.

5. *Entscheidung:*
Lehne die Nullhypothese (der Achsenabschnitt ist Null) ab, wenn die posteriori Wahrscheinlichkeit $p_{**} = B_R^{UR}/(1 + B_R^{UR})$ kleiner $\frac{1}{2}$ (bzw. der Bayesfaktor < 1 ist, vgl. die odds-Bewertungsregel)

Bevor wir ein Beispiel diskutieren, benötigen wir noch ein Resultat der Regressionsschätzung durch den Ursprung.

Satz 10.6: Regression durch den Ursprung
Der Kleinstquadratschätzer der Regression ohne Achsenabschnitt
(durch den Ursprung)

$$y = \beta x + \varepsilon$$

ist der restringierte Kleinstquadratschätzer $\hat{\beta}_R = \hat{\beta}$, d. h.

$$\hat{\beta} = \frac{\sum_{i=1}^{n} x_i y_i}{\sum_{i=1}^{n} x_i^2}$$

und die Residuenquadratsumme ist

$$\sum_{i=1}^{n} \hat{\varepsilon}_i^2 = \sum_{i=1}^{n} y_i^2 - \frac{(\sum x_i y_i)^2}{\sum x_i^2}$$
$$= \sum_{i=1}^{n} y_i^2 - \hat{\beta} \sum_{i=1}^{n} x_i y_i = \sum_{i=1}^{n} y_i^2 - \hat{\beta}^2 \sum_{i=1}^{n} x_i^2$$

Beweis: Die zu minimierende Quadratsumme ist

$$S(\beta) = \sum_{i=1}^{n} (y_i - \beta x_i)^2.$$

Die erste Ableitung wird Null gesetzt

$$\sum (y_i - \beta x_i)(-x_i) = 0$$

und es folgt

$$\sum x_i y_i - \beta \sum x_i^2 = 0$$

bzw.

$$\hat{\beta} = \sum x_i y_i / \sum x_i^2.$$

Die geschätzte Residuenquadratsumme ist

$$\sum \hat{\varepsilon}_i^2 = \sum y_i^2 - 2\beta \sum x_i y_i + \beta^2 \sum x_i^2$$
$$- \sum y_i^2 - 2\frac{(\sum x_i y_i)^2}{\sum x_i^2} + \frac{(\sum x_i y_i)^2}{\sum x_i^2}$$
$$= \sum y_i^2 - \frac{(\sum x_i y_i)^2}{\sum x_i^2}$$
$$= \sum y_i^2 - \hat{\beta} \sum x_i y_i.$$

Wegen der Quadratsummenzerlegung

$$\sum y_i^2 = \frac{(\sum x_i y_i)^2}{\sum x_i^2} + \sum \hat{\varepsilon}_i^2$$

bzw.

$$SS_y = SS_{\hat{y}} + SS_{\hat{\varepsilon}}$$

ist das Bestimmtheitsmass bei der Regressionsgerade durch den Ursprung

$$R^2 = \frac{SS_{\hat{y}}}{SS_y} = \frac{(\sum x_i y_i)^2}{\sum x_i^2 \sum y_i^2}$$

In diesem Fall sind die Quadratsummen $SS_y, SS_{\hat{y}}$ und $SS_{\hat{\varepsilon}}$ keine zentrierten Quadratsummen.

Bemerkung: Bei der Regression durch den Ursprung gilt nicht mehr die Eigenschaft, dass der Mittelwert der Residuen (bzw. die Residuensumme) Null ist:

$$
\begin{aligned}
\frac{1}{n}\sum_{i=1}^{n}\hat{\varepsilon}_i &= \frac{1}{n}\sum_{i=1}^{n}(y_i - \hat{\beta}x_i) \\
&= \frac{1}{n}\sum_{i=1}^{n} y_i - \hat{\beta}\frac{1}{n}\sum_{i=1}^{n} x_i \\
&= \bar{y} - \hat{\beta}\bar{x}.
\end{aligned}
$$

Dieser Residuenmittelwert ist nur dann Null, wenn $\hat{\beta} = \frac{\bar{y}}{\bar{x}}$ ist.

Beispiel 10.8: Produktionskosten der Textilfabrik
Ausgehend von Beispiel 10.3 testen wir die Nullhypothese, dass die Fixkosten $\alpha = 0$ sind.

1. *Modell:* Wir betrachten das lineare Modell $y = \alpha + \beta x$

2. *Hypothese:*
$$H_0 : \alpha = 0, \qquad \beta \text{ und } \sigma^2 \text{ beliebig}$$

   gegen

$$H_1 : \alpha \neq 0, \qquad \beta \text{ und } \sigma^2 \text{ beliebig}$$

3. *a-priori Verteilung:* diffus

4. *Bayes-Faktor:* Der Anstieg der Regressionsgerade durch den Ursprung ist $\hat{\beta} = \frac{319}{340} = 0.938$ und die Residuenquadratsumme ist

$$
\begin{aligned}
SS_R &= \sum y_i^2 - \left(\sum x_i y_i\right)^2 / \sum x_i^2 \\
&= 303 - 319^2/340 \\
&= 303 - 299.30 = 3.70
\end{aligned}
$$

Der Bayesfaktor berechnet man mit der Residuenquadratsumme des unrestringierten Modells aus Beispiel 10.4 des

$$B_R^{UR} = \left(\frac{1.055}{3.70}\right)^{\frac{9}{2}} \sqrt{9} = 0.003517 \cdot 3$$

$$= 0.01055 = \frac{1}{94.8}.$$

5. *Die posteriori Wahrscheinlichkeit* ist

$$p_{**} = \frac{B}{B+1} = \frac{0.01055}{1.01055} = 0.01044$$

mit etwa 1% sehr unwahrscheinlich und es kann die Nullhypothese mit Hilfe der odds-Bewertungsregel mit grosser Sicherheit ('signifikant') abgelehnt werden.

Bemerkung: Der Regressionskoeffizient $\hat{\beta} = 0.938$ der KQ-Schätzung durch den Ursprung kann man folgendermassen interpretieren. Gibt es keine Fixkosten, dann sind die variablen Kosten 938$ pro Tonne mehr an Output.

Flexible Formulierung von Hypothesen ist ein wichtiges Instrument bei ökonometrischen Analysen, wie die nächste Bemerkung zeigt.

Beispiel 10.9:
Formulierung von Hypothesen in der Keynesschen Konsumfunktion
Die Keynessche Konsumfunktion kann als einfaches lineares Regressionsmodell formuliert werden

$$y_i = \alpha + \beta x_i + \varepsilon_i, \qquad \varepsilon_i \sim N(0, \sigma^2), \qquad i = 1, \dots, n.$$

Dabei haben die Variablen folgende Bedeutung:
y_i : Konsum (Zufallsgrösse)
x_i : Einkommen (fix vorgegeben)
α : Autonomer Konsum
β : Marginale Konsumquote

Man teste die Hypothese einer positiven (Keynesschen) Konsumfunktion: $\alpha \geq 0, 0 \leq \beta \leq 1$. Dabei können folgende Testsituationen auftreten:

Bayes-Test		Bayes- und Signifikanz-Test
1. $\alpha \geq 0$ gegen $\alpha < 0$;	oder	$H_0 : \alpha = 0$ gegen $H_1 : \alpha < 0$.
2. $\beta \geq 0$ gegen $\beta < 0$;	oder	$H_0 : \beta = 0$ gegen $H_1 : \beta < 0$.
3. $\beta \leq 1$ gegen $\beta > 1$;	oder	$H_0 : \beta = 1$ gegen $H_1 : \beta > 1$.

In der ersten Spalte braucht man nur die posteriori Verteilung und daraus
die Wahrscheinlichkeiten der jeweiligen Hypothesen berechnen. Bei den Hypothesen der zweiten Spalte benötigt man die klassischen Testgrössen bzw.
die Bayesfaktoren.

10.10   Konfidenzintervalle für die Regressionskoeffizienten

10.10.1   Konfidenzintervall für α

Die t–Statistik für den Achsenabschnitt (intercept) α in linearen Regressionsmodell lautet (vgl. Satz 10.4):

$$t = \frac{\hat{\alpha} - \alpha}{s_\alpha} \sim t_{n-2}.$$

Bei Konfidenzniveau α ist das $(1+\alpha)/2$–Quantil der t-Verteilung mit $\nu = n - 2$ Freiheitsgraden durch

$$t_\nu = t_{((1+\alpha)/2, n-2)} \quad \text{mit} \quad \nu = n - 2$$

gegeben. Formal wird das Konfidenzintervall für den Achsenabschnitt α aus
der Stichprobenverteilung wie folgt abgeleitet:

$$
\begin{aligned}
\alpha &= Pr\left(-t_\nu \le \frac{\hat{\alpha} - \alpha}{s_\alpha} \le t_\nu\right) \\
&= Pr\left(-t_\nu s_\alpha \le \hat{\alpha} - \alpha \le t_\nu s_\alpha\right) \\
&= Pr\left(\hat{\alpha} - t_\nu s_\alpha \le \alpha \le \hat{\alpha} + t_\nu s_\alpha\right).
\end{aligned}
$$

Das α-Konfidenzintervall für α lautet:

$$\alpha - KONF(\alpha) = [\hat{\alpha} - t_\nu s_\alpha, \hat{\alpha} + t_\nu s_\alpha]_\alpha \, .$$

10.10.2   Konfidenzintervall für β

Das α-Konfidenzintervall für den Anstieg β im linearen Regressionsmodell
lautet:

$$\alpha - KONF(\beta) = \left[\hat{\beta} - t_\nu s_\beta, \ \hat{\beta} + t_\nu s_\beta\right]_\alpha \, .$$

Beispiel 10.10: Produktionskosten der Textilfabrik
Die geschätzte Regressionsfunktion lautet

$$\hat{y}_i = 1.268 + 0.752 x_i, \qquad i = 1, \ldots, 9;$$

Das 95%–Konfidenzintervall für β berechnet sich mit

$$t_{0.975;7} = 2.365 \quad \text{und} \quad s_\beta = 0.05$$

als

$$95\% - KONF(\beta) = [0.752 - 2.365 \cdot 0.05, 0.752 + 2.365 \cdot 0.05]_{95\%}$$
$$= [0.634, 0.870]_{95\%}$$

Das heisst, auf 95%-Konfidenzniveau (bzw. mit 5%-Irrtumswahrscheinlichkeit) können wir behaupten, dass das Intervall $[0.634, 0.870]$ den unbekannten Parameter β in wiederholten Versuchen überdeckt.

10.10.3 Konfidenzintervall für σ^2

Aus Satz 10.4 über die Stichprobenverteilungen im Regressionsmodell ist bekannt, dass die geschätzte Residuenvarianz $s_{\hat{\varepsilon}}^2$ χ^2-verteilt ist:

$$\frac{(n-2)s_{\hat{\varepsilon}}^2}{\sigma^2} \sim \chi_{n-2}^2, \qquad s_{\varepsilon}^2 = \frac{SS_{\hat{\varepsilon}}}{n-2} = \frac{1}{n-2}\sum \varepsilon_i^2.$$

Daher kann mit der χ^2-Verteilung ein $\alpha\%$ Konfidenzintervall hergeleitet werden:

$$\alpha = Pr\left(\chi_{\frac{1-\alpha}{2}}^2 \leq \frac{(n-2)s_{\hat{\varepsilon}}^2}{\sigma_{\hat{\varepsilon}}^2} \leq \chi_{\frac{1+\alpha}{2}}^2\right)$$
$$= Pr\left(\frac{(n-2)s_{\hat{\varepsilon}}^2}{\chi_{\frac{1+\alpha}{2}}^2} \leq \sigma_{\hat{\varepsilon}}^2 \leq \frac{(n-2)s_{\hat{\varepsilon}}^2}{\chi_{\frac{1-\alpha}{2}}^2}\right).$$

Das klassische α-Konfidenzintervall für σ^2 lautet:

$$\alpha - KONF(\sigma^2) = \left[\frac{(n-2)s_{\hat{\varepsilon}}^2}{\chi_{(1+\alpha)/2}^2}, \frac{(n-2)s_{\hat{\varepsilon}}^2}{\chi_{(1-\alpha)/2}^2}\right]_{\alpha}.$$

Das α-Konfidenzintervall für den Standardfehler σ lautet somit:

$$\alpha - KONF(\sigma) = \left[\sqrt{\frac{(n-2)s_{\hat{\varepsilon}}^2}{\chi_{\frac{1+\alpha}{2}}^2}}, \sqrt{\frac{(n-2)s_{\hat{\varepsilon}}^2}{\chi_{\frac{1-\alpha}{2}}^2}}\right]_{\alpha}$$

Beispiel 10.11: Produktionskosten der Textilfabrik
Für das Konfidenzniveau $\alpha = 95\%$ lauten die obere und untere Intervallgrenzen der χ^2-Verteilung mit 7 d.f. $\chi_{.025;7}^2 = 1.69$ und $\chi_{.975;7}^2 = 16.013$. Die Residuenquadratsumme beträgt $(n-2)s_{\hat{\varepsilon}}^2 = SS_{\hat{\varepsilon}} = 1.055$.

Damit ist das 95%-Konfidenzintervall für σ^2 gegeben als:

$$95\% - KONF(\sigma^2) = \left[\frac{1.055}{16.013}, \frac{1.055}{1.69}\right]_{95\%} = [0.066, 0.624]_{95\%}$$

Unter- und Obergrenze des Konfidenzintervalls für σ^2 unterscheiden sich fast um das 10-fache.

10.10.4 HPD_α-Intervalle für die Residuenvarianz σ_ε^2

Statt des klassischen Konfidenzintervalls sollte besser das optimale HPD-(höchste Wahrscheinlichkeitsdichte) Intervall berechnet werden. Da die χ^2-Verteilung eine schiefe Verteilung ist, müssen die HPD-Grenzen aus speziellen Tabellen (vgl. Anhang A.7) abgelesen werden.

Das optimale HPD-Intervall ist um den Modalwert der posteriori (χ^2)-Verteilung gebildet:

$$Mod(\sigma^2) = (n-2)s_\varepsilon^2/(n+2).$$

Die HPD-Formel ist in diesem Fall besonders einfach, da

$$HPD_\alpha[\sigma^2] = (n-2)s_\varepsilon^2[\chi_u^{-2}(\alpha, n-2),\ \chi_o^{-2}(\alpha, n-2)]_\alpha,$$

wobei χ_u^{-2} und χ_o^{-2} die untere und obere Grenze des HPD-Intervalls der inversen χ^{-2}-Verteilung (vgl. Anhang A.7.4) sind.

Beispiel 10.12: Produktionskosten der Textilfabrik (Fortsetzung)
Das 95%-HPD-Intervall für die Residuenvarianz σ^2 ist nach der HPD-Tabelle A.7.4

$$
\begin{aligned}
HPD_{95\%}[\sigma^2] &= 1.078\ [0.04203, 0.4657]_{95\%} \\
&= [0.0444, 0.4915]_{95\%}.
\end{aligned}
$$

Das 95%-HPD-Intervall für die Standardabweichung σ_ε ist mit Hilfe der Tabellen A.7.5 zu berechnen

$$HPD_\alpha(\sigma) = \sqrt{(n-2)s_\varepsilon^2}\left[\chi_u^{-1}(\alpha, n-2), \chi_o^{-1}(\alpha, n-2)\right]_\alpha,$$

bzw.

$$
\begin{aligned}
HPD_{95\%}(\sigma_\varepsilon) &= 1.0273[0.222, 0.6925]_{95\%} \\
&= [0.2281, 0.7114]_{95\%}.
\end{aligned}
$$

Die HPD-Intervalle für den Anstieg β und den Achsenabschnitt α sind (wegen der Symmetrie der t-Verteilung gleich den Konfidenzintervallen in 10.10.1 und 10.10.2.

10.11   Test auf Gleichheit zweier Regressionen in 2 Stichproben

Gegeben seien zwei bivariate Stichproben $\{(x_{1i}, y_{1i}), i = 1, \ldots, n_1\}$ und $\{(x_{2i}, y_{2i}), i = 1, \ldots, n_2\}$.

In der ersten Stichprobe lautet die geschätzte Regression

$$y_{1i} = \alpha_1 + \beta_1 x_{1i} + \varepsilon_{1i}, \quad i = 1, \ldots, n_1$$

mit den Parametern

$$
\begin{aligned}
\beta_1 &= Cov(x_1, y_1)/Var(x_1), \\
\alpha_1 &= \bar{y}_1 - \beta_1 \bar{x}_1, \\
s_{\varepsilon 1}^2 &= Var(\varepsilon_1) = \frac{1}{n_1 - 2} \sum_{i=1}^{n_1} \varepsilon_{1i}^2.
\end{aligned}
$$

In der 2. Stichprobe lautet die geschätzte Regression

$$
y_{2i} = \alpha_2 + \beta_2 x_{2i} + \varepsilon_{2i}, \quad i = 1, \ldots, n_2
$$

mit den Parametern

$$
\begin{aligned}
\beta_2 &= Cov(x_2, y_2)/Var(x_2), \\
\alpha_2 &= \bar{y}_2 - \beta_2 \bar{x}_2, \\
s_{\varepsilon 2}^2 &= Var(\varepsilon_2) = \frac{1}{n_2 - 2} \sum_{i=1}^{n_2} \varepsilon_{2i}^2.
\end{aligned}
$$

10.11.1 Signifikanztest auf gleichen Anstieg ($\beta_1 = \beta_2$)

1. *Modell:* Zwei unabhängige Stichproben aus normalverteilten GG (oder grosse Stichprobenanzahl) mit den Regressionen $y_1 = \alpha_1 + \beta_1 x_1 + \varepsilon_1$ und $y_2 = \alpha_2 + \beta_2 x_2 + \varepsilon_2$.

2. *Hypothesen:*

$$
H_0: \quad \beta_1 = \beta_2 \quad \text{gegen} \quad H_1: \quad
\begin{array}{ll}
a) & \beta_1 \neq \beta_2 \\
b) & \beta_1 > \beta_2 \\
c) & \beta_1 < \beta_2
\end{array}
$$

3. *Signifikanzniveau:* α

4. *Prüfgrösse:* Man berechne die gepoolte Varianz

$$
s_\varepsilon^2 = \frac{(n_1 - 2)s_{\varepsilon 1}^2 + (n_2 - 2)s_{\varepsilon 2}^2}{n_1 + n_2 - 4}.
$$

Die Prüfgrösse ist die standardisierte Differenz der Anstiege

$$
t = \frac{\beta_1 - \beta_2}{s_\varepsilon \sqrt{\frac{1}{SS_{x_1}} + \frac{1}{SS_{x_2}}}}
$$

$$
\text{mit} \quad SSx_1 = \sum_{i=1}^{n_1} (x_{1i} - \bar{x}_1)^2 \quad \text{und} \quad SSx_2 = \sum_{i=1}^{n_2} (x_{2i} - \bar{x}_2)^2
$$

und ist t-verteilt mit $\nu = n_1 + n_2 - 4$ Freiheitsgraden. Für eine grosse Anzahl von Beobachtungen ($n_1 > 20, n_2 > 20$) kann die t-Verteilung durch die Standard-Normalverteilung approximiert werden.

5. *Entscheidung:* Lehne H_0 ab falls

    (a) $|t| > t(1 - \frac{\alpha}{2}, \nu)$ oder $|z| > z(1 - \frac{\alpha}{2})$

    (b) $t > t(1 - \frac{\alpha}{2}, \nu)$ oder $z > z(1 - \frac{\alpha}{2})$

    (c) $t < -t(1 - \frac{\alpha}{2}, \nu)$ oder $z < -z(1 - \frac{\alpha}{2})$

ist.

Beispiel 10.13: Test auf Gleichheit zweier Regression

Gegeben seien die KQ-Schätzungen für die Regressionen $y_1 = x_1\beta_1 + \varepsilon_1$ und $y_2 = x_2\beta_2 + \varepsilon_2$. (vgl. SACHS 1992, S. 554)

$$n_1 = 40; \quad s_{\varepsilon 1}^2 = 0.14; \quad SS_{x1} = 163; \quad b_1 = 0.40$$
$$n_2 = 50; \quad s_{\varepsilon 2}^2 = 0.16; \quad SS_{x2} = 104; \quad b_2 = 0.31$$

Dabei ist $SS_{x1} = \sum_i (x_{1i} - \bar{x}_1)^2$ und $SS_{x2} = \sum_1 (x_{2i} - \bar{x}_2)^2$.

Auf Niveau $\alpha = 0.05$ prüfe man die Nullhypothese, dass die beiden Anstiege gleich sind (zweiseitige Fragestellung).

1. *Modell:* Es liegen zwei unabhängige Stichproben vor.

2. *Hypothesen:* $H_0 : \quad \beta_1 = \beta_2$ gegen $H_1 : \quad \beta_1 \neq \beta_2$

3. *Signifikanzniveau:* $\alpha = 5\%$

4. *Prüfgrösse:* Die gepoolte Varianz ist

$$s_\varepsilon^2 = \frac{(40 - 2) \cdot 0.14 + (50 - 2) \cdot 0.16}{40 + 50 - 4} = \frac{13}{86} = 0.1512 = 0.39^2$$

und

$$t = \frac{0.40 - 0.31}{0.39\sqrt{\frac{1}{163} + \frac{1}{104}}} = \frac{0.09}{0.0489} = 1.84.$$

5. *Entscheidung:* Bei 86 Freiheitsgraden kann die t-Verteilung durch die Normalverteilung angenähert werden. Daher gilt $t(0.975, 86) \cong z(0.975) = 1.96$.

Da $t = 1.84 < 1.96$ ist, wird die Nullhypothese nicht abgelehnt, d. h. man kann behaupten, die Anstiege seien gleich.

Bemerkung:

    (a) Wird die Nullhypothese abgelehnt, so kann man den Schnittpunkt der beiden Geraden bestimmen. Die Koordinaten sind

$$x_1 = (\alpha_2 - \alpha_1)/(\beta_1 - \beta_2),$$
$$y_1 = \alpha_1 + \beta_1 x_1 = \alpha_2 + \beta_2 x_2.$$

(b) Wird die Nullhypothese nicht abgelehnt, so kann man den gemeinsamen Anstieg berechnen:

$$\hat{\beta} = \frac{n_1 Cov(x_1, y_1) + n_2 Cov(x_2, y_2)}{n_1 Var(x_1) + n_2 Var(x_2)}$$

$$= \frac{\hat{\beta}_1 SSx_1 + \hat{\beta}_2 SSx_2}{SSx_1 + SSx_2}$$

mit der Varianz des Anstiegs

$$s_{\hat{\beta}}^2 = s_{\varepsilon}^2 / (SSx_1 + SSx_2).$$

Beispiel 10.14: Gemeinsame Gerade
Da in Beispiel 10.9 die H_0 nicht abgelehnt wird, kann eine gemeinsame Gerade mit Anstieg β berechnet werden:

$$\beta = \frac{163 \cdot 0.4 + 104 \cdot 0.31}{163 + 104} = 0.365.$$

Die Varianz des gemeinsamen Anstieges ist

$$s_{\hat{\beta}}^2 = \frac{s_{\varepsilon}^2}{SSx_1 + SSx_2}$$

$$= \frac{0.1512}{163 + 104} = 0.0005663 = 0.0238^2.$$

10.11.2 Signifikanztest auf gleichen Achsenabschnitt ($\alpha_1 = \alpha_2$)

1. *Modell:* wie zuvor

2. *Hypothese:*

$$H_0: \quad \alpha_1 = \alpha_2 \quad \text{gegen} \quad H_1: \quad \begin{array}{ll} a) & \alpha_1 \neq \alpha_2 \\ b) & \alpha_1 > \alpha_2 \\ c) & \alpha_1 < \alpha_2 \end{array}$$

3. *Signifikanzniveau:* α

4. *Prüfgrösse:* Analog zu vorhin berechnet man die gepoolte Varianz s^2 und die Testgrösse

$$t = \frac{\alpha_1 - \alpha_2}{s_{\varepsilon} \sqrt{\dfrac{\sum x_{1i}^2}{n_1 SS_{x_1}} + \dfrac{\sum x_{2i}^2}{n_2 SS_{x_2}}}}$$

Diese ist t-verteilt mit $\nu = n_1 + n_2 - 4$ Freiheitsgraden oder für $n_1 > 20$ und $n_2 > 20$ standard-normalverteilt.

5. *Entscheidung:*

Lehne die H_0 ab, falls gilt:

(a) $|t| > t(1 - \frac{\alpha}{2}, \nu)$

(b) $t > t(1 - \alpha, \nu)$

(c) $t < -t(1 - \alpha, \nu)$

Bemerkung: Der simultane Test auf Gleichheit von Anstieg und Achsenabschnitt ist nur mit Hilfe von multivariaten Methoden möglich und wird in der Theorie der linearen Modelle behandelt.

Kapitel 11

Mehrfachregression

11.1 Das multiple Regressionsmodell

Eine wichtige Erweiterung des einfachen Regressionsmodells ist die multiple oder Mehrfachregression. Statt einer bivariaten Stichprobe $\{(x_i, y_i),\ i = 1, \ldots, n\}$ im einfachen Regressionsmodell wird eine multivariate Stichprobe $\{(x_{i1}, \ldots; x_{ik}, y_i),\ i = 1, \ldots, n\}$ mit k unabhängigen Variablen beobachtet. Ausserdem wird ein kausales Modell aufgestellt: Die abhängige Variable y wird durch eine Linearkombination von unabhängigen Variablen auf der "rechten Seite" erklärt:

$$y_i = \beta_0 + \beta_1\, x_{1i} + \cdots + \beta_k\, x_{ki} + \varepsilon_i \quad , \qquad i = 1, \ldots, n. \qquad (11.1)$$

Dies ist eine lineare Erklärung von y_i durch k Regressoren $\{x_1, \ldots, x_k\}$. Wie im einfachen Regressionsmodell können die Regressionskoeffizienten durch die Minimierung der Quadratsumme ermittelt werden:

$$S(\beta_0,\ \ldots, \beta_k) = \sum_{i=1}^{n} (y_i - \beta_0 - \beta_1\, x_{1i} - \cdots - \beta_k\, x_{ki})^2 \qquad (11.2)$$

Die partiellen Ableitungen werden gleich 0 gesetzt.

$$\frac{\partial S}{\partial \beta_0} = \frac{\partial S}{\partial \beta_1} = \cdots = \frac{\partial S}{\partial \beta_k} = 0 \qquad (11.3)$$

Die Lösung der k Normalgleichungen liefert den Kleinsquadrat-(KQ-) Schätzer

$$\hat{\beta} = \left(\hat{\beta}_0, \ldots, \hat{\beta}_k \right) \qquad (11.4)$$

11.1.1   Bildungsgesetz der Normalgleichungen

a) Multipliziere die Regressionsgleichung

$$\beta_0 + \beta_1\ x_1 + \cdots + \beta_k\ x_k = y_k$$

mit den $k+1$ Regressoren $x_0 = 1, x_1, \ldots, x_k$:

$$\beta_0\ x_i + \beta_1\ x_1\ x_i + \cdots + \beta_k\ x_k\ x_i = y_k\ x_i, \qquad i = 0, 1, \ldots, k.$$

b) Summiere

$$\beta_0 \sum_j x_{ij} + \beta_1 \sum_j x_{1j}\ x_{ij} + \cdots + \beta_k \sum_j x_{kj}\ x_{ij} = \sum_j y_{kj}\ x_{ij}.$$

11.2   Die 3-Variablen Regression

Die 3-Variablen Regression besteht aus einer abhängige Variablen y und 2 unabhängigen Regressoren (x und z):

$$y_i = \beta_0 + \beta_1\ x_i + \beta_2\ z_i + \varepsilon_i, \qquad i = 1, \ldots, n,$$

wobei β_0 als Achsenabschnitt (Absolutglied), β_1 und β_2 als partielle Regressionskoeffizienten bezeichnet werden.

Folgende Annahmen über die Residuen und die Regressoren müssen getroffen werden:

1. Der Erwartungswert ist Null:

$$E(\varepsilon_i \mid x_i, z_i) = 0$$

2. Homoskedastische Varianzen:

$$\mathrm{Var}(\varepsilon_i) = \sigma_i^2 = \sigma^2$$

3. Unkorreliertheit der Residuen:

$$\mathrm{Cov}(\varepsilon_i, \varepsilon_j) = 0 \qquad \text{für} \quad i \neq j$$

4. Residuen und Regressoren sind unkorreliert

$$\mathrm{Cov}(\varepsilon_i, x_i) = 0 = \mathrm{Cov}(\varepsilon_i, z_i)$$

5. Keine Kollinearität der Regressoren:

Es gibt keine Parameter $(\alpha, \beta, \gamma) = (0, 0, 0)$, so dass die Linearkombination Null wird:

$$\alpha + \beta x + \gamma z = 0,$$

d. h. zwischen den Regressoren besteht keine exakte lineare Beziehung.

6. Keine Fehlspezifikation des Modells (vgl. Abschnitt 11.7)

7. Die Residuen sind normalverteilt

$$\varepsilon_i \sim N(0, \sigma^2).$$

Die Normalgleichungen erhält man aus dem Regressionsmodell

$$y_i = \beta_0 + \beta_1 \, x_i + \beta_2 z_i, \qquad i = 1, \ldots, n,$$

in dem man die Gleichung mit den die Gleichung mit den 3 Regressoren multipliziert und schliesslich die folgenden Normalgleichungen erhält:

$$
\begin{array}{rcl}
n\beta_1 + S_x \, \beta_2 + S_z \, \beta_3 & = & S_y \\
S_x \, \beta_1 + S_{xx} \, \beta_2 + S_{xz} \, \beta_3 & = & S_{xy} \\
S_z \, \beta_1 + S_{xz} \, \beta_3 + S_{zz} \, \beta_3 & = & S_{yz}
\end{array}
\qquad (11.5)
$$

Dabei sind

$$
\begin{array}{rclcrcl}
S_x & = & \displaystyle\sum_{i=1}^{n} x_i & , & S_z & = & \displaystyle\sum_{i=1}^{n} z_i, \\
S_{xx} & = & \displaystyle\sum_{i=1}^{n} x_i^2 & , & S_{zz} & = & \displaystyle\sum_{i=1}^{n} z_i^2, \\
S_{xy} & = & \displaystyle\sum_{i=1}^{n} x_i \, y_i & , & S_{yz} & = & \displaystyle\sum_{i=1}^{n} y_i z_i \, , \ S_{xz} = \sum_{i=1}^{n} x_i z_i.
\end{array}
$$

Im nächsten Beispiel wird die Berechnung der KQ-Schätzer durch das Lösen der Normalgleichungen gezeigt.

Beispiel 11.1: Regression mit zwei Regressoren
Hängen die Produktionskosten y vom Output x und der Managementerfahrung z ab?

$$y_i = \beta_1 + \beta_2 \, x_i + \beta_3 \, z_i \quad , i = 1, \ldots, 9.$$

Angaben $(n = 9)$:

$$
\begin{array}{lll}
\sum x_i = 50 & \sum y_i = 49 & \sum z_i = 36 \\
\sum x_i^2 = 340 & \sum y_i^2 = 303 & \sum z_i^2 = 204 \\
\sum x_i \, y_i = 319 & \sum y_i \, z_i = 225 & \sum x_i \, z_i = 245
\end{array}
$$

OLS-Schätzung: Bilde die Normalgleichungen:

$$n\beta_1 + \beta_2 \sum x_i + \beta_3 \sum z_i = \sum y_i$$

$$\beta_1 \sum x_i + \beta_2 \sum x_i^2 + \beta_3 \sum x_i z_i = \sum y_i x_i$$

$$\beta_1 \sum z_1 + \beta_3 \sum x_i z_i + \beta_3 \sum z_i^2 = \sum y_i z_i$$

Durch Einsetzen erhält man:

$$
\begin{array}{rcll}
9\beta_1 + 50\beta_2 + 36\beta_3 & = & 49 & | \quad : 9 \\
50\beta_1 + 340\beta_2 + 245\beta_3 & = & 319 & | \quad : 50 \\
36\beta_1 + 245\beta_2 + 204\beta_3 & = & 225 & | \quad : 36
\end{array}
$$

$$
\begin{array}{rcl}
\beta_1 + 5.56\beta_2 + 4\beta_3 & = & 5.44 \\
\beta_1 + 6.8\beta_2 + 4.9\beta_3 & = & 6.38 \\
\beta_1 + 6.81\beta_2 + 5.67\beta_3 & = & 6.25
\end{array}
$$

$$
\begin{array}{rcll}
\beta_1 + 5.56\beta_2 + 4\beta_3 & = & 5.44 & \\
1.24\beta_2 + 0.9\beta_3 & = & 0.94 & |: 1.24 \\
1.25\beta_2 + 1.67\beta_3 & = & 0.81 & |: 1.25
\end{array}
\tag{11.6}
$$

$$
\begin{array}{rcl}
\beta_1 + 5.56\beta_2 + 4\beta_3 & = & 5.44 \\
\beta_2 + 0.7258\beta_3 & = & 0.7581 \\
\beta_2 + 1.336\beta_3 & = & 0.648
\end{array}
\tag{11.7}
$$

$$
\begin{array}{rcl}
0.6102\beta_3 & = & -0.1101 \\
\beta_3 & = & -0.18
\end{array}
$$

Durch Einsetzen von β_3 in (11.7) erhält man die Lösung von β_2:

$$
\begin{array}{rcl}
\beta_2 + 0.7258 \cdot (-0.18) & = & 0.7581 \\
\beta_2 & = & 0.7581 + 0.1306 = 0.89.
\end{array}
$$

Analog wird β_2 und β_3 in (11.6) eingesetzt, um β_1 zu erhalten:

$$
\begin{array}{rcl}
\beta_1 + 5.56 \cdot (0.89) + 4 \cdot (-0.18) & = & 5.44 \\
\beta_1 & = & 1.21.
\end{array}
$$

Ergebnis:

$$Kosten = \underset{(0.171)}{1.21} + \underset{(0.041)}{0.89}\, Output - \underset{(0.041)}{0.18}\, Erfahrung \, ; \quad \hat{\sigma}_\epsilon^2 = 0.219^2$$
$$R^2 = 0.99^2$$

Die Zahlen in Klammern geben die Standardabweichung der Koeffizienten an, die im nächsten Abschnitt erklärt werden.

11.2.1 Konfidenzintervalle für die Regressionskoeffizienten

Das Konstruktionsprinzip ist analog zu den Lageparametern in Stichproben. Das Konfidenzintervall zum α-Konfidenzniveau für die $i = 0, 1, \ldots, k$ Regressionskoeffizienten β_i ist:

$$\alpha - \text{KONF}(\beta_{\text{i}}) = \left[\hat{\beta}_{\text{i}} \pm \text{t}\left(\frac{1+\alpha}{2}, \text{n} - \text{k} - 2 \right) \hat{\text{s}}_{\hat{\beta}_{\text{i}}} \right]_{\alpha\%},$$

wobei $\hat{s}_{\hat{\beta}_i}$ die Standardabweichung des i-ten geschätzten Regressionskoeffizienten ist. Die Anzahl der Freiheitsgrade $\nu = n - k - 2$ hängt von der Anzahl der Regressoren (k Variablen und dem Achsenabschnitt β_0) ab.

Bemerkung: Die Standardabweichung ist nur leicht durch die Matrixform zu berechnen, und zwar durch die geschätzte Varianz des i-ten Regressionskoeffizienten

$$\hat{s}^2_{\hat{\beta}_i} = s^2_\varepsilon \, \mathbf{A}^{ii} = s^2_\varepsilon (\mathbf{X}'\mathbf{X})^{-1}_{ii},$$

wobei $\mathbf{A}^{ii}$ das i-te Hauptdiagonalelement der inversen Matrix $\mathbf{A}^{-1} = (\mathbf{X}'\mathbf{X})^{-1}$ ist. Die symmetrische Matrix $\mathbf{A}$ wird in (11.5) definiert:

$$\mathbf{A} = (\mathbf{X}'\mathbf{X}) = \begin{pmatrix} n & & \% \\ S_x & S_{xx} & \\ S_z & S_{xz} & S_{zz} \end{pmatrix}. \tag{11.8}$$

Die Regression in Matrixform mit $\mathbf{y} = (y_1, y_2, \ldots, y_n)'$ und dem Koeffizientenvektor $\beta = (\beta_0, \beta_1, \beta_2)'$ lautet:

$$\mathbf{y} = \mathbf{X}\beta + \varepsilon \tag{11.9}$$

mit der $n \times 3$ Regressormatrix $\mathbf{X} = \begin{pmatrix} 1 & x_1 & z_1 \\ \vdots & \vdots & \vdots \\ 1 & x_n & z_n \end{pmatrix}.$

Beispiel 11.2: Phillipskurve mit Preiserwartungen für die USA 1970 - 1982 Wir betrachten ein Regressionsmodell

$$y_t = \beta_0 + \beta_1 \cdot x_{1t} + \beta_2 \cdot x_{2t} + \epsilon_t$$

mit den Variablen:

$y_t \ldots$ tatsächliche Inflationsrate in %

$x_{1t} \ldots$ die Arbeitslosenrate in %

$x_{2t} \ldots$ die erwartete Inflationsrate für den Zeitpunkt t

Dieses Modell wird auch „expectation-augmented Phillips-curve" genannt
(vgl. DORNBUSCH-FISHER, S. 425). Die Daten (nach GUJARATI 1988,
S. 177) liefern die Schätzung (bei $n = 13$ jährlichen Beobachtungen):

$$\hat{y}_t = \begin{array}{cccc} 7.19 & - & 1.39 \cdot x_{1t} + & 1.42 \cdot x_{2t}, \quad t = 1970, \ldots, 1982, \\ (1.595) & (0.305) & (0.176) \end{array}$$

wobei die Standardfehler in den Klammern unter den Koeffizienten angegeben
wurden. Das Bestimmtheitsmass R^2 beträgt 0.877.

Interpretation: Gibt es unverfälschte rationale Erwartungen, dann würde
man von der Theorie her erwarten, dass $\beta_2 = 1$ ist.

Der Koeffizient $\hat{\beta}_2 = 1.42$ ist mit einer Standardabweichung von $s_{\beta_2} = 0.176$
geschätzt worden. Als Daumenregel gilt: Ist ein Koeffizient etwa 2 Standardabweichungen von der zu testenden Nullhypothese entfernt, dann kann er als
'signifikant' (d. h. signifikante Abweichung von der H_0) angesehen werden. In
unserem Fall ist

$$H_0 : \beta_2 = 1 \quad \text{gegen} \quad H_1 : \beta_2 \neq 1$$

und $2 \cdot s_{\beta_2} = 0.352$, d. h. wir haben es mit einer signifikanten Abweichung
vom Wert 1 zu tun.

Die Konstante $\hat{\beta}_0 = 7.19$ zeigt den Schnittpunkt der Geraden mit der y-
Achse an. Formal kann man $\hat{\beta}_0$ folgendermassen interpretieren: Gibt es keine
Inflationserwartung (d. h. $x_{2t} = 0$) und ist die Arbeitslosenrate 0%, dann gibt
es trotzdem (im Durchschnitt) 7.19% 'autonome' Inflation.

Diese Interpretation ist etwas gewagt, da der tatsächliche beobachtete Bereich
der Arbeitslosenrate zwischen 4.9% (1970) und 9.7% (1982) lag und der der
erwarteten Inflationsrate zwischen 3.13% (1972) und 10.81% (1981). Damit
muss der Achsenabschnitt β_0 als „out of sample"-Prognoseproblem angesehen
werden. Es ist keineswegs klar, dass eine lineare Regressionsbeziehung ausserhalb des beobachteten Bereichs mit einer linearen Funktion (OLS-Schätzung)
extrapoliert werden kann.

Gibt es Vermutungen bezüglich einer nichtlinearen Beziehung um den
Nullpunkt oder z. B. für eine stückweise lineare Regressionsbeziehung, so kann
dies nicht aus den Beobachtungen gefolgert werden. Andere funktionale For-
men wären denkbar, und daher ist die statistische Interpretation eher eine
scheinbar datenuntermauerte. Die Interpretation des Achsenabschnitts muss
als Prognoseproblem aufgefasst werden, wenn der Nullpunkt nicht in den
Beobachtungsbereich fällt. Mit jedem Prognoseproblem steigt der Grad mit
dem man die Annahmen der Prognose glaubt.

Der Koeffizient der zweiten Variablen $\hat{\beta}_1 = -1.39$ ist erwartungsgemäss negativ und besagt, dass wenn die Arbeitslosenrate um 1% steigt, so fällt die
Inflationsrate (ceteris paribus, d. h. bei gleichen Erwartungen) um -1.39%-

Punkte. Da $|\beta_2| > 1$ ist, so ergibt sich ein „Verstärkereffekt". Die Abnahme der Inflationsrate ist stärker als die Veränderung in der Arbeitslosenrate.

Das Bestimmtheitsmass von $R^2 = 0.877$ zeigt an, dass 87.7% der Varianz der abhängigen Variablen (der Inflationsrate) durch die Regression (der Variablen Arbeitslosenrate und erwartete Inflation) erklärt wird.

Man beachte, dass auf Grund der Faustregel „Regressionskoeffizient grösser als $\pm 2 \cdot \sigma$" alle geschätzten Koeffizienten signifikant von Null verschieden sind. Die genaue Version dieses Tests ist der t-Test für Regressionskoeffizienten. Dieser benötigt bei 5%-Signifikanzniveau und $n = 13$ Beobachtungen bei 3 Regressoren das t-Quantil $t_{(0.975, 13-3=10)} = 2.228$, d. h. bei kleinen Stichproben arbeitet die Faustregel ungenau, jedoch ab 19 Freiheitsgraden liegt der Fehler unter 5% ($t_{(0.975, 19)} = 2.093$).

11.2.2 Konfidenzintervall für einen Wert auf der Regressionsgeraden

Sei $\mathbf{x}_0 = (x_1, \ldots, x_k)'$ ein vorgegebener Wert der Regressoren, für den eine Punktprognose gemacht werden soll. Dann ist

$$\hat{y}_0 = \hat{\beta}_0 + \hat{\beta}_1 x_1 + \ldots + \hat{\beta}_k x_k$$

der Wert auf der angepassten Geraden und die Varianz dazu ist

$$Var(\hat{y}_0 | x_0) = \hat{\sigma}_\varepsilon^2 \mathbf{x}_0'(\mathbf{X'X})^{-1}\mathbf{x}_0 = \hat{\sigma}_{y_0}^2,$$

wobei $(\mathbf{X'X})^{-1}$ die Inverse der Matrix $\mathbf{X'X}$ ist, die für vollen Rang am Computer berechnet wird. Das Konfidenzintervall dazu ist

$$\alpha - KONF(y_0) = [\hat{y}_0 \pm t_\nu \cdot \hat{\sigma}_{y_0}]_\alpha$$

mit $t_\nu = t\left(\frac{1+\alpha}{2}, n - k - 1\right)$, dem Quantil der t-Verteilung mit $\nu = n - k - 1$ Freiheitsgraden.

Das Prognoseintervall ist analog zur 2-Variablen Regression etwas grösser, aber auch um $\hat{y}_0$ zentriert:

$$\alpha - PROG(y_0) = \left[\hat{y}_0 \pm t_\nu \hat{\sigma}_\varepsilon \sqrt{1 + \mathbf{x}_0'(\mathbf{X'X})^{-1}\mathbf{x}_0}\right]_\alpha.$$

11.3 Das Bestimmtheitsmass R^2 und die ANOVA

Wie bei der einfachen Regression kann das Bestimmtheitsmass R^2 durch das Varianzverhältnis von geschätzten und beobachteten abhängigen Variablen berechnet werden:

$$R^2 = \frac{SS_{\hat{y}}}{SS_y} = \frac{\sum_{i=1}^n (\hat{y}_i - \bar{y})^2}{\sum_{i=1}^n (y_i - \bar{y})^2}$$

mit $\hat{y}_i = \hat{\beta}_0 + \hat{\beta}_1 x_1 + \ldots + \hat{\beta}_k x_k$, wobei $(\hat{\beta}_0, \ldots, \hat{\beta}_k)$ die KQ-Schätzer sind. Die einfache ANOVA-Tabelle für die k-Variablen-Regression ist in Tabelle 11.1 zu sehen.

Name	Quadrat-summe	Freiheits-grade df	mittlere Quadratsumme	F-Test
Regression	$SS_{\hat{y}}$	k	$SS_{\hat{y}}/k$	$\dfrac{SS_{\hat{y}}}{SS_{\hat{\varepsilon}}}\dfrac{n-k-1}{k}$
Fehler	$SS_{\hat{\varepsilon}}$	$n-k-1$	$SS_{\hat{\varepsilon}}/(n-k-1)$	
Total	SS_y	$n-1$		

Tabelle 11.1: ANOVA im Regressionsmodell

Die erste Zeile in Tabelle 11.1 ist die erklärte Quadratsumme, bzw. die Quadratsumme der Regression (engl.: regression sum of squares).

$$SS_{\hat{y}} = \sum \hat{y}_i^2 - n\bar{y}^2 = R^2(\sum y_i^2 - n\bar{y}^2)$$

Sie kann auch durch

$$SS_{\hat{y}} = \hat{\beta}_0 \sum y_i + \hat{\beta}_1 \sum y_i x_{1i} + \ldots + \hat{\beta}_k \sum y_i x_{ki} \qquad (11.10)$$

berechnet werden.

Die totale Quadratsumme ist

$$SS_y = \sum y_i^2 - n\bar{y}^2$$

Die Fehlerquadratsumme ist

$$SS_{\hat{\varepsilon}} = \sum \hat{\varepsilon}_i^2 = \sum (y_i - \hat{y}_i)^2 = (1 - R^2)(\sum y_i^2 - n\bar{y}^2). \qquad (11.11)$$

Die ANOVA-Tabelle mit Hilfe von R^2 und SS_y hat folgende Gestalt:

Name	Quadrat-summe	Freiheits-grade df	mittlere Quadratsumme	F-Test
Regression	$R^2 SS_y$	k	$R^2 SS_y/k$	$\dfrac{R^2 \cdot (n-k-1)}{(1-R^2) \cdot k}$
Fehler	$(1-R^2)SS_y$	$n-k-1$	$\dfrac{(1-R^2)SS_y}{n-k-1}$	
Total	SS_y	$n-1$		

Tabelle 11.2: ANOVA mit R^2

Wie zuvor ist die Prüfgrösse F-verteilt mit k und $n-k-1$ Freiheitsgraden.

Beispiel 11.3: ANOVA für die Kostenfunktion

Es wird hier das Beispiel 11.1 fortgesetzt. Aus der Residuenvarianz $\hat{\sigma}^2 = 0.219^2$ und dem Bestimmtheitsmass $R^2 = 0.99$ kann man die Quadratsummenzerlegung erhalten:

$SS_{\hat{\varepsilon}} = (n - k - 1)\hat{\sigma}^2 = (9 - 2 - 1) \cdot 0.219^2 = 0.288,$

$SS_y = SS_{\hat{\varepsilon}}/(1 - R^2) = 0.336/(1 - 0.99) = 28.777,$

$SS_{\hat{y}} = SS_y - SS_{\hat{\varepsilon}} = 33.573 - 0.336 = 28.489.$

Nun kann man leicht die Tafel der Varianzanalyse aufstellen und den F-Test auf die Regressionskoeffizienten der Variablen X und Z durchführen.

Name	Quadrat-summe	Freiheits-grade df	mittlere Quadratsumme	F-Test
Regression	28.489	2	14.244	297
Fehler	0.288	6	0.047961	
Total	28.777	8		

Der kritische Wert bei $\alpha = 5\%$ Signifikanz ist $F(0.95, 2, 6) = 5.14$.

Die Hypothese, die beiden Regressionskoeffizienten seien gleich Null, kann wegen $297 > 5.14$ sicher verworfen werden. Output und Erfahrung gemeinsam haben einen wesentlichen Einfluss auf die Kosten.

11.3.1 Die Bayes'sche ANOVA im Regressionsmodell

Analog zur einfachen Regression kann man auch für die Mehrfachregression nach den bekannten Formeln, d. h. aus den Residuenquadraten oder dem R^2, die Bayesfaktoren berechnen. Das Regressionsmodell ist

$$y = \beta_0 + \beta_1 x_1 + \ldots + \beta_k x_k + \varepsilon$$

und wir testen die Hypothese

$$H_0 : \beta_1 = \beta_2 = \ldots = \beta_k = 0 \quad \text{gegen}$$
$$H_1 : \beta_i \neq 0, \text{ für mindestens ein } i, 1 \leq i \leq k,$$

wobei β_0 beliebig sein kann. Aus dem Bayesfaktor B wird unter den üblichen Annahmen die posteriori Wahrscheinlichkeit p_{**} berechnet, die in der letzten Zeilen-Spalten-Zelle erscheint.

Name	Quadrat-summe	Freiheitsgrade df	Bayesfaktor B
Regression	$SS_{\hat{y}}$	k	$n^{\frac{k}{2}} (SS_y/SS_{\hat{\varepsilon}})^{-n/2}$
Residuen	$SS_{\hat{\varepsilon}}$	$n - k - 1$	$= n^{\frac{k}{2}}(1 - R^2)^{-n/2}$
Total	SS_y	n	$p_{**} = B/(1 + B)$

Tabelle 11.3: ANOVA und Bayestest (LEAMER-prior)

Beispiel 11.4: Bayestest der Produktionskosten (LEAMER-prior)
Wir verwenden die Daten aus Beispiel 10.3 und erstellen die ANOVA-Tabelle:

Name	Quadrat-summe	Freiheitsgrade df	Bayesfaktor
Regression	35.167	1	$9/(36.222/1.055)^{9/2}$
Residuen	1.055	7	$= 1.11 \cdot 10^{-6}$
Total	36.222	8	$p_{**} \cong 0$

Die Nullhypothese, dass die Regression nichts erklärt, kann abgelehnt werden, da die posteriori Wahrscheinlichkeit unter jeder Signifikanzgrenze klein wird. Wird der F-Wert sehr gross, dann sieht man aus der Formel für den Bayesfaktor, dass der Bayesfaktor sehr klein wird. Dies wieder impliziert eine kleine posteriori Wahrscheinlichkeit, dass die Nullhypothese (der Restriktion) stimmt.

11.3.2 Das Korrigierte R^2

Das korrigierte R^2 (engl.: Adjusted R^2) ergibt aus der Definition des Bestimmtheitsmasses, wenn man um die Freiheitsgrade korrigiert:

$$\overline{R}^2 = 1 - \frac{SS_{\hat{y}}/(n-k-1)}{SS_y/(n-1)}$$
$$= 1 - \frac{\sum(y_i - \hat{y}_i)/(n-k-1)}{\sum(y_i - \overline{y}_i)/(n-1)}.$$

Einsetzen von $R^2 = 1 - SS_{\hat{y}}/SS_y$ ergibt

$$\overline{R}^2 = 1 - (1 - R^2) \cdot \frac{n-1}{n-k-1}$$

bzw.

$$1 - \overline{R}^2 = (1 - R^2) \cdot \frac{n-1}{n-k-1}.$$

Eigenschaften des korrigierten (Bestimmtheitsmasses) R^2:

(i) Das korrigierte R^2 ist immer kleiner als das gewöhnliche R^2:

$$\overline{R}^2 < R^2 \qquad \text{für } k > 1$$

(ii) $\overline{R}^2$ kann negativ sein! In diesem Fall setzt man $\overline{R}^2 = 0$

(iii) $R^2 = 1 \Rightarrow \overline{R}^2 = 1$

(iv) Lässt man in einer Regression eine Variable weg, deren t-Wert kleiner als 1 ist, dann (und nur dann) erhöht sich $\overline{R}^2$.

Das korrigierte R^2 wird zur Wahl von Regressoren (Variablenselektion) verwendet: Sinkt das $\overline{R}^2$, wenn eine neue Variable in die Regression aufgenommen wird, dann ist sie irrelevant, weil sich die (korrigierte) Anpassungsgüte nicht erhöht.

11.4 Die funktionale Form des Regressionsmodells

Das lineare Regressionsmodell erweist sich als sehr flexibel, denn es können Regressand und Regressoren transformiert werden, wie z.B. bei positiven Variablen durch eine einfache Potenztransformation (y^k) oder durch eine logarithmische Transformation (ln y).

11.4.1 Die Cobb-Douglas Produktions-Funktion

Das stochastische Modell der Cobb-Douglas Produktionsfunktion ist

$$Y_i = \beta_0 L_i^{\beta_1} K_i^{\beta_2} e^{\varepsilon_i}, \quad i = 1, \ldots, n$$

mit

$Y \ldots$ Output; $e \ldots$ Exponentialfunktion
$L \ldots$ Arbeit *; $\varepsilon \ldots$ Störterm
$K \ldots$ Kapital *; $\varepsilon \sim N(0, \sigma^2)$
(* : Input)

Die logarithmierte Form ist eine lineare Regression

$$\ln Y_i = \ln \beta_0 + \beta_1 \ln L_i + \beta_2 \ln K_i + \varepsilon_i \qquad (11.12)$$

und die Koeffizienten haben folgende Interpretation:

$\beta_1 \ldots$ Elastizität $\partial \ln Y / \partial \ln L$ und

$\beta_2 \ldots$ Elastizität $\partial \ln Y / \partial \ln K$.

Die Elastizitäten zeigen an, um wieviel % der Output sich verändert, wenn sich der Input um 1% ändert.
Die Summe $\beta_1 + \beta_2$ liefert die Skalenerträge. Ist die Summe grösser 1, dann gibt es steigende Skalenerträge, sind sie kleiner 1, dann gibt es fallende Skalenerträge.

Beispiel 11.5: Reale landwirtschaftliche Produktion in Taiwan 1958-1972 (vgl. GUJARATI, S.191)
Für den Landwirtschaftssektor von Tawain soll eine Cobb-Douglas Produktionsfunktion geschätzt werden:

$Y \ldots$ Reales Bruttoprodukt (Mio. New Taiwan $),

$L \ldots$ Manntage (in Mio),

$K \ldots$ Kapital (in Mio \$).

Es gibt $n = 15$ Beobachtungen, $\nu = n - 2 - 1 = 12$ Freiheitsgrade.

Die Schätzung kann wie folgt zusammengefasst werden:

$ln\hat{Y}_i$	-3.3384	+ 1.4988 ln L	+ 0.4879 ln K	
St.D	(2.4495)	(0.5398)	(0.1020)	$R^2 = 0.8890$
t-Werte	-1.3629	2.7765	4.8005	$\overline{R}^2 = 0.8705$
p_{**}		0.221	0.0118	
p-Werte	0.83	0.01	0.00	

11.4.2 Der Bayestest der Regressionskoeffizienten

Der Bayestest der Hypothese $H_0 : \beta_j = 0$ gegen $H_1 : \beta_j \neq 0$ nach Zellner-Siow ist ein Spezialfall von (11.22) oder (11.23). Die Bayesfaktoren für die Regressionskoeffizienten werden nach der Formel

$$B_{UR}^j = \sqrt{\pi\nu/2} \cdot [1 + t_j^2/\nu]^{-\frac{\nu-1}{2}}, \quad j = 1, \ldots, k \qquad (11.13)$$

berechnet, wobei $\nu = n - k - 1$ die Anzahl der Freiheitsgrade sind. Nach LEAMER (1978) ist der Bayesfaktor

$$B_{UR}^j = \sqrt{n/(1 + t_j^2/\nu)^n}.$$

Aus den Bayesfaktoren werden die posteriori Wahrscheinlichkeiten der H_0 berechnet.
Man lehnt die H_0 ab, falls $B_{UR}^j < 1$ ist. Dazu kann man auch die Bayes'schen t-Werte in 9.4.3 verwenden.

Beispiel 11.6: Bayestest der β_i
In Fortsetzung des Beispiels 11.5 berechnen wir aus den t-Werten der Koeffizienten der Cobb-Douglas Funktion die Bayesfaktoren.
Für den ersten Regressionskoeffizienten ist der Bayesfaktor

$$\begin{aligned} B_{UR}^1 &= \sqrt{6\pi} \cdot [1 + 0.642]^{-\frac{11}{2}} \\ &= \frac{4.3416}{15.295} = \frac{1}{3.528} = 0.284 \end{aligned}$$

und die posteriori Wahrscheinlichkeiten lautet

$$p_{**} = \frac{B_{UR}^1}{1 + B_{UR}^1} = 0.221.$$

Der klassische p-Wert täuscht ein signifikantes Resultat vor, während der Bayesfaktor mit 1:3.5 bzw. 28.4% posteriori Wahrscheinlichkeit ein bemerkenswertes Resultat anzeigt.

Für den zweiten Regressionskoeffizienten ist der Bayesfaktor

$$B_{UR}^2 = \sqrt{6\pi} \cdot [1 + 1.9204]^{-\frac{11}{2}}$$
$$= \frac{4.3416}{363.02} = \frac{1}{83.6} = 0.012$$

und

$$p_{**} = \frac{B_{UR}^2}{1 + B_{UR}^2} = 0.0118.$$

Der zweite Koeffizient ist auch nach dem Bayes'schen Zugang eine signifikante Kapitalelastizität (Grenzproduktivität des Kapitals).

11.4.3 Anstieg und Elastizität

In diesem Abschnitt geht es um den Anstieg $\frac{dy}{dx}$ und die Elastizität ϵ_{yx} für Regressionen, die linear in den Geradenparametern α und β sind.

1. Lineares Modell:

$$y = \alpha + \beta x, \qquad \frac{dy}{dx} = B, \qquad \epsilon_{yx} = \frac{\delta y/y}{\delta x/x} = \beta \frac{x}{y}$$

2. Log-log-Modell:

$$\ln y = \alpha + \beta(\ln x), \qquad \frac{\delta y}{\delta x} = e^{\alpha + \beta(\ln x)} \cdot \beta \frac{1}{x} = \beta \frac{y}{x},$$

Die Elasitizität ist gerade der Regressionskoeffizient $\epsilon_{yx} = \beta$.

Das Modell in entlogarithmierter Form lautet:

$$y = e^{\alpha + \beta(\ln x)}$$

3. Log-lin Modell:

$$\ln y = \alpha + \beta x, \qquad \frac{\delta y}{\delta x} = e^{\alpha + \beta x} \cdot \beta = \beta y,$$

Die Elastizität hängt von der jeweiligen Stelle des Regressors ab:

$$\epsilon_{yx} = \beta x.$$

4 Lin-log Modell:

$$y = \alpha + \beta(\ln x), \qquad \frac{\delta y}{\delta x} = \beta \frac{1}{x}, \qquad \epsilon_{yx} = \beta \frac{1}{y}$$

Anstieg und Elastizität sind genau spiegelbildlich zum lin-log-Modell.

5. Reziprokes Modell:

$$y = \alpha + \frac{\beta}{x}, \qquad \frac{\delta y}{\delta x} = \beta \frac{-1}{x^2}, \qquad \epsilon_{yx} = \frac{-\beta}{xy}.$$

Zur Interpretationen von Anstieg und Elastizität sei folgendes bemerkt: Es gilt für den Anstieg β: Erhöht sich x um Δx, so erhöht sich y um $\Delta y = \beta \Delta x$. Elastizität ϵ_{yx}: Erhöht sich x um 1%, so erhöht sich y um $\epsilon_{yx}\%$.

11.4.4   Test eines linearen Modells gegen ein log-log (lineares) Modell

1. Model: Gegeben ist eine Stichprobe von n positiven Beobachtungen

$$(y, x_1, x_2, \ldots, x_k)_i, \quad i = 1, \ldots, n.$$

2. Die Hypothesen sind

$$H_0 : y = \beta_0 + \beta_1 x_1 + \ldots + \beta_k x_k + \varepsilon$$

gegen

$$H_1 : \ln y = \gamma_0 + \gamma_1 \ln x_1 + \ldots + \gamma_k \ln x_k + \varepsilon$$

3. Signifikanzniveau α

4. Testgrösse: Berechne die Signifikanz des Regressionskoeffizienten α im erweiterten Modell

$$y = \beta_0 + \ldots + \beta_n x_n + \alpha \left(\ln \hat{y} - \alpha \ln(\hat{y}) \right) + \varepsilon \qquad (11.14)$$

wobei

$$\ln \hat{y} = \hat{\gamma_0} + \hat{\gamma_1} \ln x_1 + \ldots + \hat{\gamma_k} x_k$$

und

$$\hat{y} = \hat{\beta_0} + \hat{\beta_1} x_1 + \ldots + \hat{\beta_k} x_k$$

die KQ-Schätzungen des log-log und des linearen Modells sind.

5. Entscheidung: Lehne H_0 ab, falls die t-Statistik

$$t = \hat{\alpha}/s_{\hat{\alpha}} > t(n - k - 1, 1 - \frac{\alpha}{2})$$

ist, wobei $s_{\hat{\alpha}}$ die Standardabweichung des geschätzten α-Koeffizienten in der Gleichung (11.14) ist.

Bemerkung: Vertauscht man die beiden Hypothesen, dann kann der Test "verkehrt" durchgeführt werden. Das erweiterte Modell ist dann

$$\ln y = \gamma_0 + \gamma_1 \ln x_1 + \ldots + \gamma_k \ln x_k + \alpha(\hat{y} - \exp(\ln \hat{y}) + \varepsilon \qquad (11.15)$$

und man testet wieder die Signifikanz des geschätzten α - Koeffizienten.

Beispiel 11.7: Geldnachfragefunktion der USA 1966 – 1985
Die Daten zum folgenden Modell sind aus GREENE (1991) entnommen.

Jahr	Zins r	Geldmenge M	BSP Y
1966	4.50	480.0	2208.3
1967	4.19	524.3	2271.4
1968	5.16	566.3	2365.6
1969	5.87	589.5	2423.3
1970	5.95	628.2	2416.2
1971	4.88	712.8	2484.8
1972	4.50	805.2	2608.5
1973	6.44	861.0	2744.1
1974	7.83	908.4	2729.3
1975	6.25	1023.1	2695.0
1976	5.50	1163.6	2826.7
1977	5.46	1286.6	2958.6
1978	7.46	1388.9	3115.2
1979	10.28	1497.9	3192.4
1980	11.77	1631.4	3187.1
1981	13.42	1794.4	3248.8
1982	11.02	1954.9	3166.0
1983	8.50	2188.8	3277.7
1984	8.80	2371.7	3492.0
1985	7.69	2563.6	3573.5

a) Das lineare Modell kann folgendermassen geschätzt werden:

$$\hat{M} = -3169.4 - 14.922r + 1.588Y \quad , \quad R^2 = 0.935$$
$$\quad\quad (310.8) \quad\; (22.6) \quad\quad (0.143) \quad\quad \hat{\sigma}_\varepsilon = 175.7$$

b) Das log-log Modell:

$$\ln \hat{M} = -21.99 - 0.0315 \ln r + 3.656 \ln Y \quad , \quad R^2 = 0.976$$
$$\quad\quad (1.65) \quad\;\; (0.0967) \quad\quad (0.226) \quad\quad \hat{\sigma}_\varepsilon = 0.0881$$

Die KQ-Schätzungen der erweiterten Modelle sind die folgenden

c) Das erweiterte lineare Modell:

Dies ist die Schätzung der Gleichung (11.14), wobei die $\hat{\beta}$-Koeffizienten nicht relevant sind und daher im "%"-Symbol enthalten sind.

$$
\begin{array}{llll}
\hat{M} & = & \% \quad - & 751.21 \quad (ln\hat{M} - ln(\hat{M})) \\
\text{StD} & & & (242.2) \\
\text{t-Wert} & & & -3.1
\end{array}
$$

d) Das erweiterte log-log Modell ist die KQ-Schätzung des Modells (11.15).

$$
\begin{array}{llll}
\ln \hat{M} & = & \% \quad - & 0.0003426 \quad (\hat{M} - exp(ln\hat{M})) \\
\text{StD} & & & (0.0005063) \\
\text{t-Wert} & & & -0.677
\end{array}
$$

Der t-Test im erweiterten linearen Modell lehnt die Nullhypothese (lineares Modell) ab, der zweite t-Test mit vertauschten Hypothesen lehnt die H_0 (log-log Modell) nicht ab. Daher kann auf $\alpha = 5\%$ Signigikanzniveau das log-log Modell zugunsten der linearen Modells gewählt werden.

Bemerkung: Der einfache Bayes-Test eines linearen Modells gegen ein log-log-Modell kann mit den Bayesfaktoren, die aus den klassischen t-Werten berechnet werden (vgl. Abschnitt 11.4.1), durchgeführt werden. Zur Frage der geeigneten Transformation von Variablen und der funktionalen Form gibt es noch eine Reihe weiterer Verfahren, die in der Spezialliteratur nachgelesen werden können.

11.5   Bayes- und F-Test für lineare Restriktionen

Dieser Abschnitt behandelt allgemein den Test eines restringierten gegen ein unrestringiertes Modell:

$$
\mathbf{y} = \mathbf{X}\beta + \varepsilon = \mathbf{X}_1\beta_1 + \mathbf{X}_2\beta_2 + \varepsilon. \tag{11.16}
$$

Dabei ist β_1 ein $(k+1) \times 1$ und β_2 ein $q \times 1$ Vektor. Die zu testende Hypothese ist

$$
H_0 : \beta_1 = 0 \quad \text{gegen} \quad H_1 : \beta_1 \neq 0, \tag{11.17}
$$

wobei in der ersten Spalte von $\mathbf{X}_1$ nur 1er für die Schätzung des Achsenabschnitts vorkommen.

Man kann nach dem allgemeinen F-Test-Prinzip (mit $\alpha\%$ Signifikanz) vorgehen:

a) Schätze beide Modelle getrennt

b) Berechne die Residuenquadrate

c) Bilde den F-Wert

In Matrixschreibweise der Regression werden die Hypothesen

$$H_1 : \mathbf{y} = \mathbf{X}_1\beta_1 + \mathbf{X}_2\beta_2 + \mathbf{e}_{UR} \quad \text{gegen} \quad H_0 : \mathbf{y} = \mathbf{X}_1\beta_R + \mathbf{e}_R \quad (11.18)$$

getestet und der F-Test lautet mit $\nu = n - k - q - 1$

$$
\begin{aligned}
F &= \frac{(SS_R - SS_{UR})/q}{SS_{UR}/\nu} \\
&= \frac{(R_{UR}^2 - R_R^2)/q}{(1 - R_{UR}^2)/\nu} \sim F_{q,\nu}.
\end{aligned}
\quad (11.19)
$$

Man lehnt die H_0 ab, falls $F > F_\alpha$, d.h. die F-Statistik grösser als das kritische Quantil ist. Dabei ist q die Differenz der Parameter in den beiden Modellen und ν ist die Anzahl der Freiheitsgrade im grösseren (unrestringierten) Modell.

11.5.1 Bayes-Test auf zusätzliche Regressoren

1) *Das unrestringierte Modell:*

$$
M_{UR} : y_i = \alpha + \underset{(k \times 1)}{\mathbf{x}'_{1i}\beta} + \underset{(q \times 1)}{\mathbf{x}'_{2i}\gamma} + \varepsilon_i, \quad i = 1,\ldots,n
$$
$$(11.20)$$

besitzt die Koeffizienten $\alpha, \beta' = (\beta_1,\ldots,\beta_k)'$ und $\gamma' = (\gamma_1,\ldots,\gamma_q)'$.

2) *Hypothesen:*

$$
\begin{aligned}
H_0 : \gamma &= 0, \quad \beta \text{ und } \sigma \text{ beliebig} \\
H_1 : \gamma &\neq 0, \quad \beta \text{ und } \sigma \text{ beliebig}.
\end{aligned}
$$

3) *a-priori Verteilung:* diffus nach LEAMER (1978) oder ZELLNER-SIOW (1980)

4) *Bayesfaktor:* Mit R bezeichnen wir das restringierte Modell unter der H_0, d.h.
$$M_R : y_i = \alpha + x_{1i}\beta + \varepsilon_i \quad , \quad i = 1,\ldots,n \quad (11.21)$$
und mit UR das unrestringierte Modell unter H_1, das wie in (11.20) geschätzt wird. Sei $\nu = n - k - q - 1$ die Anzahl der Freiheitsgrade im unrestringierten Modell, dann ist der Bayesfaktor nach LEAMER (1978)

$$
\begin{aligned}
B_{UR}^R &= n^{\frac{q}{2}} \left(\frac{SS_{UR}}{SS_R} \right)^{\frac{n}{2}} \\
&= n^{\frac{q}{2}} \left(\frac{1 - R_{UR}^2}{1 - R_R^2} \right)^{\frac{n}{2}}.
\end{aligned}
\quad (11.22)
$$

Nach Zellner-Siow (1980) ist der Bayesfakor

$$
\begin{aligned}
B_{UR}^R &= c_q \left(\frac{n-k-q-1}{2}\right)^{q/2} \left(\frac{SS_{UR}}{SS_R}\right)^{(n-k-q-2)/2} \\
&= c_q \left(\frac{\nu}{2}\right)^{q/2} \left(\frac{1-R_{UR}^2}{1-R_R^2}\right)^{(\nu-1)/2} \\
&= c_q \left(\frac{\nu}{2}\right)^{q/2} / \left[1+\frac{q}{\nu}F_{q,\nu}\right]^{(\nu-1)/2},
\end{aligned}
\tag{11.23}
$$

wobei R_R^2 das Bestimmtheitsmass unter der H_0, d.h. Modell (11.21), und R_{UR}^2 das Bestimmtheitsmass des unrestringierten Modells (11.20) ist.

Die Konstante c_q ist wie zuvor aus der Tabelle zu entnehmen, oder mit Hilfe der Gammafunktion zu berechnen

$$
c_q = \frac{\sqrt{\pi}}{\Gamma\left(\frac{q+1}{2}\right)},
\tag{11.24}
$$

d.h. mehr Parameter in γ werden durch den Faktor c_q im Bayesfaktor B mehr „bestraft".

5) *Entscheidung:* Die posteriori Wahrscheinlichkeit der H_0 ist

$$
p_{**} = \frac{B}{B+1}.
$$

Zur Berechnung verwendet man folgende ANOVA-Tabelle:

Name	Quadrat-summe	df	Bayes-Faktoren	Hypothesen
x_1 alleine	$Q_1 = \sum \hat{y}_R^2$	k	$B_1 = n^{\frac{k}{2}}/(1+\frac{Q_1}{Q_5-Q_1})^{\frac{n}{2}}$	$H_0 : \beta_R = 0$
x_2 dazu	$Q_2 = Q_3 - Q_1$	q	$B_2 = n^{\frac{q}{2}}/(1+\frac{Q_2}{Q_4})^{\frac{n}{2}}$	$H_0 : \gamma = 0$
$SS_{\hat{y},UR}$	$Q_3 = \sum \hat{y}_{UR}^2$	$k+q$	$B_3 = n^{\frac{k+q}{2}}/(1+\frac{Q_3}{Q_4})^{\frac{n}{2}}$	$H_0 : \beta = 0$
$SS_{\hat{\epsilon},UR}$	$Q_4 = Q_5 - Q_3$	$n-k-q-1$	Q_4/ν	und $\gamma = 0$
Total	$Q_5 = SS_y$	$n-1$		

Tabelle 11.4: Bayes-Test auf zusätzliche Regressoren

Hinweise: Die Berechnung des ersten Bayesfaktors reduziert sich auf

$$
B_1 = n^{\frac{k}{2}}/\left(\frac{Q_5}{Q_5-Q_1}\right)^{\frac{n}{2}}.
$$

Der zweite Bayesfaktor ist auch

$$
B_2 = n^{\frac{q}{2}} \left(\frac{Q_5-Q_1}{Q_5-Q_3}\right)^{-\frac{n}{2}} = n^{\frac{q}{2}} \left(\frac{SS_{UR}}{SS_R}\right)^{\frac{n}{2}}
\tag{11.25}
$$

da für die restringierte Residuenquadratsumme gilt:

$$SS_{\hat{\epsilon},R} = \sum y^2 - \sum \hat{y}_R^2 = SS_y - SS_{\hat{y},R} = Q_5 - Q_1.$$

(11.25) ist gerade der Bayesfaktor in (11.22).

Beispiel 11.8: Bayesfaktoren für einen zusätzlichen Regressor (Bevölkerung Basel-Stadt 1940-1980)

Hypothese H_0	Quadrat-summe	df	Bayesfaktor	posteriori Wahr.
$\beta_R = 0$	1208	1	$B_1 = 5^{\frac{1}{2}}/(1+\frac{1208}{2659-1208})^{\frac{5}{2}}$ $= 0.492 \ = \frac{1}{2}$	$p_{**1} = 0.3300$
$\gamma = 0$	1231	1	$B_2 = 5^{\frac{1}{2}}/(1+\frac{1231}{220})^{\frac{5}{2}}$ $= 0.020 \ = \frac{1}{50}$	$p_{**2} = 0.0196$
$\beta = 0$ und $\gamma = 0$	2439	2	$B_3 = 5/(1+\frac{2439}{220})^{\frac{5}{2}} = 0.0098$ $= \frac{1}{102}$	$p_{**3} = 0.0097$
	220	2		
Total	2659	4		

Der Vergleich mit dem klassischen Test zeigt, dass die posteriori Wahrscheinlichkeiten ein etwas anderes Verhalten aufweisen als die klassischen p-Werte in Beispiel 11.3. Die posteriori Wahrscheinlichkeit, dass die restringierte lineare Regression M_R nichts erklärt, ist etwa 1/3, d. h. mit odds von 2:1 entscheidet man sich für das lineare Modell (wenn auch nicht überzeugend). Der zugehörige p-Wert erlaubt keine so einfache Interpretation.

Die posteriori Wahrscheinlichkeiten der beiden anderen Hypothesen ist viel kleiner als die klassischen p-Werte und deutet klar auf unwahrscheinliche Nullhypothesen. Die quadratische Regression wird eindeutig mit grossen Bayesfaktoren (1:50 und 1:102) von den Daten gestützt. Der Grund für das klarere Resultat der Bayestheorie liegt in der kleinen Beobachtungszahl: Die Reduktion der Quadratsummen liefert in der Bayestheorie eine überzeugendere Bewertung und Aussage als in der klassischen Theorie.

Bemerkungen:

- Eine alternative Berechnung der Bayesfaktoren in Beispiel 11.8 ist über die F-Werte möglich. Damit kann man aus Computeroutputs, die nur F-Werte liefern, Bayesfaktoren berechnen.

  a) $H_0 : \ \beta_R = 0$. Der Bayesfaktor ist

$$B_1 = \left(1 + \frac{k}{n-k-1}F_1\right)^{-n/2} n^{k/2}$$

$$= \left(1 + \frac{1}{3}2.5\right)^{-5/2} 5^{1/2} = 0.477$$

und die posteriori Wahrscheinlichkeit ist mit $\frac{1}{3}$ relativ gross:

$$p_{**} = B_1/(1 + B_1) = 0.323.$$

b) $H_0 : \gamma = 0$. Der Bayesfaktor ist

$$B_2 = \left(1 + \frac{q}{\nu}F_2\right)^{-n/2} n^{q/2} = \left(1 + \frac{1}{2}11.2\right)^{-5/2} 5^{1/2} = 0.020$$

und liefert eine posteriori Wahrscheinlichkeit, die knapp unter 2% liegt:

$$p_{**} = B_2/(1 + B_2) = 0.0196.$$

c) $H_0 : \beta_R = 0 = \gamma$. Der Bayesfaktor ist

$$
\begin{aligned}
B_3 &= \left(1 + \frac{k+q}{\nu}F_3\right)^{-n/2} n^{(k+q)/2} \\
&= \left(1 + \frac{2}{2}11.1\right)^{-5/2} 5 = 0.0098
\end{aligned}
$$

und die posteriori Wahrscheinlichkeit ist sehr klein:

$$p_{**} = B_3/(1 + B_3) = 0.0097.$$

- Die Bayesfaktoren für die zusätzlichen Regressoreffekte nach ZELLNER-SIOW (1980) haben folgende Gestalt:

$$B_1 = c_k \left(1 + \frac{k}{n-k-1}F_1\right)^{-(\nu-1)/2} \left(\frac{\nu}{2}\right)^{k/2},$$

$$B_2 = c_q \left(1 + \frac{q}{\nu}F_2\right)^{-(\nu-1)/2} \left(\frac{\nu}{2}\right)^{q/2},$$

$$B_3 = c_{k+q} \left(1 + \frac{k+q}{\nu}F_3\right)^{-(\nu-1)/2} \left(\frac{\nu}{2}\right)^{(k+q)/2}$$

mit $\nu = n - k - q - 1$.

11.5.2 F-Test auf zusätzliche Regressoren

Was ist der zusätzliche Erklärungsanteil „marginale Nutzen" einer neuen Variablen x_2, wenn man bereits die Variable x_1 im Regressionsmodell berücksichtigt hat?

Diese Frage kann man übersichtlich in einer erweiterten ANOVA-Tabelle für zusätzliche Regressoren beantworten. Dazu muss man formal ein restringiertes Regressionsmodell (M_R) betrachten:

$$M_R : \hat{y}_R = \hat{\alpha}_R + \mathbf{x}_1\hat{\beta}'_R,$$

d. h. das Modell ohne den zusätzlichen Regressoren x_2, und ein „unre-stringiertes" Modell (M_{UR}) mit dem zusätzlichen Regressoren

$$M_{UR} : \hat{y}_{UR} = \hat{\alpha} + \mathbf{x}_1 \hat{\beta}' + \mathbf{x}_2 \hat{\gamma}'.$$

Aus der Residuenquadratsumme dieser beiden Regressionen kann man die F-Tests der klassischen Statistik oder die Bayesfaktoren der Bayesstatistik berechnen. Dies ist in Tabelle 11.4 zusammengestellt.

Die folgenden beiden Tabellen fassen den klassischen und den Bayes-Test auf zusätzliche Regressoren zusammen. Beide Tests beruhen auf dem folgenden unrestringierten und restringierten linearen Regressionsmodell. Die Vektorschreibweise mit k und q Regressoren zeigt an, dass die Tests für beliebig viele Regressoren durchgeführt werden können.

Das unrestringierte Modell lautet

$$M_{UR} : \hat{y}_{i,UR} = \hat{\alpha} + \underset{(k \times 1)}{\mathbf{x}'_{1i}\hat{\beta}} + \underset{(q \times 1)}{\mathbf{x}'_{2i}\hat{\gamma}},$$

und das restringierte Modell

$$M_R : \hat{y}_R = \hat{\alpha}_R + \underset{(k \times 1)}{\mathbf{x}'_1 \hat{\beta}_R}.$$

Name	Quadrat-summe	*df*	mittlere Quadrat-summe	F-Testgrössen
x_1 alleine	$Q_1 = \sum \hat{y}_R^2$	k	Q_1/k	$F_1 = \frac{Q_1/k}{(Q_5 - Q_1)/(n-k-1)}$
x_2 dazu	$Q_2 = Q_3 - Q_1$	q	Q_2/q	$F_2 = \frac{Q_2/q}{Q_4/\nu}$
$SS_{\hat{y},UR}$	$Q_3 = \sum \hat{y}_{UR}^2$	$k+q$	$Q_3/(k+q)$	$F_3 = \frac{Q_3/(k+q)}{Q_4/\nu}$
$SS_{\hat{\varepsilon},UR}$	$Q_4 = Q_5 - Q_3$	n-k-q-1	Q_4/ν	
Total	$Q_5 = SS_y$	$n-1$		

Tabelle 11.5: ANOVA-Tabelle auf zusätzliche Regressoren

Hinweise: Die Berechnung der Quadratsumme ist auch durch

$$Q_3 = SS_{UR} = \sum_{i=1}^n \hat{y}_{UR,i}^2$$
$$Q_1 = SS_R = \sum_{i=1}^n \hat{y}_{R,i}^2 = \hat{\beta}_{1R} \sum x_i^2$$

möglich. Die Freiheitsgrade des restringierten Modells ist $df_R = n - k - 1$ und des unrestringierten Modells $df_{UR} = n - k - q - 1 = \nu$.

Bemerkungen

a) Berechnung der F-Statistik ($H_0 : \beta_j = r_0$)

Will man die Hypothese testen, dass der j-te Koeffizient den Wert r_0 annimmt, dann ist die F-Statistik für den j-ten Koeffizienten gleich dem Quadrat der t-Werte:

$$F = \frac{(\hat{\beta}_j - r_0)^2}{Var(\hat{\beta}_j)} \sim F(1, \nu). \qquad (11.26)$$

b) Beim Test einer Linearkombination $\mathbf{r'\gamma} = r_0$ mit $\mathbf{r'} = (r_1, \ldots, r_q)$ als bekannte Koeffizienten der Restriktion, lauten die Hypothesen

$$H_0 : \sum_{j=1}^{q} r_j \gamma_j = r_0 \text{ gegen } H_1 : \sum_{j=1}^{q} r_j \gamma_j \neq r_0. \qquad (11.27)$$

Die F-Statistik ist

$$F = \frac{(\sum r_j \hat{\beta}_j - r_0)^2}{\sum \sum r_i r_j Cov(\hat{\beta}_i, \hat{\beta}_j)} \sim F(1, \nu) \qquad (11.28)$$

mit $\nu = n - k - 1$ Freiheitsgraden.

Beispiel 11.9: Bevölkerung Basel-Stadt 1940-1980: Der F-Test für einen zusätzlichen Regressor

Wir betrachten das quadratische Trendmodell

$$y = \alpha + \beta t + \gamma t^2$$

und stellen uns die Frage, ob das lineare Modell oder das quadratische Modell eine ausreichende Erklärung (d. h. Anpassungsgüte) liefert.

Dazu erstellen wir die klassische ANOVA-Tabelle für zusätzliche Regressoren

Name	H_0 Hypothese	Quadrat-summe	df	F-Statisik	p-Wert
t alleine	$\beta_R = 0$	1208	1	$F_1 = \frac{1208/1}{(2659-1208)/3} = 2.5$	0.212
t_2 dazu	$\gamma = 0$	1231	1	$F_2 = \frac{1231/1}{220/2} = 11.2$	0.0789
$SS_{\hat{y}}$	$\beta = 0$ und $\gamma = 0$	2439	2	$F_3 = \frac{2439/2}{220/2} = 11.1$	0.0826
$SS_{\hat{\varepsilon}}$		220	2		
Total		2659	2		

Die kritische F-Quantile sind $F(1,3;0.95) = 10.1$, $F(1,2;0.95) = 18.5$ und $F(2,2;0.95) = 19.0$. Durch die wenigen Beobachtungen sind die Testaussagen trotz hoher F-Werte für F_2 und F_3 nicht signifikant.

Beachte: Die p-Werte können je nach verwendeten Softwarepaket relativ stark variieren (meistens schon in der zweiten Zifferposition).

Der F-Test im Regressionsmodell beruht auf folgenden Verteilungsresultaten für Residuenquadrate.

Satz 11.1: Verteilung der Residuenquadrate

Wir betrachten das restringierte Regressionsmodell $\hat{y}_R = \hat{\alpha} + \hat{\beta}x$ und das unrestringierte Modell $\hat{y}_{UR} = \hat{\alpha} + \hat{\beta}x + \hat{\gamma}z$, sowie die dazugehörigen Residuenquadratsummen $SS_R = \sum \hat{y}_R^2$ und $SS_{UR} = \sum \hat{y}_{UR}^2$. Dann gilt:

a) SS_R und $SS_R - SS_{UR}$ ist unabhängig verteilt.

b) $SS_R \sim \sigma^2 \chi^2(n - k - 1)$, $SS_{UR} \sim \sigma^2 \chi^2(\nu)$ mit $\nu = n - k - q - 1$ und die Differenz $SS_R - SS_{UR} \sim$ nicht zentral $\chi^2(q)$-verteilt.

c) Unter der Hypothese $\gamma = 0$ ist die Differenz $SS_R - SS_{UR} \sim \sigma^2 \chi^2(q)$ verteilt und daher ist der Quotient F-verteilt:

$$F_2 = \frac{(SS_R - SS_{UR})/q}{SS_{UR}/\nu} \sim F(q, \nu).$$

Beweis: Siehe RAO (1980, S. 191)

Die Aussage c) gilt auch für beliebige Restriktionen $\mathbf{R}\beta_{UR} = \mathbf{r}$ wobei $\mathbf{R}$ eine bekannte Restriktionsmatrix ist.

11.6 Regression mit Dummy-Variablen

Eine Dummy-Variable ist eine Indikatorvariable, die nur die Werte 0 oder 1 annehmen kann. Dummy-Variable werden dann in einer Regression als erklärende Variable gebraucht, wenn eine Regressionsbezeichnung durch 2 Gruppen erklärt werden soll, d. h. durch 2 parallele Gerade. In diesem Fall ist der Koeffizient der Dummy-Variable gerade der Abstand der parallelen Geraden. (vgl. Figur 11.1)

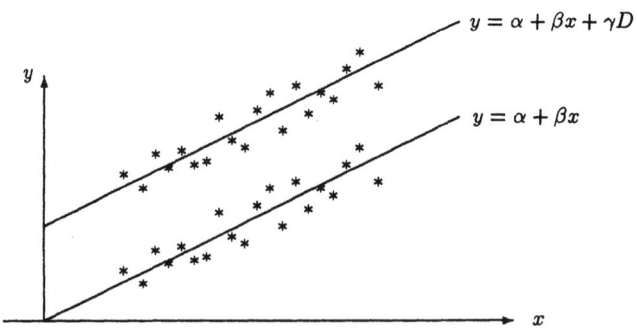

Figur 11.1: Regression mit Dummy-Variable

Ist das Regressionsmodell durch

$$y_i = \alpha + \beta x_i + \gamma D_i + \varepsilon_i$$

gegeben, dann lauten die die Normalgleichungen

$$n\alpha + \beta \sum x_i + \gamma \sum D_i = \sum y_i,$$

$$\alpha \sum x_i + \beta \sum x_i^2 + \gamma \sum D_i x_i = \sum x_i y_i,$$

$$\alpha \sum D_i + \beta \sum D_i x_i + \gamma \sum D_i^2 = \sum D_i y_i.$$

Diese kann man durch den Eliminations-Algorithmus lösen oder durch die Matrixgleichung

$$\begin{pmatrix} n & & \% \\ \sum x_i & \sum x_i^2 & \\ \sum D_i & \sum D_i x_i & \sum D_i^2 \end{pmatrix} \begin{pmatrix} \alpha \\ \beta \\ \gamma \end{pmatrix} = \begin{pmatrix} \sum y_i \\ \sum x_i y_i \\ \sum D_i y_i \end{pmatrix}.$$

Dabei bedeutet das %-Symbol wieder die symmetrischen Elemente der Matrix.

Beispiel 11.10:
Hängen die Staatsanleihen (bonds) der USA 1933-1949 vom Einkommen ab?
(vgl. WONNACOTT, WONNACOTT (1984) S.385)
Dazu betrachten wir die folgenden 3 Variablen:

   Y ... Bonds (Staatsanleihen), abhängige Variable;

   X ... Einkommen;

   D ... Dummy-Variable, die folgendermassen definiert ist:

$$D = \begin{cases} 1 \text{ für } 1940, \dots, 1945 \text{ („Krieg")}, \\ 0 \text{ sonst } \text{ („Frieden")}. \end{cases}$$

Die Daten sind in Tabelle 11.7 gegeben.

Jahre	Y	X	D
1933	2.6	2.4	0
1934	3.0	2.8	0
1935	3.6	3.1	0
1936	3.7	3.4	0
1937	3.8	3.9	0
1938	4.1	4.0	0
1939	4.4	4.2	0
1940*	7.1	5.1	1
1941*	8.0	6.3	1
1942*	8.9	8.1	1
1943*	9.7	8.8	1
1944*	10.2	9.6	1
1945*	10.1	9.7	1
1946	7.9	9.6	0
1947	8.7	10.4	0
1948	9.1	12.0	0
1949	10.1	12.9	0
$\sum Y = 115$	$\sum X = 116.3$	$\sum D = 6$	
$\overline{Y} = \frac{115}{17}$	$\overline{X} = \frac{116.3}{17}$	$\overline{D} = \frac{6}{17}$	
$= 6.76$	$= 6.84$	$= 0.35$	

Tabelle 11.6: Staatsanleihen (* : Kriegsjahre)
Die Regressionsbeziehung lautet

$$Y = \alpha + \beta X + \varepsilon \qquad \text{in Friedenszeiten}$$

und

$$
\begin{aligned}
Y &= \alpha + \beta X + \gamma + \varepsilon \\
&= \alpha^* + \beta X + \varepsilon \quad \text{in Kriegszeiten,}
\end{aligned}
$$

wobei $\alpha^* = \alpha + \gamma$ der Achsenabschnitt der parallelen Gerade ist.
Die zur Berechnung der Dummy-Regression benötigten Grössen sind:

$$n = 17, \qquad \sum x_i = 116.3, \qquad \sum D_i = 6,$$

$$\sum x_i^2 = 989.35 \quad \text{und} \quad \sum D_i x_i = 47.6.$$

Die Lösungen der Normalgleichungen wird in Tabelle 11.8 (Gaussche Elimination) gezeigt:

	1	X	D	B	
1	17	116.3	6	115	:17
X	116.3	989.35	47.6	933.84	:116.3
D	6	47.6	6	54	:6
1	1	6.84	0.3529	6.765	
X	1	8.507	0.4093	8.030	
D	1	7.93	1	9	
1	1	6.84	0.3529	6.765	
X	0	1.667	0.0564	1.265	
D	0	1.093	0.6471	2.275	
1	1	6.84	0.3529	6.765	(**)
X	0	1	0.0338	0.7588	(*)
D	0	1	0.5920	2.0448	
			0.5582	1.286	

Tabelle 11.7: Berechnung der KQ-Schätzer

Aus der letzten Zeile in Tabelle 11.7 folgt

$$\gamma = \frac{1.286}{0.5582} = 2.30.$$

Einsetzen von γ in (*) ergibt die Lösung des zweiten Koeffizienten

$$\beta + 0.0388(2.3) = 0.7588,$$
$$\beta = 0.68.$$

Einsetzen von β und γ in (**) schliesslich ergibt

$$\alpha + 6.84(0.68) + 0.3529(2.3) = 6.765,$$
$$\alpha = 1.30.$$

11.6.1 Dummy-Regression: Staatsanleihen

Die Regression für $n = 1949 - 1933 + 1 = 17$ Jahre lautet

$$
\begin{array}{llllll}
\hat{y} & = & 1.30 & + & 0.68x & + & 2.30D, & R^2 = 0.995 \\
\text{(St.D.)} & & (0.116) & & (0.015) & & (2.30) & \hat{\sigma}_{\hat{\varepsilon}}^2 = 0.209^2 \\
\text{t} - \text{Werte} & & 11.6 & & 44 & & 21, \\
\text{p} - \text{Werte} & & 0.0000 & & 0.0000 & & 0.0000
\end{array}
$$

bzw. die beiden geschätzten parallelen Geraden sind

$$\hat{y} = \begin{cases} 1.30 + 0.68x & \text{für Friedenszeiten} \\ 3.60 + 0.68x & \text{für Kriegszeiten} \end{cases}$$

Die ANOVA-Tabelle lautet

Name	Quadrate SS	Freiheits-grade df.	mittlere Quadrate MS	Test-grösse F
$SS_{\hat{y}}$	131.15	2	65.57	999.0
$SS_{\hat{\varepsilon}}$	0.61	14	0.0430	
SS_y	131.76	16		

Das kritische Quantil der F-Verteilung ist $F_{95\%}(2, 14) = 3.74$.
Der F-Test der Nullhypothese, dass die ganze Regressionsgerade nichts zur Erklärung beiträgt, kann auf $\alpha = 5\%$ Signifikanzniveau verworfen werden, da $F = 999 > 3.74 = F_{95\%}(2, 14)$ ist.

11.6.2 Berechnung der Varianz des Achsenabschnitts in der Dummy-Regression

Die beiden Regressionsgeraden sind

$$y = \begin{cases} \hat{\alpha} + \hat{\beta}x & \text{für Frieden,} \\ \hat{\alpha}^* + \hat{\beta}x & \text{für Krieg.} \end{cases}$$

Der Achsenabschnitt α^* für die Kriegsjahre kann durch die Schätzungen der Dummy-Regression berechnet werden:

$$E(\alpha^*) = E(\hat{\alpha} + \hat{\gamma}) = \hat{\alpha} + \hat{\gamma},$$

und die geschätzte Varianz ist

$$Var(\alpha^*) = Var(\hat{\alpha}) + Var(\hat{\gamma}) + 2Cov(\hat{\alpha}, \hat{\gamma}).$$

11.6.3 Test auf Ausreisser

Ausreisser testet man am einfachsten mit einer Dummy-Variablen. Man prüft z. B. die Hypothese $H_0 : \gamma = 0$ gegen $H_1 : \gamma \neq 0$, wobei γ der Regressionskoeffizient in der Regression mit einer Dummy-Variablen ist:

$$y_i = \alpha + \beta x_i + \gamma D_i, \qquad i = 1, \ldots, n.$$

Die Dummy Variable wird für jede Beobachtung, die als Ausreisser getestet werden soll einzeln definiert, wie z. B.

$$D = \begin{cases} 1 & i = 1 \\ 0 & \text{sonst,} \end{cases}$$

wenn man annimmt, dass die erste Beobachtung ein Ausreisser ist. Nach

den üblichen Formeln der Regressionsrechnung berechnet man den t-Wert
von γ der Dummy-Variablen und man lehnt klassisch die H_0 ab, falls der
t-Wert $t > t(\alpha, \nu)$ grösser als das kritische α-Quantil der t-Verteilung mit
$\nu = n - k - 1$ Freiheitsgraden ist.

In der Regressionsdiagnose sind die sogenannten studentisierten Residuen
gerade die t-Statistiken der Dummy-Variablen für Ausreisser.

Der Bayes-Test berechnet aus dem (posteriori) t-Wert den Bayesfaktor:

$$B = \sqrt{n+1} \cdot \exp\left[-\frac{t^2}{2}/(1 + \frac{1}{n})\right].$$

Für die posteriori Wahrscheinlichkeit der H_0 (d.h. kein Ausreisser) schlagen wir statt der Standardformel $p_{**} = B/(B+1)$, die eine 50%-a-priori
Wahrscheinlichkeit für einen Ausreisser impliziert, die Formeln

$$p_{**} = \frac{B}{B + 1/9} \quad \text{oder} \quad p_{***} = \frac{B}{B + 1/19}$$

vor, die eine a-priori Wahrscheinlichkeit von 10% oder 5% für einen Ausreisser
implizieren (d.h. die H_0 ist zu 90% oder 95% wahrscheinlich). Die Wahrscheinlichkeit für das Vorhandensein eines Ausreissers ist dann die Wahrscheinlichkeit der Gegenhypothese H_1, die wir mit q_{**} bezeichnen:

$$q_{**} = 1 - p_{**} = \frac{1}{9B + 1} \quad \text{bzw.} \quad q_{***} = \frac{1}{19B + 1}.$$

Die nächste Tabelle zeigt die Ausreisserwahrscheinlichkeiten für verschiedene
Bayesfaktoren (senkrecht), wenn man verschiedene a-priori Wahrscheinlichkeiten für das Vorhandensein von Ausreissern annimmt.

p_*		0.5	0.1	0.05	0.01
a-priori *odds*		1	9	19	99
B	1/99	0.990	0.9989	0.999	1.000
	1/19	0.950	0.9942	0.997	0.999
	1/9	0.900	0.9878	0.994	0.999
	1/5	0.833	0.9783	0.990	0.998
	1/2	0.667	0.9474	0.974	0.995
	1	0.500	0.9000	0.950	0.990
	2	0.333	0.8182	0.905	0.980
	5	0.167	0.6429	0.792	0.952
	9	0.100	0.5000	0.679	0.917
	19	0.050	0.3214	0.500	0.839
	99	0.010	0.0833	0.161	0.500

Tabelle 11.8: Die posteriori Wahrscheinlichkeit für einen Ausreisser (q_{**})
für verschiedene a-priori *odds*

Ist die a-priori Wahrscheinlichkeit 50%, dann sind die a-priori-*odds* 1 und die erste Spalte zeigt die posteriori Wahrscheinlichkeit eines Ausreissers für verschiedene Bayesfaktoren an. Ist die a-priori Wahrscheinlichkeit 10%, dann ist die posteriori Wahrscheinlichkeit eines Ausreissers trotz eines Bayesfaktors von 9 gleich 1/2. In der dritten Spalte ist die a-priori Wahrscheinlichkeit 5%, dass es Ausreisser gibt (*odds*-ratio 19:1) und in der vierten Spalte 1% (*odds*-ratio 99:1).

11.7 Spezifikationsfehler im Regressionsmodell

Aus klassischer Sicht stellt sich die Frage des Spezifikationsfehlers folgendermassen. Angenommen, man kennt das „richtige Modell" der Grundgesamtheit, welche Eigenschaft haben die KQ-Schätzer, wenn man Regressionsmodelle mit zuwenigen oder zuvielen Variablen schätzt? Die folgenden beiden Fälle sind die typischen Fragen der Variablenselektion, die bei einer Regressionsschätzung auftreten können.

11.7.1 Zuwenige Regressoren

Eine relevante Variable z bleibt unberücksichtigt oder fehlt:

"Richtiges Modell":	$y = \beta_0 + \beta_1 x + \beta_2 z + \varepsilon$
Geschätztes Modell:	$y = \tilde{\beta}_0 + \tilde{\beta}_1 x + \tilde{\varepsilon}$

Das Fehlen von z hat folgende Konsequenzen:

a) Ist $R_{xy} \neq 0$ dann sind $\tilde{\beta}_1, \tilde{\beta}_2$ verzerrt und inkonsistent:

$$E\begin{pmatrix} \tilde{\beta}_1 \\ \tilde{\beta}_2 \end{pmatrix} \neq \begin{pmatrix} \tilde{\beta}_1 \\ \tilde{\beta}_2 \end{pmatrix}.$$

b) Sind X und Z unkorreliert ($R_{xz} = 0$), dann ist $\tilde{\beta}_2$ unverzerrt.

c) Die Fehlervarianz wird falsch geschätzt.

d) Die Varianzen der Parameter $\begin{pmatrix} \tilde{\beta}_1 \\ \tilde{\beta}_2 \end{pmatrix}$ sind verzerrt.

e) Daher sind die Tests und Konfidenzintervalle falsch. Es gilt z.B.:

$$Var(\tilde{\beta}_2) = \frac{\sigma_\varepsilon^2}{\sum x_i^2} \quad \text{und} \quad Var(\beta_2) = \frac{\sigma_\varepsilon^2}{\sum x_i^2(1 - R_{xz}^2)}.$$

11.7.2   Zuviele Regressoren

Eine irrelevante Variable z ist im Regressionsmodell zusätzlich dabei

$$\text{"Richtiges Modell":} \qquad y = \beta_1 + \beta_2 x,$$
$$\text{geschätztes Modell:} \qquad y = \tilde{\beta}_1 + \tilde{\beta}_2 x + \tilde{\beta}_3 z.$$

Dies führt zu folgenden Konsequenzen:

a) Die Schätzungen sind erwartungstreu (unverzerrt) und konsistent

$$E\begin{pmatrix} \tilde{\beta}_1 \\ \tilde{\beta}_2 \end{pmatrix} = \begin{pmatrix} \beta_1 \\ \beta_2 \end{pmatrix}, \quad E(\tilde{\beta}_3) = 0.$$

b) Die Fehlervarianz ist richtig geschätzt.

c) Tests und Konfidenzintervalle bleiben richtig.

d) Die Schätzungen sind ineffizient, denn es gilt

$$Var(\tilde{\beta}_1) > Var(\beta_1)$$

und

$$Var(\tilde{\beta}_2) > Var(\beta_2).$$

Der Effizienz-Verlust beträgt

$$\frac{Var(\tilde{\beta}_2)}{Var(\beta_2)} = \frac{1}{1 - R_{xz}^2},$$

wobei R_{xz} die Korrelation zwischen den Variablen x und z ist.

Kapitel 12

Trendmodelle

Eine wichtige Anwendung von Regressionsmodellen sind die Prognosen zukünftiger Beobachtungen. Da im Regressionsmodell die x-Variable als bekannt vorrausgesetzt wird, erfolgt die Prognose von y mit Hilfe eines bekannten x-Wertes. Dies ist am leichtesten bei Trendmodellen von Zeitreihen, wo die unabhängige Variable die Zeit ist, durchzuführen.

12.1 Exponentielles Wachstum

Exponentielles Wachstum liegt dann in einer Zeitreihe vor, wenn zu jedem Zeitpunkt der vorige Wert mit einer konstanten Zahl $b > 0$ multipliziert wird:

$$y_t = by_{t-1}, \qquad t = 1, 2, \ldots$$

Lineares Wachstum erfolgt dann, wenn zu jedem Zeitpunkt zum vorigen Wert ein konstanter Zuwachs a addiert wird:

$$y_t = y_{t-1} + a.$$

Beispiel 12.1: Bakterienwachstum
Das Wachstum einer (hypothetischen) Bakterienpopulation, das sich stündlich verdoppelt, ist in der nächsten Tabelle dargestellt:

| Periode | Bakterien | Log. |
t	y_t	$\ln y_t$
0	1	0
1	2	0.3010
2	4	0.602
3	8	0.903
4	16	1.204
⋮	...	...
24	16777216	7.2247

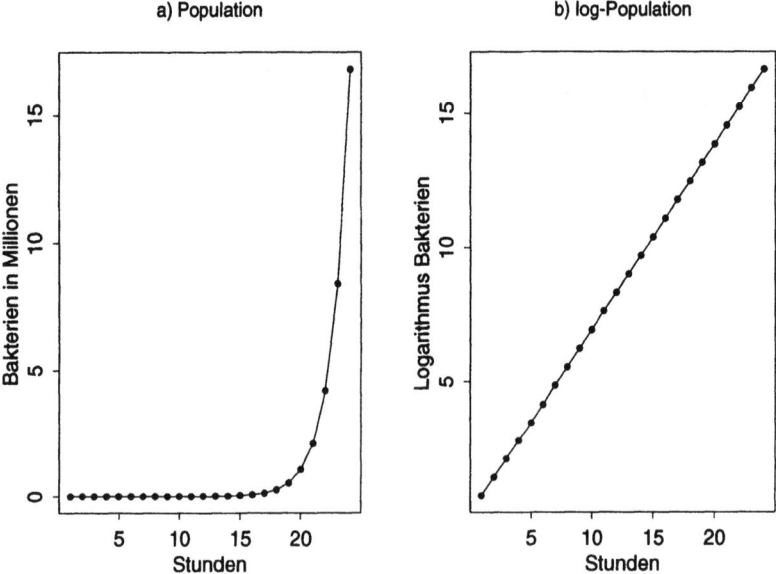

a) Population   b) log-Population

Figur 12.1:   Bakterienpopulation, die sich stündlich verdoppelt.

Es ist nur in der Theorie möglich, dass ein exponentieller Trend „für immer" anhalten kann. In der Praxis ist jedes exponentielle Wachstum durch die Endlichkeit aller irdischen Rahmenbedingungen gegeben. Jedoch lässt sich für bestimmte Zeitabschnitte (Regimes, bzw. stückweise Trends) in der Empirie immer wieder exponentielles Wachstum nachweisen.

12.1.1   Wachstumsraten

Wir betrachten die beiden Zeitpunkte y_t und y_{t+1} dann ist die Wachstumsrate durch

$$g_t = \frac{y_{t+1} - y_t}{y_t} = \frac{y_{t+1}}{y_t} - 1$$

gegeben.

Beispiel 12.2:
Ist $y_t = 100$ und $y_{t+1} = 110$ so ist der Zuwachs $\Delta y_t = 110 - 100 = 10$ und
die Wachstumsrate

$$g_t = \frac{\Delta y_t}{y_t} = \frac{10}{100} = 0.1$$

bzw. 10%. Allgemein bedeutet das: wird der Zuwachs durch das Niveau
dividiert, dann erhält man die Wachstumsrate

$$g_t = \frac{\Delta y_t}{y_t} \cdot \frac{1}{y_t},$$

wobei $\Delta y_t = y_{t+1} - y_t$ und $\Delta t = t + 1 - t = 1$ ist.
Bei diskreten Zeitreihen ist die Wachstumsrate der Differenzenquotient, wie
in Figur 12.2 schematisch dargestellt.

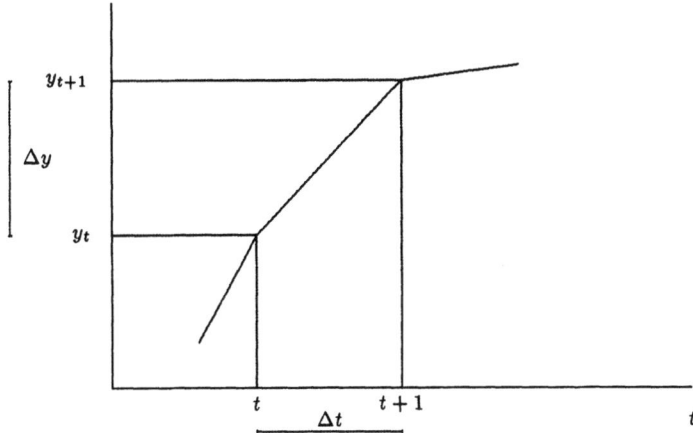

Figur 12.2: Differenzenquotient als Steigung zwischen zwei
Beobachtungen

Die instantane Wachstumsrate erhält man, indem man den Differenzenquotient gegen 0 gehen lässt:

$$\frac{dy_t}{dt} = \lim_{\Delta t \to 0} \frac{\Delta y_t}{\Delta t}$$

und daher

$$\tilde{g}_t = \frac{dy_t}{dt} \cdot \frac{1}{y_t}.$$

Bemerkung: Die logarithmische Ableitung ergibt gerade die Wachstumsrate $\tilde{g}_t$, denn es gilt

$$\frac{d \ln y_t}{dt} = \frac{1}{y_t} \frac{dy_t}{dt} = \tilde{g}_t,$$

wobei $\frac{1}{y_t}$ die äussere und $\frac{dy_t}{dt}$ die innere Ableitung von $f(y_t) = \ln y_t$ ist.

12.1.2 Regression und exponentielles Wachstum

Ist $y_1, \ldots, y_T$ eine positive Zeitreihe, dann kann man einen exponentiellen Trend durch ein „log-lineares" Modell schätzen:

$$\ln y_t = \alpha + \beta t, \qquad t = 1, \ldots, n.$$

Entlogarithmiert man diese Gleichung, erhält man

$$
\begin{aligned}
y_t &= e^{\alpha + \beta t} \\
    &= e^{\alpha} \cdot e^{\beta t} \\
    &= A \cdot B^t
\end{aligned}
$$

mit $A = e^{\alpha}$ und $B = e^{\beta}$ wegen $B^t = (e^{\beta})^t$. Die Interpretation der einzelnen Grössen ist die folgende:

A $\ldots$ ist der Startwert zum Zeitpunkt $t = 0$, wegen der Beziehung

$$y_0 = A \cdot B^0 = A \cdot 1 = A.$$

B $\ldots$ ist der Wachstumsfaktor in der Rekursion

$$y_t = B y_{t-1}.$$

$\beta \ldots$ ist die instantane (konstante) Wachstumsrate

$$\tilde{g}_t = \frac{d \ln y_t}{dt} = \beta, \quad t = 1, \ldots, n.$$

Die diskrete Wachstumstrate ist

$$g_t = \frac{y_t}{y_{t-1}} - 1 = B - 1 = e^{\beta} - 1.$$

So ist z.B. für $\beta = 0.1$ $g_t = 0.1052$ und für $\beta = 0.05$ ist $g_t = 0.05127$. Die diskrete Wachstumsraten g_t hähern sich für $\beta \to 0$ gegen die instantanen Wachstumsraten. Ein Beispiel für den exponentiellen Trend ist die Rohölförderung in den letzten 110 Jahren (vgl. MOORE, MCCABE 1995). Tabelle 12.1 zeigt die Förderung von 1880 bis 1988 und Figur 12.3 den exponentiellen Trend, der bis zum Ölschock 1974 angehalten hat. Seit 1975 ist die Rohölförderung etwa konstant geblieben.

Beispiel 12.3: Ölförderung

Jahr	Mio Barrel	Jahr	Mio Barrel	Jahr	Mio Barrel
1880	30	1940	2150	1972	18584
1890	77	1945	2595	1974	20389
1900	149	1950	3803	1976	20188
1905	215	1955	5626	1978	21922
1910	328	1960	7674	1980	21722
1915	432	1962	8882	1982	19411
1920	689	1964	10310	1984	19837
1925	1069	1966	12016	1986	20246
1930	1412	1968	14104	1988	21338
1935	1655	1970	16690		

Tabelle 12.1: Jährliche weltweite Ölförderung 1880-1988 in Millionen Barrel

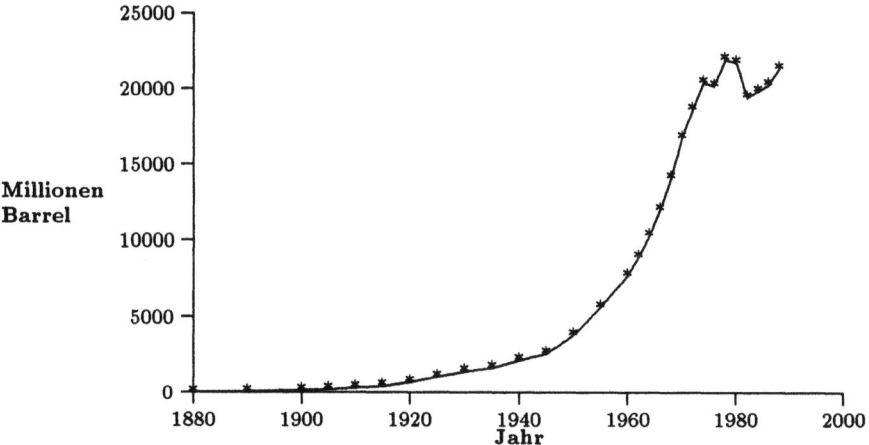

Figur 12.3: Jährliche weltweite Ölförderung 1880-1988 in Millionen Barrel

12.2 Trend-Schätzung und Prognose

Wir unterscheiden folgende 3 Trendmodelle, die durch Regressionsmodelle beschrieben werden können.

1. Linearer Trend:

   Die abhängige Variable y_t ist eine lineare Funktion der Zeit:

   $$y_t = a + b \cdot t + \varepsilon_t, \qquad t = 1, \ldots, T.$$

2. Exponentieller Trend:

Die lineare Regression ist in semi-logarithmischer Form gegeben

$$\ln y_t = a + b \cdot t + \varepsilon_t, \qquad t = 1, \ldots, T.$$

Dies ist nur für positive abhängige Variable möglich, da logarithmiert werden muss. Entlogarithmiert lautet dieses Modell:

$$y_t = e^{a + b \cdot t + \varepsilon_t} = c \cdot e^{b \cdot t} \cdot u_t$$

mit

$$u_t = e^{\varepsilon_t},$$

wobei $x_t = t$ die deterministische Trendkomponente darstellt.

3. Polynom vom Grad k in t :

Das Regressions- (Trend-) Modell besteht aus einer multiplen Regression

$$y_t = \beta_0 + \beta_1 \cdot t + \beta_2 \cdot t^2 + \ldots + \beta_k \cdot t^k + \varepsilon_t, \qquad t = 1, \ldots, T.$$

Eine vereinfachte Schätzung ist durch einen zentrierten Zeitindex möglich:

$$t = -\frac{T-1}{2}, \ldots, -1, 0, 1, \ldots, \frac{T-1}{2}, \qquad T \text{ ungerade};$$

und

$$t = -\frac{T-1}{2}, \ldots, -\frac{1}{2}, \frac{1}{2}, \ldots, \frac{T-1}{2} \qquad T \text{ gerade};$$

anstatt

$$t = 1, 2, 3, \ldots,$$

oder

$$t = 1980, 1981, 1982, \ldots .$$

Für den Anstieg einer Geraden, bzw. dem Polynom vom Grade $k = 1$ ergibt sich als Schätzer:

$$\hat{\beta} = \frac{T \cdot \sum t \cdot y_t - (\sum t) \cdot \sum y_t}{T \cdot \sum t^2 - (\sum t)^2} = \frac{T \cdot \sum t \cdot y_t}{T \cdot \sum t^2} = \frac{S_{yt}}{S_{tt}}$$

mit $S_{yt} = \sum t \cdot y_t$ und $S_{tt} = \sum t^2$.

Beispiel 12.4: Prognose der Schweizer Bevölkerung für 1990

Für die Bevölkerung der Schweiz soll für 1990 eine Punkt- und Intervallprognose erstellt werden.

Jahr	Bev. (Mio.)	Zeit			Fit			
x_i	y_i	t_i	t_i^2	$y_i \cdot t_i$	$\hat{y}_i$	$\hat{\varepsilon}_i$	$\hat{\varepsilon}_i^2$	$(\hat{\varepsilon}_i - \hat{\varepsilon}_{i-1})^2$
1940	4.266	−2	4	−8.53	4.258	0.008	0.000	
1950	4.715	−1	1	−4.72	4.834	−0.119	0.014	0.016
1960	5.429	0	0	0	5.409	0.020	0.000	0.019
1970	6.270	1	1	6.27	5.985	0.029	0.081	0.071
1980	6.366	2	4	12.73	6.560	−0.194	0.038	0.240
$\sum$	27.046	0	10	5.76			0.134	0.034
Ave	5.409	0					0.027	

Zur einfacheren Berechnung führen wir die folgende Zeittransformation ein

$$t = \frac{x_i - 1960}{10},$$

d. h. statt dem Streudiagramm (x_i, y_i), $i = 1, \ldots, 5$, betrachten wir das Trenddiagramm (t, y_t), $t = -2, \ldots, 2$, bzw. (t_i, y_i), $i = 1, \ldots, 5$.

Mit Hilfe der Regressionsformeln für zentrierte Regressoren berechnen wir den Anstieg

$$\begin{aligned}
\hat{\beta} &= \frac{S_{yt}}{S_{tt}} = \frac{\sum y_i \cdot t_i}{\sum t_i^2} \\
&= \frac{5.755}{10} = 0.5755
\end{aligned}$$

und den Achsenabschnitt als

$$\begin{aligned}
\hat{\alpha} &= \overline{y} - \hat{\beta} \cdot \overline{x} \\
&= \overline{y} - \hat{\beta} \cdot \overline{t} \\
&= \overline{y} - 0 = \overline{y} = 5.409.
\end{aligned}$$

Die geschätzte Regressionsgerade lautet:

$$\begin{array}{cccc}
y_t = & 5.409 & + & 0.5755 \quad \cdot \quad t, \quad t = -2, \ldots, 2 \\
& (0.0885) & & (0.0626)
\end{array}$$

mit $R^2 = 0.96$,   und $\sigma_\varepsilon = 0.198$.

Die Prognose für 1990 wird folgendermassen berechnet:

1. Die Punktprognose für y_{1990} wird über die transformierte Zeit t zum Zeitpunkt $t = 3$ berechnet

$$y_{1990} = 5.409 + 0.5755 \cdot 3 = 5.409 + 1.727 = 7.136.$$

2. Das 95%−Prognoseintervall lautet:

$$95\% - PROG(y_{1990}) = \left[a + b \cdot x_0 \pm t(1 - \frac{\alpha}{2}, n - 2) \cdot s_\varepsilon^2 \cdot \right.$$

$$\left. \cdot \sqrt{\frac{T+1}{T} + \frac{(x_0 - \overline{x})^2}{\sum x_i^2 - n \cdot \overline{x}^2}} \right]_{95\%}$$

$$= \left[7.136 \pm 4.177 \cdot 0.19784 \cdot \sqrt{\frac{6}{5} + \frac{9}{10}} \right]_{95\%}$$

$$= \left[7.136 \pm 0.83639 \cdot \sqrt{\frac{21}{10}} \right]_{95\%}$$

$$= [7.136 \pm 1.1975]_{95\%}$$

$$= [5.938, 8.333]_{95\%}.$$

Beachte: Im zweiten Teil der Tabelle des Beispiels 12.4 haben wir die DURBIN-WATSON Prüfgrösse zum Test auf Autokorrelation (1. Ordnung) in den Residuen berechnet (vgl Kapitel 13). Der Durbin-Watson Wert beträgt 2.51 und der Autokorrelationskoeffizient ist $\rho = -0.255$.

12.3 Wachstumsraten

Beispiel 12.5: Die Bevölkerung in Basel-Stadt 1870-1910: Schätzung eines exponentiellen Trends

Wir analysieren die Bevölkerungsentwicklung in Basel-Stadt zwischen 1870 und 1910 mit Hilfe eines exponentiellen bzw. log-Trend Modells. Daher empfiehlt es sich aus numerischen Gründen die Zeit (Jahreszahl der Volkszählung) zu t zu transformieren.

Zeit	Bev.	ln (Bev.)	t	$y_i \cdot t$	t^2
1870	44.122	3.79	−2	−3.79	4
80	60.550	4.10	−1	−4.10	1
90	69.809	4.25	0	0	0
1900	109.161	4.69	1	4.69	1
10	132.276	4.88	2	4.88	4
		$\overline{y}_5 = 4.34$	0	2.78	10

Das geschätzte Regressionsmodell lautet:

$$\begin{array}{lllll} ln(Bev.) & = & 4.34 & + & 0.28 & \cdot & t, & t = -2, \dots, 2 \\ (\text{Std.abw.}) & & (0.033) & & (0.023) \end{array}$$

mit $R^2 = 0.98$ und $\sigma_\varepsilon = 0.0737$.

Entlogarithmiert lautet die Regressionsbeziehung für die Bevölkerung von Basel-Stadt für 1870 - 1910:

$$
\begin{aligned}
y_t &= e^{4.34} \cdot e^{0.28 \cdot t} \cdot u_t \\
&= 76.7 e^{0.28 t} \cdot u_t, \qquad t = -2, \ldots, 2.
\end{aligned}
$$

Unter Berücksichtigung der folgenden Zeittransformation von den t (Dekaden) auf die j (Jahre)

$$
j = 10 \cdot t, \qquad \Rightarrow \qquad t = \frac{j}{10}
$$

ergibt sich als Regressionsbeziehung für jedes Jahr

$$
y_j = 76.7 \cdot e^{0.028 \cdot j}, \quad j = -20, -19, \ldots, 19, 20,
$$

wobei $e^{4.34} = 76.7$ das geometrische Mittel darstellt und die jährliche Wachstumsrate von 2.8% sich aus $0.28/10 = 0.028$ ergibt.

Dabei ist der erste Parameter 76.7 eine mittlere geschätzte (oder Basis-Bevölkerung) für den Zeitpunkt $t = 0$ (d. h. $\hat{y}_{1890} = 76.7$ und ist gleichzeitig das geometrische Mittel) und 0.28 steht für eine 28%-ige Wachstumsrate für eine Dekade.

Bemerkung: Der geschätzte exponentielle Trend der Bevölkerung in der Schweiz zwischen 1940 und 1980 lautet:

$$
\begin{array}{cccc}
y_t = & e^{1.676} & e^{0.109 \cdot t} & = \quad 5.344 \cdot e^{0.0109 \cdot t} \\
\text{(St.D)} & (0.018) & (0.013) &
\end{array}
$$

mit $R^2 = 0.96$ und $\sigma_\varepsilon^2 = 0.041$. Die Wachstumsrate hat also 11% pro Jahr betragen.

12.4 OLS-Schätzung bei zentrierten Regressoren

Für die zentrierten Regressoren $\tilde{x}_i = x_i - \overline{x}$ und $\tilde{z} = z_i - \overline{z}$, wird das sogenannte zentrierte Regressionsmodell formuliert:

$$
y_i = \beta_1 + \beta_2 \cdot \tilde{x}_i + \beta_3 \cdot \tilde{z}_i + \varepsilon_i, \quad i = 1, \ldots, n.
$$

Nun gilt für die Mittelwerte der zentrierten Regressoren

$$
\overline{\tilde{x}}_i = 0, \ \overline{\tilde{z}}_i = 0,
$$

und daher gelten die vereinfachten Normalgleichungen:

$$
\beta_1 = \overline{y}, \tag{N1}
$$

$$
\beta_2 \cdot S_{\tilde{x}\tilde{x}} + \beta_3 \cdot S_{\tilde{x}\tilde{z}} = S_{\tilde{x}y}, \tag{N2}
$$

$$
\beta_2 \cdot S_{\tilde{x}\tilde{z}} + \beta_3 \cdot S_{\tilde{z}\tilde{z}} = S_{\tilde{z}y} \tag{N3}
$$

Aus den Normalgleichungen (N2) und (N3) können nun wie in der einfachen Regression β_2 und β_3 berechnet werden.

Beispiel 12.6: Die Bevölkerungsentwicklung in Basel-Stadt
für die Jahre 1940 - 1980 soll durch eine quadratische Funktion erklärt werden:

$$y_t = \beta_1 + \beta_2 t + \beta_3 t^2.$$

Sowohl der lineare (t) wie der quadratische Zeittrend (z) kann als zentrierte Variable gewählt werden, und wir erhalten aus den Daten die Hilfsgrössen

$$\bar{y} = 205.44, \qquad \tilde{x} = t, \qquad \tilde{z} = t^2 - 2 = t^2 - \bar{t}^2,$$

$$S_{\tilde{x}\tilde{x}} = \sum t^2 = 10, \qquad S_{\tilde{z}\tilde{z}} = \sum (t^2 - 2)^2 = 14.$$

Die geschätzten Koeffizienten berechnet man aus den Normalgleichungen (N2) und (N3). Aus der zweiten Gleichung

$$\beta_2 \cdot 10 + \beta_3 \cdot 0 = 109.9$$

folgt $\beta_2 = 10.99$ und aus der dritten Normalgleichung

$$\beta_2 \cdot 0 + \beta_3 \cdot 14 = -131.3 \quad \Rightarrow \quad \beta_3 = -9.34.$$

Tabelle 12.2: Berechnung der Hilfsgrössen

i	Jahr	Bev. y_i	t_i	t_i^2	$y_i \cdot t_i$	$\hat{y}_i$	$\tilde{z}_i = t_i^2 - \bar{t}^2$	$\tilde{z}_i^2$	$y_i \cdot \tilde{z}_i$	$t_i \cdot \tilde{z}$
1	1940	169.3	−2	4	−338.6	183.46	2	4	338.6	−4
2	1950	194.8	−1	1	−194.8	194.45	−1	1	−194.8	1
3	1960	223.7	0	0	0	205.44	−2	4	−447.4	0
4	1970	235.5	1	1	235.5	216.43	−1	1	−235.5	−1
5	1980	203.9	2	4	407.8	227.42	2	4	407.8	4
$\sum$		1027.2	0	10	109.9			14	−131.3	0
Ave		205.44		2						

In der Zeile 'Ave' sind die Durchschnitte gebildet, wobei

$$\bar{t}^2 = \frac{1}{n} \sum t_i^2 = \frac{1}{5} \cdot 10 = 2$$

der Mittelwert des Regressors $z_i = t_i^2$ ist.
Die Parameterschätzungen sind

$$\beta_2 = \frac{109.9}{10} = 10.99 \approx 11$$

und

$$\beta_1 = \frac{1027.2}{5} = 205.44.$$

Damit lautet der geschätzte lineare Trend für die Bevölkerung in Basel-Stadt:

$$y_t = 205.4 + 11 \cdot t \quad , \quad t = -2, \ldots, 2$$
$$(9.84) \quad (6.95)$$

mit $R^2 = 0.45$, und $\sigma_\varepsilon = 22$, wobei die Zahlen in Klammern unter den Schätzungen die Standardabweichungen angeben. Die (Punkt-) Prognose für 1990 ist bei linearem Trend:

$$y_{1990} = 205.4 + 11 \cdot 3 = 238.4,$$

d.h. eine viel zu optimistische Einwohnerzahl von 238'400 Einwohnern.

12.5 Prognoseintervalle

Das Konfidenzintervall für die abhängige Variable y bei gegebenem Vektor $\mathbf{x}_0$ ist

$$0.95\% - KONF(y_0) = \left[\mathbf{x}_0' \cdot \hat{\beta} \pm t_{0.975} \cdot s_\varepsilon \cdot \sqrt{\mathbf{x}_0'(\mathbf{X}'\mathbf{X})^{-1}\mathbf{x}_0} \right]_{95\%},$$

wobei $\hat{\beta} = (\beta_1, \beta_2, \beta_3)'$ und $t_{0.975} = t(0.975, n-k)$, wobei k die Anzahl Regressoren einschliesslich des Achsenabschnitts ist.
Das 95%-Prognose-Intervall bei gegebenem $\mathbf{x}_0$ lautet:

$$0.95\% - PROG(y_0) = \left[\mathbf{x}_0' \cdot \hat{\beta} + t_{0.975} \cdot s_\varepsilon \cdot \sqrt{\mathbf{x}_0'(\mathbf{X}'\mathbf{X})^{-1}\mathbf{x}_0 + 1} \right]_{95\%}.$$

Beispiel 12.7: Quadratischer Bevölkerungstrend
Die quadratische Regressionsfunktion (das quadratische Trendmodell) lautet

$$y_t = 205.4 + 11 \cdot t - 9.38 \cdot (t^2 - 2), \quad t = -2, \ldots, 2.$$

Die Schätzung des quadratischen Trends lautet

$$y = 205.4 + 11 \cdot t - 9.38 \cdot (t^2 - 2)$$

bzw.

$$= 224.2 + 11 \cdot t - 9.38 \cdot t^2.$$

Die erste Gleichung ist die Schätzung in zentrierter Form, die zweite in unzentrierter Form. Für die Prognose für 1990 ergibt sich mit transformierter Zeit $t = 3$ (und damit $t^2 - 2 = 7$) für die Vektoren

$$\hat{\beta} = (\hat{\beta}_1, \hat{\beta}_2, \hat{\beta}_3)', \quad \text{und} \quad \mathbf{x}_0 = (1, 3, 7)'.$$

Die Regressionsmatrix ist:

$$\mathbf{X} = \begin{pmatrix} 1 & -2 & 2 \\ 1 & -1 & -1 \\ 1 & 0 & -2 \\ 1 & 1 & -1 \\ 1 & 2 & 2 \end{pmatrix}.$$

Wegen der Orthogonalität der Regressoren ist die $\mathbf{X'X}$ Matrix eine Diagonalmatrix

$$\mathbf{X'X} = \begin{pmatrix} 5 & 0 & 0 \\ 0 & 10 & 0 \\ 0 & 0 & 14 \end{pmatrix}.$$

Das 95%-Prognoseintervall lautet mit $t_\gamma = t(0.975, 5 - 3 = 2) = 4.303$:

$$(1,3,7) \cdot \begin{pmatrix} 205.4 \\ 11 \\ -9.38 \end{pmatrix} \pm 4.303 \cdot (10.5) \cdot \sqrt{(1,3,7) \begin{pmatrix} 1/5 & 0 & 0 \\ 0 & 1/10 & 0 \\ 0 & 0 & 1/14 \end{pmatrix} \begin{pmatrix} 1 \\ 3 \\ 7 \end{pmatrix} + 1}$$

$$= 172.7 \pm 45.128 \cdot \sqrt{\tfrac{1}{5} + \tfrac{9}{10} + \tfrac{49}{14} + 1}$$

$$= 172.7 \pm 45.128 \cdot \sqrt{\tfrac{56}{10}}$$

$$= 172.7 \pm 45.128 \cdot 2.37$$

$$= 172.7 \pm 106.9,$$

bzw. das Prognoseintervall für die Bevölkerung von Basel-Stadt im quadratischen Trendmodell für 1990 lautet:

$$95\% - PROG(y_0) = [65.8; 279.6]_{95\%}.$$

Die quadratische KQ-Schätzung liefert die Regressionsgerade

$$\hat{y}_t = 224.2 + 11 \cdot t - 9.4 \cdot t^2$$

	(7.3)	(3.3)	(2.8)
t-Werte	30.7	3.3	−3.4
p-Werte	0.1%	8%	7.9%

mit $R^2 = 0.92$, und $\sigma_\epsilon = 10.5$. Die quadratische Anpassung liefert ein deutlich besseres R^2 und eine um die Hälfte verkleinerte Residuenvarianz für den Anstieg $\beta = 10.99$. Der Computer berechnet jeweils automatisch die t- und p-Werte. Die t-Werte geben an, wie gross die Prüfgrösse t für die Hypothesen $\beta_1 = 0$, $\beta_2 = 0$, bzw. $\beta_3 = 0$ ist. Der p-Wert gibt die Wahrscheinlichkeit dieser oder extremerer Beobachtungen unter der jeweiligen Nullhypothese an. Die (Punkt-) Prognose für 1990 ergibt im quadratischen Trendmodell

$$\begin{aligned} y_{1990} &= 224.2 + 11 \cdot 3 - 9.4 \cdot 9 \\ &= 257.2 - 84.4 = 172.8. \end{aligned}$$

Die 172'800 Einwohner sind eine viel realistische Prognose, da das quadratische Modell die Trendänderung in der Bevölkerung besser nachvollzieht.

12.6 * MSE-Prognosen

Zunächst wollen wir 2 grosse Gruppen von Prognosen unterscheiden: Punktprognosen und Intervallprognosen. Für Punktprognosen kann man bestimmte Eigenschaften fordern, wie z. B. Optimalität im quadratischen Sinn (MSE-Prognosen). Im Folgenden werden wir uns an folgende Bezeichnungen halten:

Prognosezeitpunkt: T
Prognosezeitraum: $H: \quad h = 1, \ldots, H$
h-stufige Prognose: $\hat{y}_{T+h}$ bezeichnet eine h-stufige Prognose zum Zeitpunkt T für die Beobachtung y_{T+h}

Der (geschätzte) Prognosefehler:

$$\hat{\epsilon}_{T+h} = y_{T+h} - \hat{y}_{T+h}$$

Prognosekriterium: MSE(Mean Square Error)−Prognosen

Bestimme $\hat{y}_{T+h}$ so, dass der mittlere Quadratfehler der Prognose minimal wird:

$$\mathrm{E}(\epsilon_{T+h}^2) = \mathrm{Min}! = \mathrm{E}(y_{T+h} - \hat{y}_{T+h})^2 = Var(\hat{y}_{T+h})$$

Bemerkung: Die univariate, zeitinvariante, lineare h-stufige Prognosefunktion der Zeitreihe z_t zum Zeitpunkt T lautet:

$$\hat{z}_{T+h} = \sum_{j=1}^{n} \alpha_j(h) \cdot z_{t-j}$$

Dabei bedeutet $\alpha_j(h)$, dass es zu jeder h-stufigen Prognose einen Satz von „optimalen" Koeffizienten gibt.

12.6.1 Prognosevergleich mit NAIV

In diesem Abschnitt wollen wir uns mit dem folgenden Problem befassen: Wie kann man die Anpassungs- oder Prognosegüte eines (beliebig komplexen) Zeitreihenmodells ermitteln?

In Anlehnung an MADDALA (1992) schlagen wir das NAIV-Mass vor. Die Grundidee ist dabei der Vergleich der Residuenquadratsumme des gerade aktuellen Zeitreihenmodells mit einem möglichst einfachen Prognosemodell, dem sogenannten „naiven Modell".

Statt R^2 vergleiche die Anpassungsgüte eines Zeitreihenmodells mit der Anpassung eines „naiven Modells".
Sei $y_t = g(y_{t-i}, x_{t-i}) + u_t$ ein beliebiges zu evaluierendes Zeitreihenmodell, das vergangene eigene Werte (y_{t-i}) wie auch vergangene andere Variablen (x_{t-i}) beinhaltet.

1. Konstante Veränderung:

$$\Delta y_t = \alpha + \varepsilon_t, \quad t = 2, \ldots, T.$$

bzw. $y_t = y_{t-1} + \alpha + \varepsilon_t$.

Zum Vergleich der beiden Zeitreihenmodelle definiert man nun in Analogie zum R^2 :

$$\text{NAIV} = 1 - \frac{RSS}{\sum_{t=2}^{T} (\Delta y_t - \overline{\Delta y_t})^2}$$

wobei $RSS = SS_{\hat{u}}$ die Residuenquadratsumme des zu evaluierenden Modells ist. $\overline{\Delta y_t}$ ist dabei die ML (OLS)-Schätzung von α, und y_1 wird als Startwert behandelt.

2. Bei saisonalen Zeitreihenmodellen kann man die saisonale Version des NAIV-Masses verwenden: Das Modell mit konstanten Veränderungen unter Berücksichtigung der Saisonfigur lautet:

$$\Delta y_t = \alpha_1 \cdot S_1 + \alpha_2 \cdot S_2 + \cdots + \alpha_k \cdot S_k + \epsilon_k$$

wobei $S_1, \ldots, S_k$ Saisondummies sind. Das „naive" Vergleichsmass ist

$$NAIV_S = 1 - \frac{RSS}{NSS},$$

wobei NSS die Residuenquadratsumme des „naiven saisonalen Modells" darstellt mit

$$NSS = \sum_{t=1}^{T} (\Delta y_t - \Delta \hat{y}_t)^2$$

und

$$\Delta \hat{y}_t = \hat{\alpha}_1 S_1 + \cdots + \hat{\alpha}_k S_k.$$

Bemerkung: Ist das laufende Modell schlechter als das NAIV, dann ist NAIV ($NAIV_S$) negativ!

12.7 * Korrelation

Die FISHER'sche z-Transformation des Korrelationskoeffizienten R einer Stichprobe vom Umfang n $(-1 < R < 1)$ ist definiert als

$$z = \frac{1}{2} \ln \frac{1+R}{1-R}.$$

Ist ρ der Korrelationskoeffizient der GG, dann ist z für grosse Stichproben ($n > 50$) normalverteilt:

$$z \sim N\left[\frac{1}{2}\ \ln\ \frac{1+\rho}{1-\rho}\frac{\rho}{2(n-1)},\frac{1}{n-3}\right].$$

Man schreibt die Transformation von R in z auch

$$z = \text{arctanh}(R)$$

und nennt sie „Arcustangenshyperbolicusfunktion". Da das ρ der GG nicht bekannt ist, wird es durch die Schätzung R (die Stichprobenkorrelation) ersetzt. Damit kann man das $\alpha\%$-Konfidenzintervall für ρ über die z-Transformation $z = z_{(\rho)}$ und deren inverse Transformation $T(z)$ berechnen:

$$
\begin{aligned}
\alpha - KONF(z) &= \left[z \pm z_{\frac{1+\alpha}{2}}\frac{1}{\sqrt{n-3}}\right]_\alpha \\
&= [z_u; z_o]_\alpha .
\end{aligned}
$$

Durch Transformation erhält man das $\alpha\%$-Konfidenzintervall für ρ

$$\alpha - KONF(\rho) = [T(z_u); T(z_o)]_\alpha .$$

Dabei ist n die Grösse der Stichprobe und ρ der (unbekannte) Korrelationskoeffizient der GG, wobei die Rücktransformation der FISHER'schen z-Transformation durch:

$$T(z) = \tanh(z) = \frac{e^z - e^{-z}}{e^z + e^{-z}} = \frac{e^{2z} - 1}{e^{2z} + 1} \qquad (*)$$

gegeben ist.
Diese Stichprobenverteilung kann zur Konstruktion eines Konfidenzintervalls verwendet werden, wenn ρ durch R ersetzt wird.

Beispiel 12.8:
Man berechne ein Konfidenzintervall mit $\alpha = 95\%$ für den Korrelationskoeffizienten einer Zufallsstichprobe, wobei $R = 0.2$ und $n = 67$ ist:

$$
\begin{aligned}
95\% - KONF(z) &= \left[\frac{1}{2}\ \ln\ \frac{1+R}{1-R} \pm z_{\frac{1+\alpha}{2}} \cdot \frac{1}{\sqrt{n-3}}\right]_{95\%} \\
&= \left[\frac{1}{2}\ \ln\ \frac{1.2}{0.8} \pm 1.96 \cdot \frac{1}{\sqrt{64}}\right]_{95\%} \\
&= [0.203 \pm 0.245]_{95\%} \\
&= [-0.042, 0.448]_{95\%}.
\end{aligned}
$$

Die Transformation der unteren und oberen Intervallgrenze nach $(*)$ ergibt

$$\tanh(-0.042) = -0.042, \quad \text{und} \quad \tanh(0.448) = 0.420.$$

Damit lautet das 95% Konfidenzintervall für den Korrelationskoeffizienten:

$$95\% - KONF[r] = T[KONF(\rho)] = [-0.042, 0.420]_{95\%}.$$

Wie zu erwarten war, ist die Korrelation auf dem 95% Niveau nicht signifikant von Null verschieden.

Satz 12.1:
Der t-Test auf Korrelation ist äquivalent zum t-Test auf $\beta = 0$ im linearen Regressionsmodell:

$$y_i = \alpha + \beta \cdot x_i + \varepsilon_i, \qquad i = 1, \ldots, n,$$

mit der Prüfgrösse

$$t_\beta = \frac{\hat{\beta}}{\sqrt{s_\varepsilon^2 / S_{xx}}} \sim t(n-2).$$

oder dem F-Test des Bestimmtheitsmasses

$$F = \frac{R^2}{1 - R^2}(n-2) \sim F(1, n-2).$$

Beweis: Wir zeigen nun, dass wegen der Quadratsummenzerlegung in der Regression

$$(n-2) \cdot s_\varepsilon^2 = (1 - R^2) \cdot S_{yy},$$

und dem KQ-Schätzer

$$\hat{\beta} = \frac{S_{xy}}{S_{xx}}$$

für den t-Wert des Regressionskoeffizienten (bei zentrierten Regressoren X und Y) gilt

$$
\begin{aligned}
t_\beta &= \sqrt{n-2} \cdot \frac{S_{xy}/S_{xx}}{\sqrt{(1 - R^2) \cdot S_{yy}/S_{xx}}} \\
&= \sqrt{n-2} \cdot \frac{1}{\sqrt{1 - R^2}} \cdot \frac{S_{xy}}{\sqrt{S_{yy} \cdot S_{xx}}} \\
&= \sqrt{n-2} \cdot \frac{R}{\sqrt{1 - R^2}}.
\end{aligned}
$$

12.8 Die partielle Korrelation

Der partielle Korrelationskoeffizient ist ein Mass für die Stärke des Zusammenhanges zwischen Y und X_2 wenn der Einfluss von X_3 konstant gehalten wird. Er ist definiert als

$$r_{12\cdot3} = \frac{r_{12} - r_{13}r_{23}}{\sqrt{(1 - r_{13}^2)(1 - r_{23}^2)}}$$

mit

$$r_{12} = Corr(Y, X_2), \quad r_{13} = Corr(Y, X_3) \quad \text{und} \quad r_{23} = Corr(X_2, X_3).$$

Es besteht folgende Beziehung zum Bestimmtheitsmass R^2 in einer Regression vom Typ

$$Y = \beta_0 + \beta_1 X_2 + \beta_2 X_3 + \varepsilon$$

mit

$$R^2 = Corr(X, \hat{Y}) \quad \text{und} \quad \hat{Y} = \hat{\beta}_0 + \hat{\beta}_1 X_1 + \hat{\beta}_2 X_2.$$

Diese Beziehung lautet:

$$R^2 = r_{13}^2 + (1 - r_{13}^2)r_{12\cdot3}^2.$$

Man beachte, dass dies ein gewogenes Mittel von 1 und $r_{12\cdot3}^2$ ist, wobei das Gewicht r_{13}^2 ist. Daraus ersieht man auch, dass das Bestimmtheitsmass R^2 in einer Regression mit 3 Variablen gegenüber einer Regression mit 2 Variablen nicht abnehmen kann, denn es gilt auch

$$R^2 = r_{12}^2 + (1 - r_{12}^2)r_{13\cdot2}^2.$$

mit $r_{12} = Corr(Y, X_2) = Corr(Y, \hat{Y})$ und $\hat{Y} = \hat{\alpha} + \hat{\beta}X_2$.

In einer multiplen Regression gibt es einen interessanten Zusammenhang zwischen den t-Werten einer Regression und den partiellen Korrelationskoeffizienten (vgl. GREENE (1991) S.183):

$$r_{Yj\cdot(-j)} = \frac{t_j^2}{t_j^2 + \nu}, \qquad j = 1, \ldots, k, \qquad t_j = \hat{\beta}_j / S_{\hat{\beta}_j}$$

wobei $\nu = n - k - 1$ die Anzahl der Freiheitsgrade und $t_j = \hat{\beta}_j / S_{\hat{\beta}_j}$ der t-Wert der j-ten Variablen ist. $r_{Yj\cdot(-j)}$ steht für die partielle Korrelation von Y und X_j, wobei alle anderen Variabeln der Regression als konstant vorausgesetzt werden. $(-j)$ steht symbolisch für alle Regressoren $X_1, \ldots, X_k$ ohne der X_j-Variable. Partielle Korrelationen können sehr unterschiedlich zu einfachen Korrelationen sein und die Interpretation ist nicht immer ganz leicht.

Kapitel 13

Modelldiagnose

Ein wichtiger Bestandteil der empirischen Modellbildung ist die Modelldiagnose eines geschätzten Modells. Die Modelldiagnose bildet den kritischen Abschluss eines statistischen Schätzprozesses und überprüft die Annahmen des gewählten Modells. Die Frage: „Ist das Modell adäquat?" wird mit Hilfe der Residuen beantwortet, daher ist ein wichtiger Teil der Modelldiagnose die Residuenanalyse. Die Modelldiagnose erfolgt entweder graphisch oder mit Tests und je nach Anwendungsgebiet hat sich ein Standard herausgebildet. Bei Regressionsmodellen in den Wirtschaftswissenschaften sind Tests auf Autokorrelation (bei Zeitreihendaten) und auf heterogene Varianzen (Heteroskedastizität) wichtige Bestandteile der Modelldiagnose, die daher in diesem Abschnitt behandelt werden. Das Regressionsmodell bestht aus vielen Annahmen, die bei jeder Anwendung überprüft werden sollten, wie z. B. die folgenden Punkte.

1. Die Erwartung der Residuen ist Null:

    Annahme (1): $E(\varepsilon_i) = 0, \quad i = 1, \ldots, n$

    und sie bilden einen Zufallsprozess.

2. Homoskedastizität:

    Annahme (2): $\mathrm{Var}(\varepsilon_i) = \sigma^2, \quad i = 1, \ldots, n,$

    d. h. die Residuenvarianzen sind für alle Beobachtungen gleich.

3. Autokorrelation: Der DURBIN-WATSON-Test testet

    Annahme (3): $\mathrm{Cov}(\varepsilon_i, \varepsilon_j) = 0, \quad i \neq j$

    die Korrelation der Residuen bei Zeitreihendaten.

4. Normalität: Überprüfe die Normalverteilung

    Annahme (7): $\varepsilon_i \sim N(0, \sigma^2)$

    mit einen Quantil-Quantil-Diagramm bzw. Q-Q-Plot.

Dieser Abschnitt soll an einigen ausgewählten Methoden zeigen, wie man diese Annahmen überprüft.

13.1 Residuenanalyse: Graphische Methode

Für die folgende Diskussion fassen wir das Regressionsmodell kurz zusammen. Wir betrachten das lineare Regressionsmodell:

$$y_i = \mathbf{x}_i'\beta + \varepsilon_i, \quad i = 1, \ldots, n \tag{13.1}$$

und es gelten die Modellannahmen (1)-(7) aus Kapitel 11.2.

Die Daten sind: y_i und

$$\mathbf{x}_i = (1, x_{2i}, x_{3i}, \ldots, x_{Ki})', \quad i = 1, \ldots, n.$$

Die KQ-Schätzung der Parameter ist: $\hat{\beta} = (\hat{\beta}_1, \ldots, \hat{\beta}_K)'$.

Die geschätzte Regressionsgerade lautet : $\hat{y}_i = \mathbf{x}_i'\hat{\beta}, \quad i = 1, \ldots, n$

und die geschätzten Residuen sind:

$$e_i = y_i - \hat{y}_i = y_i - x_i'\hat{\beta} = \hat{\varepsilon}_i, \qquad i = 1, \ldots, n.$$

Die einfachste und übersichtlichste Methode zur Modelldiagnose ist die graphische Analyse der Residuen. In der einfachen Regression

$$y_i = \alpha + x_i\beta + \varepsilon_i$$

wird das Residuenplot $\{(x_i, \hat{\varepsilon}_i), \ i = 1, \ldots, n\}$ gebildet, d.h. man bildet ein Streudiagramm mit dem Regressor x und den Residuen $\hat{\varepsilon}_i$ auf der y-Achse (anstatt der abhängigen Variablen). Ist der graphische Eindruck eine zufällige Punktwolke, dann ist die Residuengrösse „negativ", d. h. das zugrundeliegende Modell (mit der angepassten Werten $\hat{y}_i$) kann akzeptiert werden. Macht der Residuenplot keinen zufälligen Eindruck, dann kann dies mehrere Ursachen haben. Einfach ist Heteroskedastizität und funktionale Form zu erkennen. Ist die lineare Funktion nicht geeignet, die Form des Zusammenhangs zu beschreiben, dann merkt man dies an funktionsähnlichen Verläufen in den Residuen (vgl. Figur 13.1 b). Oft kann man durch eine Transformation der x oder y Variablen die Zuordnung linearisieren (vgl. POLASEK 1994). (Ein Test dazu ist in 11.4.4 beschrieben).

Ist der Zusammenhang nicht-linear, dann weisen die Residuen oft hohe Autokorrelation auf, die mit dem Durbin-Watson-Test getestet werden können.

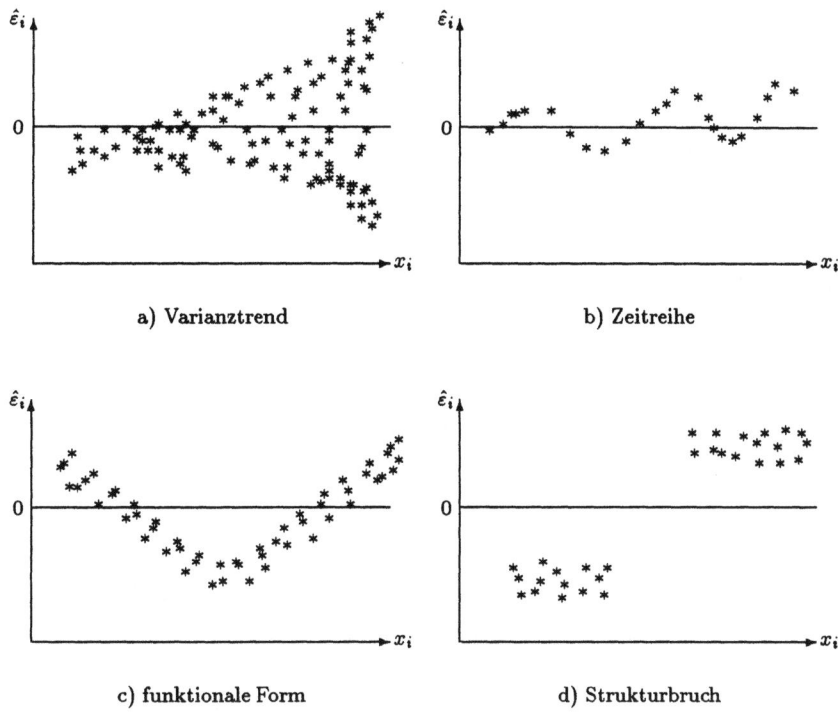

a) Varianztrend

b) Zeitreihe

c) funktionale Form

d) Strukturbruch

Figur 13.1: Heteroskedastische Residuen

Heteroskedastizität erkennt man an einem „Trend in den Varianzen" der Residuen. Es gibt verschiedene Möglichkeiten, wie diese unterschiedlichen Trends in den Residuenvarianzen sichtbar werden, oft ist dieser ein ansteigender. Bei Querschnittsdaten beobachtet man oft kleine Residuen bei kleinen Regressorwerten und grosse Residuen, wenn der Regressor grosse Werte annimmt. Ähnlich ist es bei Zeitreihen: in frühen Zeitpunkten beobachtet man kleine Varianzen und bei späten Zeitpunkten grosse Residuen. In diesen Fällen testet man die Heteroskedastizität (bzw. die sogenannte Volatilität bei Zeitreihen) und versucht sie zu modellieren.

13.2 Autokorrelation in den Residuen

13.2.1 Das Problem

Wir betrachten das lineare Regressionsmodell:

$$y_i = \mathbf{x}_i'\beta + \varepsilon_i \ , \quad i = 1, \ldots, n,$$

mit $\sigma^2 = \mathrm{Var}(\varepsilon_i)$ und wollen prüfen, ob die Modellannahme (2) erfüllt ist. Wegen $\mathrm{E}(\varepsilon_i) = 0$ ist die Kovarianz

$$\mathrm{Cov}(\varepsilon_i, \varepsilon_j) = \mathrm{E}(\varepsilon_i \varepsilon_j) = 0, \qquad i \neq j. \tag{13.2}$$

Eine Autokorrelation 1. Ordnung besteht, wenn aufeinanderfolgende Residuen eine Korrelation ungleich 0 besitzen. Dazu setzen wir $j = i - 1$ in (13.2):

$$\mathrm{Cor}(\varepsilon_i, \varepsilon_{i-1}) = \frac{\mathrm{E}(\varepsilon_i \varepsilon_{i-1})}{\sigma^2} \neq 0.$$

Die Autokorrelation 1. Ordnung in den Residuen kann durch folgendes Regressionsmodell in den Residuen getestet werden:

$$\varepsilon_i = \rho \varepsilon_{i-1} + u_i, \qquad u_i \sim N(0, \sigma_u^2),$$

obei ρ der Korrelationskoeffizient zwischen den ε_i und den verzögerten ε_{i-1} ist:

$$\rho = \mathrm{corr}(\varepsilon_i, \varepsilon_{i-1}), \qquad -1 \leq \rho \leq 1.$$

Es können folgende Hypothesen getestet werden:

$$H_0: \qquad \rho = 0 \quad \text{bzw.} \quad \varepsilon_i = u_i : \text{keine Autokorrelation}$$

$$\text{gegen} \quad H_1: \qquad \begin{cases} \rho > 0 : \text{positive Autokorrelation} \\ \rho < 0 : \text{negative Autokorrelation} \end{cases}$$

Konsequenzen der Autokorrelation:

1. Der KQ-Schätzer β_{KQ} ist zwar unverzerrt aber nicht mehr effizient (d. h. er besitzt keine minimale Varianz).

2. Die Residuenvarianz σ^2 wird (meistens) unterschätzt.

3. R^2 wird überschätzt.

4. t-Tests und F-Tests sind ungültig, da keine unabhängige Zufallsstichprobe vorliegt.

13.2.2 Der DURBIN-WATSON (DW)-Test

1. Das Ausgangsmodell für den DW-Test ist ein Autoregressionsmodell 1. Ordnung in den Residuen:

$$\varepsilon_i = \rho \varepsilon_{i-1} + u_i, \qquad u_i \sim N(0, \sigma^2), \quad i = 1, \ldots, n.$$

2. Hypothesen:

   (a) Einseitiger Test auf positive Autokorrelation

   $$H_0 : \rho = 0 \quad \text{gegen} \quad H_1 : \rho > 0$$

(b) Einseitiger Test auf negative Autokorrelation

$$H_0 : \rho = 0 \quad \text{gegen} \quad H_1 : \rho < 0$$

(c) Zweiseitiger Test auf Autokorrelation

$$H_0 : \rho = 0 \quad \text{gegen} \quad H_1 : \rho \neq 0$$

3. *Signifikanzniveau:* $\alpha = 5\%$

4. Berechnung der *Testgrösse:*
Die KQ-Schätzung für ρ lautet

$$\hat{\rho} = \frac{\sum_{i=2}^{n} \hat{\varepsilon}_i \hat{\varepsilon}_{i-1}}{\sum_{i=1}^{n} \hat{\varepsilon}_i^2},$$

wobei $\hat{\varepsilon}_i = y_i - \mathbf{x}_i' \hat{\beta}$ die geschätzten KQ-Residuen sind.

Die DW-Statistik wird aus den Residuen in folgenderweise berechnet:

$$d = \frac{\sum_{i=2}^{n} (\hat{\varepsilon}_i - \hat{\varepsilon}_{i-1})^2}{\sum_{i=1}^{n} \hat{\varepsilon}_i^2} \sim 2(1 - \hat{\rho}).$$

Die Stichprobenverteilung der DW-Statistik ist keine Verteilung, die in geschlossener Form angegeben werden kann. Daher gibt es den folgenden „DW-Schranken Test":

$$d_L : \text{untere Grenze (Lower bound)} \left.\right\} \text{ der DW-Tabelle.}$$
$$d_U : \text{obere Grenze (Upper bound)}$$

5. *Entscheidungen* zu den Hypothesen

(a) Einseitige Entscheidungsregel:

$$d < d_L \quad \Rightarrow \quad H_0 \text{ ablehnen}$$
$$d > d_U \quad \Rightarrow \quad H_0 \text{ nicht ablehnen}$$
$$d_L < d < d_U \quad \Rightarrow \quad \text{keine Entscheidung}$$

(b) Einseitige Entscheidungsregel:

$$d > 4 - d_L \quad \Rightarrow \quad H_0 \text{ ablehnen}$$
$$d < 4 - d_U \quad \Rightarrow \quad H_0 \text{ nicht ablehnen}$$
$$4 - d_U < d < 4 - d_L \quad \Rightarrow \quad \text{keine Entscheidung}$$

(c) Zweiseitige Entscheidungsregel:

$$d < d_L \text{ oder } d > 4 - d_L \quad \Rightarrow \quad H_0 \text{ ablehnen}$$
$$d_U < d < 4 - d_U \quad \Rightarrow \quad H_0 \text{ nicht ablehnen}$$
$$d_L < d < d_U \text{ oder } 4 - d_U < d < 4 - d_L \quad \Rightarrow \quad \text{keine Entscheidung}$$

Die kritischen Werte der DW-Statistik sind der Tabelle A.16 im Anhang zu entnehmen, wobei k die Anzahl der Regressoren ohne den Achsenabschnitt ist.

Eigenschaften:

(a) Die DW-Statistik liegt im Intervall

$$0 \leq d \leq 4.$$

Daher kann man den Autokorrelationskoeffizienten aus der DW-Statistik berechnen:

$$\hat{\rho} = 1 - \frac{d}{2}.$$

(b) Folgende Spezialfälle gelten:

$$\rho \rightarrow +1 \quad \Rightarrow \quad d \rightarrow 0$$
$$\rho \rightarrow -1 \quad \Rightarrow \quad d \rightarrow 4$$
$$\rho \rightarrow 0 \quad \Rightarrow \quad d \rightarrow 2$$

Beispiel 13.1: Autokorrelation im Trendmodell
Wir berechnen aus dem quadratischen Trendmodell in Beispiel 12.6 die Residuen $\hat{\varepsilon}_i$ und weitere 2 Spalten, die zur DW-Testgrössenberechnung notwendig sind.

Jahr	Beobachtung	Anpassung	Residuen		
i	y_i	$\hat{y}_i$	$\hat{\varepsilon}_i$	$\hat{\varepsilon}_i^2$	$(\hat{\varepsilon}_i - \hat{\varepsilon}_{i-1})^2$
1940	169.3	183.46	-14.16	200.5056	
1950	194.8	194.45	0.35	0.1245	210.401
1960	223.7	205.44	18.26	333.4276	320.7681
1970	235.5	216.43	19.1	364.81	0.706
1980	203.9	227.42	-23.5	553.25	1814.76
$\sum$	1027.2			1452.1	2346.8

Der DW-Wert beträgt $d = \frac{2346.8}{1452.1} = 1.62$ und impliziert eine Autokorrelation von $\rho = 0.19$.

13.2.3 Der Bayestest auf Autokorrelation

Ein approximativer Bayestest kann über die Berechnung der Autokorrelation 1. Ordnung in den geschätzten Residuen erfolgen. Sei

$$\hat{\rho} = Corr(\hat{\varepsilon}_t, \hat{\varepsilon}_{t-1}) = \frac{\sum \hat{\varepsilon}_t \hat{\varepsilon}_{t-1}}{\sum \hat{\varepsilon}_t^2}$$

dann ist der Bayesfaktor nach JEFFREYS (1961, S. 291)

$$B = \sqrt{\frac{2n-1}{\pi}(1-\hat{\rho}^2)^{n-3}}.$$

Wurde die klassische Durbin-Watson Statistik d berechnet, so kann wegen $\hat{\rho}^2 = \left(1 - \frac{d}{2}\right)^2 = 1 - d - d^2/4$ der Bayesfaktor als

$$B = \sqrt{\frac{2n-1}{\pi} \left(d - \frac{d^2}{4}\right)^{n-3}}$$

bestimmt werden. Die posteriori Wahrscheinlichkeit für die $H_0 : \rho = \rho_0$ ist dann wieder

$$p_{**} = \frac{B}{B+1}.$$

Man beachte, dass sowohl für $d = 0$ ($\hat{\rho} = 1$) und $d = 4$ ($\hat{\rho} = -1$) der Bayesfaktor $B = 0$ ist und damit ist die posteriori Wahrscheinlichkeit $p_{**} = 0$.

Beispiel 13.2:
Für $d = 1.62$ und $n = 5$ in Beispiel 13.1 ist der Bayesfakor

$$B^2 = \frac{10-1}{\pi}(1.62 - 1.62^2/4)^7 = 2.21 = 1.488^2$$

und die posteriori Wahrscheinlichkeit ist mit

$$p_{**} = \frac{1.488}{2.488} = 0.598$$

eher wahrscheinlich, d.h. es gibt keine Autokorrelation in den Residuen.

13.2.4* Korrektur der Autokorrelation

Durch folgendes Vorgehen kann man eine korrigierte Schätzung der Regressionskoeffizienten erhalten.

1. Das Regressionsmodell mit autokorrelierten Residuen lautet

$$y_i = \alpha + x_i\beta + \varepsilon_i, \quad \varepsilon_i = \rho\varepsilon_{i-1} + u_i, \qquad i = 1, \ldots, n.$$

Verzögert man die Zeitpunkte um einen Lag und multipliziert man mit ρ, so erhält man

$$\rho y_{i-1} = \rho\alpha + \rho x_{i-1}\beta + \rho\varepsilon_{i-1}.$$

Man bildet die Differenz der beiden Gleichungen

$$y_i - \rho y_{i-1} = (1 - \rho)\alpha + (x_i - \rho x_{i-1})'\beta + (\varepsilon_i - \rho\varepsilon_{i-1})$$

bzw.

$$y_i^* = \alpha_* + \Delta x_i^*\beta + u_i^*, \quad u_i^* \sim \text{ i.i.d. } (0, \sigma^2)$$

wobei $y_i^* = y_i - \rho y_i$ und $\Delta x_i^* = x_i - \rho x_i$ die verallgemeinte Differenz genannt wird.

2. Die Autokorrelation ρ kann aus der DW-Testgrösse d geschätzt werden:

$$\hat{\rho} = 1 - \frac{d}{2}.$$

3. Die KQ-Schätzung liefert $\hat{\alpha}_*$ und $\hat{\beta}$.

4. Die korrigierte Schätzung fällt nur für den Achsenabschnitt anders aus:

$$\hat{\alpha} = \frac{\hat{\alpha}_*}{1 - \hat{\rho}}.$$

Beispiel 13.3: Geldnachfrage für die Schweiz 1970.1-1991.2
Wir betrachten die Regression

$$y_i = \alpha + \beta x_i + \varepsilon_i, \qquad i = 1, \ldots, n = 86,$$

wobei y die Geldmenge M1 und x das Bruttosozialprodukt (BSP) sind.

Die KQ-Schätzung der Parameter liefert $\hat{\alpha} = -63.92$ und $\hat{\beta} = 2.69$.

1. *Modell:* Autokorrelation 1. Ordnung in den Residuen

$$\varepsilon_i = \rho \varepsilon_{i-1} + u_i, \qquad \rho > 0.$$

2. Die *Hypothesen* des DW-Test lauten:

$$H_0 : \quad \rho = 0 \quad \text{gegen} \quad H_1 : \quad \rho > 0.$$

3. Das *Signifikanzniveau* sei $\alpha = 5\ \%$
   Nach Tabelle A.16 im Appendix betragen die untere und obere Grenze
   des DW-Tests für $n = 85$, $k = 1$ im einseitigen Test:

$$d_L = 1.62, \quad d_U = 1.67.$$

4. *Prüfgrösse:* $d = 0.24$

5. *Entscheidung:*
   Da $DW = 0.24 < d_L$ ist, wird die Nullhypothese H_0 abgelehnt.

Aus der DW-Statistik kann der Autokorrelationskoeffizient $\hat{\rho}$ geschätzt werden:

$$\hat{\rho} = 1 - \frac{DW}{2} = 1 - \frac{0.24}{2} = 0.88.$$

Eine korrigierte Schätzung kann mit Hilfe der verallgemeinerte Differenzen

$$\Delta y_i = y_i - \hat{\rho} y_{i-1}, \quad \text{und} \quad \Delta x_i = x_i - \hat{\rho} x_{i-1}$$

berechnet werden. Der neue Regressionsansatz lautet:

$$\Delta y_i = \alpha_* + \beta \Delta x_i + u_i.$$

Die KQ-Schätzung der transformierten Regression beträgt:

$$\hat{\alpha} = -0.099, \quad \hat{\beta} = 1.34.$$

1. *Modell:* analog zu oben im 1. Punkt.

2. *Hypothesen:*
   Der neue DW-Test prüft

   $$H_0: \quad \rho_{neu} = 0; \quad \text{gegen} \quad H_1: \quad \rho_{neu} \neq 0.$$

3. Das *Signifikanzniveau* ist $\alpha = 5\ \%$.
   Mit k = 1 und n = 85 lauten die kritischen Schranken im zweiseitigen Test (vgl. Tabelle A.16.B):

   $$d_L = 1.56 \quad , \quad d_U = 1.60,$$
   $$4 - d_L = 2.44 \quad , \quad 4 - d_U = 2.40.$$

4. Die Berechnung der *Testgrösse* erfolgt über die korrigierte Schätzung wie im 4. Punkt von 13.2.2:

   $$\hat{\alpha} = \frac{-0.099}{1 - 0.88} = -0.825, \quad \hat{\beta} = 1.34.$$

   Der DW-Wert für die korrigierte Schätzung lautet:

   $$DW_{neu} = 2.27.$$

5. *Entscheidung:*
   Es gilt die Ungleichung

   $$1.60 < 2.27 < 2.40: \quad d_U < d < 4 - d_U.$$

Daraus folgt, dass die Nullhypothese H_0 nicht abgelehnt werden kann. D. h. die Transformation mit verallgemeinerten Differenzen liefert eine Schätzung, die keine Autokorrelation in den Residuen besitzt.

13.3 GOLDFELD-QUANDT-Test auf Heteroskedastizität

Heteroskedastizität bedeutet, dass die Annahme gleicher Fehlervarianzen im Regressionsmodell nicht gegeben ist, sondern z. B. einen Trend aufweisen. Eine häufige Form der Abhängigkeit von Varianzen ist die vom Regressor X:

Mit kleinen x_i ist die Fehlervarianz klein, mit grossen x_i grösser. Um diese Hypothese zu überprüfen, berechnet man für den „unteren Teil" und für den „oberen Teil" eine getrennte Regression. Mit Hilfe des F-Tests vergleicht man sodann die Residuenvarianzen der beiden Teile.

Dies ist die Grundidee des folgenden GOLDFELD-QUANDT-Tests.

1) Modell:

$$y_i = \beta_0 + \beta_1 x_i + \varepsilon_i, \quad i = 1, \ldots, n$$

2) Hypothesen: Die Residuenvarianzen $\sigma^2 = \mathrm{Var}(\varepsilon_i)$ ist homoskedestisch oder wächst mit dem Quadrat des Regressors.

$$H_0 : \sigma_i^2 = \sigma^2 \quad \text{gegen} \quad H_1 : \sigma_i^2 = \sigma^2 x_i^2, \quad i = 1, \ldots, n.$$

3) Signifikanzniveau: α

4) Berechnung der Prüfgrösse:

   a) Ordne die Regression nach den X-Werten, von klein zu gross.

   b) Lasse die c zentralen Beobachtungen (mindestens $c = 4$) weg und berechne die Regression für die erste Hälfte $(1, \ldots, \frac{n-c}{2})$ und für die zweite Hälfte $(i = \frac{n+c}{2}, \ldots, n)$.

   c) Mit Hilfe der Residuenquadratsummen SSU_{unten} und SSU_{oben} der beiden Regressionen (oder den Bestimmtheitsmassen R_{unten}^2 und R_{oben}^2) berechne man einen F-Test auf Gleichheit der Residuenvarianzen.

   d) Der Quotient der Residuenquadratsummen:

$$F = \frac{SSU_{oben}}{SSU_{unten}} = \frac{1 - R_{oben}^2}{1 - R_{unten}^2} \sim F(\nu, \nu)$$

    ist F-verteilt mit $\nu = \frac{n-c}{2} - k$ Freiheitsgraden, wobei k die Anzahl der Regressoren ist.

5) Entscheidung

   Lehne die H_0 ab, falls $F > F(\nu, \nu, 1 - \alpha)$ ist.

Beispiel 13.4:

Gegeben seien die folgenden $n = 30$ Beobachtungen von Einkommen Y und Konsum X. In der folgenden Tabelle sind diese Beobachtungen nach dem X-Merkmal geordnet.

Nach Einkommen geordnete Daten			
Konsum Y	Einkommen X	Konsum Y	Einkommen X
55	80	115	180*
70	85	130	185*
75	90	135	190
65	100	120	200
74	105	140	205
80	110	144	210
84	115	152	220
79	120	140	225
90	125	137	230
98	130	145	240
95	140	175	245
108	145	189	250
113	150	180	260
110	160*	178	265
125	165*	191	270

Tabelle 13.1: Hypothetische Daten aus GUJARATI (1988)
  Die Beobachtungen mit * wurden weggelassen.
Lässt man die 4 mittleren Beobachtungen weg, dann findet man die folgenden
beiden Regressionen (vgl. Figur 13.2)

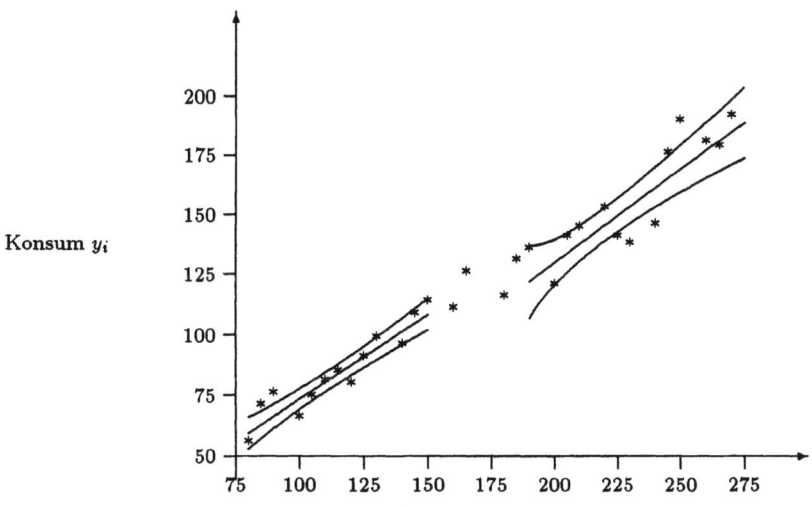

Konsum y_i

Einkommen x_i

Figur 13.2: Die 2 Regressionen im GOLDFELD-QUANDT-Test
  (mit Konfidenzbändern)

Untere Gruppe:

$$\hat{Y}_u = \underset{(8.7)}{3.4} + \underset{(0.07)}{0.7} \quad X_u \quad , \quad \underset{\hat{\sigma}_\epsilon = 5.9}{R^2 = 0.8887}$$

Die Varianzzerlegung (mit $SSU_{\text{unten}} = 377.1$) in der unteren Gruppe ist

$$SS_y = 3387.2 = 3010.1 + 377.1.$$

Obere Gruppe:

$$\hat{Y}_0 = \underset{(30.6)}{-28.03} + \underset{(0.13)}{0.79} \quad X_0 \quad , \quad \underset{\hat{\sigma}_\epsilon = 11.8}{R^2 = 0.7681}$$

Die Varianzzerlegung (mit $SSU_{\text{oben}} = 1536.8$) in der oberen Gruppe ist

$$SS_y = 8626.1 = 6625.7 + 1536.8.$$

Der GOLDFELD-QUANDT-Test ergibt die F-Statistik

$$F = \frac{1536.8}{377.1} = 4.07.$$

Da $\nu = \frac{30-4}{2} - 2 = 11$ ist, lautet der kritische Wert $F(11, 11, 0.95\%) = 2.82$. Wegen $F = 4.07 > 2.82$ kann die Nullhypothese von homoskedastische Varianzen auf 5% Signifikanzniveau abgelehnt werden.

Beispiel 13.5: Graphische Darstellung der Heteroskedastizität

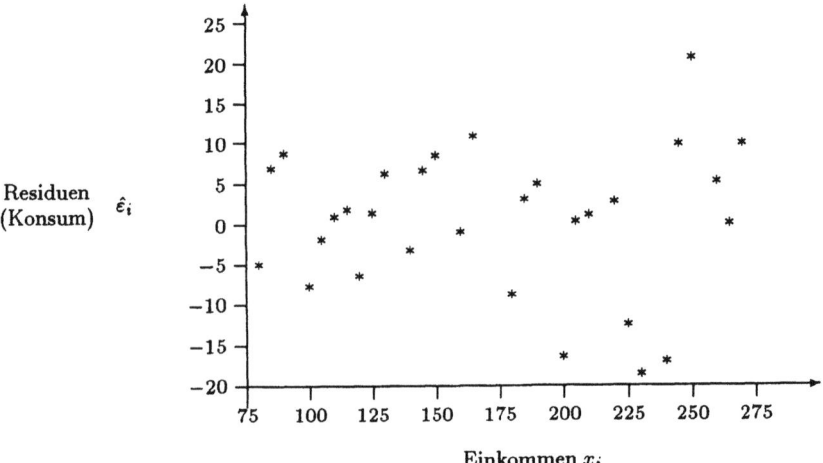

Figur 13.3: Beispiel eines Residuenplots zu den Daten im Beispiel zum GOLDFELD-QUANDT-Test

13.3.1 Bayes-Test auf die Gleichheit zweier Standard-abweichungen

Gegeben sind 2 unabhängige Stichproben von n_1 und n_2 Elementen:

$$\{x_1, \ldots, x_{n1}\} \quad \text{und} \quad \{y_1, \ldots, y_{n2}\}.$$

Nach JEFFREYS (1961, S. 283) testen wir die Hypothese

$$H_0: \quad \sigma_1 = \sigma_2 \quad \text{gegen} \quad H_1 : \sigma_1 \neq \sigma_2$$

unter nichtinformativer apriori Verteilung. Aus den Stichprobenvarianzen s_1^2 und s_2^2 berechnen wir die Hilfsgösse z

$$z = \ln s_1 - \ln s_2 = \frac{1}{2} \ln \frac{s_1^2}{s_2^2}$$

und daraus den Bayesfaktor

$$B = \sqrt{\frac{\pi n_1 n_2}{2(n_1 + n_2)}} \left(1 + \frac{3}{2}z^2\right) \exp\{-\frac{n_1 n_2}{n_1 + n_2}z^2\}.$$

13.3.2 Bayes'scher GOLDFELD-QUANDT-Test

Wir teilen ein Streudiagramm der Regression in 2 Hälften und berechnen für jeden Teil die Regressionsparameter und die Residuenvarianz. Sind die Anzahl der Beobachtungen gleich, d. h.

$$n_1 = n_2 = \frac{n - c}{2},$$

wobei c eine kleine Zahl weggelassener Beobachtungen in der Mitte sind, dann kann man analog dem Bayes'schen Test auf Gleichheit der Standard-abweichungen die Hilfsgrösse

$$z = \frac{1}{2} \ln \frac{SSU_{oben}}{SSU_{unten}} = \frac{1}{2} \ln \frac{1 - R_{oben}^2}{1 - R_{unten}^2} = \frac{1}{2} \ln F$$

berechnen. Der Bayesfaktor ist

$$B = \sqrt{\frac{\pi n}{4}} \left(1 + \frac{3}{2}z^2\right) \exp\{-\frac{n}{2}z^2\}$$

und die posteriori Wahrscheinlichkeit der H_0 ist

$$p_{**} = \frac{B}{B + 1}.$$

Beispiel 13.6: Bayestest auf Heteroskedastizität

Wir nehmen die Unterteilung der Kosum-Einkommens-Regression in 2 Teile wie in Beispiel 13.3 und wir berechnen die Hilfsgrösse

$$z = \frac{1}{2}\ln F = \frac{1}{2}\ln 4.07 = 0.7025.$$

Der Bayesfaktor ist mit $n = 13$

$$\begin{aligned} B &= \sqrt{\frac{\pi 13}{4}}(1 + \frac{3}{2}z^2)\exp\{-\frac{13}{2}z^2\} \\ &= 3.2426 \cdot 0.0405 = 0.1312 = \frac{1}{7.6}. \end{aligned}$$

Die posteriori Wahrscheinlichkeit ist

$$p_{**} = \frac{0.1312}{1.1312} = 0.116,$$

d.h. mit 11.6% eher unwahrscheinlich.

13.4   Das Quantil-Quantil (Q-Q) Plot

Das α–Quantil einer Verteilung F bezeichnen wir mit q_α, und bei gegebenem α kann das α–Quantil q_α durch die inverse Verteilungsfunktion F^{-1} bestimmt werden:

$$\begin{aligned} Pr\,(X \le q_\alpha) &= \alpha \\ F(q_\alpha) &= \alpha \\ q_\alpha &= F^{-1}(\alpha). \end{aligned}$$

Figur 13.4 zeigt typische Verteilungsdiagnosen mit Hilfe eines Q-Q-Plots. Quantil-Quantil-Plot (Q-Q-Plot): Vergleich der empirischen Verteilung der geschätzten Residuen $\hat{\varepsilon}_i$ folgendermassen gegen die Normalverteilung.

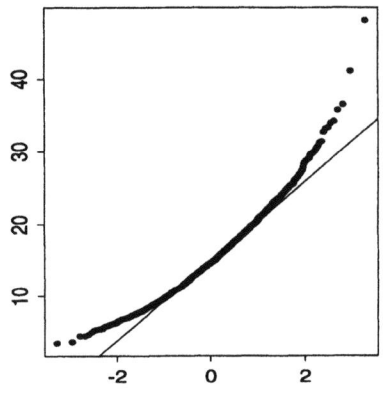 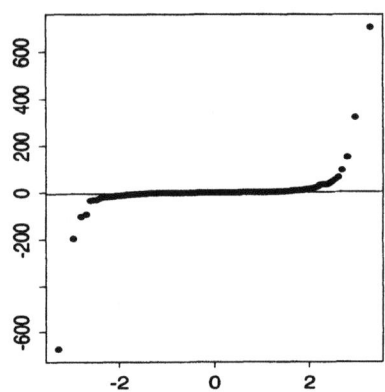

a) χ^2_{15}-Verteilung   b) CAUCHY- oder t_1-Verteilung

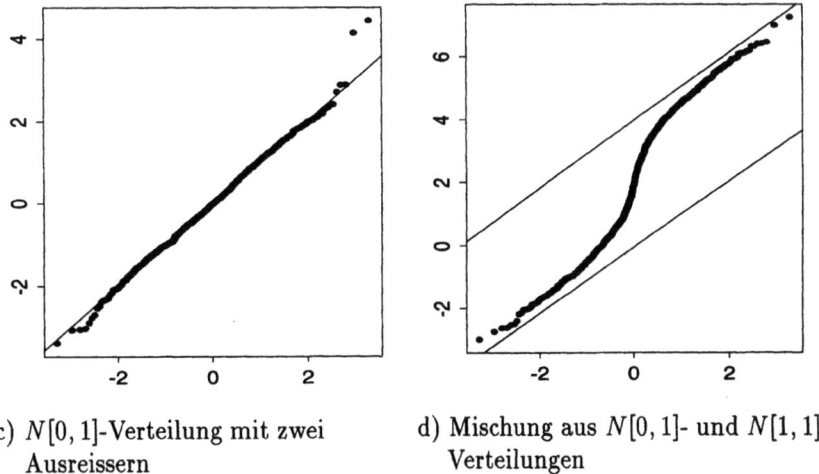

c) $N[0,1]$-Verteilung mit zwei
Ausreissern

d) Mischung aus $N[0,1]$- und $N[1,1]$-
Verteilungen

Figur 13.4: Diagnose mit Q-Q-Plots: Die $N[0,1]$-Quantile sind
auf der x-Achse abgetragen.

13.5 Ein Stufenplan für statistische Analysen

SACHS (1988) schlägt elf Stufen für eine statistische Untersuchung vor:
„Zu Beginn der Untersuchung sind alle Stufen und Abhängigkeiten dieser
Folge gründlich zu überdenken. Mitunter weiss man zu wenig, um auch nur
einen Teil der Fragen korrekt zu formulieren. Später muss man sich hüten,
nicht vom eigentlichen Problem abzudriften. Die wechselseitigen Beziehungen
der elfstufigen Folge ergeben sich häufig erst nach wiederholten Überlegungen
und Verbesserungen: Ist die $(n + 1)$te Stufe der n-ten angemessen? Erst
dann, wenn Fehlerquellen, Rechtfertigungen und Konsequenzen hinreichend
bedacht sind, wird man die einzelnen Stufen präzisieren."

Darstellung des Problems

↓

Fragestellung und Zielsetzung

↓

Auswahl der Variablen

↓

Formulierung und Überprüfung des Untersuchungsplanes

↓

Überprüfung der Datengewinnung und der Datenqualität I

↓

Durchführung der Untersuchung und Datengewinnung

↓

Überprüfung der Datengewinnung und der Datenqualität II
↓
Tabellarische und graphische Darstellung der Daten
↓
Auswertung der Daten
↓
Darstellung der Resultate
↓
Bericht mit Interpretation und Nutzanwendung

Ausserdem empfiehlt er:

„Projekte sollten in folgender Reihenfolge bearbeitet werden: (1) Ziele setzen, (2) planen, (3) organisieren, (4) realisieren und (5) kontrollieren. Bei der Planung einer Untersuchung geht man dementsprechend zunächst einmal in linearer Folge vor."

Literaturverzeichnis

BERRY, D.A.(1996): Statistics: A Bayesian Perspective, Duxburry Press, Belmont CA.

BLEYMÜLLER J., GEHLERT G., GÜLICHER H.: Statistik für Wirtschaftswissenschaftler. Vahlen, München 10/1996.

COCHRAN, W.G.: Sampling Techniques. Wiley, New York [3]1977.

GREENE, W.H.: Econometric Analysis, MacMillan Publishing Co., NY. 1991.

DE GROOT, M.H.: Optimal Statistical Decisions. McGraw-Hill, New York 1970.

DIECKMANN, A.: Empirische Sozialforschung. Rowohlt, Hamburg 1995.

GOSSET, W.S.(„STUDENT"): The Probable Error of a Mean. Biometrika 6. 1908.

GUJARATI, D. N.: Basic Econometrics. McGraw-Hill, New York [2]1988.

HARTUNG, J., ELPELT, B., KLÖSSNER, K-H.: Statistik. Oldenbourg, München [6]1987.

HOLLANDER, M., WOLFE, D.A.: Nonparametric Statistical Methods. Wiley, New York 1973.

ISAACS, G.L., CHRIST, D.E., NOVICK, M.R., JACKSON, P.H.: Tables for Bayesian Statistics. University of Iowa, Iowa City 1974.

JEFFREYS, H.: Some general points in probability theory. In: Zellner, A.: Bayesian Analysis in Probability and Statistics, 1980, pp. 451-453. Amsterdam, North-Holland.

KLEITER, G.D.: Bayes Statistik: Grundlagen und Anwedungen. de Gruyter, Berlin 1981.

KREYSZIG, E.: Statistische Methoden und ihre Anwendungen. Vandenhoek u. Ruprecht, Göttingen [7]1992.

LINDGREN, B.W.: Statistical Theory. MacMillan, New York 1976.

MADDALA G.S.: Introduction to Econometrics. Macmillan Publishing Company, New York[2]1992.

MANSFIELD, E.: Statistics for Business and Economics. W.W. Norton, New York [4]1991.

MOORE, D.S., McCABE, G.P.: Introduction to the Practice of Statistics. Freeman, New York 1989.

PFANZAGL, J.: Allgemeine Methodenlehre der Statistik. Bde. I u. II. de Gruyter, Berlin 1972.

PHILLIPS, L.D.: Bayesian Statistics for Social Scientists. Th. Nelson, London 1973.

POIRIER, D.J. (1995): Intermediate Statistics and Econometrics, A Comporative Approach. The MIT Press, Cambridge, Mass.

POLASEK, W.: EDA: Explorative Daten-Analyse. Springer, Berlin [2]1994.

RAO, C.R.: Linear Statistical Inference and Its Applications. Wiley, New York [2]1973.

RÜGER, B.: Induktive Statistik. Oldenbourg, München 1985.

SACHS, L.: Angewandte Statistik. Springer Verlag, Berlin [7]1984.

WONNACOTT, T.H., WONNACOTT, R.J.: Introductory Statistics for Business and Econometrics. Wiley, New York [3]1984.

WONNACOTT, R.J., WONNACOTT, T.H.: Econometrics, Wiley, NY, [2]1979.

ZELLNER, A.: Basic Issues in Econometrics. Univ. Chicago Press. Chicago, London (1984).

ZELLNER, A., SIOW, A.: Posterior Odds Ratios for Selected Regression Hypothesis. In: Benardo, J.M., De Groot, M.H., Lindley, D.V., Smith, AFM: Bayesian Statistics, 1979, pp. 586-603. Valencia. Spain: University Press.

Anhang A

Tabellen

A.1 Das griechische Alphabet

Klein		Gross	Klein		Gross
alpha	α	A	ny	ν	N
beta	β	B	xi	ξ	Ξ
gamma	γ	Γ	omikron	o	O
delta	δ	Δ	pi	π	Π
epsilon	ε, ϵ	E	rho	ρ, ϱ	P
zeta	ζ	Z	sigma	σ	Σ
eta	η	H	tau	τ	T
theta	θ, ϑ	Θ	ypsilon	υ	Υ
iota	ι	I	phi	φ, ϕ	Φ
kappa	κ	K	chi	χ	X
lambda	λ	Λ	psi	ψ	Ψ
my	μ	M	omega	ω	Ω

A.2   Einige wichtige Konfidenzintervalle

A.2.1   Klassische Konfidenzintervalle

(vgl. BLEYMÜLLER, 1983)

Anmerkung: Es handelt sich um eine Auswahl, die nicht den ganzen prüfungsrelevanten Stoff abdeckt!

Parameter	Konfidenzintervall α-Konfidenzniveau	Standardfehler (1) Ziehen ohne Zurücklegen (2) Ziehen mit Zurücklegen
μ (σ bekannt) $\text{KONF}(\mu)$:	$\left[\bar{x} \pm z_{(\frac{1+\alpha}{2})}\sigma_{\bar{x}}\right]_\alpha$	(1) $\sigma_{\bar{x}} = \frac{\sigma}{\sqrt{n}}\sqrt{1-f}$ (2) $\sigma_{\bar{x}} = \frac{\sigma}{\sqrt{n}}$
μ (σ unbekannt) $\text{KONF}(\mu)$:	$\left[\bar{x} \pm t_{(\frac{1+\alpha}{2},n-1)}\hat{\sigma}_{\bar{x}}\right]_\alpha$	(1) $\hat{\sigma}_{\bar{x}} = \frac{s}{\sqrt{n}}\sqrt{1-f}$ (2) $\hat{\sigma}_{\bar{x}} = \frac{s}{\sqrt{n}}$
π $\text{KONF}(\pi)$:	$\left[\hat{p} \pm z_{(\frac{1+\alpha}{2})}\hat{\sigma}_p\right]_\alpha$	(1) $\hat{\sigma}_p = \sqrt{\frac{\hat{p}(1-\hat{p})}{n-1}}\sqrt{1-f}$ (2) $\hat{\sigma}_p = \sqrt{\frac{\hat{p}(1-\hat{p})}{n-1}}$
σ^2 (μ unbekannt) $\text{KONF}(\sigma^2)$:	$\left[\frac{(n-1)s^2}{\chi^2(1+\alpha)/2;n-1)} ; \right.$ $\left. \frac{(n-1)s^2}{\chi^2((1-\alpha)/2;n-1)}\right]_\alpha$	
$\mu_1 - \mu_2$ ($\sigma_1 \neq \sigma_2$ unbekannt) $\text{KONF}(\mu_1 - \mu_2)$:	$\left[\bar{x}_1 - \bar{x}_2 \pm t_{(\frac{1+\alpha}{2};\nu)}\hat{\sigma}_D\right]_\alpha$	$\hat{\sigma}_D = \sqrt{\frac{s_1^2}{n_1} + \frac{s_2^2}{n_2}}$ Für: (2) und (1) mit $n_1/N_1 < 0.05$ und $n_2/N_2 < 0.05$
$\pi_1 - \pi_2$ $\text{KONF}(\pi_1 - \pi_2)$:	$\left[\hat{p}_1 - \hat{p}_2 \pm z_{(\frac{1+\alpha}{2})}\hat{\sigma}_D\right]_\alpha$	$\hat{\sigma}_D = \sqrt{\frac{\hat{p}_1(1-\hat{p}_1)}{n_1} + \frac{\hat{p}_2(1-\hat{p}_2)}{n_2}}$ Für: (2) und (1) mit $n_1/N_1 < 0.05$ und $n_2/N_2 < 0.05$
$\text{KONF}(Q_p)$:	$\left[x_{(r)}; x_{(s)}\right]_\alpha$	$\sigma_p = \sqrt{np(1-p)}$

Parameter	Anzuwendende Verteilung	
	„kleine" Stichproben	„grosse" Stichproben
μ (σ bekannt) KONF(μ):	Normalverteilung **Bedingung:** Grundgesamtheit normalverteilt	Normalverteilung **Faustregel:** $n > 30$
μ (σ unbekannt) KONF(μ):	Studentverteilung mit $\nu = n - 1$ **Bedingung:** Grundgesamtheit normalverteilt	Normalverteilung **Faustregel:** $n > 30$
π KONF(π):	Binomialverteilung approximiert durch Normalverteilung	Normalverteilung **Faustregel:** $n\hat{p}(1 - \hat{p}) \geq 9$
σ^2 (μ unbekannt) KONF(σ^2):	Chi-Quadrat- Verteilung mit $\nu = n - 1$ **Bedingung:** Grundgesamtheit normalverteilt	Normalverteilung $(z = \sqrt{2\chi^2} - \sqrt{2\nu - 1})$ **Faustregel:** $n > 30$
$\mu_1 - \mu_2$ ($\sigma_1 \neq \sigma_2$ unbekannt) KONF($\mu_1 - \mu_2$):	Studentverteilung mit $$\nu = \frac{\left(\frac{s_1^2}{n_1} + \frac{s_2^2}{n_2}\right)^2}{\frac{\left(\frac{s_1^2}{n_1}\right)^2}{n_1 - 1} + \frac{\left(\frac{s_2^2}{n_2}\right)^2}{n_2 - 1}}$$ **Bedingung:** Grundgesamtheit normalverteilt	Normalverteilung **Faustregel:** $n_1 > 30, \quad n_2 > 30$
$\pi_1 - \pi_2$ KONF($\pi_1 - \pi_2$):		**Faustregel:** $n_1 p_1 (1 - p_1) \geq 9$ $n_2 p_2 (1 - p_2) \geq 9$
KONF(Q_p):	$r = \left[np - z_{\left(\frac{1+\alpha}{2}\right)}\sigma_p\right]_{auf}$ $s = \left[np + z_{\left(\frac{1+\alpha}{2}\right)}\sigma_p\right]_{auf}$	$np(1 - p) \geq 9$ $[\ldots]_{auf}$ ganzzahlig aufrunden

Bei einem Auswahlsatz von $f < 0.05$ kann der Korrekturfaktor für endliche Gesamtheiten

$$\sqrt{\frac{N - n}{N - 1}} \approx \sqrt{\frac{N - n}{N}} = \sqrt{1 - f}$$

vernachlässigt werden.

A.2.2 HPD-Intervalle bei nicht-informativer a-priori Verteilung

Modell	HPD-Intervall
Verteilung	Parameter $\quad$ (1) Ziehen mit Zurücklegen $\qquad\qquad$ (2) Ziehen ohne Zurücklegen
1) $\mu\|\sigma^2$, σ^2 bekannt $N(\mu,\sigma^2)$	$Pr(x_u \leq \mu \leq x_o) = \alpha$ $x_u^o = \bar{x} \pm z_{\frac{1+\alpha}{2}} \cdot \sigma_{\bar{x}}$ (1) $\quad \sigma_{\bar{x}} = \frac{\sigma}{\sqrt{n}}\sqrt{1-f}$ (2) $\quad \sigma_{\bar{x}} = \frac{\sigma}{\sqrt{n}}$
2) $\mu\|\sigma^2$, σ^2 unbekannt $N(\mu,\sigma^2)$	$Pr(x_u \leq \mu \leq x_o) = \alpha$ $x_u^o = \bar{x} \pm t(\frac{1+\alpha}{2}, n-1) \cdot \sigma_{\bar{x}}$ (1) $\quad \sigma_{\bar{x}} = \frac{s}{\sqrt{n}}\sqrt{1-f}$ (2) $\quad \sigma_{\bar{x}} = \frac{s}{\sqrt{n}}$
3) Anteil π $Ber(\pi)$	$HPD_\alpha[Beta(1+x, 1+n-x)]$ Modus $= \frac{x}{n}$ Mittelwert $\hat{\pi} = \frac{x+1}{n+2}$
4) Varianz $\quad$a) $\sigma^2\|\mu$, μ bekannt $N(\mu,\sigma^2)$	$HPD_\alpha[\chi^{-2}(s^2, n-1)] =$ $(n-1)s^2 \cdot HPD_\alpha\left[\chi_{n-1}^{-2}\right]$ $s^2 = \frac{1}{n}\sum(x_i - \mu)^2$
5) Standardabweichung $\quad$b) $\sigma\|\mu$, μ bekannt	$HPD_\alpha[\chi^{-1}(s^2, n-1)]$ $\sqrt{n-1} \cdot s \cdot HPD_\alpha\left[\chi_{n-1}^{-1}\right]$
6) Quantil Q_p beliebige Verteilung	$Pr(x_{(r)} \leq Q_p \leq x_{(s)}) = \alpha$ $(r,s)_{auf} \leftarrow n \cdot HPD_\alpha[Beta(np+1, nq+1)]$ $(r,s)_{auf}$ ... aufgerundete Indexgrenzen
7) $\Delta\mu = \mu_1 - \mu_2$ $\sigma_1 = \sigma_2$ unbekannt $N(\mu_i,\sigma_i^2)$	$\left[\mu_1 - \mu_2 \pm t\left(\frac{1+\alpha}{2}, n_1+n_2-2\right) \cdot s_\Delta\right]$ (1) $s_\Delta^2 = \frac{(n_1-1)s_1^2(1-f_1)+(n_2-1)s_2^2(1-f_2)}{n_1+n_2-2}$ (2) $s_\Delta^2 = \frac{(n_1-1)s_1^2+(n_2-1)s_2^2}{n_1+n_2-2}$
8) Mittelwertdifferenzen $\mu_1 - \mu_2 = \Delta\mu$ $N(\mu_i,\sigma_i^2)$	$Pr(x_u \leq \Delta\mu \leq x_o) = \alpha$ $x_u^o = \overline{\Delta} \pm d_R s_\Delta$ $\overline{\Delta} = \overline{x_1} - \overline{x_2}, \quad s_\Delta^2 = \frac{s_1^2}{n_1} + \frac{s_2^2}{n_2}$ $d_R = Behrens(n_1-1, n_2-1, R)$ mit $\tan R = \sqrt{\frac{s_1/n_1}{s_2/n_2}}$

A.2.3 HPD-Intervalle bei informativer a-priori Verteilung

Modell Verteilung	HPD-Intervall Parameter (1) Ziehen mit Zurücklegen (2) Ziehen ohne Zurücklegen
(1) μ, σ^2 bekannt $N(\mu, \sigma^2)$	$\left[\mu_{**} \pm z_{\frac{1+\alpha}{2}} \sigma_{**}\right]_\alpha$ $\mu_{**} = \frac{n'\mu_* + n\bar{x}}{n' + n}$ (1) $\sigma^2_{**} = \frac{\sigma^2}{n' + n}(1 - f)$ (2) $\sigma^2_{**} = \frac{\sigma^2}{n' + n}$
(2) μ, σ^2 unbekannt $N(\mu, \sigma^2)$	$\left[\mu_{**} \pm t\left(\frac{1+\alpha}{2}, n_{**} - 1\right) \frac{s_{**}}{\sqrt{n+n'}}\right]$ $\mu_{**} = \frac{n'\mu_* + n\bar{x}}{n' + n}$ (1)$s^2_{**} = \left(n_*\sigma^2_* + (n-1)s^2 + \frac{n'n}{n'+n}(\bar{x} - \mu_*)^2\right)(1 - f)/(n_* + n)$ (2)$s^2_{**} = \left(n_*\sigma^2_* + (n-1)s^2 + \frac{n'n}{n'+n}(\bar{x} - \mu_*)^2\right)/(n_* + n)$
(3) π Ber(π)	$HPD_\alpha\left[Beta(a + x, b + n - x)\right]$ a, b Parameter der a-priori (Beta-) Verteilung
(4) σ^2, μ bekannt $N(\mu, \sigma^2)$	$n_{**}\sigma^2_{**} HPD_\alpha(\chi^{-2}_{n_{**}})$ $n_{**} = n_* + n$ $\sigma_{**} = \frac{n_*\sigma^2_* + ns^2}{n_{**}}$
(5) σ^2, μ unbekannt $N(\mu, \sigma^2)$	$n_{**}s^2_{**} \cdot HPD_\alpha(\chi^{-2}_{n_{**}})$ $n_{**} = n_* + n$ s^2_{**} wie in (2) μ, σ^2 unbekannt.
(6) Quantile Q_p beliebig	$[x_{(r)}; x_{(s)}]$ $[r; s] = n \cdot HPD_\alpha\left[Beta(np + a, n(1 - p) + b)\right]$ a, b Parameter der a-priori Verteilung

A.3 Gleichverteilte Zufallszahlen

9108	4941	0418	6546	5531	7153	8165	9831	6628
2482	3007	1705	8009	5939	3242	4136	7048	0573
2677	0596	7307	5309	1728	5377	0937	4059	4064
4583	9543	8545	2118	7130	1725	4037	3893	5531
9050	9456	0701	9836	7705	0265	4511	7817	9559
9610	9765	7066	8420	5119	5385	8488	7768	6487
1585	1811	0059	3370	3182	6320	0789	9662	7088
3701	3023	6683	8686	6827	8448	4328	2334	5364
9114	8257	7040	4660	0934	3828	5426	8332	5692
0608	1957	9035	4830	2973	1340	8749	6461	6998
0318	9468	4132	7822	7133	7072	2369	0224	4100
2974	2463	2657	3840	5854	2157	8960	5101	5258
0654	2541	5058	2460	3533	7331	2761	3775	3451
8525	8353	0156	2170	8263	5278	7690	9043	9726
5834	4417	6884	9323	5619	9767	3296	5540	5726
2106	4816	7188	9668	9518	8190	4402	6165	5261
2417	8945	1528	6772	1959	9071	2747	9059	7864
6590	6439	0168	6429	7221	2834	9279	5498	2504
0088	4535	2424	1629	8911	7710	0583	8398	3748
8942	9514	0954	4286	8622	3763	3659	9212	9797
3139	9135	8246	9269	5250	2025	4917	7847	7710
6871	5942	5587	9953	1236	1258	2293	4132	1587
9331	8644	1104	8845	0936	0056	5637	6369	2632
5872	7746	8502	7135	4242	5584	6886	4025	2388
8860	6045	5590	7693	4041	9905	8818	6013	4088
0970	4323	0216	5399	2919	8799	6978	5088	5041
8372	2163	8042	4222	3025	2612	4553	0702	2459
9444	2477	6665	0039	2559	0997	1341	6277	0452
9094	0574	2350	5764	9583	1407	0010	0008	4231
3194	5480	9683	5686	0406	1135	4340	9558	6074
7817	2801	8286	0272	8005	5153	2885	1815	6727
7750	2631	5156	6564	1038	6922	5577	7312	2470
4557	4976	8446	4996	4113	6311	0619	0898	8537
7924	4453	0327	5722	4399	2993	9009	2317	2645
1447	0581	0105	5605	1892	9414	6424	9973	6646

A.4 Logarithmierte Fakultäten

Tabelliert ist $\ln(n!)$ für $n \in \{0, 1, 2, \ldots, 589\}$.

n	0	1	2	3	4	5	6	7	8	9
0	0	0	0.6931	1.7918	3.1781	4.7875	6.5793	8.5252	10.6046	12.8018
10	15.1044	17.5023	19.9872	22.5522	25.1912	27.8993	30.6719	33.5051	36.3954	39.3399
20	42.3356	45.3801	48.4712	51.6067	54.7847	58.0036	61.2617	64.5575	67.8897	71.257
30	74.6582	78.0922	81.558	85.0545	88.5808	92.1362	95.7197	99.3306	102.9682	106.6318
40	110.3206	114.0342	117.7719	121.5331	125.3173	129.1239	132.9526	136.8027	140.6739	144.5657
50	148.4778	152.4096	156.3608	160.3311	164.3201	168.3274	172.3528	176.3958	180.4563	184.5338
60	188.6282	192.739	196.8662	201.0093	205.1682	209.3426	213.5322	217.7369	221.9564	226.1905
70	230.439	234.7017	238.9784	243.2688	247.5729	251.8904	256.2211	260.5649	264.9216	269.2911
80	273.6731	278.0676	282.4743	286.8931	291.324	295.7666	300.2209	304.6869	309.1642	313.6528
90	318.1526	322.6635	327.1853	331.7179	336.2612	340.8151	345.3794	349.9541	354.5391	359.1342
100	363.7394	368.3545	372.9795	377.6142	382.2586	386.9125	391.576	396.2488	400.9309	405.6223
110	410.3228	415.0323	419.7508	424.4782	429.2144	433.9593	438.7129	443.4751	448.2458	453.0249
120	457.8124	462.6082	467.4122	472.2244	477.0447	481.873	486.7093	491.5534	496.4055	501.2653
130	506.1328	511.008	515.8908	520.7812	525.679	530.5843	535.4969	540.4169	545.3442	550.2787
140	555.2203	560.1691	565.1249	570.0877	575.0575	580.0343	585.0179	590.0083	595.0055	600.0095
150	605.0201	610.0374	615.0613	620.0917	625.1287	630.1721	635.2219	640.2782	645.3408	650.4097
160	655.4849	660.5663	665.6539	670.7476	675.8475	680.9534	686.0654	691.1834	696.3074	701.4373
170	706.5731	711.7147	716.8622	722.0155	727.1746	732.3394	737.5098	742.686	747.8678	753.0552
180	758.2481	763.4466	768.6506	773.8601	779.075	784.2954	789.5211	794.7522	799.9887	805.2304
190	810.4775	815.7297	820.9872	826.2499	831.5178	836.7908	842.0689	847.3521	852.6404	857.9337
200	863.232	868.5353	873.8436	879.1568	884.4749	889.7979	895.1258	900.4585	905.796	911.1384
210	916.4855	921.8373	927.1939	932.5552	937.9212	943.2918	948.6671	954.047	959.4315	964.8206
220	970.2142	975.6124	981.015	986.4222	991.8338	997.2499	1002.6705	1008.0954	1013.5248	1018.9585
230	1024.3966	1029.839	1035.2857	1040.7368	1046.1921	1051.6517	1057.1155	1062.5836	1068.0558	1073.5323
240	1079.0129	1084.4977	1089.9867	1095.4797	1100.9769	1106.4782	1111.9835	1117.4929	1123.0063	1128.5238
250	1134.0452	1139.5707	1145.1001	1150.6335	1156.1708	1161.7121	1167.2573	1172.8064	1178.3593	1183.9161
260	1189.4768	1195.0413	1200.6097	1206.1818	1211.7578	1217.3375	1222.921	1228.5083	1234.0993	1239.694
270	1245.2924	1250.8945	1256.5003	1262.1098	1267.7229	1273.3397	1278.9601	1284.5841	1290.2117	1295.8429
280	1301.4777	1307.1161	1312.758	1318.4034	1324.0524	1329.7049	1335.3609	1341.0204	1346.6833	1352.3498
290	1358.0196	1363.693	1369.3697	1375.0499	1380.7335	1386.4204	1392.1108	1397.8045	1403.5016	1409.2021
300	1414.9058	1420.613	1426.3234	1432.0371	1437.7541	1443.4745	1449.198	1454.9249	1460.655	1466.3883
310	1472.1249	1477.8647	1483.6077	1489.3539	1495.1033	1500.8559	1506.6116	1512.3705	1518.1326	1523.8978
320	1529.6661	1535.4375	1541.2121	1546.9897	1552.7705	1558.5543	1564.3412	1570.1311	1575.9242	1581.7202
330	1587.5193	1593.3214	1599.1266	1604.9347	1610.7459	1616.56	1622.3771	1628.1972	1634.0202	1639.8462
340	1645.6752	1651.507	1657.3419	1663.1796	1669.0202	1674.8638	1680.7102	1686.5595	1692.4117	1698.2668

Fortsetzung der Tabelle der logarithmierten Fakultäten ln(n!).

n	0	1	2	3	4	5	6	7	8	9
350	1704.1247	1709.9855	1715.8492	1721.7156	1727.5849	1733.457	1739.332	1745.2097	1751.0902	1756.9736
360	1762.8597	1768.7486	1774.6402	1780.5346	1786.4318	1792.3316	1798.2343	1804.1396	1810.0477	1815.9585
370	1821.872	1827.7882	1833.7071	1839.6287	1845.553	1851.4799	1857.4095	1863.3417	1869.2766	1875.2141
380	1881.1543	1887.0971	1893.0425	1898.9906	1904.9412	1910.8945	1916.8503	1922.8087	1928.7697	1934.7333
390	1940.6995	1946.6682	1952.6394	1958.6132	1964.5896	1970.5685	1976.5499	1982.5338	1988.5203	1994.5092
400	2000.5007	2006.4947	2012.4911	2018.49	2024.4915	2030.4954	2036.5017	2042.5105	2048.5218	2054.5355
410	2060.5517	2066.5702	2072.5913	2078.6147	2084.6406	2090.6689	2096.6995	2102.7326	2108.7681	2114.806
420	2120.8462	2126.8889	2132.9339	2138.9813	2145.031	2151.0831	2157.1375	2163.1943	2169.2534	2175.3149
430	2181.3787	2187.4448	2193.5132	2199.5839	2205.657	2211.7323	2217.81	2223.8899	2229.9721	2236.0566
440	2242.1434	2248.2324	2254.3237	2260.4173	2266.5131	2272.6112	2278.7115	2284.8141	2290.9189	2297.0259
450	2303.1352	2309.2466	2315.3603	2321.4762	2327.5943	2333.7146	2339.8371	2345.9618	2352.0886	2358.2177
460	2364.3489	2370.4823	2376.6179	2382.7556	2388.8955	2395.0375	2401.1817	2407.328	2413.4765	2419.6271
470	2425.7798	2431.9347	2438.0917	2444.2508	2450.412	2456.5753	2462.7407	2468.9082	2475.0778	2481.2495
480	2487.4233	2493.5992	2499.7771	2505.9572	2512.1392	2518.3234	2524.5096	2530.6979	2536.8882	2543.0805
490	2549.275	2555.4714	2561.6699	2567.8704	2574.0729	2580.2775	2586.4841	2592.6926	2598.9032	2605.1159
500	2611.3305	2617.5471	2623.7657	2629.9863	2636.2088	2642.4334	2648.6599	2654.8884	2661.1189	2667.3514
510	2673.5858	2679.8221	2686.0605	2692.3007	2698.543	2704.7871	2711.0332	2717.2813	2723.5313	2729.7832
520	2736.037	2742.2927	2748.5504	2754.81	2761.0715	2767.3349	2773.6002	2779.8674	2786.1365	2792.4075
530	2798.6803	2804.9551	2811.2318	2817.5103	2823.7907	2830.0729	2836.3571	2842.6431	2848.9309	2855.2206
540	2861.5122	2867.8056	2874.1009	2880.398	2886.697	2892.9977	2899.3004	2905.6048	2911.911	2918.2192
550	2924.5291	2930.8408	2937.1544	2943.4697	2949.7869	2956.1059	2962.4266	2968.7492	2975.0736	2981.3997
560	2987.7277	2994.0574	3000.3889	3006.7222	3013.0572	3019.394	3025.7326	3032.073	3038.4151	3044.759
570	3051.1046	3057.452	3063.8012	3070.152	3076.5047	3082.859	3089.2151	3095.573	3101.9326	3108.2939
580	3114.6569	3121.0216	3127.3881	3133.7563	3140.1262	3146.4978	3152.8711	3159.2462	3165.6229	3172.0013
590	3178.3814	3184.7633	3191.1468	3197.532	3203.9188	3210.3074	3216.6976	3223.0896	3229.4831	3235.8784
600	3242.2753	3248.6739	3255.0742	3261.4761	3267.8797	3274.2849	3280.6918	3287.1003	3293.5105	3299.9223
610	3306.3358	3312.7509	3319.1676	3325.586	3332.006	3338.4276	3344.8508	3351.2757	3357.7022	3364.1303
620	3370.56	3376.9913	3383.4243	3389.8588	3396.295	3402.7327	3409.1721	3415.613	3422.0556	3428.4997
630	3434.9454	3441.3927	3447.8416	3454.2921	3460.7441	3467.1978	3473.653	3480.1097	3486.5681	3493.028
640	3499.4894	3505.9525	3512.4171	3518.8832	3525.3509	3531.8201	3538.2909	3544.7633	3551.2372	3557.7126
650	3564.1896	3570.6681	3577.1481	3583.6297	3590.1128	3596.5975	3603.0836	3609.5713	3616.0605	3622.5512
660	3629.0435	3635.5372	3642.0325	3648.5293	3655.0276	3661.5273	3668.0286	3674.5314	3681.0357	3687.5415
670	3694.0488	3700.5575	3707.0678	3713.5795	3720.0928	3726.6075	3733.1237	3739.6413	3746.1605	3752.6811
680	3759.2032	3765.7268	3772.2518	3778.7783	3785.3063	3791.8357	3798.3666	3804.8989	3811.4327	3817.9679
690	3824.5046	3831.0427	3837.5823	3844.1234	3850.6658	3857.2097	3863.7551	3870.3019	3876.8501	3883.3998

A.5 Verteilungsfunktion $\Phi(x)$ der standardisierten Normalverteilung N(0,1)

$$\Phi(x) = Pr(X \leq x)$$

x	0	1	2	3	4	5	6	7	8	9
0.0	0.5000	0.5040	0.5080	0.5120	0.5160	0.5199	0.5239	0.5279	0.5319	0.5359
0.1	0.5398	0.5438	0.5478	0.5517	0.5557	0.5596	0.5636	0.5675	0.5714	0.5753
0.2	0.5793	0.5832	0.5871	0.5910	0.5948	0.5987	0.6026	0.6064	0.6103	0.6141
0.3	0.6179	0.6217	0.6255	0.6293	0.6331	0.6368	0.6406	0.6443	0.6480	0.6517
0.4	0.6554	0.6591	0.6628	0.6664	0.6700	0.6736	0.6772	0.6808	0.6844	0.6879
0.5	0.6915	0.6950	0.6985	0.7019	0.7054	0.7088	0.7123	0.7157	0.7190	0.7224
0.6	0.7257	0.7291	0.7324	0.7357	0.7389	0.7422	0.7454	0.7486	0.7517	0.7549
0.7	0.7580	0.7611	0.7642	0.7673	0.7704	0.7734	0.7764	0.7794	0.7823	0.7852
0.8	0.7881	0.7910	0.7939	0.7967	0.7995	0.8023	0.8051	0.8078	0.8106	0.8133
0.9	0.8159	0.8186	0.8212	0.8238	0.8264	0.8289	0.8315	0.8340	0.8365	0.8389
1.0	0.8413	0.8438	0.8461	0.8485	0.8508	0.8531	0.8554	0.8577	0.8599	0.8621
1.1	0.8643	0.8665	0.8686	0.8708	0.8729	0.8749	0.8770	0.8790	0.8810	0.8830
1.2	0.8849	0.8869	0.8888	0.8907	0.8925	0.8944	0.8962	0.8980	0.8997	0.9015
1.3	0.9032	0.9049	0.9066	0.9082	0.9099	0.9115	0.9131	0.9147	0.9162	0.9177
1.4	0.9192	0.9207	0.9222	0.9236	0.9251	0.9265	0.9279	0.9292	0.9306	0.9319
1.5	0.9332	0.9345	0.9357	0.9370	0.9382	0.9394	0.9406	0.9418	0.9429	0.9441
1.6	0.9452	0.9463	0.9474	0.9484	0.9495	0.9505	0.9515	0.9525	0.9535	0.9545
1.7	0.9554	0.9564	0.9573	0.9582	0.9591	0.9599	0.9608	0.9616	0.9625	0.9633
1.8	0.9641	0.9649	0.9656	0.9664	0.9671	0.9678	0.9686	0.9693	0.9699	0.9706
1.9	0.9713	0.9719	0.9726	0.9732	0.9738	0.9744	0.9750	0.9756	0.9761	0.9767
2.0	0.9772	0.9778	0.9783	0.9788	0.9793	0.9798	0.9803	0.9808	0.9812	0.9817
2.1	0.9821	0.9826	0.9830	0.9834	0.9838	0.9842	0.9846	0.9850	0.9854	0.9857
2.2	0.9861	0.9864	0.9868	0.9871	0.9875	0.9878	0.9881	0.9884	0.9887	0.9890
2.3	0.9893	0.9896	0.9898	0.9901	0.9904	0.9906	0.9909	0.9911	0.9913	0.9916
2.4	0.9918	0.9920	0.9922	0.9925	0.9927	0.9929	0.9931	0.9932	0.9934	0.9936
2.5	0.9938	0.9940	0.9941	0.9943	0.9945	0.9946	0.9948	0.9949	0.9951	0.9952
2.6	0.9953	0.9955	0.9956	0.9957	0.9959	0.9960	0.9961	0.9962	0.9963	0.9964
2.7	0.9965	0.9966	0.9967	0.9968	0.9969	0.9970	0.9971	0.9972	0.9973	0.9974
2.8	0.9974	0.9975	0.9976	0.9977	0.9977	0.9978	0.9979	0.9979	0.9980	0.9981
2.9	0.9981	0.9982	0.9982	0.9983	0.9984	0.9984	0.9985	0.9985	0.9986	0.9986
3.0	0.9987	0.9987	0.9987	0.9988	0.9988	0.9989	0.9989	0.9989	0.9990	0.9990

wichtige Quantile der Standardnormalverteilung

$\Phi(x)$	0.90000	0.95000	0.97500	0.99000	0.99500	0.99900	0.99950	0.99990
x	1.28155	1.64485	1.95996	2.32635	2.57583	3.09023	3.29053	3.71902

A.6 Verteilungsfunktion $F_\nu(x)$ der standardisierten t_ν-Verteilung

	$F_\nu(x)$ für verschiedene ν									
$x\backslash\nu$	1	2	3	4	5	6	7	8	9	10
0.0	0.500	0.500	0.500	0.500	0.500	0.500	0.500	0.500	0.500	0.500
0.1	0.532	0.535	0.537	0.537	0.538	0.538	0.538	0.539	0.539	0.539
0.2	0.563	0.570	0.573	0.574	0.575	0.576	0.576	0.577	0.577	0.577
0.3	0.593	0.604	0.608	0.610	0.612	0.613	0.614	0.614	0.615	0.615
0.4	0.621	0.636	0.642	0.645	0.647	0.648	0.649	0.650	0.651	0.651
0.5	0.648	0.667	0.674	0.678	0.681	0.683	0.684	0.685	0.685	0.686
0.6	0.672	0.695	0.705	0.710	0.713	0.715	0.716	0.717	0.718	0.719
0.7	0.694	0.722	0.733	0.739	0.742	0.745	0.747	0.748	0.749	0.750
0.8	0.715	0.746	0.759	0.766	0.770	0.773	0.775	0.777	0.778	0.779
0.9	0.733	0.768	0.783	0.790	0.795	0.799	0.801	0.803	0.804	0.805
1.0	0.750	0.789	0.804	0.813	0.818	0.822	0.825	0.827	0.828	0.830
1.1	0.765	0.807	0.824	0.833	0.839	0.843	0.846	0.848	0.850	0.851
1.2	0.779	0.823	0.842	0.852	0.858	0.862	0.865	0.868	0.870	0.871
1.3	0.791	0.838	0.858	0.868	0.875	0.879	0.883	0.885	0.887	0.889
1.4	0.803	0.852	0.872	0.883	0.890	0.894	0.898	0.900	0.902	0.904
1.5	0.813	0.864	0.885	0.896	0.903	0.908	0.911	0.914	0.916	0.918
1.6	0.822	0.875	0.896	0.908	0.915	0.920	0.923	0.926	0.928	0.930
1.7	0.831	0.884	0.906	0.918	0.925	0.930	0.934	0.936	0.938	0.940
1.8	0.839	0.893	0.915	0.927	0.934	0.939	0.943	0.945	0.947	0.949
1.9	0.846	0.901	0.923	0.935	0.942	0.947	0.950	0.953	0.955	0.957
2.0	0.852	0.908	0.930	0.942	0.949	0.954	0.957	0.960	0.962	0.963
2.1	0.859	0.915	0.937	0.948	0.955	0.960	0.963	0.966	0.967	0.969
2.2	0.864	0.921	0.942	0.954	0.960	0.965	0.968	0.971	0.972	0.974
2.3	0.869	0.926	0.948	0.959	0.965	0.969	0.973	0.975	0.977	0.978
2.4	0.874	0.931	0.952	0.963	0.969	0.973	0.976	0.978	0.980	0.981
2.5	0.879	0.935	0.956	0.967	0.973	0.977	0.980	0.982	0.983	0.984
2.6	0.883	0.939	0.960	0.970	0.976	0.980	0.982	0.984	0.986	0.987
2.7	0.887	0.943	0.963	0.973	0.979	0.982	0.985	0.986	0.988	0.989
2.8	0.891	0.946	0.966	0.976	0.981	0.984	0.987	0.988	0.990	0.991
2.9	0.894	0.949	0.969	0.978	0.983	0.986	0.989	0.990	0.991	0.992
3.0	0.898	0.952	0.971	0.980	0.985	0.988	0.990	0.991	0.993	0.993
3.5	0.911	0.964	0.980	0.988	0.991	0.994	0.995	0.996	0.997	0.997
4.0	0.922	0.971	0.986	0.992	0.995	0.996	0.997	0.998	0.998	0.999
4.5	0.930	0.977	0.990	0.995	0.997	0.998	0.999	0.999	0.999	0.999

	$F_\nu(x)$ für verschiedene ν									
$x\backslash\nu$	11	12	13	14	15	16	17	18	19	20
0.0	0.500	0.500	0.500	0.500	0.500	0.500	0.500	0.500	0.500	0.500
0.1	0.539	0.539	0.539	0.539	0.539	0.539	0.539	0.539	0.539	0.539
0.2	0.577	0.578	0.578	0.578	0.578	0.578	0.578	0.578	0.578	0.578
0.3	0.615	0.615	0.616	0.616	0.616	0.616	0.616	0.616	0.616	0.616
0.4	0.652	0.652	0.652	0.652	0.653	0.653	0.653	0.653	0.653	0.653
0.5	0.687	0.687	0.687	0.688	0.688	0.688	0.688	0.688	0.689	0.689
0.6	0.720	0.720	0.721	0.721	0.721	0.722	0.722	0.722	0.722	0.722
0.7	0.751	0.751	0.752	0.752	0.753	0.753	0.753	0.754	0.754	0.754
0.8	0.780	0.780	0.781	0.781	0.782	0.782	0.783	0.783	0.783	0.783
0.9	0.806	0.807	0.808	0.808	0.809	0.809	0.810	0.810	0.810	0.811
1.0	0.831	0.831	0.832	0.833	0.833	0.834	0.834	0.835	0.835	0.835
1.1	0.853	0.854	0.854	0.855	0.856	0.856	0.857	0.857	0.857	0.858
1.2	0.872	0.873	0.874	0.875	0.876	0.876	0.877	0.877	0.878	0.878
1.3	0.890	0.891	0.892	0.893	0.893	0.894	0.895	0.895	0.895	0.896
1.4	0.905	0.907	0.908	0.908	0.909	0.910	0.910	0.911	0.911	0.912
1.5	0.919	0.920	0.921	0.922	0.923	0.923	0.924	0.925	0.925	0.925
1.6	0.931	0.932	0.933	0.934	0.935	0.935	0.936	0.936	0.937	0.937
1.7	0.941	0.943	0.944	0.944	0.945	0.946	0.946	0.947	0.947	0.948
1.8	0.950	0.951	0.952	0.953	0.954	0.955	0.955	0.956	0.956	0.957
1.9	0.958	0.959	0.960	0.961	0.962	0.962	0.963	0.963	0.964	0.964
2.0	0.965	0.966	0.967	0.967	0.968	0.969	0.969	0.970	0.970	0.970
2.1	0.970	0.971	0.972	0.973	0.973	0.974	0.975	0.975	0.975	0.976
2.2	0.975	0.976	0.977	0.977	0.978	0.979	0.979	0.979	0.980	0.980
2.3	0.979	0.980	0.981	0.981	0.982	0.982	0.983	0.983	0.984	0.984
2.4	0.982	0.983	0.984	0.985	0.985	0.986	0.986	0.986	0.987	0.987
2.5	0.985	0.986	0.987	0.987	0.988	0.988	0.989	0.989	0.989	0.989
2.6	0.988	0.988	0.989	0.990	0.990	0.990	0.991	0.991	0.991	0.991
2.7	0.990	0.990	0.991	0.991	0.992	0.992	0.992	0.993	0.993	0.993
2.8	0.991	0.992	0.992	0.993	0.993	0.994	0.994	0.994	0.994	0.994
2.9	0.993	0.993	0.994	0.994	0.995	0.995	0.995	0.995	0.995	0.996
3.0	0.994	0.994	0.995	0.995	0.996	0.996	0.996	0.996	0.996	0.996
3.5	0.998	0.998	0.998	0.998	0.998	0.999	0.999	0.999	0.999	0.999
4.0	0.999	0.999	0.999	0.999	0.999	0.999	1.000	1.000	1.000	1.000
4.5	1.000	1.000	1.000	1.000	1.000	1.000	1.000	1.000	1.000	1.000

	$F_\nu(x)$ für verschiedene ν									
$x \backslash \nu$	25	30	35	40	45	50	60	70	80	100
0.0	0.500	0.500	0.500	0.500	0.500	0.500	0.500	0.500	0.500	0.500
0.1	0.539	0.539	0.540	0.540	0.540	0.540	0.540	0.540	0.540	0.540
0.2	0.578	0.579	0.579	0.579	0.579	0.579	0.579	0.579	0.579	0.579
0.3	0.617	0.617	0.617	0.617	0.617	0.617	0.617	0.617	0.618	0.618
0.4	0.654	0.654	0.654	0.654	0.654	0.655	0.655	0.655	0.655	0.655
0.5	0.689	0.690	0.690	0.690	0.690	0.690	0.691	0.691	0.691	0.691
0.6	0.723	0.723	0.724	0.724	0.724	0.724	0.725	0.725	0.725	0.725
0.7	0.755	0.755	0.756	0.756	0.756	0.756	0.757	0.757	0.757	0.757
0.8	0.784	0.785	0.785	0.786	0.786	0.786	0.787	0.787	0.787	0.787
0.9	0.812	0.812	0.813	0.813	0.814	0.814	0.814	0.814	0.815	0.815
1.0	0.837	0.837	0.838	0.838	0.839	0.839	0.839	0.840	0.840	0.840
1.1	0.859	0.860	0.861	0.861	0.861	0.862	0.862	0.862	0.863	0.863
1.2	0.879	0.880	0.881	0.881	0.882	0.882	0.883	0.883	0.883	0.884
1.3	0.897	0.898	0.899	0.899	0.900	0.900	0.901	0.901	0.901	0.902
1.4	0.913	0.914	0.915	0.915	0.916	0.916	0.917	0.917	0.917	0.918
1.5	0.927	0.928	0.929	0.929	0.930	0.930	0.931	0.931	0.931	0.932
1.6	0.939	0.940	0.941	0.941	0.942	0.942	0.943	0.943	0.943	0.944
1.7	0.949	0.950	0.951	0.952	0.952	0.952	0.953	0.953	0.953	0.954
1.8	0.958	0.959	0.960	0.960	0.961	0.961	0.962	0.962	0.962	0.963
1.9	0.965	0.966	0.967	0.968	0.968	0.968	0.969	0.969	0.969	0.970
2.0	0.972	0.973	0.973	0.974	0.974	0.975	0.975	0.975	0.976	0.976
2.1	0.977	0.978	0.978	0.979	0.979	0.980	0.980	0.980	0.981	0.981
2.2	0.981	0.982	0.983	0.983	0.984	0.984	0.984	0.984	0.985	0.985
2.3	0.985	0.986	0.986	0.987	0.987	0.987	0.988	0.988	0.988	0.988
2.4	0.988	0.989	0.989	0.989	0.990	0.990	0.990	0.990	0.991	0.991
2.5	0.990	0.991	0.991	0.992	0.992	0.992	0.992	0.993	0.993	0.993
2.6	0.992	0.993	0.993	0.994	0.994	0.994	0.994	0.994	0.994	0.995
2.7	0.994	0.994	0.995	0.995	0.995	0.995	0.996	0.996	0.996	0.996
2.8	0.995	0.996	0.996	0.996	0.996	0.996	0.997	0.997	0.997	0.997
2.9	0.996	0.997	0.997	0.997	0.997	0.997	0.997	0.998	0.998	0.998
3.0	0.997	0.997	0.998	0.998	0.998	0.998	0.998	0.998	0.998	0.998
3.5	0.999	0.999	0.999	0.999	0.999	1.000	1.000	1.000	1.000	1.000
4.0	1.000	1.000	1.000	1.000	1.000	1.000	1.000	1.000	1.000	1.000
4.5	1.000	1.000	1.000	1.000	1.000	1.000	1.000	1.000	1.000	1.000

	α-Quantile mit ν df								
$\nu \backslash \alpha$	2ß	0.8	0.9	0.95	0.975	0.99	0.995	0.999	0.9995
1	0.577	1.376	3.078	6.314	12.706	31.820	63.657	318.309	636.619
2	0.500	1.061	1.886	2.920	4.303	6.965	9.925	22.327	31.599
3	0.476	0.978	1.638	2.353	3.182	4.541	5.841	10.214	12.924
4	0.464	0.941	1.533	2.132	2.776	3.747	4.604	7.173	8.610
5	0.457	0.920	1.476	2.015	2.571	3.365	4.032	5.893	6.869
6	0.453	0.906	1.440	1.943	2.447	3.143	3.707	5.208	5.959
7	0.450	0.896	1.415	1.895	2.365	2.998	3.500	4.785	5.408
8	0.447	0.889	1.397	1.860	2.306	2.896	3.355	4.501	5.041
9	0.445	0.883	1.383	1.833	2.262	2.821	3.250	4.297	4.781
10	0.444	0.879	1.372	1.812	2.228	2.764	3.169	4.144	4.587
11	0.443	0.876	1.363	1.796	2.201	2.718	3.106	4.025	4.437
12	0.442	0.873	1.356	1.782	2.179	2.681	3.054	3.930	4.318
13	0.441	0.870	1.350	1.771	2.160	2.650	3.012	3.852	4.221
14	0.440	0.868	1.345	1.761	2.145	2.624	2.977	3.787	4.140
15	0.439	0.866	1.341	1.753	2.131	2.602	2.947	3.733	4.073
16	0.439	0.865	1.337	1.746	2.120	2.584	2.921	3.686	4.015
17	0.438	0.863	1.333	1.740	2.110	2.567	2.898	3.646	3.965
18	0.438	0.862	1.330	1.734	2.101	2.552	2.878	3.610	3.922
19	0.438	0.861	1.328	1.729	2.093	2.540	2.861	3.579	3.883
20	0.437	0.860	1.325	1.725	2.086	2.528	2.845	3.552	3.850
21	0.437	0.859	1.323	1.721	2.080	2.518	2.831	3.527	3.819
22	0.437	0.858	1.321	1.717	2.074	2.508	2.819	3.505	3.792
23	0.436	0.858	1.320	1.714	2.069	2.500	2.807	3.485	3.768
24	0.436	0.857	1.318	1.711	2.064	2.492	2.797	3.467	3.745
25	0.436	0.856	1.316	1.708	2.060	2.485	2.787	3.450	3.725
26	0.436	0.856	1.315	1.706	2.056	2.479	2.779	3.435	3.707
27	0.436	0.855	1.314	1.703	2.052	2.473	2.771	3.421	3.690
28	0.435	0.855	1.312	1.701	2.048	2.467	2.763	3.408	3.674
29	0.435	0.854	1.311	1.699	2.045	2.462	2.756	3.396	3.659
30	0.435	0.854	1.310	1.697	2.042	2.457	2.750	3.385	3.646
35	0.434	0.852	1.306	1.690	2.030	2.438	2.724	3.340	3.591
40	0.434	0.851	1.303	1.684	2.021	2.423	2.704	3.307	3.551
50	0.433	0.849	1.299	1.676	2.009	2.403	2.678	3.261	3.496
100	0.432	0.845	1.290	1.660	1.984	2.364	2.626	3.174	3.390
∞	0.431	0.842	1.282	1.645	1.960	2.326	2.576	3.090	3.290

A.7   Standardisierte χ^2-Verteilungen

A.7.1   Verteilungsfunktion der χ_ν^2-Verteilung

$\nu \backslash \alpha$	0.025	0.05	0.10	0.90	0.95	0.975
	α-Quantile der χ_ν^2-Verteilung					
1	0.0010	0.0039	0.0158	2.7055	3.8415	5.0239
2	0.0506	0.1026	0.2107	4.6052	5.9915	7.3778
3	0.2158	0.3518	0.5844	6.2514	7.8147	9.3484
4	0.4844	0.7107	1.0636	7.7794	9.4877	11.1433
5	0.8312	1.1455	1.6103	9.2364	11.0705	12.8325
6	1.2373	1.6354	2.2041	10.6446	12.5916	14.4494
7	1.6899	2.1673	2.8331	12.0170	14.0671	16.0128
8	2.1797	2.7326	3.4895	13.3616	15.5073	17.5345
9	2.7004	3.3251	4.1682	14.6837	16.9190	19.0228
10	3.2470	3.9403	4.8652	15.9872	18.3070	20.4831
11	3.8157	4.5748	5.5778	17.2750	19.6751	21.9200
12	4.4038	5.2260	6.3038	18.5493	21.0260	23.3366
13	5.0088	5.8919	7.0415	19.8119	22.3620	24.7356
14	5.6287	6.5706	7.7895	21.0641	23.6848	26.1189
15	6.2621	7.2609	8.5468	22.3071	24.9958	27.4884
16	6.9077	7.9616	9.3122	23.5418	26.2962	28.8453
17	7.5642	8.6718	10.0852	24.7690	27.5871	30.1910
18	8.2307	9.3905	10.8649	25.9894	28.8693	31.5264
19	8.9065	10.1170	11.6509	27.2036	30.1435	32.8523
20	9.5908	10.8508	12.4426	28.4120	31.4104	34.1696
21	10.2829	11.5913	13.2396	29.6151	32.6706	35.4789
22	10.9823	12.3380	14.0415	30.8133	33.9244	36.7807
23	11.6886	13.0905	14.8480	32.0069	35.1725	38.0756
24	12.4012	13.8484	15.6587	33.1962	36.4150	39.3641
25	13.1197	14.6114	16.4734	34.3816	37.6525	40.6465
30	16.7908	18.4927	20.5992	40.2560	43.7730	46.9792
40	24.4330	26.5093	29.0505	51.8051	55.7585	59.3417
50	32.3574	34.7643	37.6886	63.1671	67.5048	71.4202
70	48.7576	51.7393	55.3289	85.5270	90.5312	95.0232
100	74.2219	77.9295	82.3581	118.4980	124.3421	129.5612
150	117.9845	122.6918	128.2751	172.5812	179.5806	185.8004

A.7.2 HPD-Intervalle der χ^2_ν-Verteilung

aus: ISAACS, CHRIST, NOVICK, JACKSON 1974

$\nu=$	80%		90%		95%		99%	
3	0.04574	4.672	0.01212	6.259	0.003160	7.816	0.0001335	11.35
4	0.3346	6.161	0.1676	7.864	0.08474	9.530	0.01747	13.29
5	0.7789	7.622	0.4764	9.434	0.2963	11.19	0.1011	15.13
6	1.308	9.042	0.8827	10.96	0.6070	12.80	0.2641	16.90
7	1.891	10.43	1.355	12.44	0.9893	14.37	0.4964	18.62
8	2.513	11.78	1.875	13.89	1.425	15.90	0.7855	20.30
9	3.165	13.12	2.431	15.31	1.903	17.39	1.122	21.93
10	3.840	14.43	3.017	16.71	2.414	18.86	1.498	23.53
11	4.535	15.73	3.628	18.09	2.953	20.30	1.907	25.10
12	5.246	17.01	4.258	19.45	3.516	21.73	2.345	26.65
13	5.970	18.28	4.906	20.79	4.099	23.13	2.807	28.18
14	6.707	19.54	5.569	22.12	4.700	24.52	3.291	29.69
15	7.454	20.79	6.246	23.44	5.317	25.90	3.795	31.17
16	8.210	22.03	6.935	24.74	5.948	27.26	4.316	32.64
17	8.975	23.26	7.634	26.04	6.591	28.61	4.853	34.10
18	9.748	24.48	8.343	27.33	7.245	29.96	5.404	35.54
19	10.53	25.70	9.060	28.60	7.910	31.29	5.968	36.97
20	11.31	26.91	9.786	29.88	8.584	32.61	6.545	38.39
21	12.10	28.12	10.52	31.14	9.267	33.92	7.131	39.80
22	12.90	29.32	11.26	32.40	9.958	35.23	7.730	41.19
23	13.70	30.52	12.00	33.65	10.66	36.53	8.336	42.58
24	14.51	31.71	12.76	34.90	11.36	37.82	8.950	43.97
25	15.32	32.90	13.51	36.14	12.07	39.10	9.576	45.34
26	16.13	34.08	14.28	37.37	12.79	40.38	10.21	46.71
27	16.95	35.26	15.04	38.60	13.51	41.66	10.85	48.06
28	17.77	36.44	15.82	39.83	14.24	42.93	11.49	49.42
29	18.60	37.61	16.59	41.05	14.98	44.19	12.14	50.76
30	19.43	38.79	17.37	42.27	15.72	45.45	12.80	52.10
35	23.61	44.60	21.33	48.31	19.47	51.69	16.18	58.71
40	27.85	50.35	25.36	54.28	23.32	57.84	19.67	65.22
45	32.15	56.06	29.45	60.18	27.24	63.91	23.26	71.62
50	36.48	61.73	33.59	66.04	31.22	69.93	26.92	77.96
55	40.84	67.36	37.78	71.85	35.25	75.90	30.65	84.22
60	45.24	72.96	42.00	77.62	39.32	81.82	34.44	90.44

A.7.3 Verteilungsfunktion der inversen χ_ν^2-Verteilung (χ_ν^{-2}-Verteilung)

aus: ISAACS, CHRIST, NOVICK, JACKSON 1974

ν	99-1/2%	99%	97-1/2%	95%	90%	87-1/2%	83-1/3%	80%	75%	70%	66-2/3%	60%
1	99.75	49.75	19.75	9.748	4.746	3.744	2.742	2.241	1.738	1.402	1.233	0.9788
2	11.94	8.708	4.634	2.842	1.711	1.444	1.153	0.9949	0.8247	0.7024	0.6378	0.5350
3	4.831	3.366	2.064	1.407	0.9402	0.8205	0.6839	0.6065	0.5201	0.4556	0.4206	0.3633
4	2.429	1.804	1.203	0.8730	0.6210	0.5530	0.4733	0.4269	0.3739	0.3334	0.3109	0.2736
5	1.480	1.147	0.8082	0.6115	0.4537	0.4097	0.3570	0.3257	0.2895	0.2613	0.2455	0.2188
6	1.011	0.8071	0.5918	0.4614	0.3530	0.3219	0.2843	0.2616	0.2350	0.2141	0.2022	0.1820
7	0.7438	0.6073	0.4588	0.3659	0.2866	0.2634	0.2350	0.2177	0.1972	0.1809	0.1716	0.1557
8	0.5764	0.4790	0.3703	0.3007	0.2399	0.2219	0.1996	0.1859	0.1714	0.1564	0.1489	0.1359
9	0.4639	0.3909	0.3080	0.2538	0.2055	0.1911	0.1730	0.1618	0.1484	0.1376	0.1314	0.1205
10	0.3841	0.3275	0.2621	0.2186	0.1793	0.1674	0.1524	0.1431	0.1319	0.1227	0.1175	0.1083
11	0.3253	0.2801	0.2271	0.1913	0.1586	0.1486	0.1360	0.1281	0.1185	0.1107	0.1062	0.09821
12	0.2805	0.2435	0.1997	0.1697	0.1420	0.1335	0.1226	0.1158	0.1075	0.1007	0.09680	0.08985
13	0.2454	0.2146	0.1777	0.1522	0.1284	0.1210	0.1116	0.1056	0.09837	0.09241	0.08891	0.08279
14	0.2173	0.1912	0.1597	0.1377	0.1170	0.1105	0.1022	0.09702	0.09061	0.08532	0.08222	0.07675
15	0.1945	0.1721	0.1448	0.1256	0.1074	0.1017	0.09432	0.08967	0.08395	0.07921	0.07643	0.07152
16	0.1755	0.1561	0.1322	0.1153	0.09916	0.09405	0.08749	0.08332	0.07817	0.07391	0.07140	0.06697
17	0.1596	0.1426	0.1215	0.1065	0.09204	0.08745	0.08154	0.07778	0.07312	0.06925	0.06697	0.06292
18	0.1461	0.1310	0.1123	0.09884	0.08583	0.08168	0.07633	0.07291	0.06867	0.06514	0.06306	0.05935
19	0.1345	0.1211	0.1043	0.09216	0.08037	0.07660	0.07172	0.06859	0.06472	0.06148	0.05956	0.05615
20	0.1245	0.1124	0.09725	0.08627	0.07553	0.07208	0.06761	0.06475	0.06118	0.05820	0.05643	0.05328
21	0.1157	0.1048	0.09106	0.08105	0.07122	0.06805	0.06394	0.06130	0.05801	0.05525	0.05361	0.05069
22	0.1080	0.09808	0.08555	0.07639	0.06735	0.06443	0.06063	0.05819	0.05514	0.05257	0.05105	0.04833
23	0.1012	0.09211	0.08064	0.07221	0.06386	0.06116	0.05764	0.05537	0.05253	0.05014	0.04873	0.04618
24	0.09506	0.08678	0.07622	0.06844	0.06070	0.05819	0.05491	0.05280	0.05015	0.04792	0.04660	0.04422
25	0.08960	0.08198	0.07223	0.06502	0.05783	0.05549	0.05243	0.05045	0.04798	0.04589	0.04464	0.04241
26	0.08469	0.07765	0.06862	0.06191	0.05521	0.05302	0.05015	0.04830	0.04589	0.04402	0.04285	0.04074
27	0.08025	0.07372	0.06533	0.05907	0.05280	0.05075	0.04806	0.04632	0.04414	0.04229	0.04119	0.03920
28	0.07623	0.07014	0.06232	0.05647	0.05059	0.04866	0.04611	0.04449	0.04243	0.04069	0.03965	0.03777
29	0.07253	0.06687	0.05956	0.05408	0.04855	0.04673	0.04433	0.04280	0.04085	0.03920	0.03822	0.03644
30	0.06917	0.06403	0.05647	0.05187	0.04665	0.04491	0.04265	0.04085	0.03942	0.03777	0.03690	0.03520
35	0.05817	0.05403	0.04862	0.04451	0.04033	0.03894	0.03712	0.03592	0.03442	0.03314	0.03237	0.03098
40	0.04829	0.04512	0.04093	0.03772	0.03442	0.03332	0.03187	0.03092	0.02971	0.02868	0.02806	0.02693
45	0.04113	0.03861	0.03525	0.03267	0.02998	0.02909	0.02789	0.02711	0.02612	0.02526	0.02475	0.02381
50	0.03573	0.03366	0.03090	0.02877	0.02653	0.02578	0.02478	0.02413	0.02329	0.02257	0.02213	0.02134
55	0.03151	0.02979	0.02747	0.02567	0.02378	0.02314	0.02228	0.02172	0.02100	0.02039	0.02001	0.01933
60	0.02814	0.02668	0.02470	0.02315	0.02152	0.02097	0.02023	0.01975	0.01912	0.01858	0.01826	0.01766

A.7.4 HPD-Intervalle der inversen χ_ν^2-Verteilung (χ_ν^{-2}-Verteilung)

aus: ISAACS, CHRIST, NOVICK, JACKSON 1974

ν	80%		90%		95%		99%	
2	0.06973	2.250	0.05553	4.751	0.04655	9.751	0.03432	49.73
3	0.06977	1.005	0.05670	1.718	0.04821	2.847	0.03635	8.708
4	0.06690	0.6165	0.05523	0.9469	0.04748	1.412	0.03642	3.368
5	0.06325	0.4363	0.05289	0.6274	0.04587	0.8778	0.03568	1.807
6	0.05954	0.3344	0.05032	0.4598	0.04397	0.6160	0.03461	1.149
7	0.05602	0.2696	0.04778	0.3586	0.04203	0.4657	0.03342	0.8098
8	0.05278	0.2251	0.04537	0.2919	0.04014	0.3700	0.03221	0.6099
9	0.04984	0.1927	0.04313	0.2449	0.03835	0.3046	0.03102	0.4814
10	0.04717	0.1682	0.04107	0.2102	0.03668	0.2574	0.02988	0.3933
11	0.04475	0.1490	0.03917	0.1836	0.03512	0.2219	0.02880	0.3297
12	0.04255	0.1336	0.03743	0.1627	0.03368	0.1945	0.02778	0.2821
13	0.04056	0.1209	0.03583	0.1458	0.03234	0.1727	0.02682	0.2455
14	0.03874	0.1104	0.03435	0.1319	0.03110	0.1550	0.02592	0.2165
15	0.03707	0.1015	0.03299	0.1204	0.02995	0.1404	0.02508	0.1930
16	0.03554	0.09388	0.03173	0.1106	0.02888	0.1281	0.02429	0.1737
17	0.03414	0.08729	0.03057	0.1022	0.02789	0.1177	0.02355	0.1577
18	0.03284	0.08153	0.02949	0.09489	0.02696	0.1088	0.02284	0.1441
19	0.03163	0.07646	0.02848	0.08854	0.02609	0.1010	0.02219	0.1325
20	0.03052	0.07196	0.02754	0.08295	0.02528	0.09423	0.02156	0.1225
21	0.02948	0.06795	0.02666	0.07798	0.02451	0.08825	0.02097	0.1138
22	0.02850	0.06435	0.02584	0.07356	0.02380	0.08294	0.02042	0.1061
23	0.02760	0.06109	0.02506	0.06959	0.02312	0.07821	0.01989	0.09933
24	0.02675	0.05814	0.02433	0.06600	0.02248	0.07395	0.01939	0.09331
25	0.02595	0.05545	0.02365	0.06276	0.02188	0.07011	0.01892	0.08792
26	0.02520	0.05299	0.02300	0.05980	0.02131	0.06663	0.01847	0.08309
27	0.02449	0.05074	0.02239	0.05710	0.02077	0.06346	0.01804	0.07873
28	0.02382	0.04866	0.02181	0.05462	0.02026	0.06056	0.01763	0.07476
29	0.02319	0.04674	0.02126	0.05234	0.01977	0.05790	0.01724	0.07115
30	0.02259	0.04496	0.02074	0.05023	0.01931	0.05546	0.01687	0.06784
35	0.02002	0.03773	0.01849	0.04174	0.01729	0.04568	0.01524	0.05486
40	0.01798	0.03245	0.01669	0.03563	0.01567	0.03872	0.01391	0.04583
45	0.01633	0.02844	0.01521	0.03104	0.01433	0.03354	0.01280	0.03924
50	0.01496	0.02529	0.01399	0.02746	0.01321	0.02954	0.01186	0.03422
55	0.01381	0.02276	0.01295	0.02460	0.01226	0.02636	0.01105	0.03029
60	0.01282	0.02067	0.01206	0.02226	0.01144	0.02377	0.01035	0.02713

A.7.5 HPD-Intervalle der inversen χ_ν-Verteilung (χ_ν^{-1}-Verteilung)

aus: ISAACS, CHRIST, NOVICK, JACKSON 1974

$\nu=$	80%		90%		95%		99%	
2	0.3189	1.529	0.2826	2.201	0.2572	3.139	0.2189	7.061
3	0.3070	1.027	0.2757	1.330	0.2533	1.703	0.2183	2.963
4	0.2927	0.8065	0.2656	0.9901	0.2456	1.202	0.2140	1.845
5	0.2792	0.6787	0.2552	0.8071	0.2374	0.9495	0.2086	1.353
6	0.2670	0.5940	0.2456	0.6912	0.2294	0.7961	0.2030	1.080
7	0.2561	0.5329	0.2368	0.6105	0.2220	0.6925	0.1976	0.9073
8	0.2464	0.4864	0.2288	0.5506	0.2152	0.6174	0.1925	0.7879
9	0.2378	0.4496	0.2215	0.5042	0.2089	0.5601	0.1878	0.7003
10	0.2300	0.4196	0.2149	0.4668	0.2031	0.5148	0.1833	0.6330
11	0.2229	0.3945	0.2088	0.4361	0.1978	0.4780	0.1791	0.5797
12	0.2165	0.3732	0.2033	0.4103	0.1929	0.4474	0.1753	0.5363
13	0.2106	0.3548	0.1982	0.3883	0.1884	0.4214	0.1716	0.5002
14	0.2051	0.3388	0.1934	0.3692	0.1842	0.3991	0.1682	0.4697
15	0.2001	0.3246	0.1890	0.3524	0.1803	0.3797	0.1650	0.4435
16	0.1955	0.3119	0.1850	0.3376	0.1766	0.3626	0.1620	0.4207
17	0.1912	0.3006	0.1811	0.3244	0.1731	0.3475	0.1592	0.4008
18	0.1872	0.2903	0.1776	0.3125	0.1699	0.3339	0.1565	0.3831
19	0.1834	0.2810	0.1742	0.3017	0.1668	0.3217	0.1539	0.3673
20	0.1798	0.2725	0.1710	0.2919	0.1640	0.3106	0.1515	0.3531
21	0.1765	0.2646	0.1680	0.2829	0.1612	0.3005	0.1492	0.3402
22	0.1734	0.2574	0.1652	0.2747	0.1586	0.2913	0.1471	0.3286
23	0.1704	0.2507	0.1625	0.2671	0.1562	0.2827	0.1450	0.3179
24	0.1676	0.2444	0.1600	0.2600	0.1538	0.2749	0.1430	0.3080
25	0.1649	0.2386	0.1575	0.2535	0.1516	0.2676	0.1411	0.2990
26	0.1623	0.2332	0.1552	0.2474	0.1495	0.2608	0.1393	0.2906
27	0.1599	0.2281	0.1530	0.2416	0.1474	0.2544	0.1375	0.2825
28	0.1576	0.2233	0.1509	0.2363	0.1455	0.2485	0.1358	0.2756
29	0.1554	0.2188	0.1489	0.2312	0.1436	0.2430	0.1342	0.2688
30	0.1532	0.2145	0.1469	0.2265	0.1418	0.2377	0.1327	0.2625
35	0.1438	0.1963	0.1383	0.2062	0.1338	0.2156	0.1257	0.2359
40	0.1360	0.1818	0.1311	0.1904	0.1271	0.1983	0.1198	0.2155
45	0.1294	0.1701	0.1250	0.1775	0.1213	0.1845	0.1147	0.1993
50	0.1237	0.1603	0.1197	0.1669	0.1163	0.1730	0.1103	0.1861
55	0.1187	0.1519	0.1150	0.1579	0.1119	0.1634	0.1063	0.1750
60	0.1143	0.1447	0.1109	0.1501	0.1080	0.1551	0.1028	0.1656

A.8 Wahrscheinlichkeits- und Verteilungsfunktionen einiger Binomialverteilungen Bin(n,p)

Wahrscheinlichkeitsfunktion $\quad f(x) = Pr(X = x)$ $\Big\}$ Der $Bin(n,p)$-Verteilung
Verteilungsfunktion $\qquad\quad F(x) = Pr(X \leq x)$

n	x	$p = 0.1$		$p = 0.2$		$p = 0.3$		$p = 0.4$		$p = 0.5$	
		$f(x)$	$F(x)$	$f(x)$	$F(x)$	$f(x)$	$F(x)$	$f(x)$	$F(x)$	$f(x)$	$F(x)$
1	0	0.9000	0.9000	0.8000	0.8000	0.7000	0.7000	0.6000	0.6000	0.5000	0.5000
	1	0.1000	1.0000	0.2000	1.0000	0.3000	1.0000	0.4000	1.0000	0.5000	1.0000
2	0	0.8100	0.8100	0.6400	0.6400	0.4900	0.4900	0.3600	0.3600	0.2500	0.2500
	1	0.1800	0.9900	0.3200	0.9600	0.4200	0.9100	0.4800	0.8400	0.5000	0.7500
	2	0.0100	1.0000	0.0400	1.0000	0.0900	1.0000	0.1600	1.0000	0.2500	1.0000
3	0	0.7290	0.7290	0.5120	0.5120	0.3430	0.3430	0.2160	0.2160	0.1250	0.1250
	1	0.2430	0.9720	0.3840	0.8960	0.4410	0.7840	0.4320	0.6480	0.3750	0.5000
	2	0.0270	0.9990	0.0960	0.9920	0.1890	0.9730	0.2880	0.9360	0.3750	0.8750
	3	0.0010	1.0000	0.0080	1.0000	0.0270	1.0000	0.0640	1.0000	0.1250	1.0000
4	0	0.6561	0.6561	0.4096	0.4096	0.2401	0.2401	0.1296	0.1296	0.0625	0.0625
	1	0.2916	0.9477	0.4096	0.8192	0.4116	0.6517	0.3456	0.4752	0.2500	0.3125
	2	0.0486	0.9963	0.1536	0.9728	0.2646	0.9163	0.3456	0.8208	0.3750	0.6875
	3	0.0036	0.9999	0.0256	0.9984	0.0756	0.9919	0.1536	0.9744	0.2500	0.9375
	4	0.0001	1.0000	0.0016	1.0000	0.0081	1.0000	0.0256	1.0000	0.0625	1.0000
5	0	0.5905	0.5905	0.3277	0.3277	0.1681	0.1681	0.0778	0.0778	0.0312	0.0312
	1	0.3280	0.9185	0.4096	0.7373	0.3601	0.5282	0.2592	0.3370	0.1562	0.1875
	2	0.0729	0.9914	0.2048	0.9421	0.3087	0.8369	0.3456	0.6826	0.3125	0.5000
	3	0.0081	0.9995	0.0512	0.9933	0.1323	0.9692	0.2304	0.9130	0.3125	0.8125
	4	0.0005	1.0000	0.0064	0.9997	0.0283	0.9976	0.0768	0.9898	0.1562	0.9688
	5	0.0000	1.0000	0.0003	1.0000	0.0024	1.0000	0.0102	1.0000	0.0312	1.0000
6	0	0.5314	0.5314	0.2621	0.2621	0.1176	0.1176	0.0467	0.0467	0.0156	0.0156
	1	0.3543	0.8857	0.3932	0.6554	0.3025	0.4202	0.1866	0.2333	0.0938	0.1094
	2	0.0984	0.9842	0.2458	0.9011	0.3241	0.7443	0.3110	0.5443	0.2344	0.3438
	3	0.0146	0.9987	0.0819	0.9830	0.1852	0.9295	0.2765	0.8208	0.3125	0.6562
	4	0.0012	0.9999	0.0154	0.9984	0.0595	0.9891	0.1382	0.9590	0.2344	0.8906
	5	0.0001	1.0000	0.0015	0.9999	0.0102	0.9993	0.0369	0.9959	0.0938	0.9844
	6	0.0000	1.0000	0.0001	1.0000	0.0007	1.0000	0.0041	1.0000	0.0156	1.0000
7	0	0.4783	0.4783	0.2097	0.2097	0.0824	0.0824	0.0280	0.0280	0.0078	0.0078
	1	0.3720	0.8503	0.3670	0.5767	0.2471	0.3294	0.1306	0.1586	0.0547	0.0625
	2	0.1240	0.9743	0.2753	0.8520	0.3177	0.6471	0.2613	0.4199	0.1641	0.2266
	3	0.0230	0.9973	0.1147	0.9667	0.2269	0.8740	0.2903	0.7102	0.2734	0.5000
	4	0.0026	0.9998	0.0287	0.9953	0.0972	0.9712	0.1935	0.9037	0.2734	0.7734
	5	0.0002	1.0000	0.0043	0.9996	0.0250	0.9962	0.0774	0.9812	0.1641	0.9375
	6	0.0000	1.0000	0.0004	1.0000	0.0036	0.9998	0.0172	0.9984	0.0547	0.9922
	7	0.0000	1.0000	0.0000	1.0000	0.0002	1.0000	0.0016	1.0000	0.0078	1.0000
8	0	0.4305	0.4305	0.1678	0.1678	0.0576	0.0576	0.0168	0.0168	0.0039	0.0039
	1	0.3826	0.8131	0.3355	0.5033	0.1977	0.2553	0.0896	0.1064	0.0313	0.0352
	2	0.1488	0.9619	0.2936	0.7969	0.2965	0.5518	0.2090	0.3154	0.1094	0.1445
	3	0.0331	0.9950	0.1468	0.9437	0.2541	0.8059	0.2787	0.5941	0.2188	0.3633
	4	0.0046	0.9996	0.0459	0.9896	0.1361	0.9420	0.2322	0.8263	0.2734	0.6367
	5	0.0004	1.0000	0.0092	0.9988	0.0467	0.9887	0.1239	0.9502	0.2188	0.8555
	6	0.0000	1.0000	0.0011	0.9999	0.0100	0.9987	0.0413	0.9915	0.1094	0.9648
	7	0.0000	1.0000	0.0001	1.0000	0.0012	0.9999	0.0079	0.9993	0.0313	0.9961
	8	0.0000	1.0000	0.0000	1.0000	0.0001	1.0000	0.0007	1.0000	0.0039	1.0000

A.9 Wahrscheinlichkeits- und Verteilungsfunktionen einiger Poisson-Verteilungen Po(λ)

Wahrscheinlichkeitsfunktion $\quad f(x) = Pr(X = x)$ $\Big\}$ Der $Po(\lambda)$–Verteilung
Verteilungsfunktion $\qquad\quad F(x) = Pr(X \le x)$

x	$\lambda = 0.1$ $f(x)$	$F(x)$	$\lambda = 0.2$ $f(x)$	$F(x)$	$\lambda = 0.3$ $f(x)$	$F(x)$	$\lambda = 0.4$ $f(x)$	$F(x)$	$\lambda = 0.5$ $f(x)$	$F(x)$
0	0.9048	0.9048	0.8187	0.8187	0.7408	0.7408	0.6703	0.6703	0.6065	0.6065
1	0.0905	0.9953	0.1637	0.9825	0.2222	0.9631	0.2681	0.9384	0.3033	0.9098
2	0.0045	0.9998	0.0164	0.9989	0.0333	0.9964	0.0536	0.9921	0.0758	0.9856
3	0.0002	1.0000	0.0011	0.9999	0.0033	0.9997	0.0072	0.9992	0.0126	0.9982
4	0.0000	1.0000	0.0001	1.0000	0.0003	1.0000	0.0007	0.9999	0.0016	0.9998
5							0.0001	1.0000	0.0002	1.0000

x	$\lambda = 0.6$ $f(x)$	$F(x)$	$\lambda = 0.7$ $f(x)$	$F(x)$	$\lambda = 0.8$ $f(x)$	$F(x)$	$\lambda = 0.9$ $f(x)$	$F(x)$	$\lambda = 1.0$ $f(x)$	$F(x)$
0	0.5488	0.5488	0.4966	0.4966	0.4493	0.4493	0.4066	0.4066	0.3679	0.3679
1	0.3293	0.8781	0.3476	0.8442	0.3595	0.8088	0.3659	0.7725	0.3679	0.7358
2	0.0988	0.9769	0.1217	0.9659	0.1438	0.9526	0.1647	0.9371	0.1839	0.9197
3	0.0198	0.9966	0.0284	0.9942	0.0383	0.9909	0.0494	0.9865	0.0613	0.9810
4	0.0030	0.9996	0.0050	0.9992	0.0077	0.9986	0.0111	0.9977	0.0153	0.9963
5	0.0004	1.0000	0.0007	0.9999	0.0012	0.9998	0.0020	0.9997	0.0031	0.9994
6			0.0001	1.0000	0.0002	1.0000	0.0003	1.0000	0.0005	0.9999
7									0.0001	1.0000

x	$\lambda = 1.5$ $f(x)$	$F(x)$	$\lambda = 2$ $f(x)$	$F(x)$	$\lambda = 3$ $f(x)$	$F(x)$	$\lambda = 4$ $f(x)$	$F(x)$	$\lambda = 5$ $f(x)$	$F(x)$
0	0.2231	0.2231	0.1353	0.1353	0.0498	0.0498	0.0183	0.0183	0.0067	0.0067
1	0.3347	0.5578	0.2707	0.4060	0.1494	0.1991	0.0733	0.0916	0.0337	0.0404
2	0.2510	0.8088	0.2707	0.6767	0.2240	0.4232	0.1465	0.2381	0.0842	0.1247
3	0.1255	0.9344	0.1804	0.8571	0.2240	0.6472	0.1954	0.4335	0.1404	0.2650
4	0.0471	0.9814	0.0902	0.9473	0.1680	0.8153	0.1954	0.6288	0.1755	0.4405
5	0.0141	0.9955	0.0361	0.9834	0.1008	0.9161	0.1563	0.7851	0.1755	0.6160
6	0.0035	0.9991	0.0120	0.9955	0.0504	0.9665	0.1042	0.8893	0.1462	0.7622
7	0.0008	0.9998	0.0034	0.9989	0.0216	0.9881	0.0595	0.9489	0.1044	0.8666
8	0.0001	1.0000	0.0009	0.9998	0.0081	0.9962	0.0298	0.9786	0.0653	0.9319
9	0.0000	1.0000	0.0002	1.0000	0.0027	0.9989	0.0132	0.9919	0.0363	0.9682
10			0.0000	1.0000	0.0008	0.9997	0.0053	0.9972	0.0181	0.9863
11					0.0002	0.9999	0.0019	0.9991	0.0082	0.9945
12					0.0001	1.0000	0.0006	0.9997	0.0034	0.9980
13							0.0002	0.9999	0.0013	0.9993
14							0.0001	1.0000	0.0005	0.9998
15									0.0002	0.9999
16									0.0000	1.0000

A.10 Quantile der $F_{m,n}$-Verteilung

A.10.1 0.95-Quantile der $F_{m,n}$-Verteilung

$n\backslash m$	1	2	3	4	5	10
1	161.448	199.500	215.707	224.583	230.162	241.882
2	18.513	19.000	19.164	19.247	19.296	19.396
3	10.128	9.552	9.277	9.117	9.014	8.786
4	7.709	6.944	6.591	6.388	6.256	5.964
5	6.608	5.786	5.410	5.192	5.050	4.735
6	5.987	5.143	4.757	4.534	4.387	4.060
7	5.591	4.737	4.347	4.120	3.972	3.636
8	5.318	4.459	4.066	3.838	3.688	3.347
9	5.117	4.256	3.862	3.633	3.482	3.137
10	4.965	4.103	3.708	3.478	3.326	2.978
11	4.844	3.982	3.587	3.357	3.204	2.854
12	4.747	3.885	3.490	3.259	3.106	2.753
13	4.667	3.806	3.410	3.179	3.025	2.671
14	4.600	3.739	3.344	3.112	2.958	2.602
15	4.543	3.682	3.287	3.056	2.901	2.544
16	4.494	3.634	3.239	3.007	2.852	2.494
17	4.451	3.592	3.197	2.965	2.810	2.450
18	4.414	3.555	3.160	2.928	2.773	2.412
19	4.381	3.522	3.127	2.895	2.740	2.378
20	4.351	3.493	3.098	2.866	2.711	2.348
21	4.325	3.467	3.072	2.840	2.685	2.321
22	4.301	3.443	3.049	2.817	2.661	2.297
23	4.279	3.422	3.028	2.796	2.640	2.275
24	4.260	3.403	3.009	2.776	2.621	2.255
25	4.242	3.385	2.991	2.759	2.603	2.236
26	4.225	3.369	2.975	2.743	2.587	2.220
27	4.210	3.354	2.960	2.728	2.572	2.204
28	4.196	3.340	2.947	2.714	2.558	2.190
29	4.183	3.328	2.934	2.701	2.545	2.177
30	4.171	3.316	2.922	2.690	2.534	2.165
31	4.160	3.305	2.911	2.679	2.522	2.153
32	4.149	3.294	2.901	2.668	2.512	2.142
33	4.139	3.285	2.892	2.659	2.503	2.132
34	4.130	3.276	2.883	2.650	2.494	2.123
35	4.121	3.267	2.874	2.642	2.485	2.114
40	4.085	3.232	2.839	2.606	2.450	2.077
55	4.016	3.165	2.772	2.540	2.383	2.008
60	4.001	3.150	2.758	2.525	2.368	1.993
65	3.989	3.138	2.746	2.513	2.356	1.980
70	3.978	3.128	2.736	2.503	2.346	1.969
75	3.968	3.119	2.727	2.494	2.337	1.959
80	3.960	3.111	2.719	2.486	2.329	1.951
85	3.953	3.104	2.712	2.479	2.322	1.944
90	3.947	3.098	2.706	2.473	2.316	1.938
95	3.941	3.092	2.700	2.468	2.310	1.932
100	3.936	3.087	2.696	2.463	2.305	1.927
∞	3.841	2.996	2.605	2.372	2.214	1.831

A.10.2   0.99-Quantile der $F_{m,n}$-Verteilung

$n\backslash m$	1	2	3	4	5	10
1	4052.18	4999.50	5403.35	5624.58	5763.65	6055.85
2	98.502	99.000	99.166	99.249	99.299	99.399
3	34.116	30.816	29.457	28.710	28.237	27.229
4	21.198	18.000	16.694	15.977	15.522	14.546
5	16.258	13.274	12.060	11.392	10.967	10.051
6	13.745	10.925	9.780	9.148	8.746	7.874
7	12.246	9.547	8.451	7.847	7.460	6.620
8	11.259	8.649	7.591	7.006	6.632	5.814
9	10.561	8.022	6.992	6.422	6.057	5.256
10	10.044	7.559	6.552	5.994	5.636	4.849
11	9.646	7.206	6.217	5.668	5.316	4.539
12	9.330	6.927	5.952	5.412	5.064	4.296
13	9.074	6.701	5.739	5.205	4.862	4.100
14	8.862	6.515	5.564	5.035	4.695	3.939
15	8.683	6.359	5.417	4.893	4.556	3.805
16	8.531	6.226	5.292	4.773	4.437	3.691
17	8.400	6.112	5.185	4.669	4.336	3.593
18	8.285	6.013	5.092	4.579	4.248	3.508
19	8.185	5.926	5.010	4.500	4.171	3.434
20	8.096	5.849	4.938	4.431	4.103	3.368
21	8.017	5.780	4.874	4.369	4.042	3.310
22	7.945	5.719	4.817	4.313	3.988	3.258
23	7.881	5.664	4.765	4.264	3.939	3.211
24	7.823	5.614	4.718	4.218	3.895	3.168
25	7.770	5.568	4.676	4.177	3.855	3.129
26	7.721	5.526	4.637	4.140	3.818	3.094
27	7.677	5.488	4.601	4.106	3.785	3.062
28	7.636	5.453	4.568	4.074	3.754	3.032
29	7.598	5.420	4.538	4.045	3.725	3.004
30	7.562	5.390	4.510	4.018	3.699	2.979
31	7.530	5.362	4.484	3.993	3.674	2.956
32	7.499	5.336	4.459	3.970	3.652	2.934
33	7.471	5.312	4.437	3.948	3.630	2.913
34	7.444	5.289	4.416	3.927	3.611	2.894
35	7.419	5.268	4.396	3.908	3.592	2.876
40	7.314	5.178	4.313	3.828	3.514	2.800
55	7.119	5.013	4.159	3.681	3.370	2.662
60	7.077	4.977	4.126	3.649	3.339	2.632
65	7.042	4.947	4.098	3.622	3.313	2.607
70	7.011	4.922	4.074	3.600	3.291	2.585
75	6.985	4.900	4.054	3.580	3.272	2.567
80	6.963	4.881	4.036	3.563	3.255	2.551
85	6.943	4.864	4.021	3.548	3.240	2.537
90	6.925	4.849	4.007	3.535	3.228	2.524
95	6.909	4.836	3.995	3.523	3.216	2.513
100	6.895	4.824	3.984	3.513	3.206	2.503
∞	6.636	4.606	3.783	3.320	3.018	2.322

A.11   Quantile der Behrens-Verteilung
$Behrens(df_1, df_2, R)$

aus: ISAACS, CHRIST, NOVICK, JACKSON 1974

$\omega = \arctan(R)$

95 percent.	df_2	ω						
		0°	15°	30°	45°	60°	75°	90°
$df_1=6$	6	2.45	2.44	2.43	2.43	2.43	2.44	2.45
	8	2.31	2.31	2.33	2.36	2.40	2.43	2.45
	12	2.18	2.19	2.24	2.30	2.37	2.42	2.45
	24	2.06	2.09	2.15	2.24	2.34	2.42	2.45
	∞	1.96	1.99	2.08	2.20	2.32	2.41	2.45
$df_1=8$	6	2.45	2.43	2.40	2.36	2.33	2.31	2.31
	8	2.31	2.30	2.29	2.29	2.29	2.30	2.31
	12	2.18	2.18	2.20	2.23	2.26	2.29	2.31
	24	2.06	2.08	2.12	2.17	2.24	2.29	2.31
	∞	1.96	1.98	2.04	2.13	2.21	2.28	2.31
$df_1=12$	6	2.45	2.42	2.37	2.30	2.24	2.19	2.18
	8	2.31	2.29	2.26	2.23	2.20	2.18	2.18
	12	2.18	2.17	2.17	2.17	2.17	2.17	2.18
	24	2.06	2.07	2.09	2.11	2.14	2.17	2.18
	∞	1.96	1.57	2.01	2.06	2.12	2.16	2.15
$df_1=24$	6	2.45	2.42	2.34	2.25	2.15	2.09	2.06
	8	2.31	2.29	2.24	2.18	2.12	2.08	2.06
	12	2.18	2.17	2.14	2.11	2.09	2.07	2.06
	24	2.06	2.06	2.06	2.06	2.06	2.06	2.06
	∞	1.96	1.97	1.98	2.01	2.03	2.06	2.06
$df_1=\infty$	6	2.45	2.41	2.32	2.20	2.08	1.99	1.96
	8	2.31	2.28	2.21	2.13	2.04	1.98	1.96
	12	2.18	2.16	2.12	2.06	2.01	1.97	1.96
	24	2.06	2.06	2.03	2.01	1.98	1.97	1.96
	∞	1.96	1.96	1.96	1.96	1.96	1.96	1.96

99 percent	df_2	ω						
		0°	15°	30°	45°	60°	75°	90°
$df_1=6$	6	3.71	3.65	3.56	3.51	3.56	3.65	3.71
	8	3.36	3.33	3.31	3.36	3.50	3.64	3.71
	12	3.06	3.05	3.10	3.25	3.45	3.64	3.71
	24	2.80	2.82	2.94	3.16	3.42	3.63	3.71
	∞	2.58	2.63	2.80	3.09	3.40	3.63	3.71
$df_1=8$	6	3.71	3.64	3.50	3.36	3.31	3.33	3.36
	8	3.36	3.32	3.24	3.21	3.24	3.32	3.36
	12	3.06	3.04	3.03	3.08	3.19	3.31	3.36
	24	2.80	2.81	2.86	2.99	3.16	3.30	3.36
	∞	2.58	2.61	2.72	2.92	3.13	3.30	3.36
$df_1=12$	6	3.71	3.64	3.45	3.25	3.10	3.05	3.06
	8	3.36	3.31	3.19	3.08	3.03	3.04	3.06
	12	3.06	3.03	2.98	2.95	2.98	3.03	3.06
	24	2.80	2.79	2.80	2.85	2.94	3.02	3.06
	∞	2.58	2.60	2.66	2.78	2.91	3.01	3.06
$df_1=24$	6	3.71	3.63	3.42	3.16	2.94	2.82	2.80
	8	3.36	3.30	3.16	2.99	2.66	2.81	2.80
	12	3.06	3.02	2.94	2.85	2.80	2.79	2.80
	24	2.80	2.79	2.76	2.73	2.76	2.79	2.80
	∞	2.58	2.59	2.61	2.66	2.73	2.78	2.80
$df_1=\infty$	6	3.71	3.63	3.40	3.09	2.80	2.63	2.58
	8	3.36	3.30	3.13	2.92	2.72	2.61	2.58
	12	3.06	3.01	2.91	2.78	2.66	2.60	2.58
	24	2.80	2.78	2.73	2.66	2.61	2.59	2.58
	∞	2.58	2.58	2.58	2.58	2.58	2.58	2.58

A.12   Beta-Verteilung $Beta(a, b)$

A.12.1   Formen der Beta-Verteilung $Beta(a, b)$

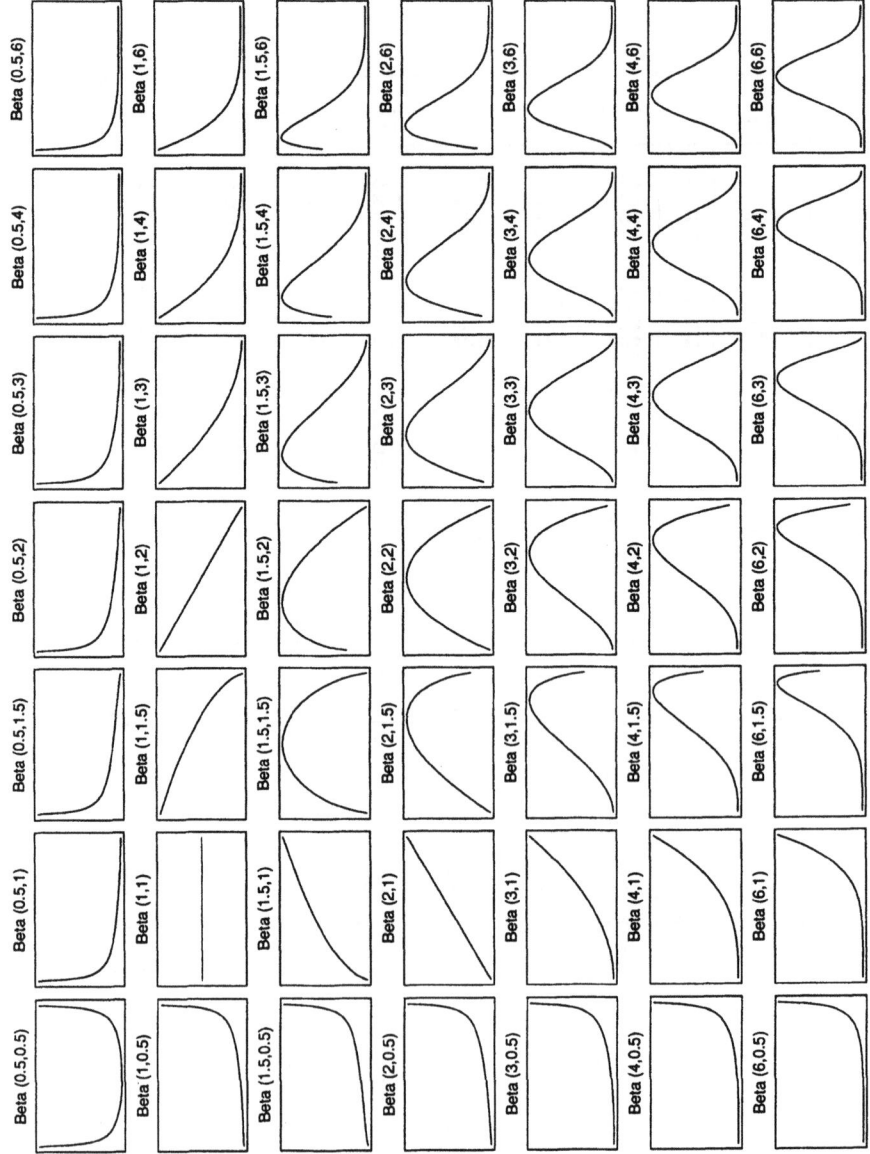

A.12.2 Verschiedene Beta-Verteilungen gleicher Modalwerte

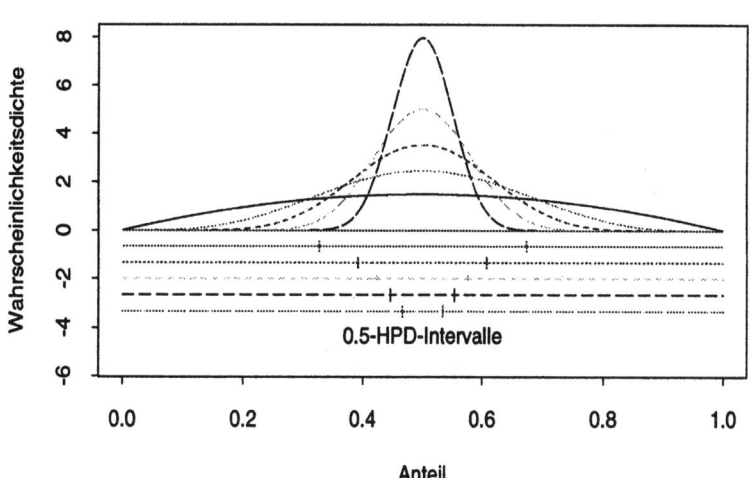

Beta-Dichten mit Modus 0.5

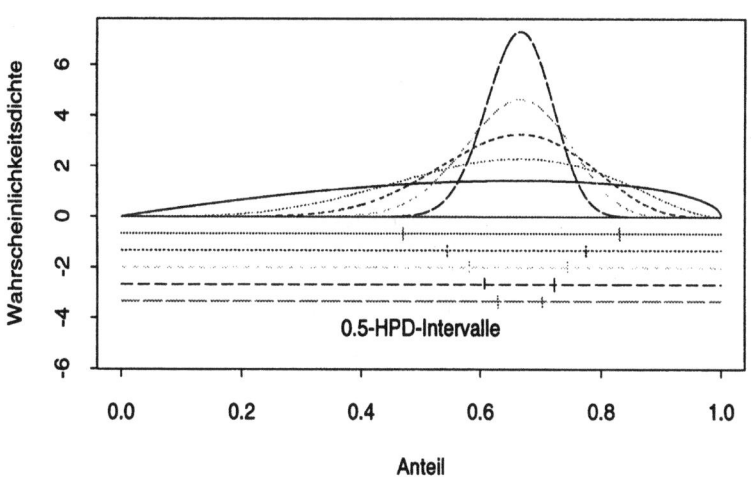

Beta-Dichten mit Modus 0.666667

Beta-Dichten mit Modus 0.8

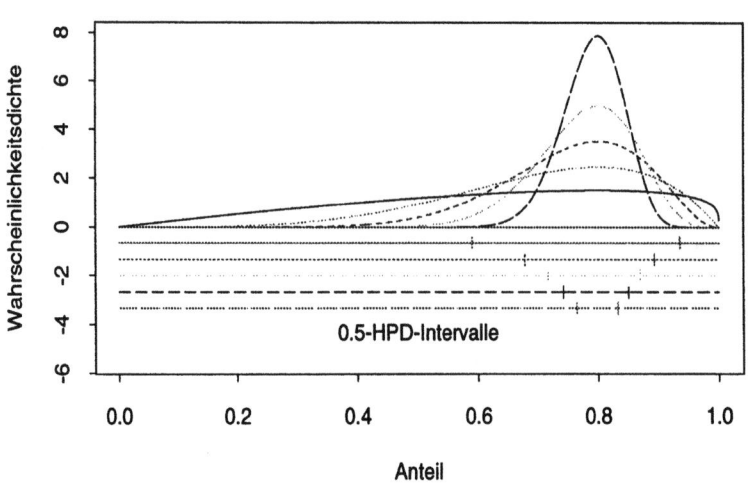

Beta-Dichten mit Modus 0.9

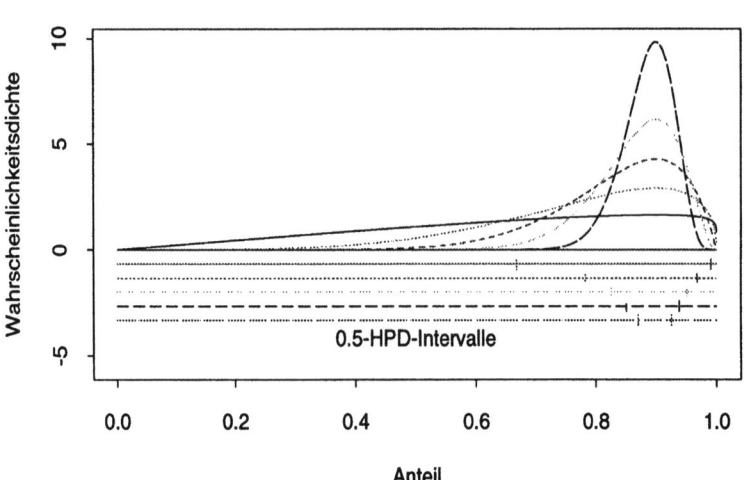

A.12.3 HPD-Intervallgrenzen für die Beta-Verteilung $Beta(a,b)$

HPD (0.90) Intervallgrenzen der Beta–Verteilung (a,b)

a \ b	1	2	3	4	5	6	7	8	9
1	(0.050)(0.950)	(0.001)(0.685)	(0.000)(0.537)	(0.000)(0.439)	(0.000)(0.370)	(0.000)(0.320)	(0.000)(0.281)	(0.000)(0.251)	(0.000)(0.227)
2	(0.314)(0.999)	(0.135)(0.865)	(0.068)(0.712)	(0.042)(0.605)	(0.030)(0.525)	(0.023)(0.464)	(0.019)(0.416)	(0.015)(0.376)	(0.013)(0.343)
3	(0.463)(1.000)	(0.288)(0.932)	(0.189)(0.811)	(0.138)(0.711)	(0.108)(0.632)	(0.088)(0.567)	(0.074)(0.515)	(0.064)(0.471)	(0.056)(0.434)
4	(0.561)(1.000)	(0.395)(0.957)	(0.289)(0.862)	(0.225)(0.775)	(0.184)(0.701)	(0.155)(0.639)	(0.134)(0.586)	(0.117)(0.541)	(0.105)(0.503)
5	(0.630)(1.000)	(0.475)(0.970)	(0.368)(0.892)	(0.299)(0.816)	(0.251)(0.749)	(0.216)(0.690)	(0.190)(0.639)	(0.169)(0.595)	(0.152)(0.556)
6	(0.680)(1.000)	(0.536)(0.977)	(0.432)(0.912)	(0.361)(0.845)	(0.310)(0.783)	(0.271)(0.729)	(0.241)(0.680)	(0.217)(0.638)	(0.197)(0.599)
7	(0.719)(1.000)	(0.584)(0.981)	(0.485)(0.926)	(0.414)(0.866)	(0.361)(0.810)	(0.320)(0.760)	(0.287)(0.713)	(0.260)(0.672)	(0.238)(0.635)
8	(0.750)(1.000)	(0.624)(0.985)	(0.529)(0.936)	(0.458)(0.883)	(0.405)(0.831)	(0.363)(0.783)	(0.328)(0.740)	(0.300)(0.700)	(0.276)(0.664)
9	(0.773)(1.000)	(0.657)(0.987)	(0.566)(0.944)	(0.497)(0.895)	(0.444)(0.848)	(0.401)(0.803)	(0.365)(0.762)	(0.336)(0.724)	(0.311)(0.689)
10	(0.794)(1.000)	(0.684)(0.989)	(0.597)(0.950)	(0.531)(0.906)	(0.478)(0.861)	(0.435)(0.819)	(0.399)(0.780)	(0.369)(0.744)	(0.343)(0.711)
15	(0.857)(1.000)	(0.774)(0.993)	(0.705)(0.968)	(0.648)(0.937)	(0.601)(0.905)	(0.560)(0.873)	(0.525)(0.842)	(0.495)(0.813)	(0.467)(0.785)
20	(0.891)(1.000)	(0.825)(0.995)	(0.767)(0.976)	(0.719)(0.953)	(0.677)(0.927)	(0.641)(0.902)	(0.608)(0.877)	(0.579)(0.853)	(0.553)(0.829)
30	(0.926)(1.000)	(0.879)(0.997)	(0.837)(0.985)	(0.800)(0.969)	(0.767)(0.951)	(0.737)(0.924)	(0.710)(0.915)	(0.686)(0.896)	(0.663)(0.879)
40	(0.944)(1.000)	(0.907)(0.998)	(0.874)(0.989)	(0.845)(0.976)	(0.818)(0.963)	(0.793)(0.949)	(0.770)(0.935)	(0.749)(0.920)	(0.729)(0.906)
60	(0.962)(1.000)	(0.937)(0.999)	(0.914)(0.992)	(0.893)(0.984)	(0.873)(0.975)	(0.855)(0.965)	(0.838)(0.956)	(0.821)(0.945)	(0.806)(0.935)
120	(0.981)(1.000)	(0.968)(0.999)	(0.956)(0.996)	(0.944)(0.992)	(0.934)(0.987)	(0.923)(0.982)	(0.914)(0.977)	(0.904)(0.972)	(0.895)(0.966)
1000	(0.998)(1.000)	(0.996)(1.000)	(0.995)(1.000)	(0.993)(0.999)	(0.992)(0.998)	(0.990)(0.998)	(0.989)(0.997)	(0.988)(0.997)	(0.986)(0.996)

HPD (0.90) Intervallgrenzen der Beta–Verteilung (a, b)

a \ b	10	15	20	30	40	60	120	1000
1	(0.000, 0.206)	(0.000, 0.143)	(0.000, 0.109)	(0.000, 0.074)	(0.000, 0.056)	(0.000, 0.038)	(0.000, 0.019)	(0.000, 0.002)
2	(0.011, 0.316)	(0.007, 0.226)	(0.005, 0.175)	(0.003, 0.121)	(0.002, 0.093)	(0.001, 0.063)	(0.001, 0.032)	(0.000, 0.004)
3	(0.050, 0.403)	(0.032, 0.295)	(0.024, 0.233)	(0.015, 0.163)	(0.011, 0.126)	(0.008, 0.086)	(0.004, 0.044)	(0.000, 0.005)
4	(0.094, 0.469)	(0.063, 0.352)	(0.047, 0.281)	(0.031, 0.200)	(0.024, 0.155)	(0.016, 0.107)	(0.008, 0.056)	(0.001, 0.007)
5	(0.139, 0.522)	(0.095, 0.399)	(0.073, 0.323)	(0.049, 0.233)	(0.037, 0.182)	(0.025, 0.127)	(0.012, 0.066)	(0.002, 0.008)
6	(0.180, 0.565)	(0.127, 0.440)	(0.098, 0.359)	(0.067, 0.263)	(0.051, 0.207)	(0.035, 0.145)	(0.017, 0.077)	(0.002, 0.010)
7	(0.220, 0.601)	(0.158, 0.475)	(0.123, 0.392)	(0.085, 0.290)	(0.065, 0.230)	(0.044, 0.162)	(0.023, 0.086)	(0.003, 0.011)
8	(0.256, 0.631)	(0.187, 0.506)	(0.147, 0.421)	(0.103, 0.314)	(0.080, 0.251)	(0.055, 0.179)	(0.028, 0.096)	(0.003, 0.012)
9	(0.289, 0.657)	(0.215, 0.533)	(0.171, 0.447)	(0.121, 0.337)	(0.094, 0.271)	(0.065, 0.194)	(0.034, 0.105)	(0.004, 0.014)
10	(0.320, 0.680)	(0.241, 0.557)	(0.193, 0.471)	(0.139, 0.359)	(0.108, 0.290)	(0.075, 0.209)	(0.039, 0.114)	(0.005, 0.015)
15	(0.443, 0.759)	(0.352, 0.648)	(0.292, 0.564)	(0.219, 0.447)	(0.175, 0.369)	(0.124, 0.274)	(0.067, 0.154)	(0.009, 0.021)
20	(0.529, 0.807)	(0.436, 0.708)	(0.371, 0.629)	(0.287, 0.512)	(0.234, 0.432)	(0.171, 0.328)	(0.094, 0.190)	(0.012, 0.027)
30	(0.641, 0.861)	(0.553, 0.782)	(0.488, 0.713)	(0.395, 0.605)	(0.332, 0.525)	(0.252, 0.414)	(0.146, 0.253)	(0.021, 0.038)
40	(0.710, 0.892)	(0.631, 0.825)	(0.568, 0.766)	(0.475, 0.668)	(0.409, 0.592)	(0.320, 0.480)	(0.194, 0.306)	(0.029, 0.048)
60	(0.791, 0.925)	(0.726, 0.876)	(0.672, 0.829)	(0.586, 0.748)	(0.520, 0.680)	(0.425, 0.575)	(0.276, 0.391)	(0.045, 0.068)
120	(0.886, 0.961)	(0.846, 0.933)	(0.810, 0.906)	(0.747, 0.854)	(0.694, 0.806)	(0.609, 0.724)	(0.447, 0.553)	(0.092, 0.122)
1000	(0.985, 0.995)	(0.979, 0.991)	(0.973, 0.987)	(0.962, 0.979)	(0.952, 0.971)	(0.932, 0.955)	(0.878, 0.908)	(0.482, 0.518)

HPD (0.95) Intervallgrenzen der Beta–Verteilung (a, b)

a \ b	1	2	3	4	5	6	7	8	9
1	0.025 / 0.975	0.001 / 0.779	0.000 / 0.634	0.000 / 0.530	0.000 / 0.453	0.000 / 0.395	0.000 / 0.350	0.000 / 0.314	0.000 / 0.285
2	0.221 / 0.999	0.094 / 0.906	0.044 / 0.772	0.026 / 0.670	0.018 / 0.591	0.013 / 0.527	0.010 / 0.476	0.009 / 0.433	0.007 / 0.398
3	0.366 / 1.000	0.228 / 0.956	0.147 / 0.853	0.105 / 0.761	0.081 / 0.685	0.065 / 0.621	0.054 / 0.568	0.046 / 0.522	0.040 / 0.484
4	0.470 / 1.000	0.330 / 0.974	0.239 / 0.895	0.184 / 0.816	0.149 / 0.746	0.124 / 0.685	0.107 / 0.633	0.093 / 0.588	0.083 / 0.548
5	0.547 / 1.000	0.409 / 0.982	0.315 / 0.920	0.254 / 0.851	0.212 / 0.788	0.181 / 0.731	0.159 / 0.682	0.141 / 0.638	0.127 / 0.599
6	0.605 / 1.000	0.473 / 0.987	0.379 / 0.935	0.315 / 0.876	0.268 / 0.818	0.234 / 0.766	0.207 / 0.719	0.186 / 0.677	0.168 / 0.639
7	0.650 / 1.000	0.524 / 0.990	0.432 / 0.946	0.367 / 0.893	0.318 / 0.841	0.281 / 0.793	0.252 / 0.749	0.227 / 0.708	0.208 / 0.672
8	0.686 / 1.000	0.567 / 0.991	0.477 / 0.953	0.412 / 0.907	0.362 / 0.859	0.323 / 0.814	0.292 / 0.773	0.266 / 0.734	0.244 / 0.699
9	0.715 / 1.000	0.602 / 0.993	0.516 / 0.960	0.452 / 0.917	0.401 / 0.874	0.361 / 0.832	0.329 / 0.792	0.301 / 0.756	0.278 / 0.722
10	0.740 / 1.000	0.633 / 0.994	0.550 / 0.964	0.486 / 0.925	0.436 / 0.885	0.395 / 0.846	0.362 / 0.809	0.334 / 0.774	0.309 / 0.742
15	0.818 / 1.000	0.734 / 0.996	0.666 / 0.977	0.610 / 0.951	0.564 / 0.922	0.525 / 0.893	0.491 / 0.864	0.461 / 0.836	0.435 / 0.810
20	0.860 / 1.000	0.792 / 0.997	0.735 / 0.983	0.687 / 0.963	0.645 / 0.941	0.609 / 0.918	0.577 / 0.894	0.549 / 0.871	0.523 / 0.849
30	0.904 / 1.000	0.855 / 0.998	0.812 / 0.989	0.775 / 0.976	0.742 / 0.960	0.712 / 0.944	0.685 / 0.927	0.660 / 0.910	0.637 / 0.893
40	0.927 / 1.000	0.889 / 0.999	0.855 / 0.992	0.825 / 0.982	0.797 / 0.970	0.772 / 0.957	0.749 / 0.944	0.728 / 0.931	0.708 / 0.918
60	0.951 / 1.000	0.924 / 0.999	0.900 / 0.995	0.878 / 0.988	0.858 / 0.980	0.839 / 0.971	0.822 / 0.962	0.805 / 0.953	0.790 / 0.943
120	0.975 / 1.000	0.961 / 1.000	0.948 / 0.997	0.937 / 0.994	0.925 / 0.990	0.915 / 0.986	0.905 / 0.981	0.895 / 0.976	0.886 / 0.971
1000	0.997 / 1.000	0.995 / 1.000	0.994 / 1.000	0.992 / 0.999	0.991 / 0.999	0.989 / 0.998	0.988 / 0.998	0.986 / 0.997	0.985 / 0.996

HPD (0.95) Intervallgrenzen der Beta–Verteilung (a, b)

a \ b	10	15	20	30	40	60	120	1000
1	(0.000 / 0.260)	(0.000 / 0.182)	(0.000 / 0.140)	(0.000 / 0.096)	(0.000 / 0.073)	(0.000 / 0.049)	(0.000 / 0.025)	(0.000 / 0.003)
2	(0.006 / 0.368)	(0.004 / 0.266)	(0.003 / 0.208)	(0.002 / 0.145)	(0.001 / 0.111)	(0.001 / 0.076)	(0.000 / 0.039)	(0.000 / 0.005)
3	(0.036 / 0.450)	(0.023 / 0.334)	(0.017 / 0.265)	(0.011 / 0.188)	(0.008 / 0.145)	(0.005 / 0.100)	(0.003 / 0.052)	(0.000 / 0.006)
4	(0.074 / 0.514)	(0.049 / 0.390)	(0.037 / 0.313)	(0.024 / 0.225)	(0.018 / 0.175)	(0.012 / 0.122)	(0.006 / 0.063)	(0.001 / 0.008)
5	(0.115 / 0.564)	(0.078 / 0.436)	(0.059 / 0.355)	(0.040 / 0.258)	(0.030 / 0.203)	(0.020 / 0.142)	(0.010 / 0.075)	(0.001 / 0.009)
6	(0.154 / 0.605)	(0.107 / 0.475)	(0.082 / 0.391)	(0.056 / 0.288)	(0.043 / 0.228)	(0.029 / 0.161)	(0.015 / 0.085)	(0.002 / 0.011)
7	(0.191 / 0.638)	(0.136 / 0.509)	(0.106 / 0.423)	(0.073 / 0.315)	(0.056 / 0.251)	(0.038 / 0.178)	(0.019 / 0.095)	(0.002 / 0.012)
8	(0.226 / 0.666)	(0.164 / 0.539)	(0.129 / 0.451)	(0.090 / 0.340)	(0.069 / 0.272)	(0.047 / 0.195)	(0.024 / 0.105)	(0.003 / 0.013)
9	(0.258 / 0.691)	(0.191 / 0.565)	(0.151 / 0.477)	(0.107 / 0.363)	(0.082 / 0.292)	(0.057 / 0.210)	(0.029 / 0.114)	(0.004 / 0.015)
10	(0.289 / 0.711)	(0.216 / 0.588)	(0.172 / 0.500)	(0.123 / 0.384)	(0.096 / 0.311)	(0.066 / 0.225)	(0.034 / 0.123)	(0.004 / 0.016)
15	(0.412 / 0.784)	(0.325 / 0.675)	(0.269 / 0.590)	(0.200 / 0.470)	(0.160 / 0.391)	(0.113 / 0.291)	(0.061 / 0.165)	(0.008 / 0.022)
20	(0.500 / 0.828)	(0.410 / 0.731)	(0.348 / 0.652)	(0.267 / 0.535)	(0.217 / 0.452)	(0.158 / 0.345)	(0.087 / 0.201)	(0.012 / 0.028)
30	(0.616 / 0.877)	(0.530 / 0.800)	(0.465 / 0.733)	(0.375 / 0.625)	(0.314 / 0.544)	(0.238 / 0.431)	(0.138 / 0.265)	(0.019 / 0.040)
40	(0.689 / 0.904)	(0.610 / 0.840)	(0.548 / 0.783)	(0.456 / 0.686)	(0.391 / 0.609)	(0.305 / 0.496)	(0.184 / 0.318)	(0.027 / 0.050)
60	(0.775 / 0.934)	(0.709 / 0.887)	(0.655 / 0.842)	(0.569 / 0.762)	(0.504 / 0.695)	(0.411 / 0.589)	(0.265 / 0.402)	(0.043 / 0.071)
120	(0.877 / 0.966)	(0.835 / 0.939)	(0.799 / 0.913)	(0.735 / 0.862)	(0.683 / 0.816)	(0.598 / 0.735)	(0.437 / 0.563)	(0.089 / 0.125)
1000	(0.984 / 0.996)	(0.978 / 0.992)	(0.972 / 0.988)	(0.960 / 0.981)	(0.950 / 0.973)	(0.929 / 0.957)	(0.875 / 0.911)	(0.478 / 0.522)

HPD (0.99) Intervallgrenzen der Beta–Verteilung (a,b)								
b 1	2	3	4	5	6	7	8	9

a	1	2	3	4	5	6	7	8	9
1	(0.005 / 0.995)	(0.001 / 0.905)	(0.000 / 0.792)	(0.000 / 0.692)	(0.000 / 0.610)	(0.000 / 0.544)	(0.000 / 0.490)	(0.000 / 0.445)	(0.000 / 0.407)
2	(0.095 / 0.999)	(0.041 / 0.959)	(0.016 / 0.866)	(0.010 / 0.784)	(0.008 / 0.712)	(0.007 / 0.650)	(0.006 / 0.597)	(0.005 / 0.551)	(0.005 / 0.511)
3	(0.208 / 1.000)	(0.133 / 0.984)	(0.083 / 0.917)	(0.057 / 0.844)	(0.042 / 0.777)	(0.033 / 0.717)	(0.027 / 0.665)	(0.023 / 0.619)	(0.020 / 0.579)
4	(0.308 / 1.000)	(0.216 / 0.990)	(0.156 / 0.944)	(0.118 / 0.883)	(0.093 / 0.823)	(0.077 / 0.768)	(0.065 / 0.718)	(0.056 / 0.674)	(0.050 / 0.635)
5	(0.390 / 1.000)	(0.288 / 0.992)	(0.223 / 0.958)	(0.177 / 0.907)	(0.146 / 0.854)	(0.124 / 0.804)	(0.107 / 0.758)	(0.095 / 0.716)	(0.084 / 0.677)
6	(0.456 / 1.000)	(0.350 / 0.993)	(0.283 / 0.967)	(0.232 / 0.923)	(0.196 / 0.876)	(0.170 / 0.831)	(0.149 / 0.788)	(0.133 / 0.748)	(0.120 / 0.711)
7	(0.510 / 1.000)	(0.403 / 0.994)	(0.335 / 0.973)	(0.282 / 0.935)	(0.242 / 0.893)	(0.212 / 0.851)	(0.189 / 0.811)	(0.170 / 0.774)	(0.154 / 0.739)
8	(0.555 / 1.000)	(0.449 / 0.995)	(0.381 / 0.977)	(0.326 / 0.943)	(0.284 / 0.906)	(0.252 / 0.867)	(0.226 / 0.830)	(0.205 / 0.795)	(0.188 / 0.761)
9	(0.593 / 1.000)	(0.489 / 0.995)	(0.421 / 0.980)	(0.366 / 0.950)	(0.323 / 0.916)	(0.288 / 0.880)	(0.261 / 0.846)	(0.238 / 0.812)	(0.219 / 0.781)
10	(0.624 / 1.000)	(0.524 / 0.996)	(0.457 / 0.983)	(0.402 / 0.956)	(0.358 / 0.924)	(0.323 / 0.891)	(0.294 / 0.859)	(0.270 / 0.827)	(0.249 / 0.797)
15	(0.730 / 1.000)	(0.646 / 0.997)	(0.585 / 0.988)	(0.534 / 0.971)	(0.491 / 0.949)	(0.455 / 0.926)	(0.424 / 0.901)	(0.397 / 0.876)	(0.373 / 0.852)
20	(0.790 / 1.000)	(0.719 / 0.998)	(0.665 / 0.991)	(0.620 / 0.979)	(0.580 / 0.962)	(0.546 / 0.943)	(0.516 / 0.924)	(0.488 / 0.904)	(0.465 / 0.884)
30	(0.855 / 1.000)	(0.801 / 0.999)	(0.759 / 0.994)	(0.723 / 0.986)	(0.690 / 0.975)	(0.660 / 0.962)	(0.633 / 0.948)	(0.609 / 0.933)	(0.587 / 0.919)
40	(0.889 / 1.000)	(0.846 / 0.999)	(0.812 / 0.995)	(0.782 / 0.990)	(0.754 / 0.981)	(0.729 / 0.971)	(0.705 / 0.960)	(0.684 / 0.949)	(0.664 / 0.937)
60	(0.924 / 1.000)	(0.894 / 0.999)	(0.869 / 0.997)	(0.847 / 0.993)	(0.827 / 0.987)	(0.807 / 0.981)	(0.789 / 0.973)	(0.772 / 0.965)	(0.756 / 0.957)
120	(0.962 / 1.000)	(0.945 / 1.000)	(0.932 / 0.998)	(0.920 / 0.996)	(0.908 / 0.994)	(0.897 / 0.990)	(0.886 / 0.986)	(0.876 / 0.982)	(0.866 / 0.978)
1000	(0.995 / 1.000)	(0.993 / 1.000)	(0.992 / 1.000)	(0.990 / 1.000)	(0.988 / 0.999)	(0.987 / 0.999)	(0.985 / 0.998)	(0.984 / 0.998)	(0.982 / 0.997)

HPD (0.99) Intervallgrenzen der Beta–Verteilung (a, b)

b / a	10	15	20	30	40	60	120	1000
1	$\binom{0.000}{0.376}$	$\binom{0.000}{0.270}$	$\binom{0.000}{0.210}$	$\binom{0.000}{0.145}$	$\binom{0.000}{0.111}$	$\binom{0.000}{0.076}$	$\binom{0.000}{0.038}$	$\binom{0.000}{0.005}$
2	$\binom{0.004}{0.476}$	$\binom{0.003}{0.354}$	$\binom{0.002}{0.281}$	$\binom{0.001}{0.199}$	$\binom{0.001}{0.154}$	$\binom{0.001}{0.106}$	$\binom{0.000}{0.055}$	$\binom{0.000}{0.007}$
3	$\binom{0.017}{0.543}$	$\binom{0.012}{0.415}$	$\binom{0.009}{0.335}$	$\binom{0.006}{0.241}$	$\binom{0.005}{0.188}$	$\binom{0.003}{0.131}$	$\binom{0.002}{0.068}$	$\binom{0.000}{0.008}$
4	$\binom{0.045}{0.599}$	$\binom{0.029}{0.465}$	$\binom{0.021}{0.380}$	$\binom{0.014}{0.277}$	$\binom{0.010}{0.218}$	$\binom{0.007}{0.153}$	$\binom{0.004}{0.080}$	$\binom{0.000}{0.010}$
5	$\binom{0.076}{0.642}$	$\binom{0.051}{0.509}$	$\binom{0.038}{0.420}$	$\binom{0.025}{0.310}$	$\binom{0.019}{0.246}$	$\binom{0.013}{0.174}$	$\binom{0.006}{0.092}$	$\binom{0.001}{0.012}$
6	$\binom{0.109}{0.677}$	$\binom{0.075}{0.545}$	$\binom{0.057}{0.454}$	$\binom{0.038}{0.340}$	$\binom{0.029}{0.271}$	$\binom{0.019}{0.193}$	$\binom{0.010}{0.103}$	$\binom{0.001}{0.013}$
7	$\binom{0.141}{0.706}$	$\binom{0.099}{0.576}$	$\binom{0.077}{0.485}$	$\binom{0.052}{0.367}$	$\binom{0.040}{0.294}$	$\binom{0.027}{0.211}$	$\binom{0.014}{0.114}$	$\binom{0.002}{0.015}$
8	$\binom{0.173}{0.730}$	$\binom{0.124}{0.603}$	$\binom{0.096}{0.511}$	$\binom{0.067}{0.391}$	$\binom{0.051}{0.316}$	$\binom{0.035}{0.228}$	$\binom{0.018}{0.124}$	$\binom{0.002}{0.016}$
9	$\binom{0.203}{0.751}$	$\binom{0.148}{0.626}$	$\binom{0.116}{0.536}$	$\binom{0.081}{0.413}$	$\binom{0.063}{0.336}$	$\binom{0.043}{0.244}$	$\binom{0.022}{0.134}$	$\binom{0.003}{0.018}$
10	$\binom{0.232}{0.768}$	$\binom{0.171}{0.647}$	$\binom{0.136}{0.557}$	$\binom{0.096}{0.434}$	$\binom{0.074}{0.355}$	$\binom{0.051}{0.259}$	$\binom{0.026}{0.143}$	$\binom{0.003}{0.019}$
15	$\binom{0.352}{0.829}$	$\binom{0.276}{0.724}$	$\binom{0.227}{0.640}$	$\binom{0.167}{0.517}$	$\binom{0.132}{0.433}$	$\binom{0.094}{0.326}$	$\binom{0.050}{0.186}$	$\binom{0.006}{0.026}$
20	$\binom{0.443}{0.864}$	$\binom{0.360}{0.773}$	$\binom{0.303}{0.697}$	$\binom{0.232}{0.578}$	$\binom{0.188}{0.493}$	$\binom{0.135}{0.380}$	$\binom{0.074}{0.224}$	$\binom{0.010}{0.032}$
30	$\binom{0.566}{0.904}$	$\binom{0.483}{0.833}$	$\binom{0.422}{0.769}$	$\binom{0.338}{0.662}$	$\binom{0.282}{0.580}$	$\binom{0.212}{0.464}$	$\binom{0.122}{0.288}$	$\binom{0.017}{0.044}$
40	$\binom{0.645}{0.926}$	$\binom{0.567}{0.867}$	$\binom{0.507}{0.813}$	$\binom{0.420}{0.718}$	$\binom{0.358}{0.641}$	$\binom{0.278}{0.527}$	$\binom{0.167}{0.341}$	$\binom{0.024}{0.055}$
60	$\binom{0.741}{0.949}$	$\binom{0.674}{0.906}$	$\binom{0.620}{0.864}$	$\binom{0.536}{0.788}$	$\binom{0.473}{0.722}$	$\binom{0.384}{0.616}$	$\binom{0.246}{0.425}$	$\binom{0.039}{0.076}$
120	$\binom{0.857}{0.974}$	$\binom{0.814}{0.950}$	$\binom{0.776}{0.926}$	$\binom{0.712}{0.878}$	$\binom{0.659}{0.833}$	$\binom{0.575}{0.754}$	$\binom{0.417}{0.583}$	$\binom{0.084}{0.132}$
1000	$\binom{0.981}{0.997}$	$\binom{0.974}{0.994}$	$\binom{0.968}{0.990}$	$\binom{0.956}{0.983}$	$\binom{0.945}{0.976}$	$\binom{0.924}{0.961}$	$\binom{0.868}{0.916}$	$\binom{0.471}{0.529}$

A.13 Theoretische HPD-Intervallgrenzen für Quantile p

HPD (0.90) Intervallgrenzen für Quantile

n \ p	5	6	7	8	9	10	15	20	30
0.05	(0.00 / 1.86)	(0.00 / 2.03)	(0.01 / 2.17)	(0.01 / 2.30)	(0.01 / 2.42)	(0.01 / 2.53)	(0.04 / 3.05)	(0.10 / 3.51)	(0.26 / 4.36)
0.10	(0.02 / 2.11)	(0.03 / 2.35)	(0.04 / 2.57)	(0.06 / 2.77)	(0.09 / 2.97)	(0.12 / 3.16)	(0.28 / 4.04)	(0.50 / 4.86)	(1.01 / 6.37)
0.15	(0.07 / 2.37)	(0.10 / 2.68)	(0.15 / 2.96)	(0.20 / 3.24)	(0.25 / 3.51)	(0.31 / 3.77)	(0.65 / 4.98)	(1.05 / 6.11)	(1.96 / 8.23)
0.20	(0.15 / 2.63)	(0.22 / 3.00)	(0.29 / 3.35)	(0.38 / 3.69)	(0.47 / 4.02)	(0.56 / 4.34)	(1.09 / 5.86)	(1.69 / 7.29)	(3.03 / 9.99)
0.25	(0.26 / 2.87)	(0.36 / 3.31)	(0.47 / 3.72)	(0.59 / 4.12)	(0.72 / 4.51)	(0.85 / 4.89)	(1.59 / 6.70)	(2.40 / 8.41)	(4.17 / 11.67)
0.30	(0.39 / 3.11)	(0.52 / 3.60)	(0.67 / 4.07)	(0.83 / 4.53)	(1.00 / 4.98)	(1.17 / 5.41)	(2.12 / 7.51)	(3.16 / 9.50)	(5.38 / 13.30)
0.35	(0.53 / 3.34)	(0.71 / 3.88)	(0.90 / 4.41)	(1.10 / 4.92)	(1.31 / 5.42)	(1.52 / 5.91)	(2.69 / 8.28)	(3.95 / 10.53)	(6.64 / 14.86)
0.40	(0.69 / 3.56)	(0.91 / 4.15)	(1.14 / 4.73)	(1.39 / 5.29)	(1.64 / 5.85)	(1.90 / 6.39)	(3.29 / 9.02)	(4.79 / 11.53)	(7.95 / 16.39)
0.45	(0.86 / 3.76)	(1.12 / 4.41)	(1.40 / 5.03)	(1.69 / 5.65)	(1.99 / 6.26)	(2.30 / 6.85)	(3.93 / 9.73)	(5.66 / 12.50)	(9.30 / 17.86)
0.50	(1.04 / 3.95)	(1.35 / 4.65)	(1.68 / 5.33)	(2.01 / 5.99)	(2.36 / 6.64)	(2.71 / 7.29)	(4.58 / 10.41)	(6.56 / 13.44)	(10.70 / 19.30)
0.55	(1.24 / 4.14)	(1.59 / 4.88)	(1.96 / 5.60)	(2.35 / 6.31)	(2.74 / 7.01)	(3.15 / 7.71)	(5.27 / 11.07)	(7.50 / 14.34)	(12.14 / 20.70)
0.60	(1.44 / 4.31)	(1.85 / 5.09)	(2.27 / 5.86)	(2.71 / 6.62)	(3.15 / 7.36)	(3.61 / 8.10)	(5.98 / 11.71)	(8.46 / 15.21)	(13.61 / 22.05)
0.65	(1.66 / 4.47)	(2.12 / 5.29)	(2.59 / 6.10)	(3.08 / 6.90)	(3.58 / 7.69)	(4.08 / 8.47)	(6.72 / 12.31)	(9.47 / 16.05)	(15.13 / 23.36)
0.70	(1.89 / 4.61)	(2.40 / 5.47)	(2.93 / 6.32)	(3.47 / 7.17)	(4.02 / 8.00)	(4.58 / 8.83)	(7.49 / 12.88)	(10.51 / 16.84)	(16.71 / 24.62)
0.75	(2.13 / 4.74)	(2.69 / 5.64)	(3.28 / 6.53)	(3.88 / 7.41)	(4.49 / 8.28)	(5.11 / 9.15)	(8.30 / 13.41)	(11.59 / 17.60)	(18.33 / 25.83)
0.80	(2.37 / 4.85)	(3.00 / 5.78)	(3.65 / 6.71)	(4.31 / 7.62)	(4.98 / 8.53)	(5.66 / 9.44)	(9.14 / 13.91)	(12.71 / 18.31)	(20.01 / 26.98)
0.85	(2.63 / 4.93)	(3.32 / 5.90)	(4.03 / 6.85)	(4.76 / 7.80)	(5.49 / 8.75)	(6.23 / 9.69)	(10.02 / 14.35)	(13.89 / 18.95)	(21.77 / 28.04)
0.90	(2.89 / 4.98)	(3.65 / 5.97)	(4.43 / 6.96)	(5.23 / 7.94)	(6.03 / 8.91)	(6.84 / 9.89)	(10.96 / 14.72)	(15.14 / 19.50)	(23.63 / 28.99)
0.95	(3.14 / 5.00)	(3.97 / 6.00)	(4.83 / 6.99)	(5.70 / 7.99)	(6.58 / 8.99)	(7.47 / 9.99)	(11.95 / 14.96)	(16.49 / 19.90)	(25.64 / 29.74)

HPD (0.90) Intervallgrenzen für Quantile							

n / p	40	50	60	100	150	200	500	1000
0.05	$\binom{0.47}{5.15}$	$\binom{0.71}{5.91}$	$\binom{0.97}{6.65}$	$\binom{2.18}{9.44}$	$\binom{3.88}{12.74}$	$\binom{5.71}{15.92}$	$\binom{17.78}{33.86}$	$\binom{39.46}{62.16}$
0.10	$\binom{1.60}{7.80}$	$\binom{2.23}{9.17}$	$\binom{2.90}{10.51}$	$\binom{5.79}{15.63}$	$\binom{9.68}{21.74}$	$\binom{13.75}{27.68}$	$\binom{39.69}{61.74}$	$\binom{85.11}{116.31}$
0.15	$\binom{2.96}{10.25}$	$\binom{4.02}{12.20}$	$\binom{5.13}{14.10}$	$\binom{9.79}{21.45}$	$\binom{15.97}{30.28}$	$\binom{22.35}{38.90}$	$\binom{62.51}{88.73}$	$\binom{132.09}{169.20}$
0.20	$\binom{4.46}{12.57}$	$\binom{5.96}{15.08}$	$\binom{7.52}{17.53}$	$\binom{14.02}{27.04}$	$\binom{22.53}{38.54}$	$\binom{31.28}{49.79}$	$\binom{85.86}{115.22}$	$\binom{179.77}{221.33}$
0.25	$\binom{6.05}{14.80}$	$\binom{8.01}{17.85}$	$\binom{10.03}{20.84}$	$\binom{18.40}{32.48}$	$\binom{29.29}{46.60}$	$\binom{40.44}{60.47}$	$\binom{109.55}{141.33}$	$\binom{227.96}{272.95}$
0.30	$\binom{7.72}{16.96}$	$\binom{10.15}{20.54}$	$\binom{12.64}{24.07}$	$\binom{22.91}{37.79}$	$\binom{36.20}{54.51}$	$\binom{49.76}{70.94}$	$\binom{133.57}{167.19}$	$\binom{276.53}{324.14}$
0.35	$\binom{9.45}{19.05}$	$\binom{12.35}{23.16}$	$\binom{15.32}{27.20}$	$\binom{27.52}{43.00}$	$\binom{43.24}{62.28}$	$\binom{59.25}{81.29}$	$\binom{157.77}{192.76}$	$\binom{325.49}{375.04}$
0.40	$\binom{11.24}{21.10}$	$\binom{14.62}{25.71}$	$\binom{18.07}{30.27}$	$\binom{32.23}{48.12}$	$\binom{50.40}{69.96}$	$\binom{68.86}{91.49}$	$\binom{182.22}{218.16}$	$\binom{374.74}{425.63}$
0.45	$\binom{13.08}{23.08}$	$\binom{16.96}{28.22}$	$\binom{20.89}{33.28}$	$\binom{37.02}{53.16}$	$\binom{57.66}{77.52}$	$\binom{78.61}{101.59}$	$\binom{206.82}{243.31}$	$\binom{424.23}{475.91}$
0.50	$\binom{14.98}{25.02}$	$\binom{19.34}{30.65}$	$\binom{23.78}{36.23}$	$\binom{41.89}{58.11}$	$\binom{65.02}{84.97}$	$\binom{88.45}{111.55}$	$\binom{231.64}{268.32}$	$\binom{474.04}{525.98}$
0.55	$\binom{16.92}{26.92}$	$\binom{21.79}{33.04}$	$\binom{26.72}{39.10}$	$\binom{46.84}{62.98}$	$\binom{72.48}{92.34}$	$\binom{98.43}{121.41}$	$\binom{256.66}{293.15}$	$\binom{524.04}{575.72}$
0.60	$\binom{18.91}{28.76}$	$\binom{24.28}{35.37}$	$\binom{29.72}{41.92}$	$\binom{51.88}{67.77}$	$\binom{80.04}{99.60}$	$\binom{108.51}{131.14}$	$\binom{281.87}{317.80}$	$\binom{574.39}{625.28}$
0.65	$\binom{20.94}{30.54}$	$\binom{26.84}{37.64}$	$\binom{32.80}{44.68}$	$\binom{57.00}{72.48}$	$\binom{87.71}{106.76}$	$\binom{118.71}{140.75}$	$\binom{307.22}{342.21}$	$\binom{624.96}{674.51}$
0.70	$\binom{23.04}{32.28}$	$\binom{29.46}{39.85}$	$\binom{35.94}{47.37}$	$\binom{62.20}{77.08}$	$\binom{95.49}{113.80}$	$\binom{129.05}{150.23}$	$\binom{332.82}{366.44}$	$\binom{675.83}{723.45}$
0.75	$\binom{25.20}{33.95}$	$\binom{32.15}{41.99}$	$\binom{39.15}{49.97}$	$\binom{67.52}{81.60}$	$\binom{103.40}{120.71}$	$\binom{139.54}{159.57}$	$\binom{358.66}{390.43}$	$\binom{727.04}{772.03}$
0.80	$\binom{27.43}{35.54}$	$\binom{34.92}{44.04}$	$\binom{42.47}{52.48}$	$\binom{72.96}{85.98}$	$\binom{111.46}{127.47}$	$\binom{150.20}{168.71}$	$\binom{384.79}{414.15}$	$\binom{778.67}{820.24}$
0.85	$\binom{29.75}{37.04}$	$\binom{37.80}{45.98}$	$\binom{45.90}{54.88}$	$\binom{78.55}{90.21}$	$\binom{119.72}{134.03}$	$\binom{161.10}{177.64}$	$\binom{411.27}{437.49}$	$\binom{830.83}{867.95}$
0.90	$\binom{32.20}{38.40}$	$\binom{40.83}{47.77}$	$\binom{49.49}{57.10}$	$\binom{84.37}{94.21}$	$\binom{128.25}{140.31}$	$\binom{172.31}{186.25}$	$\binom{438.26}{460.31}$	$\binom{883.69}{914.89}$
0.95	$\binom{34.85}{39.53}$	$\binom{44.09}{49.29}$	$\binom{53.35}{59.02}$	$\binom{90.56}{97.82}$	$\binom{137.26}{146.11}$	$\binom{184.09}{194.29}$	$\binom{466.14}{482.21}$	$\binom{937.86}{960.56}$

HPD (0.95) Intervallgrenzen für Quantile

p \ n	5	6	7	8	9	10	15	20	30
0.05	(0.00 / 2.24)	(0.00 / 2.44)	(0.01 / 2.62)	(0.01 / 2.78)	(0.01 / 2.93)	(0.01 / 3.06)	(0.02 / 3.65)	(0.05 / 4.16)	(0.16 / 5.09)
0.10	(0.01 / 2.48)	(0.02 / 2.75)	(0.02 / 3.00)	(0.03 / 3.24)	(0.05 / 3.46)	(0.06 / 3.68)	(0.18 / 4.65)	(0.35 / 5.53)	(0.78 / 7.15)
0.15	(0.03 / 2.72)	(0.06 / 3.06)	(0.09 / 3.39)	(0.12 / 3.69)	(0.16 / 3.99)	(0.20 / 4.27)	(0.48 / 5.59)	(0.82 / 6.80)	(1.62 / 9.05)
0.20	(0.09 / 2.95)	(0.14 / 3.36)	(0.19 / 3.75)	(0.26 / 4.13)	(0.33 / 4.49)	(0.40 / 4.84)	(0.86 / 6.47)	(1.38 / 7.99)	(2.59 / 10.83)
0.25	(0.17 / 3.18)	(0.25 / 3.66)	(0.34 / 4.11)	(0.43 / 4.54)	(0.54 / 4.96)	(0.65 / 5.37)	(1.29 / 7.31)	(2.02 / 9.12)	(3.65 / 12.53)
0.30	(0.27 / 3.40)	(0.38 / 3.93)	(0.51 / 4.44)	(0.64 / 4.93)	(0.78 / 5.41)	(0.93 / 5.88)	(1.78 / 8.10)	(2.72 / 10.19)	(4.79 / 14.15)
0.35	(0.39 / 3.61)	(0.54 / 4.19)	(0.70 / 4.76)	(0.87 / 5.30)	(1.05 / 5.84)	(1.25 / 6.36)	(2.30 / 8.85)	(3.47 / 11.21)	(5.99 / 15.71)
0.40	(0.52 / 3.81)	(0.71 / 4.44)	(0.91 / 5.06)	(1.13 / 5.66)	(1.35 / 6.24)	(1.59 / 6.82)	(2.86 / 9.57)	(4.26 / 12.20)	(7.25 / 17.22)
0.45	(0.67 / 3.99)	(0.90 / 4.68)	(1.14 / 5.34)	(1.40 / 5.99)	(1.67 / 6.63)	(1.95 / 7.25)	(3.46 / 10.26)	(5.09 / 13.14)	(8.56 / 18.68)
0.50	(0.83 / 4.17)	(1.10 / 4.90)	(1.39 / 5.61)	(1.69 / 6.30)	(2.01 / 6.99)	(2.34 / 7.66)	(4.08 / 10.92)	(5.95 / 14.04)	(9.92 / 20.09)
0.55	(1.01 / 4.33)	(1.32 / 5.10)	(1.66 / 5.86)	(2.01 / 6.60)	(2.38 / 7.33)	(2.75 / 8.05)	(4.74 / 11.54)	(6.86 / 14.91)	(11.32 / 21.44)
0.60	(1.19 / 4.48)	(1.56 / 5.29)	(1.94 / 6.09)	(2.34 / 6.87)	(2.76 / 7.65)	(3.18 / 8.41)	(5.43 / 12.14)	(7.81 / 15.74)	(12.78 / 22.75)
0.65	(1.39 / 4.61)	(1.81 / 5.46)	(2.24 / 6.30)	(2.69 / 7.13)	(3.16 / 7.95)	(3.64 / 8.75)	(6.15 / 12.70)	(8.79 / 16.53)	(14.29 / 24.00)
0.70	(1.60 / 4.73)	(2.07 / 5.62)	(2.56 / 6.49)	(3.07 / 7.36)	(3.59 / 8.22)	(4.12 / 9.07)	(6.90 / 13.22)	(9.81 / 17.28)	(15.84 / 25.20)
0.75	(1.82 / 4.83)	(2.35 / 5.75)	(2.89 / 6.66)	(3.46 / 7.57)	(4.04 / 8.46)	(4.63 / 9.35)	(7.69 / 13.71)	(10.89 / 17.98)	(17.47 / 26.35)
0.80	(2.05 / 4.91)	(2.64 / 5.86)	(3.25 / 6.81)	(3.87 / 7.74)	(4.51 / 8.67)	(5.16 / 9.60)	(8.53 / 14.15)	(12.01 / 18.62)	(19.16 / 27.41)
0.85	(2.28 / 4.97)	(2.94 / 5.94)	(3.61 / 6.91)	(4.31 / 7.88)	(5.01 / 8.84)	(5.73 / 9.80)	(9.41 / 14.52)	(13.20 / 19.18)	(20.95 / 28.38)
0.90	(2.52 / 4.99)	(3.25 / 5.98)	(4.00 / 6.98)	(4.76 / 7.97)	(5.54 / 8.95)	(6.33 / 9.94)	(10.35 / 14.82)	(14.47 / 19.65)	(22.85 / 29.22)
0.95	(2.76 / 5.00)	(3.56 / 6.00)	(4.38 / 6.99)	(5.22 / 7.99)	(6.07 / 8.99)	(6.94 / 9.99)	(11.35 / 14.98)	(15.84 / 19.95)	(24.91 / 29.84)

HPD (0.95) Intervallgrenzen für Quantile							
n \ p	40	50	60	100	150	200	500	100
0.05	(0.33 / 5.94)	(0.52 / 6.75)	(0.75 / 7.54)	(1.80 / 10.48)	(3.37 / 13.94)	(5.06 / 17.24)	(16.58 / 35.74)	(37.59 / 64.65)
0.10	(1.29 / 8.67)	(1.86 / 10.12)	(2.47 / 11.52)	(5.14 / 16.86)	(8.83 / 23.20)	(12.72 / 29.32)	(37.88 / 64.15)	(82.44 / 119.61)
0.15	(2.53 / 11.17)	(3.50 / 13.21)	(4.53 / 15.20)	(8.95 / 22.81)	(14.87 / 31.90)	(21.04 / 40.74)	(60.28 / 91.51)	(128.82 / 173.04)
0.20	(3.92 / 13.53)	(5.33 / 16.14)	(6.79 / 18.69)	(13.01 / 28.49)	(21.24 / 40.28)	(29.74 / 51.78)	(83.28 / 118.25)	(176.01 / 225.53)
0.25	(5.42 / 15.78)	(7.28 / 18.94)	(9.19 / 22.03)	(17.26 / 33.99)	(27.84 / 48.43)	(38.71 / 62.55)	(106.72 / 144.56)	(223.84 / 277.44)
0.30	(7.01 / 17.95)	(9.33 / 21.65)	(11.71 / 25.27)	(21.65 / 39.34)	(34.62 / 56.39)	(47.90 / 73.11)	(130.48 / 170.52)	(272.17 / 328.89)
0.35	(8.68 / 20.04)	(11.46 / 24.27)	(14.32 / 28.42)	(26.18 / 44.58)	(41.55 / 64.21)	(57.27 / 83.49)	(154.54 / 196.21)	(320.86 / 379.89)
0.40	(10.41 / 22.07)	(13.68 / 26.82)	(17.00 / 31.47)	(30.80 / 49.69)	(48.62 / 71.88)	(66.78 / 93.72)	(178.86 / 221.66)	(369.98 / 430.60)
0.45	(12.20 / 24.04)	(15.95 / 29.29)	(19.77 / 34.46)	(35.54 / 54.72)	(55.82 / 79.43)	(76.43 / 103.78)	(203.42 / 246.87)	(419.37 / 480.93)
0.50	(14.05 / 25.95)	(18.29 / 31.70)	(22.62 / 37.38)	(40.37 / 59.64)	(63.14 / 86.87)	(86.27 / 113.75)	(228.14 / 271.82)	(469.10 / 530.97)
0.55	(15.96 / 27.79)	(20.71 / 34.05)	(25.54 / 40.23)	(45.29 / 64.46)	(70.57 / 94.18)	(96.20 / 123.55)	(253.14 / 296.59)	(519.09 / 580.65)
0.60	(17.93 / 29.59)	(23.19 / 36.33)	(28.51 / 42.99)	(50.30 / 69.19)	(78.12 / 101.38)	(106.27 / 133.21)	(278.35 / 321.14)	(569.46 / 630.08)
0.65	(19.96 / 31.32)	(25.73 / 38.54)	(31.58 / 45.68)	(55.43 / 73.83)	(85.80 / 108.46)	(116.52 / 142.74)	(303.81 / 345.47)	(620.13 / 679.16)
0.70	(22.05 / 32.99)	(28.35 / 40.67)	(34.73 / 48.29)	(60.65 / 78.34)	(93.61 / 115.38)	(126.89 / 152.09)	(329.45 / 369.49)	(671.11 / 727.83)
0.75	(24.22 / 34.58)	(31.05 / 42.72)	(37.96 / 50.80)	(66.01 / 82.74)	(101.58 / 122.17)	(137.45 / 161.28)	(355.44 / 393.28)	(722.56 / 776.16)
0.80	(26.47 / 36.08)	(33.86 / 44.67)	(41.31 / 53.21)	(71.51 / 86.99)	(109.72 / 128.76)	(148.22 / 170.26)	(381.74 / 416.71)	(774.49 / 824.01)
0.85	(28.83 / 37.47)	(36.78 / 46.50)	(44.80 / 55.47)	(77.19 / 91.05)	(118.10 / 135.13)	(159.26 / 178.96)	(408.50 / 439.73)	(827.03 / 871.25)
0.90	(31.33 / 38.71)	(39.88 / 48.14)	(48.48 / 57.53)	(83.14 / 94.86)	(126.80 / 141.17)	(170.69 / 187.29)	(435.82 / 462.10)	(880.44 / 917.61)
0.95	(34.06 / 39.67)	(43.25 / 49.48)	(52.46 / 59.25)	(89.52 / 98.19)	(136.07 / 146.64)	(182.76 / 194.94)	(464.26 / 483.43)	(935.34 / 962.40)

HPD (0.99) Intervallgrenzen für Quantile

n / p	5	6	7	8	9	10	15	20	30
0.05	(0.00, 2.96)	(0.00, 3.27)	(0.01, 3.53)	(0.01, 3.76)	(0.01, 3.97)	(0.01, 4.17)	(0.02, 4.97)	(0.04, 5.62)	(0.10, 6.72)
0.10	(0.01, 3.18)	(0.02, 3.56)	(0.02, 3.89)	(0.03, 4.20)	(0.03, 4.49)	(0.04, 4.76)	(0.10, 5.94)	(0.19, 6.96)	(0.45, 8.79)
0.15	(0.02, 3.38)	(0.03, 3.82)	(0.05, 4.22)	(0.06, 4.60)	(0.08, 4.95)	(0.10, 5.29)	(0.24, 6.82)	(0.47, 8.20)	(1.07, 10.73)
0.20	(0.04, 3.56)	(0.06, 4.06)	(0.09, 4.52)	(0.12, 4.96)	(0.15, 5.38)	(0.20, 5.79)	(0.50, 7.67)	(0.89, 9.38)	(1.86, 12.53)
0.25	(0.07, 3.73)	(0.10, 4.28)	(0.16, 4.82)	(0.22, 5.32)	(0.29, 5.81)	(0.36, 6.28)	(0.83, 8.47)	(1.41, 10.48)	(2.77, 14.22)
0.30	(0.12, 3.90)	(0.19, 4.52)	(0.27, 5.10)	(0.36, 5.67)	(0.46, 6.21)	(0.56, 6.74)	(1.21, 9.22)	(1.98, 11.52)	(3.77, 15.83)
0.35	(0.20, 4.07)	(0.29, 4.73)	(0.40, 5.37)	(0.52, 5.99)	(0.66, 6.59)	(0.80, 7.18)	(1.64, 9.93)	(2.62, 12.50)	(4.83, 17.35)
0.40	(0.28, 4.22)	(0.41, 4.94)	(0.56, 5.63)	(0.71, 6.29)	(0.89, 6.94)	(1.07, 7.58)	(2.12, 10.60)	(3.31, 13.43)	(5.98, 18.80)
0.45	(0.39, 4.36)	(0.55, 5.12)	(0.73, 5.86)	(0.93, 6.57)	(1.14, 7.27)	(1.37, 7.95)	(2.64, 11.23)	(4.06, 14.32)	(7.19, 20.21)
0.50	(0.51, 4.49)	(0.71, 5.30)	(0.93, 6.07)	(1.17, 6.83)	(1.43, 7.58)	(1.70, 8.31)	(3.19, 11.81)	(4.84, 15.15)	(8.46, 21.53)
0.55	(0.64, 4.61)	(0.88, 5.45)	(1.14, 6.27)	(1.43, 7.07)	(1.73, 7.86)	(2.05, 8.63)	(3.78, 12.37)	(5.69, 15.94)	(9.80, 22.81)
0.60	(0.78, 4.72)	(1.06, 5.59)	(1.38, 6.45)	(1.71, 7.28)	(2.06, 8.11)	(2.42, 8.93)	(4.41, 12.88)	(6.56, 16.68)	(11.19, 24.02)
0.65	(0.93, 4.81)	(1.27, 5.71)	(1.63, 6.60)	(2.01, 7.48)	(2.41, 8.34)	(2.83, 9.20)	(5.07, 13.36)	(7.50, 17.38)	(12.65, 25.16)
0.70	(1.10, 4.88)	(1.48, 5.81)	(1.90, 6.73)	(2.33, 7.64)	(2.79, 8.54)	(3.26, 9.43)	(5.78, 13.79)	(8.48, 18.02)	(14.18, 26.24)
0.75	(1.27, 4.93)	(1.72, 5.89)	(2.19, 6.84)	(2.68, 7.78)	(3.19, 8.72)	(3.72, 9.64)	(6.53, 14.17)	(9.52, 18.59)	(15.78, 27.23)
0.80	(1.44, 4.96)	(1.94, 5.94)	(2.48, 6.91)	(3.04, 7.88)	(3.62, 8.85)	(4.21, 9.80)	(7.33, 14.50)	(10.62, 19.11)	(17.47, 28.14)
0.85	(1.62, 4.98)	(2.18, 5.97)	(2.78, 6.95)	(3.40, 7.94)	(4.05, 8.92)	(4.71, 9.90)	(8.18, 14.76)	(11.80, 19.53)	(19.27, 28.92)
0.90	(1.82, 4.99)	(2.44, 5.98)	(3.11, 6.98)	(3.80, 7.97)	(4.51, 8.97)	(5.24, 9.96)	(9.06, 14.90)	(13.04, 19.81)	(21.21, 29.56)
0.95	(2.04, 5.00)	(2.73, 6.00)	(3.47, 6.99)	(4.24, 7.99)	(5.03, 8.99)	(5.83, 9.99)	(10.03, 14.98)	(14.38, 19.96)	(23.28, 29.90)

HPD (0.99) Intervallgrenzen für Quantile							
n **p**	40	50	60	100	150	200	500	1000

n / p	40	50	60	100	150	200	500	1000
0.05	$\binom{0.19}{7.69}$	$\binom{0.30}{8.59}$	$\binom{0.43}{9.45}$	$\binom{1.22}{12.69}$	$\binom{2.49}{16.44}$	$\binom{3.95}{20.00}$	$\binom{14.34}{39.55}$	$\binom{34.19}{69.76}$
0.10	$\binom{0.82}{10.48}$	$\binom{1.26}{12.09}$	$\binom{1.75}{13.63}$	$\binom{4.04}{19.42}$	$\binom{7.32}{26.18}$	$\binom{10.86}{32.66}$	$\binom{34.50}{69.02}$	$\binom{77.24}{126.07}$
0.15	$\binom{1.81}{13.07}$	$\binom{2.62}{15.29}$	$\binom{3.50}{17.44}$	$\binom{7.43}{25.58}$	$\binom{12.85}{35.18}$	$\binom{18.61}{44.44}$	$\binom{56.06}{97.07}$	$\binom{122.56}{180.66}$
0.20	$\binom{2.99}{15.47}$	$\binom{4.21}{18.28}$	$\binom{5.51}{21.01}$	$\binom{11.16}{31.40}$	$\binom{18.83}{43.77}$	$\binom{26.86}{55.74}$	$\binom{78.37}{124.28}$	$\binom{168.79}{233.84}$
0.25	$\binom{4.31}{17.74}$	$\binom{5.96}{21.12}$	$\binom{7.69}{24.40}$	$\binom{15.14}{37.00}$	$\binom{25.10}{52.06}$	$\binom{35.47}{66.70}$	$\binom{101.29}{150.96}$	$\binom{215.91}{286.31}$
0.30	$\binom{5.74}{19.90}$	$\binom{7.83}{23.83}$	$\binom{10.03}{27.68}$	$\binom{19.30}{42.40}$	$\binom{31.61}{60.11}$	$\binom{44.36}{77.39}$	$\binom{124.60}{177.15}$	$\binom{263.60}{338.11}$
0.35	$\binom{7.25}{21.96}$	$\binom{9.81}{26.42}$	$\binom{12.45}{30.79}$	$\binom{23.64}{47.66}$	$\binom{38.33}{67.97}$	$\binom{53.48}{87.84}$	$\binom{148.34}{203.01}$	$\binom{311.92}{389.44}$
0.40	$\binom{8.87}{23.95}$	$\binom{11.90}{28.95}$	$\binom{15.01}{33.83}$	$\binom{28.10}{52.75}$	$\binom{45.21}{75.65}$	$\binom{62.80}{98.08}$	$\binom{172.38}{228.54}$	$\binom{360.59}{440.18}$
0.45	$\binom{10.56}{25.86}$	$\binom{14.06}{31.36}$	$\binom{17.66}{36.75}$	$\binom{32.69}{57.73}$	$\binom{52.27}{83.16}$	$\binom{72.30}{108.11}$	$\binom{196.69}{253.71}$	$\binom{409.81}{490.65}$
0.50	$\binom{12.31}{27.68}$	$\binom{16.30}{33.69}$	$\binom{20.41}{39.59}$	$\binom{37.43}{62.58}$	$\binom{59.48}{90.53}$	$\binom{82.01}{118.01}$	$\binom{221.34}{278.65}$	$\binom{459.38}{540.61}$
0.55	$\binom{14.15}{29.45}$	$\binom{18.63}{35.93}$	$\binom{23.24}{42.34}$	$\binom{42.27}{67.30}$	$\binom{66.84}{97.73}$	$\binom{91.88}{127.69}$	$\binom{246.26}{303.28}$	$\binom{509.33}{590.17}$
0.60	$\binom{16.05}{31.13}$	$\binom{21.06}{38.11}$	$\binom{26.16}{44.97}$	$\binom{47.26}{71.92}$	$\binom{74.35}{104.78}$	$\binom{101.93}{137.21}$	$\binom{271.52}{327.68}$	$\binom{559.74}{639.33}$
0.65	$\binom{18.03}{32.74}$	$\binom{23.57}{40.19}$	$\binom{29.20}{47.54}$	$\binom{52.35}{76.37}$	$\binom{82.03}{111.67}$	$\binom{112.19}{146.54}$	$\binom{297.02}{351.70}$	$\binom{610.58}{688.11}$
0.70	$\binom{20.10}{34.27}$	$\binom{26.17}{42.17}$	$\binom{32.34}{49.99}$	$\binom{57.61}{80.71}$	$\binom{89.89}{118.38}$	$\binom{122.61}{155.63}$	$\binom{322.88}{375.43}$	$\binom{661.87}{736.38}$
0.75	$\binom{22.26}{35.69}$	$\binom{28.88}{44.05}$	$\binom{35.59}{52.31}$	$\binom{63.00}{84.86}$	$\binom{97.94}{124.89}$	$\binom{133.30}{164.53}$	$\binom{349.05}{398.72}$	$\binom{713.76}{784.16}$
0.80	$\binom{24.53}{37.01}$	$\binom{31.72}{45.79}$	$\binom{39.00}{54.50}$	$\binom{68.59}{88.84}$	$\binom{106.23}{131.17}$	$\binom{144.25}{173.14}$	$\binom{375.73}{421.64}$	$\binom{766.15}{831.20}$
0.85	$\binom{26.94}{38.20}$	$\binom{34.71}{47.38}$	$\binom{42.56}{56.50}$	$\binom{74.42}{92.57}$	$\binom{114.82}{137.15}$	$\binom{155.56}{181.40}$	$\binom{403.00}{444.01}$	$\binom{819.42}{877.51}$
0.90	$\binom{29.52}{39.18}$	$\binom{37.91}{48.74}$	$\binom{46.38}{58.26}$	$\binom{80.59}{95.97}$	$\binom{123.83}{142.69}$	$\binom{167.35}{189.15}$	$\binom{430.97}{465.49}$	$\binom{873.81}{922.64}$
0.95	$\binom{32.31}{39.81}$	$\binom{41.41}{49.70}$	$\binom{50.55}{59.57}$	$\binom{87.31}{98.78}$	$\binom{133.57}{147.52}$	$\binom{180.01}{196.06}$	$\binom{460.41}{485.62}$	$\binom{930.22}{965.79}$

A.14 Kritische Werte für den U-Test

(aus: SACHS, L. 1984)

Tabelle 63 (1. Fortsetzung). Kritische Werte von U für den Test von Wilcoxon, Mann und Whitney für den einseitigen Test: $\alpha = 0{,}05$; zweiseitigen Test: $\alpha = 0{,}10$

$m \backslash n$	1	2	3	4	5	6	7	8	9	10	11	12	13	14	15	16	17	18	19	20
1	-																			
2	-	-																		
3	-	-	0																	
4	-	-	0	1																
5	-	0	1	2	4															
6	-	0	2	3	5	7														
7	-	0	2	4	6	8	11													
8	-	1	3	5	8	10	13	15												
9	-	1	4	6	9	12	15	18	21											
10	-	1	4	7	11	14	17	20	24	27										
11	-	1	5	8	12	16	19	23	27	31	34									
12	-	2	5	9	13	17	21	26	30	34	38	42								
13	-	2	6	10	15	19	24	28	33	37	42	47	51							
14	-	3	7	11	16	21	26	31	36	41	46	51	56	61						
15	-	3	7	12	18	23	28	33	39	44	50	55	61	66	72					
16	-	3	8	14	19	25	30	36	42	48	54	60	65	71	77	83				
17	-	3	9	15	20	26	33	39	45	51	57	64	70	77	83	89	96			
18	-	4	9	16	22	28	35	41	48	55	61	68	75	82	88	95	102	109		
19	0	4	10	17	23	30	37	44	51	58	65	72	80	87	94	101	109	116	123	
20	0	4	11	18	25	32	39	47	54	62	69	77	84	92	100	107	115	123	130	138
21	0	5	11	19	26	34	41	49	57	65	73	81	89	97	105	113	121	130	138	146
22	0	5	12	20	28	36	44	52	60	68	77	85	94	102	111	119	128	136	145	154
23	0	5	13	21	29	37	46	54	63	72	81	90	98	107	116	125	134	143	152	161
24	0	6	13	22	30	39	48	57	66	75	85	94	103	113	122	131	141	150	160	169
25	0	6	14	23	32	41	50	60	69	79	89	98	108	118	128	137	147	157	167	177
26	0	6	15	24	33	43	53	62	72	82	92	103	113	123	133	143	154	164	174	185
27	0	7	15	25	35	45	55	65	75	86	96	107	117	128	139	149	160	171	182	192
28	0	7	16	26	36	46	57	68	78	89	100	112	122	133	144	156	167	178	189	200
29	0	7	17	27	38	48	59	70	82	93	104	116	127	138	150	162	173	185	196	208
30	0	7	17	28	39	50	61	73	85	96	108	120	132	144	156	168	180	192	204	216
31	0	8	18	29	40	52	64	76	88	100	112	124	136	149	161	174	186	199	211	224
32	0	8	19	30	42	54	66	78	91	103	116	128	141	154	167	180	193	206	218	231
33	0	8	19	31	43	56	68	81	94	107	120	133	146	160	175	189	204	219	233	247
34	0	9	20	32	45	57	70	84	97	110	124	137	151	164	178	192	206	219	233	247
35	0	9	21	33	46	59	73	86	100	114	128	141	156	170	184	198	212	226	241	255
36	0	9	21	34	48	61	75	89	103	117	131	146	160	175	189	204	219	233	248	263
37	0	10	22	35	49	63	77	91	106	121	135	150	165	180	195	210	225	240	255	271
38	0	10	23	36	50	65	79	94	109	124	139	154	170	185	201	216	232	247	263	278
39	1	10	23	38	52	67	82	97	112	128	143	159	175	190	206	222	238	254	270	286
40	1	11	24	39	53	68	84	99	115	131	147	163	179	196	212	228	245	261	278	294

A.15 Kritische Werte für den WILCOXON-Paardifferenzentest

(aus: SACHS, L. 1984)

Tabelle 67.   Kritische Werte für den Wilcoxon-Paardifferenzen-Test: (auszugsweise entnommen aus McCornack, R. L.: Extended tables of the Wilcoxon matched pair signed rank statistic. J. Amer. Statist. Assoc. 60 (1965), 864–871, pp. 866÷867)

Test	zweiseitig			einseitig	
n	5 %	1 %	0,1 %	5 %	1 %
6	0			2	
7	2			3	0
8	3	0		5	1
9	5	1		8	3
10	8	3		10	5
11	10	5	0	13	7
12	13	7	1	17	9
13	17	9	2	21	12
14	21	12	4	25	15
15	25	15	6	30	19
16	29	19	8	35	23
17	34	23	11	41	27
18	40	27	14	47	32
19	46	32	18	53	37
20	52	37	21	60	43
21	58	42	25	67	49
22	65	48	30	75	55
23	73	54	35	83	62
24	81	61	40	91	69
25	89	68	45	100	76
26	98	75	51	110	84
27	107	83	57	119	92
28	116	91	64	130	101
29	126	100	71	140	110
30	137	109	78	151	120
31	147	118	86	163	130
32	159	128	94	175	140
33	170	138	102	187	151
34	182	148	111	200	162
35	195	159	120	213	173

Test	zweiseitig			einseitig	
n	5 %	1 %	0,1 %	5 %	1 %
36	208	171	130	227	185
37	221	182	140	241	198
38	235	194	150	256	211
39	249	207	161	271	224
40	264	220	172	286	238
41	279	233	183	302	252
42	294	247	195	319	266
43	310	261	207	336	281
44	327	276	220	353	296
45	343	291	233	371	312
46	361	307	246	389	328
47	378	322	260	407	345
48	396	339	274	426	362
49	415	355	289	446	379
50	434	373	304	466	397
51	453	390	319	486	416
52	473	408	335	507	434
53	494	427	351	529	454
54	514	445	368	550	473
55	536	465	385	573	493
56	557	484	402	595	514
57	579	504	420	618	535
58	602	525	438	642	556
59	625	546	457	666	578
60	648	567	476	690	600
61	672	589	495	715	623
62	697	611	515	741	646
63	721	634	535	767	669
64	747	657	556	793	693
65	772	681	577	820	718

A.16 Kritische Werte des DURBIN-WATSON-Tests

Werte für d_u und d_o für den DURBIN-WATSON-Test
A. Signifikanzniveau $\alpha = 0.05$

	k = 1		k = 2		k = 3		k = 4		k = 5	
n	d_L	d_U	d_L	d_U	d_L	d_U	d_L	d_U	d_L	d_U
15	1.08	1.36	0.95	1.54	0.82	1.75	0.69	1.97	0.56	2.21
16	1.10	1.37	0.98	1.54	0.86	1.73	0.74	1.93	0.62	2.15
17	1.13	1.38	1.02	1.54	0.90	1.71	0.78	1.90	0.67	2.10
18	1.16	1.39	1.05	1.53	0.93	1.69	0.82	1.87	0.71	2.06
19	1.18	1.40	1.08	1.53	0.97	1.68	0.86	1.85	0.75	2.02
20	1.20	1.41	1.10	1.54	1.00	1.68	0.90	1.83	0.79	1.99
21	1.22	1.42	1.13	1.54	1.03	1.67	0.93	1.81	0.83	1.96
22	1.24	1.43	1.15	1.54	1.05	1.66	0.96	1.80	0.86	1.94
23	1.26	1.44	1.17	1.54	1.08	1.66	0.99	1.79	0.90	1.92
24	1.27	1.45	1.19	1.55	1.10	1.66	1.01	1.78	0.93	1.90
25	1.29	1.45	1.21	1.55	1.12	1.66	1.04	1.77	0.95	1.89
26	1.30	1.46	1.22	1.55	1.14	1.65	1.06	1.76	0.98	1.88
27	1.32	1.47	1.24	1.56	1.16	1.65	1.08	1.76	1.01	1.86
28	1.33	1.48	1.26	1.56	1.18	1.65	1.10	1.75	1.03	1.85
29	1.34	1.48	1.27	1.56	1.20	1.65	1.12	1.74	1.05	1.84
30	1.35	1.49	1.28	1.57	1.21	1.65	1.14	1.74	1.07	1.83
31	1.36	1.50	1.30	1.57	1.23	1.65	1.16	1.74	1.09	1.83
32	1.37	1.50	1.31	1.57	1.24	1.65	1.18	1.73	1.11	1.82
33	1.38	1.51	1.32	1.58	1.26	1.65	1.19	1.73	1.13	1.81
34	1.39	1.51	1.33	1.58	1.27	1.65	1.21	1.73	1.15	1.81
35	1.40	1.52	1.34	1.58	1.28	1.65	1.22	1.73	1.16	1.80
36	1.41	1.52	1.35	1.59	1.29	1.65	1.24	1.73	1.18	1.80
37	1.42	1.53	1.36	1.59	1.31	1.66	1.25	1.72	1.19	1.80
38	1.43	1.54	1.37	1.59	1.32	1.66	1.26	1.72	1.21	1.79
39	1.43	1.54	1.38	1.60	1.33	1.66	1.27	1.72	1.22	1.79
40	1.44	1.54	1.39	1.60	1.34	1.66	1.29	1.72	1.23	1.79
45	1.48	1.57	1.43	1.62	1.38	1.67	1.34	1.72	1.29	1.78
50	1.50	1.59	1.46	1.63	1.42	1.67	1.38	1.72	1.34	1.77
55	1.53	1.60	1.49	1.64	1.45	1.68	1.41	1.72	1.38	1.77
60	1.55	1.62	1.51	1.65	1.48	1.69	1.44	1.73	1.41	1.77
65	1.57	1.63	1.54	1.66	1.50	1.70	1.47	1.73	1.44	1.77
70	1.58	1.64	1.55	1.67	1.52	1.70	1.49	1.74	1.46	1.77
75	1.60	1.65	1.57	1.68	1.54	1.71	1.51	1.74	1.49	1.77
80	1.61	1.66	1.59	1.69	1.56	1.72	1.53	1.74	1.51	1.77
85	1.62	1.67	1.60	1.70	1.57	1.72	1.55	1.75	1.52	1.77
90	1.63	1.68	1.61	1.70	1.59	1.73	1.57	1.75	1.54	1.78
95	1.64	1.69	1.62	1.71	1.60	1.73	1.58	1.75	1.56	1.78
100	1.65	1.69	1.63	1.72	1.61	1.74	1.59	1.76	1.57	1.78

B. Signifikanzniveau $\alpha = 0.025$

	k = 1		k = 2		k = 3		k = 4		k = 5	
n	d_L	d_U	d_L	d_U	d_L	d_U	d_L	d_U	d_L	d_U
15	0.95	1.23	0.83	1.40	0.71	1.61	0.59	1.84	0.48	2.09
16	0.98	1.24	0.86	1.40	0.75	1.59	0.64	1.80	0.53	2.03
17	1.01	1.25	0.90	1.40	0.79	1.58	0.68	1.77	0.57	1.98
18	1.03	1.26	0.93	1.40	0.82	1.56	0.72	1.74	0.62	1.93
19	1.06	1.28	0.96	1.41	0.86	1.55	0.76	1.72	0.66	1.90
20	1.08	1.28	0.99	1.41	0.89	1.55	0.79	1.70	0.70	1.87
21	1.10	1.30	1.01	1.41	0.92	1.54	0.83	1.69	0.73	1.84
22	1.12	1.31	1.04	1.42	0.95	1.54	0.86	1.68	0.77	1.82
23	1.14	1.32	1.06	1.42	0.97	1.54	0.89	1.67	0.80	1.80
24	1.16	1.33	1.08	1.43	1.00	1.54	0.91	1.66	0.83	1.79
25	1.18	1.34	1.10	1.43	1.02	1.54	0.94	1.65	0.86	1.77
26	1.19	1.35	1.12	1.44	1.04	1.54	0.96	1.65	0.88	1.76
27	1.21	1.36	1.13	1.44	1.06	1.54	0.99	1.64	0.91	1.75
28	1.22	1.37	1.15	1.45	1.08	1.54	1.01	1.64	0.93	1.74
29	1.24	1.38	1.17	1.45	1.10	1.54	1.03	1.63	0.96	1.73
30	1.25	1.38	1.18	1.46	1.12	1.54	1.05	1.63	0.98	1.73
31	1.26	1.39	1.20	1.47	1.13	1.55	1.07	1.63	1.00	1.72
32	1.27	1.40	1.21	1.47	1.15	1.55	1.08	1.63	1.02	1.71
33	1.28	1.41	1.22	1.48	1.16	1.55	1.10	1.63	1.04	1.71
34	1.29	1.41	1.24	1.48	1.17	1.55	1.12	1.63	1.06	1.70
35	1.30	1.42	1.25	1.48	1.19	1.55	1.13	1.63	1.07	1.70
36	1.31	1.43	1.26	1.49	1.20	1.56	1.15	1.63	1.09	1.70
37	1.32	1.43	1.27	1.49	1.21	1.56	1.16	1.62	1.10	1.70
38	1.33	1.44	1.28	1.50	1.23	1.56	1.17	1.62	1.12	1.70
39	1.34	1.44	1.29	1.50	1.24	1.56	1.19	1.63	1.13	1.69
40	1.35	1.45	1.30	1.51	1.25	1.57	1.20	1.63	1.15	1.69
45	1.39	1.48	1.34	1.53	1.30	1.58	1.25	1.63	1.21	1.69
50	1.42	1.50	1.38	1.54	1.34	1.59	1.30	1.64	1.26	1.69
55	1.45	1.52	1.41	1.56	1.37	1.60	1.33	1.64	1.30	1.69
60	1.47	1.54	1.44	1.57	1.40	1.61	1.37	1.65	1.33	1.69
65	1.49	1.55	1.46	1.59	1.43	1.62	1.40	1.66	1.36	1.69
70	1.51	1.57	1.48	1.60	1.45	1.63	1.42	1.66	1.39	1.70
75	1.53	1.58	1.50	1.61	1.47	1.64	1.45	1.67	1.42	1.70
80	1.54	1.59	1.52	1.62	1.49	1.65	1.47	1.67	1.44	1.70
85	1.56	1.60	1.53	1.63	1.51	1.65	1.49	1.68	1.46	1.71
90	1.57	1.61	1.55	1.64	1.53	1.66	1.50	1.69	1.48	1.71
95	1.58	1.62	1.56	1.65	1.54	1.67	1.52	1.69	1.50	1.71
100	1.59	1.63	1.57	1.65	1.55	1.67	1.53	1.70	1.51	1.72

C. Signifikanzniveau $\alpha = 0.01$

	k = 1		k = 2		k = 3		k = 4		k = 5	
n	d_L	d_U	d_L	d_U	d_L	d_U	d_L	d_U	d_L	d_U
15	0.81	1.07	0.70	1.25	0.59	1.46	0.49	1.70	0.39	1.96
16	0.84	1.09	0.74	1.25	0.63	1.44	0.53	1.66	0.44	1.90
17	0.87	1.10	0.77	1.25	0.67	1.43	0.57	1.63	0.48	1.85
18	0.90	1.12	0.80	1.26	0.71	1.42	0.61	1.60	0.52	1.80
19	0.93	1.13	0.83	1.26	0.74	1.41	0.65	1.58	0.56	1.77
20	0.95	1.15	0.86	1.27	0.77	1.41	0.68	1.57	0.60	1.74
21	0.97	1.16	0.89	1.27	0.80	1.41	0.72	1.55	0.63	1.71
22	1.00	1.17	0.91	1.28	0.83	1.40	0.75	1.54	0.66	1.69
23	1.02	1.19	0.94	1.29	0.86	1.40	0.77	1.53	0.70	1.67
24	1.04	1.20	0.96	1.30	0.88	1.41	0.80	1.53	0.72	1.66
25	1.05	1.21	0.98	1.30	0.90	1.41	0.83	1.52	0.75	1.65
26	1.07	1.22	1.00	1.31	0.93	1.41	0.85	1.52	0.78	1.64
27	1.09	1.23	1.02	1.32	0.95	1.41	0.88	1.51	0.81	1.63
28	1.10	1.24	1.04	1.32	0.97	1.41	0.90	1.51	0.83	1.62
29	1.12	1.25	1.05	1.33	0.99	1.42	0.92	1.51	0.85	1.61
30	1.13	1.26	1.07	1.34	1.01	1.42	0.94	1.51	0.88	1.61
31	1.15	1.27	1.08	1.34	1.02	1.42	0.96	1.51	0.90	1.60
32	1.16	1.28	1.10	1.35	1.04	1.43	0.98	1.51	0.92	1.60
33	1.17	1.29	1.11	1.36	1.05	1.43	1.00	1.51	0.94	1.59
34	1.18	1.30	1.13	1.36	1.07	1.43	1.01	1.51	0.95	1.59
35	1.19	1.31	1.14	1.37	1.08	1.44	1.03	1.51	0.97	1.59
36	1.21	1.32	1.15	1.38	1.10	1.44	1.04	1.51	0.99	1.59
37	1.22	1.32	1.16	1.38	1.11	1.45	1.06	1.51	1.00	1.59
38	1.23	1.33	1.18	1.39	1.12	1.45	1.07	1.52	1.02	1.58
39	1.24	1.34	1.19	1.39	1.14	1.45	1.09	1.52	1.03	1.58
40	1.25	1.34	1.20	1.40	1.15	1.46	1.10	1.52	1.05	1.58
45	1.29	1.38	1.24	1.42	1.20	1.48	1.16	1.53	1.11	1.58
50	1.32	1.40	1.28	1.45	1.24	1.49	1.20	1.54	1.16	1.59
55	1.36	1.43	1.32	1.47	1.28	1.51	1.25	1.55	1.21	1.59
60	1.38	1.45	1.35	1.48	1.32	1.52	1.28	1.56	1.25	1.60
65	1.41	1.47	1.38	1.50	1.35	1.53	1.31	1.57	1.28	1.61
70	1.43	1.49	1.40	1.52	1.37	1.55	1.34	1.58	1.31	1.61
75	1.45	1.50	1.42	1.53	1.39	1.56	1.37	1.59	1.34	1.62
80	1.47	1.52	1.44	1.54	1.42	1.57	1.39	1.60	1.36	1.62
85	1.48	1.53	1.46	1.55	1.43	1.58	1.41	1.60	1.39	1.63
90	1.50	1.54	1.47	1.56	1.45	1.59	1.43	1.61	1.41	1.64
95	1.51	1.55	1.49	1.57	1.47	1.60	1.45	1.62	1.42	1.64
100	1.52	1.56	1.50	1.58	1.48	1.60	1.46	1.63	1.44	1.65

Source: J. Durbin and G. S Watson, "Testing for Serial Correlation in Least Squares Regression," *Biometrika*, 38, June 1951.

Anhang B

Rechenregeln

B.1   Rechnen mit Summenzeichen

1. Definition: Das Summenzeichen

$$\sum_{i=1}^{n} X_i = X_1 + X_2 + \cdots + X_n$$

bedeutet: die Summe der X_i, wobei der Index i von 1 bis n mit ganzzahligen Zuwächsen von 1 läuft.

(a) Einfache Summen:

$$\sum_{i=1}^{4} X_i = X_1 + X_2 + X_3 + X_4 = \sum_{j=1}^{4} X_j$$

Bem: Auf die Bezeichnung des Laufindex kommt es nicht an.

(b) Summe der ersten n ganzen Zahlen:

$$\sum_{i=1}^{n} i = 1 + 2 + \cdots + n = \frac{n \cdot (n+1)}{2}$$

(c) Quadratsummen:

$$\sum_{i=1}^{n} X_i^2 = X_1^2 + X_2^2 + \cdots + X_n^2$$

(d) Summe der ersten n Quadrate:

$$\sum_{i=1}^{n} i^2 = \frac{n \cdot (n+1)}{2} \cdot (2n+1)/3$$

2. Konstante können vor das Summenzeichen gezogen werden:

$$\sum_{i=1}^{n} c \cdot X_i = c \sum_{i=1}^{n} X_i$$

Speziell gilt:

$$\sum_{i=1}^{n} c = c \sum_{i=1}^{n} 1 = n \cdot c$$

$$\sum_{j=1}^{n} x_i = x_i \sum_{j=1}^{n} 1 = n \cdot x_i$$

denn x_i ist von der Summation über j unabhängig. Man beachte auch:

$$\sum_{i=1}^{n-1} c = (n-1) \cdot c = \sum_{i=2}^{n} c$$

Allgemein:

$$\sum_{i=a}^{b} c = (b - a + 1) \cdot c$$

3. Addition (Summe von Linearkombinationen)

$$\sum_{i=1}^{n} (a x_i + b y_i) = a \sum_{i=1}^{n} x_i + b \sum_{i=1}^{n} y_i$$

Speziell gilt für Summen von Summen:

$$\sum_{j=1}^{n} (x_i + y_i) = \sum_{i=1}^{n} x_i + \sum_{i=1}^{n} y_i$$

$$\sum_{j=1}^{n} (x_i + y_i)^2 = \sum_{j=1}^{n} (x_i^2 + 2 x_i y_i + y_i^2) = \sum_{i=1}^{n} x_i^2 + 2 \sum_{i=1}^{n} x_i y_i + \sum_{i=1}^{n} y_i^2$$

4. Doppelsummen:

$$\sum_{i=1}^{n} \sum_{j=1}^{m} x_{ij} = \sum_{j=1}^{m} \sum_{i=1}^{n} x_{ij}$$

ist die Summe über alle Elemente einer Matrix mit $n \times m$ Elementen x_{ij}:

$$\begin{pmatrix} x_{11} & x_{12} & \cdots & x_{1m} \\ x_{21} & x_{22} & \cdots & x_{2m} \\ \vdots & \vdots & \ddots & \vdots \\ x_{n1} & x_{n2} & \cdots & x_{nm} \end{pmatrix}$$

Speziell gilt für die Summe über getrennt indizierte Faktoren:

$$\sum_{i=1}^{n}\sum_{j=1}^{m} X_i Y_j = \sum_{i=1}^{n} X_i \cdot \left(\sum_{j=1}^{m} Y_j\right) = \left(\sum_{i=1}^{n} X_i\right) \cdot \left(\sum_{j=1}^{m} Y_j\right)$$

B.2 Rechnen mit Matrizen

1. Definition. Eine $m \times n$ Matrix lautet:

$$\mathbf{A} = (a_{ij})_{m \times n} = \begin{pmatrix} a_{11} & a_{12} & \cdots & a_{1n} \\ a_{21} & a_{22} & \cdots & a_{2n} \\ \vdots & \vdots & \ddots & \vdots \\ a_{m1} & a_{m2} & \cdots & a_{mn} \end{pmatrix}$$

Ist $m = n$, dann heisst die Matrix $\mathbf{A}$ quadratisch.

Beispiel einer 2×2 Matrix:

$$\mathbf{A} = \begin{pmatrix} 1 & 3 \\ 2 & 4 \end{pmatrix}$$

2. Addition. Sind $\mathbf{A}$ und $\mathbf{B}$ zwei Matrizen gleicher Dimension, d.h. ist

$$\mathbf{A} = (a_{ij})_{m \times n}, \quad \mathbf{B} = (b_{ij})_{m \times n},$$

dann wird die Matrix-Addition und -Subtraktion elementweise definiert:

$$\Rightarrow \mathbf{A} + \mathbf{B} = (a_{ij} + b_{ij})_{m \times n}, \quad \mathbf{A} - \mathbf{B} = (a_{ij} - b_{ij})_{m \times n}$$

Beispiel:

$$\mathbf{A} = \begin{pmatrix} 1 & 3 \\ 2 & 4 \end{pmatrix}, \quad \mathbf{B} = \begin{pmatrix} 5 & 7 \\ 6 & 8 \end{pmatrix}$$

$$\Rightarrow \mathbf{A} + \mathbf{B} = \begin{pmatrix} 1+5 & 3+7 \\ 2+6 & 4+8 \end{pmatrix} = \begin{pmatrix} 6 & 10 \\ 8 & 12 \end{pmatrix}$$

3. Produkt. Das Matrixprodukt benötigt 'konformierbare' Matrixen, d.h. die Anzahl der Spalten der ersten Matrix ist gleich der Anzahl der Zeilen der zweiten Matrix:

$$\mathbf{A} = (a_{ij})_{m \times n}, \quad \mathbf{B} = (b_{jl})_{n \times k}$$

$$\Rightarrow \mathbf{A} \cdot \mathbf{B} = (c_{il})_{m \times k}, \quad c_{il} = \sum_{j=1}^{n} a_{ij} b_{jl}$$

Beispiel:

$$\mathbf{A} = \begin{pmatrix} 1 & 3 \\ 2 & 4 \end{pmatrix}, \quad \mathbf{B} = \begin{pmatrix} 5 & 7 & 9 \\ 6 & 8 & 10 \end{pmatrix}$$

$$\Rightarrow \mathbf{A} \cdot \mathbf{B} = \begin{pmatrix} 1 \cdot 5 + 3 \cdot 6 & 1 \cdot 7 + 3 \cdot 8 & 1 \cdot 9 + 3 \cdot 10 \\ 2 \cdot 5 + 4 \cdot 6 & 2 \cdot 7 + 4 \cdot 8 & 2 \cdot 9 + 4 \cdot 10 \end{pmatrix} = \begin{pmatrix} 23 & 31 & 39 \\ 34 & 46 & 58 \end{pmatrix}$$

Bemerkung: Das Matrixprodukt quadratischer Matrixen ist nicht vertauschbar:

$$\mathbf{AB} \neq \mathbf{BA}$$

Gilt die Eigenschaft $\mathbf{AB} = \mathbf{BA}$, so heissen die Matrixen $\mathbf{A}$ und $\mathbf{B}$ kommutativ.

4. Skalare Multiplikation: Sei c ein Skalar, und

$$\mathbf{A} = (a_{ij})_{m \times n}$$

eine Matrix, dann gilt

$$c \cdot \mathbf{A} = (ca_{ij})_{m \times n}$$

Beispiel: Gegeben sind der Skalar $c = 5$ und die Matrix

$$\mathbf{A} = \begin{pmatrix} 1 & 3 \\ 2 & 4 \end{pmatrix}$$

dann gilt für das skalare Produkt

$$c \cdot \mathbf{A} = \begin{pmatrix} 5 \cdot 1 & 5 \cdot 3 \\ 5 \cdot 2 & 5 \cdot 4 \end{pmatrix} = \begin{pmatrix} 5 & 15 \\ 10 & 20 \end{pmatrix}$$

5. Null-Matrix

$$\mathbf{0} = (0)_{m \times n}$$

$$\mathbf{A} = (a_{ij})_{m \times n} \Rightarrow \mathbf{A} + \mathbf{0} = \mathbf{0} + \mathbf{A} = \mathbf{A}$$

$$\mathbf{B} = (b_{ij})_{n \times k} \Rightarrow \mathbf{0B} = \mathbf{0}$$

6. Einheitsmatrix

$$\mathbf{I}_n = \begin{pmatrix} 1 & 0 & \cdots & 0 \\ 0 & 1 & \cdots & 0 \\ \vdots & \vdots & \ddots & \vdots \\ 0 & 0 & \cdots & 1 \end{pmatrix}_{n \times n}$$

$$\mathbf{A} = (a_{ij})_{m \times n} \Rightarrow \mathbf{I}_m \cdot \mathbf{A} = \mathbf{A} \cdot \mathbf{I}_n = \mathbf{A}$$

D.h. die Einheitsmatrix ist zu jeder Matrix gleicher Dimension kommutativ.

7. Transponierte Matrix

$$\mathbf{A} = (a_{ij})_{m \times n} \Rightarrow \mathbf{A}' = (a_{ji})_{n \times m}$$

Transponieren bedeutet Spiegeln an der Diagonale von links oben nach rechts unten.

Beispiel:

$$\mathbf{A} = \begin{pmatrix} 1 & 3 & 5 \\ 2 & 4 & 6 \end{pmatrix} \Rightarrow \mathbf{A}' = \begin{pmatrix} 1 & 2 \\ 3 & 4 \\ 5 & 6 \end{pmatrix}$$

8. Inverse einer quadratischen Matrix

$$\mathbf{A} = (a_{ij})_{n \times n} \Rightarrow \mathbf{A}^{-1} \cdot \mathbf{A} = \mathbf{A} \cdot \mathbf{A}^{-1} = \mathbf{I}_n$$

9. Determinante einer quadratischen Matrix (Entwicklung nach j-ter Spalte)

$$\mathbf{A} = (a_{ij})_{n \times n} \Rightarrow |\mathbf{A}| = \sum_{k=1}^{n} (-1)^{j+k} a_{kj} \cdot |\mathbf{A}_{kj}|$$

wobei $\mathbf{A}_{kj}$ die $(n-1) \times (n-1)$ Matrix ist, die aus $\mathbf{A}$ entsteht durch Streichen der k-ten Zeile und der j-ten Spalte und $\left| \begin{pmatrix} a & b \\ c & d \end{pmatrix} \right| = ad - bc$.

10. Vektor

$$\mathbf{a} = \begin{pmatrix} a_1 \\ a_2 \\ \vdots \\ a_n \end{pmatrix}, \quad \mathbf{b} = (\, b_1 \quad b_2 \quad \cdots \quad b_n \,)$$

Ein n-dimensionaler Spaltenvektor ist eine $n \times 1$ Matrix, ein Zeilenvektor eine $1 \times n$ Matrix.

11. Ein Zufallsvektor der Dimension n

$$\mathbf{y} = \begin{pmatrix} y_1 \\ y_2 \\ \vdots \\ y_n \end{pmatrix}$$

besteht aus n Zufallsvariablen $y_1, y_2, \cdots, y_n$.

Die Erwartung $\mathrm{E}(\mathbf{y})$ und die Varianz-Kovarianz-Matrix $\mathrm{Var}(\mathbf{y})$ eines Zufallsvektors $\mathbf{y}$ sind:

$$\mathrm{E}(\mathbf{y}) = \begin{pmatrix} \mathrm{E}(y_1) \\ \mathrm{E}(y_2) \\ \vdots \\ \mathrm{E}(y_n) \end{pmatrix}, \quad \mathrm{Var}(\mathbf{y}) = \begin{pmatrix} \mathrm{Var}(y_1) & \mathrm{Cov}(y_1, y_2) & \cdots & \mathrm{Cov}(y_1, y_n) \\ \mathrm{Cov}(y_2, y_1) & \mathrm{Var}(y_2) & \cdots & \mathrm{Cov}(y_2, y_n) \\ \vdots & \vdots & \ddots & \vdots \\ \mathrm{Cov}(y_n, y_1) & \mathrm{Cov}(y_n, y_2) & \cdots & \mathrm{Var}(y_n) \end{pmatrix}.$$

12. Lineare Transformation eines Zufallsvektors $\mathbf{y}$

Ist $\mathbf{A}$ eine quadratische reelle Matrix, d.h.

$$\mathbf{A} = (a_{ij})_{n \times n}$$

dann ist $\mathbf{Z} = \mathbf{A}\mathbf{y}$ ebenfalls ein $n \times 1$ Zufallsvektor,

$$E(\mathbf{A}\mathbf{y}) = \mathbf{A} \cdot E(\mathbf{y}),$$

$$\mathrm{Var}(\mathbf{A}\mathbf{y}) = \mathbf{A} \cdot \mathrm{Var}(\mathbf{y}) \cdot \mathbf{A}'$$

Unter der Annahme der Normalverteilung gilt für die lineare Transformation

$$\mathbf{y} \sim N_n(\mu, \Sigma) \Rightarrow \mathbf{A}\mathbf{y} \sim N_n(\mathbf{A}\mu, \mathbf{A}\Sigma\mathbf{A}')$$

Index

Anhang C

Im Text verwendete Symbole

C.1 Abkürzungen

α	Konfidenzniveau
$C^2(\alpha, \nu)$	α-Quantil der modifizierten χ^2-Verteilung mit ν Freiheitsgraden
const	eine Konstante
e	Eulersche Zahl ($e = 2.718281828$)
df	degrees of freedom (Freiheitsgrade)
$d.f.$	density function (Dichtefunktion)
f	Auswahlsatz
GG	Grundgesamtheit
H_0	Nullhypothese
H_1	Alternativhypothese
HPD_α	Intervall höchster a-posteriori-Dichte zum Niveau α
i.i.d.	independently identically distributed, d. h. unabhängig identisch verteilt
IND_{Q_p}	Indexgrenzen für p-Quantile
K	Endlichkeitskorrektur

$\alpha - KONF$	Konfidenzintervall zum Niveau α
L	Anzahl der Schichten
μ	Mittelwertparameter (der GG)
N	Umfang der Grundgesamtheit
n	Umfang der Stichprobe
$\mathbb{N}$	Menge der natürlichen Zahlen $\{1, 2, 3, \ldots\}$
π	Anteilswertparameter
$Pr(A)$	Wahrscheinlichkeit, dass das Ereignis A eintritt
$\mathbb{R}$	Menge der reellen Zahlen
σ^2	Varianzparameter (der GG)
S	Stichprobenraum
SRS	simple random sampling (Zufallsstichprobe)
t	t-verteilte Zufallsgrösse
$t(\alpha, \nu)$	α-Quantil der standardisierten t-Verteilung mit ν Freiheitsgraden
$\chi^2(\alpha, \nu)$	α-Quantil der standardisierten χ^2-Verteilung mit ν Freiheitsgraden
x	Beobachtung
x_u	untere Intervallgrenze
x_o	obere Intervallgrenze
$[a; b]$	Geschlossenes Intervall von a bis b
z	standardisierte Zufallsgrösse: $z \sim N(0, 1)$
z_α	α-Quantil der $N(0, 1)$
$X, Y, Z, \ldots$	Zufallsgrössen (Zufallsvariable, random variable)
θ	alle unbekannten Parameter
$\overline{X}$	Mittelwert der Stichprobe
s^2	Stichprobenvarianz
p_{**}	posteriori Wahrscheinlichkeit der Nullhypothese p_*
B	Bayes-Faktor $B = B(H_0 : H_1) = \frac{L_0}{L_1}$, vom Typ Null- dividiert durch Gegenhypothese
L_0	Gewogene Likelihood unter der Nullhypothese H_0
L_1	Gewogene Likelihood unter der Gegenhypothese H_1

C.2 Masszahlen

Ave	Mittelwert
Mod	Modalwert
Med	Median
Q_p	p-Quantil, z.B. $Med = Q_{0.5}$
$Range$	Spannweite
s	Standardabweichung in der Stichprobe
s^2	Varianz in der Stichprobe

C.3 Funktionen

$B(a, b)$	Beta-Funktion
$\Gamma(a)$	Gamma-Funktion von a, d.h. $\forall a \in \mathbb{N}$: $\Gamma(a) = (a-1)!$
exp	Exponentialfunktion
$f(Daten|\theta)$	Dichte der Daten gegeben den Parameter θ der Modellverteilung f
$f(\theta|Daten)$	Dichte der posteriori Verteilung
$f(\theta)$	Dichte der a-priori Verteilung
$\phi(x)$	Dichte der Standardnormalverteilung
$\Phi(x)$	Verteilungsfunktion der Standardnormalverteilung
$F(x|\theta)$	Verteilungsfunktion der Modellverteilung bei gegebenen θ
$I_{x_i}(x)$	Indikatorfunktion $I_{x_i}(x) = \begin{cases} 1, & x \geq x_i \\ 0, & x < x_i \end{cases}$
$I_A(x)$	Indikatorfunktion $I_A(x) = \begin{cases} 1, & x \in A \\ 0, & \text{sonst} \end{cases}$
ln	natürlicher Logarithmus
$l(\theta|Daten)$	Likelihood der Parameter gegeben die Daten
$p(\theta)$	Dichte der a-priori-Verteilung des Parameters θ
$p(\theta|Daten)$	Dichte der posteriori-Verteilung des Parameters θ, gegeben die Daten
$sign$	Vorzeichenfunktion

C.4 Verteilungen

$Behr(df_1, df_2, w)$	Behrensverteilung mit df_1 und df_2 Freiheitsgraden und Streuungsverhältnis-Parameter w
$Ber(\pi)$	Bernoulli-Verteilung mit Anteilsparameter π
$Beta(a, b)$	Beta-Verteilung zu den Parametern a und b
$Bin(n, \pi)$	Binomialverteilung zum Stichprobenumfang n und Anteilsparameter π
C_ν^2	modifizierte χ^2-Verteilung mit ν Freiheitsgraden: $C_\nu^2 = \chi_\nu^2 / \nu$
$F_{m,n}$	F-Verteilung mit m und n Freiheitsgraden
$N(\mu, \sigma^2)$	Normalverteilung mit Erwartungswert μ und Varianz σ^2
t_ν	standardisierte t-Verteilung mit ν Freiheitsgraden
$t_\nu(\mu, s^2)$	t-Verteilung mit ν Freiheitsgraden, Erwartungswert μ und Skalierungsparameter s^2
χ_ν^2	χ^2-Verteilung mit ν Freiheitsgraden
χ_ν^{-1}	inverse χ-Verteilung mit ν Freiheitsgraden
χ_ν^{-2}	inverse χ^2-Verteilung mit ν Freiheitsgraden
$\chi^{-2}(\nu, s^2)$	skalierte inverse χ^2-Verteilung mit ν Freiheitsgraden und Skalierungsparameter s^2

C.5 Symbole und Abkürzungen

$\sim$	ist verteilt nach
$\propto$	ist proportional zu
$\overset{\sim}{\approx}$	asymptotisch (approximativ) verteilt
E	Erwartungswert (einer Zufallsgrösse)
Var	Varianz (einer Zufallsgrösse)
MSE	mean square error (mittlere quadratische Abweichung)
$\forall$	für alle
lim	limes (Grenzwert)
$\binom{n}{k}$	Binomialkoeffizient n über k oder „k aus n"
odds	Chancenverhältnis
$\perp$	Symbol für stochastische Unabhängigkeit
$\cong$	approximativ gleich
$\underset{.}{X}, \underset{.}{x}$	Zufallsgrössen werden, wenn notwendig, zur besseren Unterscheidung mit Punkten unterhalb des Buchstabens bezeichnet.
!	Fakultät: $n! = 1 \cdot 2 \cdot 3 \cdot \ldots \cdot n$.

C.6 Regeln für Symbole

Zufällige Grössen werden durch einen Punkt unterhalb der Zufallsgrösse kenntlich gemacht, z./,B. ist μ fest, während $\dot{\mu}$ einer a-priori-Verteilung unterliegt.

*   Parameter einer a-priori-Verteilung tragen einen Stern.

**   Parameter einer posteriori-Verteilung tragen zwei Sterne.

i Indizes unterscheiden Gleichartiges, etwa Stichprobenelemente $\{X_1, \ldots, X_n\}$ einer Zufallsgrösse X oder Mittelwerte einer Schicht μ_1, μ_2.

$-$ arithmetische Mittel sind mit einem Querstrich versehen und aus allen Elementen gleichen Symbols mit verschiedenen Indizes berechnet, z.B. $\bar{x} = \frac{1}{n} \sum_{i=1}^{n} x_i$.

$\hat{}$ Schätzfunktionen für Parameter unterscheidet man von diesen durch den Hut / das Dach.

$(,;|)$ Argumente und Parameter einer Funktion werden untereinander durch Kommata, voneinander durch Semikolon getrennt. Rechts von einem senkrechten Strich stehen Bedingungen, also Argumente, deren Werte bekannt sind.

Beispiel: $f(\mu|X; \sigma^2 = 1)$ ist die Likelihood von μ, wenn die Daten X beobachtet wurden unter der Bedingung, dass die Varianz $\sigma^2 = 1$ bekannt ist.

Parameter: kleine griechische Buchstaben

Masszahlen: lateinische Buchstaben, kursiv

Operatoren: nie kursiv

Zufallsgrössen: grosse lateinische Buchstaben (im Zweifelsfall mit einem Punkt unterhalb versehen)

MIX
Papier aus verantwortungsvollen Quellen
Paper from responsible sources
FSC® C105338

If you have any concerns about our products,
you can contact us on
ProductSafety@springernature.com

In case Publisher is established outside the EU,
the EU authorized representative is:
**Springer Nature Customer Service Center GmbH
Europaplatz 3, 69115 Heidelberg, Germany**

Printed by Libri Plureos GmbH
in Hamburg, Germany